偶然的历程

俊知十年发展作品集

主编　钱利荣

文匯出版社

序

集俊以知，和谐共荣；牢记使命，勤于追索。

沐浴着和煦的春风，我们迎来了俊知集团有限公司创立十周年纪念日。处在俊知企业发展史上值得纪念的一个重要节点，今天，由俊知组织编纂的《偶然的历程——俊知十年发展作品集》正式出版与大家见面了。偶然当中，蕴含必然。俊知人深切的感悟，媒体人客观的报道，不仅见证了俊知十年来走过的不凡历程，而且体现了俊知人创新创业、勇争一流的精神风貌以及深厚的文化底蕴，必将激励着大家在新的起点上朝着建设和谐共荣的现代优质企业铿锵前行。这也正是组织出版《偶然的历程——俊知十年发展作品集》的真正意义所在。

创新是时代的脉博，创新驱动是发展的潮流。坚持创新，始终贯穿俊知十年发展全过程。从2007年企业初创伊始，到发展成为全国同行业的领军企业；从3 G时代到4 G时代，以及即将迎来的5 G时代，在通信市场发展大潮中，俊知人通过持续不断的创新，始终站在行业的制高点，加速了我国网络建设的国产化，推动了我国移动通信的大发展。十年来，俊知集团先后承担了国家重点产业振兴和技术改造项目、国家火炬计划以及省级科技成果转化项目，参与和主持了75%以上国家及行业标准的制定，研发并拥有国家各项专利111项，形成了以"移动通信、光通信、传感、智慧工业"四大板块为主的较为完备的产业链。俊知十年发展的实践证明，抓创新就是抓发展，谋创新就是谋未来。面对经济发展新常态，只要咬定既定目标，始终坚持创新，始终坚持把创新这个驱动发展的新引擎作为主动力，就能在新一轮竞争中占据先机，赢得优势。

社会在进步，时代在发展。俊知在陶都大地上的创立及十年发展历程，有曲折、有艰难、有欣喜、有成功，更有许多值得细细回味的发展之道、值得大书特书的精彩之笔。《偶然的历程——俊知十年发展作品集》一书，充分展示了俊知上下深刻理解、准确把握创新驱动发展战略的精神实质，谋求率先发展、科学发展、和谐发展的骄人业绩；充分展示了企业决策层团结带领全体员工，聚焦创新创造、奋力追求卓越的时代精神；充分展示了广大俊知人抢抓机遇、开拓创新、和衷共济、克难奋进的生动实践，必将进一步激发大家激情创新创业、打造"百年老店"的强大动力。

十年磨一剑。过去的十年，俊知迈出了坚实的第一步；未来发展，俊知依然任重道远。下阶段，国家将大力推进网络强国战略和中国制造2025，这都为俊知发展带来了难得的机遇，俊知将以关键领域核心技术的突破为主攻方向，以科技人才队伍建设为重要支撑，努力在创新发展中求新突破、见新成效，创造更多精彩，留待后人分享。

中共宜兴市委书记 沈建

2017 年 3 月

目录

企业文化篇

媒体记录篇

见证发展篇

特殊的责任

我非帅才，充其量是位将才。

过去的十年，我始终牢记特殊的责任和使命，超常规发挥潜能，团结带领团队，成功创立了俊知，并取得了显著的成效，得到了两任省委书记的莅临指导与高度评价。

记得当年我们被迫离开一家成功的企业"重砌炉灶"创建俊知时，我安慰三十一位同事：一不要恐慌，因为项目已经选定，土地已经落实，资金已经解决。其实这也是在安慰自己，因为我恐慌，且不是一点点的恐慌，三十一位同事，意味着三十一个家庭和更多的亲戚，跟着我在走一条只许成功不许失败的路，这份责任使我恐慌。二振奋精神，曾经有过的辉煌是我们的骄傲，是我们增强信心的基石，而不能变成我们加倍的失落、加倍的伤感。既然在极度困难的情况下能创造出一个 HX，那凭我们现在的力量更能孕育出一个更加健康的 JZ。只要我们团结一致，敢于创新创业，勇于吃苦耐劳，我想只要行业不倒，就该有我们的市场份额。其实我自己也曾失落，并没有像新加坡一报纸上所说的"钱利荣昨天出席股东大会时显得轻松愉快，并同记者握手问好。但他谢绝记者采访，只是通过公关公司告诉记者，他要说的话都在之前的有关文件中讲完了，希望新领导层进一步提升公司业务，让 2007 年业绩比去年好"那样，当时内心伤感，近乎崩溃的边缘，一个人常常徘徊于新加坡滨海湾河畔，那种煎熬，那种无助，不是身临其境的人是无法想象的。我只能拼命提醒自己振作，不能颓废，重整旗鼓的使命必须让自己振奋精神。

这十年，不单是我，不单是三十一位创业之星、创业之将、创业之帅，是所有俊知人，肩负着这份责任与使命，努力拼搏了十年。在关键时刻，大家都已充当了将才，甚至帅才。

回顾俊知十年来的历程，始于偶然，成于必然。

从一开始就是一种偶然。由于一次偶然的变故，我被迫于 2007 年 1 月 23 日离开服务了整整十年零一个月的 HX 公司，带领三十一位同事，仅仅调整了三天的时间，便于 2007 年 1 月 26 日成立了筹建 JZ 的领导小组，分工协作、合力奋进。

首先是选址买地、成立公司、设备选型等一系列的工作。在一次活动上，偶遇了从宜兴市外经局局长岗位调至无锡市外经局当了几年副局长、刚刚履新宜兴环保科技工业园的一位领导。鉴于对本人的熟悉了解，他当即表态，给我们先期征用 102 亩土地，从而使我们果断放弃了选址浙江的方案。

俊知的创立，从取名到审批，也存在着偶然。仿佛冥冥中有指引，我正好看到杜牧的《题乌江亭》："胜败兵家事不期，包羞忍耻是男儿。江东子弟多才俊，卷土重来未可知。"特别是毛泽东对项羽的点评：做事不坚持做到底，这样一个叱咤风云的英雄人物如果胸怀宽广、包羞忍辱、善于总结经验教训，回到江东为什么不可以卷土重来呢？在这里，毛泽东对项羽失败后的错误选择，产生了深深的感慨和叹息。这首诗和这点评深深地打动了我。为了激励自己及全体员工，时刻提醒自己不能半途而废，所以用最后两句的最后两个字"俊知"作为公司名字。在"俊知技术"还是"俊知科技"的名称核准上，我们与省工商局存在争议，正好环科园的一位莫姓领导与当时的省工商局局长认识，在争执了一天后，省工商局终于同意了我们所要争取的"技术"二字，当时在全国通信行业，仅有华为用"技术"二字。

在审批过程中，当时 2000 万美元注册资本的项目审批权限是省外经贸厅，所以增加了审批流程。正好无锡市外经局的分管领导张副局长曾经和我一起去印度与斯里兰卡考察过。因此，我们不客气地在中午休息时间就找他审核，并立即赶往南京，才得以在省外经贸厅下班前，拿到了外商投资企业批准证书。紧张、有序、高效的工作节奏，确保了我们于 2007 年 3 月 15 日正式拿到了工商行政管理局的营业执照。巧的是，几小时后的 3 月 16 日，胡锦涛签署了第 63 号主席令，规定"本法公布前已经批准设立的企业，依照当时的税收法律、行政法规规定，享受低税率优惠的，按照国务院规定，可以在本法施行后五年内，逐步过渡到本法规定的税率"，也就是说刚成立一天的俊知公司已是"老外资企业"了，正好在这条分割线前，当然还能享受到外资企业的"两免三减半"等税收优惠，为企业发展顺利起步提供了良好的基础。

在设备引进上，包括美国哈挺和日本津上的自动机床交货期都如期进行，从而保证了我们连接器产品于 9 月顺利下线。但是，由于我们选定的项目所需要的关键生产设备由奥地利罗森泰尔制造，而这家公司的中国总代理是香港一家公司，也是我们原来公司的第三大股东。如何绕开这一环节，以免给我们的设备交货期及设备价格造成不必要的麻烦，为此我们找到了定居新加坡、熟知我们的一位行业资深专家的女儿，她利用其父亲的行业背景（设备制造商也要争取他的宣传肯定），把罗森泰尔设备制造商请到新加坡谈判，并没有告诉他们设备究竟是发到哪个国家，合同署名与付款也不是 JZ 公司，待按期生产完成后，要发货前的一个月才能通知他们发往哪个国家，约定只要是亚洲的任何一个国家的任何港口，运费都无须增减，从而确保了我们的关键设备按时到达上海港。

可是，2008 年初宜兴五十年一遇的一场大雪，导致高速公路关闭，交通瘫痪。当时临近春节，集装箱货车司机也已基本返乡。本想利用春节假期加班加点安装调试的技术人员，只能望雪兴叹。正当大家一筹莫展时，小年夜那天，天公作美，太阳出来了，积雪融化了，高速公路也临时开通。随着外国调试人员的陆续到达，我们的设备得以从上海海关转关运至宜兴直通式监管点，宜兴海关和商检联合开箱检验通关，设备于小年夜傍晚抵达工厂。更巧合的是，第二天又下起了大雪。

随着这批设备的到位，公司产品的每道工序都已打通，大批量生产成熟产品的条件已经完善，当务之急面临销售人员的培养与招聘，才能保障尽量多的省份的售前、售中、售后服务。信息传到了原来那家公司，销售骨干纷纷加盟 JZ。这批成熟的、训练有素的、自己培养与带领过的营销团队，我内心把他们定位为第二批创业之星、创业之将、创业之帅。他们的到来，更令我成竹在胸。

可是三大运营商正好在那年把各省的采购权全部收缴到北京集团总部，并规定成立不满三年的企业不得参与投标，这给予在各省有着强大销售网络和销售人脉的营销人员一个致命打击,总部不入围,他们英雄无用武之地。好像注定了俊知会有贵人相助,通过数月的总部沟通汇报、行业协会走访,三大运营商总部领导认定,俊知注册资本雄厚,生产装备行业领先,管理团队、研发团队、营销团队具有丰富的经验,可以视为成熟企业,当即批准能参与投标。

至此,俊知发展的瓶颈与障碍全部消除,这良好的开端给俊知人注入了新的活力、必胜的信心,为俊知发展打下了良好基础。

还有国家呼吁了近十年的 3G 牌照,在我们基本准备就绪后,也偶然发放了,市场更趋强劲,我们一再扩能,2007 年先期征用的 102 亩土地已经没有发展空间,难题再一次考验我们。那时,"一墙之隔"的一家台资企业受金融危机冲击而倒闭,才使我们顺利征用了它的 260 亩土地。土地问题得以解决,让我们如鱼得水,立马加紧建设,又新上马了软电缆、光缆和传感等项目,产业从移动通信向光通信和传感领域进军。同时,原公司的一些高管又相继加入我们的团队,同频共振的管理风格迅速填补了产业和资本扩张后的管理空缺,保障了俊知产业的快速、健康发展。我内心把他们定位为第三批创业之星、创业之将、创业之帅。他们使我对俊知的做强做大更有信心。

这许多偶然的挑战与机遇,俊知人都视作一种历练,假如平时没有准备,这种偶然就是磨难,假如平时已有努力,这种偶然就是机遇,这不是单纯的幸运,而是一种辛勤付出后的必然。

回首十年,志忑与自信共存,坎坷与辉煌同在!

这十年,与原公司八年的二十一个诉讼,牵制了我大量时间与精力。让人欣慰的是,新加坡高等法院赖秀珠法官的调查结果表述,对我们公正有利,我在此摘记几条:

"122. 从所有证据来看,我可以确定,崔把钱(随后是蒋)罢免出公司并不是出于无私的原因。当独立董事 LAI 和 ONG 不支持他罢免钱的时候,崔同时也罢免了他们。他的行为完全没有考虑公司的利益。"

"126. 所以,被告是完全处于一种不公平的地位。除非他们知道公司或任何相关公司经营的确切'业务'是什么,否则他们不会知道在离开公司之后的两年内他们被禁止从事的是什么活动。"

"130. 另外，应当指出的是，如果有些员工一开始就跟着钱和 / 或蒋从 HT 到 HX，那么他们自愿辞职而跟随钱到俊知技术就不足为奇了，就像蒋先生一样。员工们的忠诚是针对钱先生，而不是他们的雇主。"

"173. 最后，我宣布附录中包含的非竞争条款（即服务协议的第 8 条）是无效的，并且不能对被告执行。蒋先生和钱先生应当获得他们在反诉中所花费的诉讼费用。"

更让人欣慰的是，在宜兴市委、市政府的关心下，通过多位领导的强力协调，终于在 2014 年 4 月 13 日原公司真真假假的 18 位股东及相关人员签署了和解协议，为双方各自的发展创造了一个良性的竞争环境。

这十年，我们也取得了令人骄傲的成绩。

2007 年，先后租用环科园科创中心等办公室，成立 "1·23" 项目筹建组，各司其职，在 3 月 15 日取得工商营业执照，5 月 1 日基建开工，9 月份连接器产品下线，10 月实现第一批销售，被当地主流媒体誉为 "俊知速度"，创造了宜兴地区规模外资项目建设速度的新纪录。这一年，我们还获得了信息产业部入网认证，获得了质量管理体系、环境管理体系、职业健康安全体系、出口质量产品认证等完整资质，取得了市场通行证。

2008 年，我们在巩固一期的基础上，迅速实施了二期扩能，一个符合俊知中长期战略的企业硬件条件完善形成。我们完成了 3G 移动通信射频馈线全系列产品的研发及知识产权的申报。并通过实施 "巩固联通、冲刺移动、瞄准电信" 的销售策略，产品成功打入三大运营商的网络体系，并取得中国联通集采第三名、中国移动集采入围、中国电信中标多个省份的佳绩。

2009 年，年初工信部就宣布发放 3G 牌照，由于技术、产能、市场准备充分，一举占得先机，带动了俊知各项指标跃上了新台阶，销售同比增长 515%，其中在中国移动的集采招标中排名第一，获得 26 个省的供货权，占总量的 41.5%，还成功获得中国电信和中国移动 23 个省的供货权，牢固确立了市场领先地位。同年 6 月 18 日，在省领导的见证下，俊知工业园开工建设，为俊知的跨越发展奠定了基础。此外，公司获得工信部颁发的 "2009 无线通信十大馈线厂商第一名"，获省科技厅等批准为 "高新技术企业" "宜兴市对上贡献前十位企业" 等。

2010 年，在继续优化营销区域架构、提升驻京营销职能的同时，我们还组建了江苏省（俊知）信息传输工程技术研究中心，加强了营销与创新能力的提升。这一年，在三大运营商的 34 次招标中，中标 26 次，中标率 77%，还高分通过了华为、中兴等主设备厂商的全球供应商认证。同年，我们还把握住国家"光纤入户工程""三网融合工程"等良机，完成了 3G 机房用软电缆项目的建设，实施了总投资分别为 5 亿元、1 亿元的光电和传感项目，抢占市场制高点。

2011 年，"三个代表制"架构的确立，进一步确保了营销职能的高效履行，取得了显著的成果，市场领军地位得到继续巩固。通过大力引进高层次人才，形成了以总工程师为首的技术研发梯队，技术实力得到了迅速提升。同年，俊知还成立了党委，企业党群工作进入了新的发展阶段，多次在中组部等组织的会议上交流发言。公司还被评为"中国信息产业突出贡献企业"等荣誉称号。

2012 年，我们在中国电信、中国移动、中国联通三大运营商馈线集采招标中均位居第一，继续保持全国销量第一。同年 3 月 19 日，我们在香港联合交易所大厅敲响了主板上市的锣声，建立了海外资本经营平台，俊知又进入了新的发展阶段。此外，我们还取得了工商总局的"中国驰名商标"称号、入选"中国通信设备供应商 10 强"等，企业实力和行业地位进一步提升。

2013 年，我们在保持三大运营商主力供应商地位的同时，加强标准建设，主持和参与了 75% 以上通信天馈系统国家、行业标准的制定，推动了行业技术发展。10 月份，我们通过增发新股，募集资金 3.62 亿元港币，用于增资和补充流动资金，有效提升公司财务运营能力。同年，还被评为"全国厂务公开民主管理先进单位"。

2014 年，我们引入海尔第二控股成为策略股东，增持俊知 6.01% 的股份，并与海尔、金湖、韩国 Lindeman 签署成立了基金管理公司。同年还增发新股，募集资金 2.78 亿元港币并购俊知光电部分股权。这一年，中央第三巡回督导组、省委罗志军书记都亲临俊知，在调研俊知过程中均给予了高度赞赏。6 月 26 日，中央党的群众路线教育实践活动领导小组办公室的《党的群众路线教育实践活动简报》第 333 期，详细介绍了俊知集团在教育实践活动中的先进经验，对取得的活动成果给予了充分肯定。

2015 年，我们又引入国内上市公司深圳市怡亚通供应链股份有限公司作为策略投资者，按照双方确定的相关战略合作协议，获得总额 5.92 亿港币的战略合作资本，为俊知集团大力发展"互联网+"、加快由"俊知制造"到"俊知智造"提供了坚强有力的资本保障。同年，开始投资建设智慧工业项目，向智能制造及智慧网络进军。此外，公司还被全国总工会评为"全国模范职工之家"，被省经信委等评为"江苏省首批创新示范企业""江苏省首批互联网＋工业示范工程"等。

2016 年，俊知获得了国家发改委、国家科技部、国家税务总局、国家海关总署等认定的"国家企业技术中心"，担负起行业发展与技术引领的责任。11 月 3 日，江苏省委李强书记来俊知调研，对俊知的发展给予肯定与鼓励。此外，公司还被评为"全国工业品牌培育示范企业""中国质量诚信企业""国家守合同重信用企业"等荣誉称号。

这十年，我要感谢三十一位同事的风雨同舟，感谢第一批股东的慷慨信任，感谢所有俊知人的荣辱与共。

这十年，俊知得到了很多领导与朋友的关心帮助，他们的关心化作我们的动力，他们的帮助成就我们的激情。

俊知不会忘记当时支持俊知落户宜兴的所有领导；俊知不会忘记新加坡第一家食品集团魏成辉夫妇；俊知不会忘记新加坡安伦格喜律师楼原主任尚穆根先生、杨律师及他的律师团队；俊知不会忘记新加坡高等法院公正的赖秀珠法官及她的陪审团与法庭翻译；俊知不会忘记新加坡原同事翁士豪董事、黎成坤董事、罗文烈 CFO、王纯路经理以及所有新加坡的朋友；俊知不会忘记在公司创立、设备采购等方面功不可没的吴镝女士及徐建国先生；俊知不会忘记在各大运营商关心与支持我们的领导，特别是他们在关键节点上给予的充分理解与重要帮助；俊知不会忘记在我们上市过程中呕心沥血的欧洪林先生及专业人士；俊知不会忘记在我们与原公司的纠纷中，挺身而出、直接和间接参与调解的领导与朋友；俊知不会忘记所有关心支持我们的各界朋友。正因为有了你们，才成就了今天的俊知。

雄关漫道真如铁，而今迈步从头越。

新的十年，新的征程，赋予我们全体俊知人新的责任和使命。在再次扬帆起航之际，我要劝诫大家，只有放下坐享其成的包袱，放下小富即安的心态，不要把"创业之星、创业之将、创业之帅"的奖牌当成各自的"免死金牌"，必须重塑形象，不忘初心，砥砺前行，才能走得更远。

让我们以"3·15"为新的起点，再创造一个辉煌的十年，为"百年老店"打下扎实的基础。我们必须克服"创业激情衰退、创新动力减弱、履职风格浮夸、自身要求降低"四个倾向，在已形成的"移动通信、光通信、传感、智能制造"四大板块的良好基础上，抓住国家网络强国战略和中国制造2025等发展机遇，进一步发挥市场、技术、资本等平台作用，实施国际化经营，实现产业再升级，在下一轮的发展大潮中勇立潮头。从而，牢记使命，勤于追索，建设和谐共荣的现代优质企业！

只有付出，才有回报；只有努力，才能变偶然的机遇为必然的成功。

钱利荣

感恩俊知

　　一个人需要回顾总结自己曾经走过的一段段路程，感恩那些陪伴我们一路走来的人们。他们或是亲人，或是朋友，或是同事；或是引导我们的人，或是爱我们的人，或是跟我们针锋相对的人……也正是他们，组成了我们这一阶段工作中的平台——俊知集团有限公司。

　　岁月流转，人世沧桑。人生之路脚下走，生活之艰心间流。经历了坎坷才懂了人生，懂得了时光易逝、容颜易老，懂得了是非恩怨、聚散匆匆，更懂得了低调处世、心怀感恩、正直善良。

感恩引领我们的人

　　对你们的感激又岂是言语能诉得清、讲得尽的？没有你们，我们感受不到历经沧桑；没有你们，我们感受不到一次又一次的成功喜悦；没有你们，我们感受不到如此的满足和幸运……

　　感谢你们这一路来，不管多么辛苦，都无怨无悔；感谢你们这一路来，那么坚定不移地相信、支持、教导；感谢你们的严格、你们的批评、你们的疼爱！因有你们，再大的风雨，都心生暖意；因有你们，再多的波折，都无畏无惧；因有你们，这一段经历，值得记忆！

感谢支持我们的人

　　感谢你们给予最初的支持和鼓励，感谢你们的关爱和尊重，感谢你们的理解和守护……

　　感谢你们不同时期的指导，感谢你们点点滴滴的考虑，感谢你们的包容和不曾停止的关心！感谢你们的认可和放手，让我们自由地去做自己，不再束缚，随心而飞，飞去那些向往的地方！

庆幸能够遇见你们，得到你们一次又一次的指引，我们由此成长和明心！

感谢团队中的人

茫茫人海中的相遇，带给我们的喜怒哀乐，是那么的有滋有味，回味无穷！每个人都有着自己的思想，每个人都是那么特别！感谢你们的信心和履诺，才有了我们共同的创业经历。也曾针锋相对，也曾相视无言，也曾开怀畅饮，也曾患难与共，也曾相互聆听，也曾彼此温暖，也曾真诚相待，也曾相约而行，也曾嬉戏耳语，没有距离……

因为有你们，有了淡泊名利时的超然，有了曾经沧海的井然，有了狂风暴雨中的淡然，有了把握机缘的巧然，有了随遇而安的恬然。到如今，深知业精于勤的坚持，也懂得虚怀若谷、多思慎言、韬光养晦，明不炫不耀、能屈能伸。

因为有你们，前行的道路总是那么多姿多彩，乐趣无穷！感谢你们的坚守和参与！

感恩生活中的对手

因为你们，我们才清楚地认识自己的不足；因为你们，我们才知道自己有多坚强；因为你们，我们才知道自己需要不断努力；因为你们，我们才看见人心百态的奇妙；因为你们，我们才懂得世事无常的妙不可言！曾怨过、怒过、生气过、迷茫过、不服过，但最终都变成了感激！

因为你们，我们一天比一天更强大。那些过往历程，那些风雨波折，因接受所以坦然，因面对所以尽兴！生命因有你们，才更加精彩、痛快和令人期待。

感谢共同走过的路程

那段走过的岁月，我们是那么自由、率性、尽兴、醉心！那是我们生命中最洒脱不羁、慵懒随性、无拘无束的时刻！花样年华，年少轻狂，无畏无惧，神采飞扬！那样地真实不做作，那样地简单快乐，那样地坚忍不拔！或是火爆脾气，或是意气风发，或是骄傲自信，或是黯然神伤，或是情窦初开……

　　我们曾互相打击，也曾互相安慰！我们曾经倔强，任性得只做自己；我们曾争吵怒骂，第二天又相互嬉戏；我们曾随心所欲，越挫越勇地奋勇争先,也会相视一笑,不需语言……我们在走过的岁月里,做着最真的自己！善良、爽朗、真诚、本性、痛快、尽兴。

　　感谢它带给我们的丰满路程！感谢俊知这个平台中所有的经历，那样奇妙，那样有趣！是那些相遇的人，是那些生活的经历，是那些妙不可言的场景，是他们组成了我们的这一段！感谢遇见俊知之后的每一次遭遇和经历，每一份滋味和感受！那些生命成长的经历和人生中的印记场景，让我们不虚此行，生活妙不可言。

蒋唯

俊知人的工匠情怀

2006年，李克强总理在《政府工作报告》中提出"培育精益求精的工匠精神"，鼓励企业开展个性化定制、柔性化生产，培育精益求精的工匠精神，增品种、提品质、创品牌。"工匠精神"首次出现在政府报告中，让人耳目一新。

其实，工匠精神对我们来说并不陌生。俊知从最初三十几个人创业的小公司到如今员工千余、年产几十亿元的上市集团，正是秉承了对工作专心致志、一丝不苟，对产品不断创新、精益求精，对客户周到服务、用户至上的工匠精神，一步一个脚印发展壮大的。

俊知人不忘初心，爱岗敬业，不断超越自我，追求卓越，取得了一个又一个令业内惊讶的速度和成就，也涌现出一大批我们自己的能工巧匠。有埋头苦干的一线操作员工，有伏案钻研的技术人员，有科技创新的带头人，有贡献突出的技能大师，有日理万机的集团高管……他们专注工作，为俊知的发展奉献才华，树立了良好的榜样。

十年的发展让我们看到了成绩，但我们更要保持清醒的头脑，看到企业发展面临的挑战：社会心浮气躁、追求功利、看重即时利益；市场竞争激烈，创新难度加大；员工队伍年轻化、文化技能积淀不够……面对一系列困难，我们必须坚定信念，立足本职，强管理、谋创新、抓开发、拓市场，对产品精雕细琢，对品质精益求精，重视人才培养，全面提高企业核心竞争力。而在这个过程中，弘扬"工匠精神"是至关重要的，因为企业要成功突围迈上新台阶，必须坚持创新发展，而支撑企业创新发展的根本就是创新型人才。

放眼全球，看那些制造强国，虽然他们的实现路径和支撑条件各不相同，但执着、严谨、追求卓越的工匠精神却是共性。笔者十多年前曾讨教过当时成都西门子光缆公司（成都康宁前身）总经理德国人海勒博士，问他德国人和法国人对工作的诠释，他说，法国人为了生活而工作，德国人为了工作而生活。这句富有哲理的话，完美注释了德国人严谨忘我的工作作风，也点出了德国产品被全世界公认为品质之师的缘由，更是对精益求精、追求卓越之工匠精神最好的注解。

我认为，工匠精神在一个企业的弘扬，不能仅仅停留在生产设备操作、技术开发管理人员层面，其实，企业每个部门、所有员工均需要工匠精神的传递发扬。弘扬工匠精神，提高企业竞争力，必须通过对质量、规划、标准、流程的坚守，加强从研发设计、物料采购、生产制造和销售服务的全过程质量控制和管理。

我们要努力营造一个适合工匠孕育生长的制度和环境。要知道，没有稳定的工作岗位、合理的收入报酬、清晰的职业前景，很难产生真正的工匠精神。所以，我们要精心培植工匠成长的土壤，并从制度上加以保证，让员工找准工作定位，用心做事，乐于做事，克服打工者焦躁、惶恐、空虚的心理，回归平静、愉悦、充实的工作和生活状态。通过制定员工收入报酬计划和个人职业发展规划，让员工为看得清的明天忙碌、努力，并为企业发展甘于奉献。

针对公司年轻员工多、工作年限短、操作能手少的现状，要制定计划，加大投入力度，用送出去与请进来、学校教育和企业培养相结合的方法，加强员工分级培训工作，完善技能人才培养、评价和使用制度。配合政府有关部门健全人才职业标准体系，细化职业资格评价制度。同时，在现有员工评级制度基础上充实考核、评价内容，将做合格品和做精品的员工区分开，将对待工作过得去和对待工作精细、严谨、坚守、执着的员工区分开，营造员工以拥有高技能和高工作质量为荣的氛围。

2016年底，俊知企业技术中心被认定为国家级企业技术中心，这是一项莫大的荣誉。企业技术中心是国家技术创新体系的重要组成部分，是企业创新驱动发展的核心力量，也是企业高层次、高技术、高技能人才的聚集中心。我们要以这次认定为契机，在全公司弘扬精益求精、追求卓越的工匠精神，让全员崇尚工匠精神，推动技术创新工作，开发新产品，研发新技术，引领市场，开拓未来。

俊知在发挥高技能人才领军作用方面有良好的基础，目前已有省级谢志坚技能大师工作室，还有一大批行业资深专家和关键岗位的技术能手。但我们还要想办法让这些领军人才在带徒传技、技能攻关、技艺传承、技能推广方面发挥更加重要的作用，利用现有的大师工作室，让它发挥传、帮、带作用，使它成为员工技能提升的平台和成长的阶梯，造就公司各层次不同级别的人才网络。

迎接中国制造 2025，需要大批创新型技能人才。俊知超越自我、持续发展，更需要传承弘扬这种精益求精、追求卓越的工匠精神。

周汉强

集俊以知　和谐共荣

睁开眼看看，天空依然那么蔚蓝，云朵依然那么飘逸；闭着眼想想，胸怀还是那么广阔，前景还是那么光明。

"集俊以知，和谐共荣"作为宗旨始终伴随着俊知的茁壮成长。在十年里，俊知发生了许多大大小小的感人事迹，大家也常常被身边的同事所感动。但是，最让人难忘的是企业对员工的培养以及社会的责任感。

刚来公司的时候，我只是一个普通职员，从事的也是简单的工作，但对我来说是一种能量充电，使我从一个毛头学生逐渐成长为一个成熟能干的员工。让我在企业发展的同时，不断成熟。我喜欢我的工作，更爱我所在的企业，因为是企业引领了我的职业生涯，点亮了指路的明灯。这里有重视关心我的领导，有传我经验、助我成长的同事，有同舟共济的和谐氛围。

自 2007 年成立以来，俊知从几十名员工发展到近千名员工，从以前简陋的办公室发展到拥有现代化设施的办公大楼，从一个小规模公司发展到在行业内具有强大竞争力的企业，我们已经步入了高速发展的轨道。能有今天这般傲人的成就，与公司的每位领导、同事是密不可分的。以市场为导向，以人才为根本，以创造为动力，以品质为基础，大家并肩作战，各司其职，紧密团结，友好协作，共同克服了来自各方面的重重困难。今天，紧跟时代步伐，俊知与时俱进，更加正规化、程序化、整体化，也为我们走向全国市场创造了良好的条件。

有一种企业叫方向，有一种公司叫精神，有一种单位叫力量。国家有难，定当身先士卒。还记得去年洪水猛兽来袭时，公司竭尽所能，人力与财力并出。以俊知集团党委副书记、工会主席郝广允为首的党员"抗洪突击队"，在环科园领导组织带领下，携手园区机关、骨干企业党员 200 余名，组成党员先锋队作为生力军赶赴新街、高塍等地抗洪救灾现场。在抢险现场，党员先锋队分工协作，密切配合。一部分党员携带铁锹和编织袋，负责取土装袋；一部分党员负责向河堤处运送沙袋；其余党员组成一字编队负责加固堤坝。在现场，有的党员手磨破了，胳膊和颈脖晒伤了，脚上泡水肿了，但没有人从抗洪抢险的战斗中退下阵来，一直保持着昂扬的斗志。大家拧成一股绳，劲往一处使。此次抗洪救灾，充分体现了俊知集团党委的战斗堡垒作用和党员的先锋模范作用，以实际行动积极践行"两学一做"。俊知集团党委也为防汛救灾取得关键性胜利提供了坚强的保障，得到了社会一致肯定和赞扬。

"不经历风雨，怎能见彩虹，没有人能够随随便便成功。"今天巨大的产业成果来之不易，十年来，公司经历了许多坎坷、挫折。面对困难大家沉着冷静，认真地分析、解决，从中得出了许多经验，在实践中总结出了"集俊以知，和谐共荣"这八个字作为公司的发展理念，升华了我们的企业文化。俊知就是一个由全体领导、职工组成的大家庭，大家庭的每一员都在发挥主人翁精神，用心呵护这个大家庭，严于律己，互帮互助，让每个人都为公司发展注入源源不断的正能量。

马才华

荏苒十载　硕果满满

有一种绿，不是春色染成，是酷暑炼成，是烈日的锻打；有一种绿，不是春色染成，是严寒铸就，是白雪的洗礼。恶劣的环境没能使她枯萎，反而更有生机，显出深蕴体内的澎湃的生命力。当四季脚步无声碾过，当岁月印痕肆意刻下，走远的，只是匆忙的时光；演绎的，却是平凡的精彩！

2007 年，俊知开始了一期建设；2008 年，完成了一期建设；2009 年，开始了二期建设；2010 年，完成了二期建设；2012 年，完成了在香港联合交易所的上市。经过多年的发展，如今，俊知已经将自己建设成一个多元化的集团公司，下设多个分公司，横跨了多个产业领域。

十年，风云际会；十年，弹指一挥。十年的风雨征程，十年的血火洗礼，十年的理念坚守，十年的创新求变，造就了现在的俊知。现在的俊知睿智、平和，处心有道，行己有方；现在的俊知乐观、豁达，积极向上，满怀豪情；现在的俊知意气风发、斗志昂扬地走过了十年，走成了后人前进的路标，成为其他企业学习的榜样。十年的跌跌撞撞，使俊知甩掉了最初迷惑无知的彷徨，完成了凤凰涅槃的蜕变。

发展十年，她与战略伙伴，荣辱与共、共谋发展，铸就了一个又一个互利共赢的神话；拼搏十年，她攻坚克难、坚忍不拔，实现了集团化、多元化产业并举的良好局面；辉煌十年，她筚路蓝缕、披荆斩棘，确立了持续发展、持续增强的行业典范。

十年前，俊知承命草创，艰难起步，但她披荆斩棘、斗志昂扬，硬生生在群雄逐鹿的通信工程领域杀出了一条血路；十年前，俊知举步维艰，百般艰辛，但她果敢决断、无所畏惧，打开了一条生机盎然的道路。十年光辉岁月，十年巨澜翻卷，也曾汗水湿透，也曾眼泪流淌，也曾辉煌，也曾潦倒，但无论时代如何变迁，顽强拼搏的俊知依然是"路漫漫其修远兮，吾将上下而求索"，激情奋进的她依然将是通信工程领域的标杆。

现在，俊知的发展将进入一个新的时期。在"十三五"规划中，国家将大力发展新一代的信息技术、智能制造、宽带中国、物联网等产业，以及国家 5G 牌照的发放，都为俊知发展带来了新的机遇。

荣誉承载过去，开拓旨在未来。过去的十年只是一个逗号，在以后的日子里生产部全体员工一定恪尽职守，为俊知明天的宏伟蓝图添一份色，加一剂墨。我们一定再接再厉，奋发向上，绝不辜负公司对我们的信任与期望。相信在下一个十年，会有更多老友新朋相聚一堂，共同见证俊知的腾飞与梦想！

葛俊斌

党旗，在俊知飘扬

在烟波浩渺的太湖西岸，有一座美丽的小城——宜兴。2007 年，江苏俊知技术有限公司就在宜兴的国家级环保科技工业园横空出世。

十年，在时间老人的记忆里，只是微不足道的一刹那。可对于一个从初创到成功的企业来说，绝对可以用岁月峥嵘来形容。众所周知，峥嵘两字的意思是高峻、不平凡。而俊知，正是有着诸多的高峻和不平凡；俊知惊人的发展速度、俊知的产品科技含量、俊知的管理模式、俊知的用人方法、俊知人的思维理念等，似乎都带有诸多与众不同的传奇色彩，以至引来诸多好奇者，迫不及待地试图破解其中的奥秘。

俊知企业的发展速度是惊人的，俊知的技术创新在业内是一致公认的。不到四年时间，就坐上行业第一把交椅，如此的创业传奇，秘诀到底在哪里？除了创业者的超前战略眼光和非凡睿智外，别无他途。俊知企业党委卓有成效的党建工作，为企业打造了一支以党员为核心的坚不可摧的"战斗军团"。

在人们的传统思维定式里，常常把企业党建工作看成一种务虚的说教、空说的口号、流于形式的点缀，个别人还把企业党建工作看成是一种累赘。而俊知不同，俊知把企业党建当作引领发展的灵魂，当作企业壮大的支柱，当作不断前进的动力。当俊知构想创业蓝图、组建创业团队时，就建立了党支部。当企业筹建第一批厂房时，就建起了党员活动室。当第一条生产线投产时，党支部活动已经开展半年了。特别是创业时的 21 名党员，个个坚守一方岗位，人人肩挑一副重担，时时发挥应有的先锋模范作用。正是他们，用良好的党员形象，无声胜有声，感染着首批近百名员工，上下同心，创造出了当年立项、当年建设、当年投产、当年销售的创业奇迹。

这支"战斗军团"处处体现出党员的先进性。俊知党委始终坚持"双培"

理念，那就是"把人才培养成党员，把党员培养成骨干"。党委通过让所有党员亮明身份，进入党员示范岗，人人参与到"为企业做贡献，为党旗增光辉"的活动之中。因此，无论是在管理创新、生产经营、思想政治方面，还是在遵纪守法、廉洁自律、攻坚克难的实践中，都能做好榜样，做出表率，处处体现出党员的先进性。尤其是在攻坚克难中，许多党员展现出了前所未有的韧劲、钻劲和自我牺牲精神。

这支"战斗军团"不断壮大。俊知党委始终坚持"党员优先"的要求，这里的优先可不是优先得到享受，也不是优先得到照顾，而是关键岗位党员优先顶上，困难面前党员优先冲上，技术攻关党员优先担上。因此，每引进一条生产线，必定会择优引进几位党员骨干。每一次面临危、难、急、重的任务，都会号召党员冲在前，组成党员突击队。每一次的攻坚克难都会有党员为主组成的小组。每一次扩建招工，在同等条件下定将党员优先录用。十年间，公司党员人数从初创时的 21 名激增至现在的 96 名。2009 年支部升格为总支，2011 年再升格为党委。党员队伍的迅速壮大，党员模范作用的彰显，新鲜血液的不断充实，使俊知的党建工作力度大大加强。走进俊知，无论哪个车间，无论何种岗位，只要有党员，就有党员示范岗，都能看到佩戴党员胸卡的忙碌身影，随时让人感到党旗就在身边飘扬。

这支"战斗军团"极具凝聚力。俊知党委始终坚持"双建一提升"的目标要求，打造一支守信念、讲奉献、有本领、重本领，理论水平高的队伍，打造一支强有力的党员队伍，通过统一活动日，开展"三会一课"学习教育，认真开展科学发展观、群众路线和"两学一做"学习教育。在主题学习教育中，俊知党委在党规要求的坚定信念强化意识、牢记使命等以外，提出了"党委决策能服从，规章制度能执行，关键岗位能胜任，品德素养能端正"的合格党员标准，以及"勇于担当促发展，敢于攻坚促提升，善于带头促效应，乐于奉献促和谐"的优秀党员标准。同时在创业激情衰退、创新动力减弱、履职风格浮夸、自己要求不严四个方面进行对照检查，受到了省委书记李强的高度赞赏。

这支"战斗军团"极具影响力。俊知党委始终坚持"科技是第一生产力，人才是第一资源"的坚定信念，公司党委着重营造和灌输的具有俊知特色的"企业是我家，员工是亲人"的文化氛围，着重坚持以党建带工建、带团建、带妇建所形成的巨大魅力。在俊知，工、青、妇群团组织绝不是有名无实、有职无权的摆设，而是贯彻党委"以人为本"党建理念的纽带与桥梁，是党委开展工作的左膀右臂，是党委的耳朵和眼睛。

公司对员工亲人般的爱，让员工牢记在心。不少员工自愿放弃休假，加班工作。多年来，俊知的生产订单像雪片一样飞来，员工们24小时轮班工作，毫无怨言。为此，公司党委明确提出："为了明天更好地工作，今天必须休息。"于是，及时推出了强制性带薪休假制度，并由公司安排好线路买好票，员工还可以带家属同行。据有关部门粗算，俊知每年用于员工正常工资以外的补贴达到300多万元。如此"以人为本"的人文关怀揭示了一个朴素的道理，那就是，企业对员工似亲人，员工自然爱企业如爱家。也许这正是俊知企业创造奇迹的最大魅力。

十年来，公司的党建工作取得了优异成绩，分别荣获宜兴市基层党组织建设示范单位、宜兴市"三好一强"示范单位、无锡市先进基层党组织、江苏省"四创建"示范单位。在党委领导下的工会、团委、妇联等也分别荣获江苏省模范职工之家、江苏省"十佳"模范职工之家、江苏省五一劳动奖状、江苏省和谐劳动关系示范企业。

郝广允

难忘的筹建历程

2007 年是我人生的分水岭。那一年发生了很多事情，改变了我人生的轨迹。

那年 1 月 15 日，我们 35 个人决定"抱团"离开一家工作多年的公司。当天，我们在宜兴国际饭店吃了一顿晚饭。席间，每个人都喝了很多酒，流了很多泪。和其他人一样，我也醉了。谁知，第二天就有人做了"叛徒"。但他的离开并未对我们的"革命事业"造成破坏。

呇糠搓绳起头难。一开始，我们连个办公地点都没有，大家都赋闲在家。为消除一部分人的恐慌，避免人心涣散，公司领导让我召集大家开会。

在解放广场一家名为"紫荆茶楼"的茶馆里，我们召开了从原单位离职后的第一次集会。会上，大家被分成了几个小组，每组设定联络员，每天通报每个人的情况。从那时起，每次途径解放广场，我的双眼总要搜寻一下"紫荆茶楼"。尽管它历经数次更名，但是在我心中，宛如中共"一大"旧址和烟雨缥缈的南湖上的那只红船。

2007 年 1 月 23 日，公司领导召集张锦君律师、我、蒋新洪、孙虎兴等人，商议公司筹建工作。我们把公司筹建小组命名为"1·23"项目指挥部，张律师任总指挥，我、蒋新洪、孙虎兴分别任副总指挥，各自分工。

1 月 26 日下午，在宜兴大酒店，我们召开了一次重要会议。领导对公司未来的规划和安排做了详细介绍，对每个人的主要职责做了明确分工，消除了大家的焦虑感。按照会议安排，沈小鹏很快就给我们找到了办公场所。我们先是租下了城区人民路上一家快捷酒店的大会议室作为临时办公地点，集中办公。后来，经环科园协调，我们在创业中心 4 楼和 5 楼租了几间办公室，由史文杰、沈小鹏等负责装修，春节过后作为新的办公地点。于是，我们 30 多个人被分为两批，一批负责装修，其他的就在临时办公点正常上班，着手筹建事宜。这样的情况一直持续到2007年春节。

2007年2月24日一大早，大家怀着激动的心情来到创业中心4楼上班，迫不及待地想要看一下新的办公室是什么样的。屏风桌、蓝色拼块地毯、石膏板吊顶等将办公室装饰得很是温馨，办公室里的绿植更让人有种舒适的感觉。看着这一切，我们不禁感叹——总算有了自己的固定办公点！在那里，我们又匆忙度过了大半年的时间。

民以食为天。这么多人在一起办公，工作餐无疑是件大事。开始，我们在创业中心的内部食堂搭伙。食堂很小，原本只有大约10个人吃饭，一下子增加30多个人的供应，"火头军"明显有些力不从心。为了从根本上解决吃饭问题，我们通过走访周边的中介公司，在创业中心对面租下了一片已经停业的小饭店。小饭店的招牌还没拆，"在水一方"，挺有诗意的。一楼有大厅、包厢、后厨，打扫干净正好可以解决员工就餐难题；二楼全部是包厢，把桌子椅子收起来，正好可以作为外地员工的宿舍，可谓是一举两得。

随着队伍的逐渐壮大，创业中心4楼已经无法容纳所有的人员。经多方寻觅，我们在谢桥村村委找到了一处合适的办公地点。谢桥村村委是一栋三层高的楼房，村委会只用了一楼和二楼，愿意把空间宽敞的三楼租给我们使用。经过几个月的装修，我们所有人员又从创业中心搬去了谢桥村村委三楼办公。

搬迁后，员工就餐又变成了难题。从办公点到"在水一方"的距离，从以前的步行100米，变成了3公里左右。那时，私家车并不普及，"千里迢迢"吃饭成了大家的生活负担。为了解决问题，经公司办公会议商定，我们购买了一辆全顺车，招了一个驾驶员，每天送员工分批去吃饭。

就这样，我们在谢桥村村委三楼又度过了大半年时间。

2008年春节前，宜兴遭遇了一场几十年未遇的大暴雪。当时一车间、二车间基建已全部完成，生产、设备、技术、质量等部分人员也已搬去车间副楼现场，只有行政人员还在谢桥村村委三楼。为了抗击暴雪，所有人员连续三天三夜没有回家，上屋顶扫雪，用热水冲雪，总算渡过了难关，确保公司财产没有受到丝毫损失。

2008年春节过后，二车间已经正常生产，一车间进口设备也开始调试，我们全部人员从谢桥村村委搬入了一、二车间副楼一、二两层的办公室。又经过大半年装修，2008 年 10 月 8 日，办公大楼才正式启用。

一转眼，公司迎来了十周年庆，但当初筹建的艰辛、辗转奔波的过程还深深地印在我脑海中。时至今日，我对当初的选择毫不后悔。过去十年的酸甜苦辣，是我人生的一笔宝贵财富，这非同一般的经历，让我终生难忘。

夏杰

智能化助力跨越发展

2017 年是俊知创立十周年。我是 2010 年加入俊知的，在这之前，俊知已经在钱总的带领下，快速发展壮大，在移动通信天馈线市场位居全国第一，并投资设立了俊知光电和俊知传感两个公司，开始进入光通信市场。

在俊知传感担任总经理，这份工作和我之前近二十年的职业生涯有很大不同。以前，我主要从事设备维修以及管理工作，缺乏生产经营管理经验。俊知传感的主要产品为光分路器，对我来说是完全陌生的产品。

经过几年来的努力，公司主要产品从单一的光分路器扩大到光跳纤、预制端蝶形光缆、光缆组件、光电复合缆件、光分路器模块等，产品入围中国联通、中国电信集采招标，并成为中兴（光缆组件）、华为（光分路器、光分路器模块）的供应商。

2014 年，公司新开发了光缆组件系列产品，产品通过中兴认证并开始批量生产交付。但产品研发过程中，也遇到了很多问题。光缆公司交付的拉远光缆检测损耗指标合格，但做成组件后出现损耗偏大现象。在集团专家的协助下，光缆公司技术人员最终发现缆芯以适当节距绞合就可以有效解决这个问题。在光缆组件分支器的点胶工艺上，我们也缺乏经验。首先是对胶水的选型没有什么概念，经反复试验，最终选择了一款一小时初步固化的 AB 双组份胶水，胶水的流动性满足工艺要求，固化后机械拉力试验结果满足要求。光缆组件分支部分长度控制有严格的公差要求，为此我们设计了光缆组件挂线架及相应的工装，可以实现精确控制光缆组件分支部分长度。为提高工作效率，降低员工劳动强度，我们采用了半自动混胶注胶系统。为保证点胶质量，防止批量失效，采取每日点胶质量验证。但此时又一个问题摆在了我们面前，胶水的初步固化时间为 1 小时，产品在挂线架上周转的时间太长，严重影响生产效率。为此我们设计了使用安全电压的自动温控工装加热器，适当提高注胶位置的温度，加速胶水固化。

光分路器的生产工艺不断完善，产品系列持续扩大。特别是 2016 年光分路器产品通过华为的相关认证审核，成为华为的供应商。2016 年，新开发的光分路器模块产品也有几个陆续通过华为测试认证，有一个产品实现了批量生产交付。在华为严格质量要求的推动下，我们增加了产品测试能力，实现了产品测试数据存储并可以按要求实时回传给华为。和检测设备供应商沟通定制开发可自动测试的 33 通道测试仪，增加了可靠性试验的能力。全面改进各工序工艺控制，规范来料检验、出厂检验，全面提升质量管控。

中兴以及华为公司对供应商质量管理体系以及产品质量的严格要求，对俊知传感公司来说，既是挑战，给大家带来前所未有的压力，也是机遇，带来公司质量管理的全面提升。

公司 IT 信息化工作逐步推进，目前已可实现光分路器产品全工艺生产过程的条码化管控，实现了 IT 化的可追溯。在车间实施条码管理的过程中也遇到了一些问题：生产计划单关联错误，返修品的条码重复无法录入、漏刷条码、客户指定条码和内部条码关联，成品库的拆箱以及拼箱功能，出入库条码扫描等。基层员工和管理人员对信息化系统及流程的理解和熟练运用都有一个磨合的过程，相关功能仍在逐步优化完善中。由于华为要求光分路器供应商具备成品测试数据存储能力，并且必须测试光分路器回损参数，承接出口订单则必须具备测试数据回传能力。在求助测试仪器供应商未能得到及时响应的情况下，我们自主开发了相关的测试软件，实现了光分路器成品测试数据存储以及测试数据回传功能，测试软件已成功运用于实际生产，可以通过扫描产品条码的方式从数据库中调出测试数据，并可以将数据导出。目前，所有给华为供货的产品都已按要求实现测试数据的实时回传。

2016 年，曾有机会参观成都西门子公司生产可编程逻辑控制器的智能化工厂，工厂自动化程度很高，感触颇深。感觉俊知在智能制造方面存在很大的提升空间，计划在未来进一步研究需求，从切合实际生产管控需要的角度出发，推动信息化技术在若干应用上的落地运行，变革传统生产质量管控方式，借助 IT 技术实现生产现场数据的共享和分析运用，实现 IT

化的防差错。

　　光阴荏苒，俊知十年来取得了长足的发展，展望未来，迫切需要在产品创新、技术工艺创新、管理创新上取得新的突破。希望大家一起努力，祝愿俊知的未来更美好。

许志军

我的工具箱

我有一个工具箱，黑色的，四四方方的，它长 29 厘米，宽 14 厘米，高 11 厘米，为什么我会知道这么准确的数据？因为在我的工具箱里有一把带表的游标卡尺，我是一名奋斗在一线的质量检测人员。

刚来公司，我是实习生，没有分配到自己的工具箱，每天都是跟着老员工跑这跑那。每次看见他们从工具箱中拿出各种不同的工具在我面前耍，我总在想，什么时候我也能有一只自己的工具箱啊？我也想要那样的自信，我也要给新员工竖起各种榜样。

三个月的实习时间在不经意间过去了，领导给我配了一套工具。可是，我依然没有工具箱。每天，我只能手拿着工具去各个工序检测，很不方便。我想要拿着工具箱的潇洒，而不只是拿着孤零零的工具。左思右想，我想到了一个办法，和对班的一位同事共用一个工具箱。于是，我也算拥有了一个工具箱。这样的情形持续了一段时间，直到，有人辞职，将自己手中的工具箱交给我时，我才终于有了属于自己的工具箱，成了一个老员工。

初得工具箱，我如获至宝。不过，它长得有点丑，黑不溜秋、毛毛糙糙的，所以我决定给它好好打扮一番。我用小刀片给它全身修了个边，去掉那些不平整，还用酒精擦拭了有污垢的地方，让它光洁如新。为了与其他人的工具箱区分开，我还用贴纸做了标记，这样，经我亲手改造的、万中无一的工具箱才算真正诞生了。

多少风风雨雨，多少日日夜夜，工具箱伴我走过了在俊知的点点滴滴。随着工作需要，我手里的工具越来越多，工具越换越新，唯一不变的是承载着它们的工具箱。

有人说，人对一件事物的喜爱程度是会随着时间递减的。我想了想，现在的我对工具箱的确没有当初那份热情，以前的我力求工具摆放整齐，现在是随心所欲往工具箱里塞，只要能塞下，便不会计较太多。是我不在意我的工具箱了吗？不，只是老伙计之间不再有当初那般拘束，它存在的意义我懂了，便不再强求其他的。

我想，终有一天，我也会变成这个世界上一个小小的工具箱。

吴兵

唱响梦想的舞台

俊知有一系列以人为本的管理制度做保障，我们在为俊知创造财富的同时，自我价值也得到了最大限度的发挥。这里的每一个人都尽职尽责，努力为俊知服务。俊知也为我们提供了多种展示自己才能、实现自身价值的机会。这种和谐向上的氛围，让我在梦想的舞台上尽享着工作的快乐！

刚来公司时，我一度也曾困惑、迷茫、失落，毕竟校园和企业是两个不同的领域。庆幸的是遇到了诲人不倦的领导和同事，帮助我迅速融入工作中，并慢慢适应了工作节奏。毕业前，曾听一些学长讲述职场故事。耳闻最多的就是职场如何复杂，人际关系如何微妙，稍有不慎就会断送自己的前途。当时听后，心里对职场也有一定的恐惧，毕竟社会不像校园那样单纯，自己又不是那种八面玲珑的人。带着忐忑不安的心进入公司后，我却慢慢发现，之前的担心完全是多余的。

在公司里，领导们像长辈一样，对我的工作生活各方面予以教诲和关心，而同事们更像兄弟姐妹一样互相帮助关爱。看到周边同事的一张张笑脸，终于明白，平凡的岗位也可以产生无数的喜悦。

在俊知，我学到了业务知识，掌握了操作技能；在俊知，我经历了成长的烦恼，懂得了收获的快乐；在俊知，我看到了拼搏向上的力量，感受到了团结互助的温暖！能吃苦方为志士，肯吃亏不为痴人。作为俊知的一员，苦的滋味胜过咖啡，痴的程度不亚于爱情，对俊知的关注超越自我……多少日子里，我们披星戴月，伴着自己要倾注无限精力的事业，走过了一程又一程。多少欢喜的日子，我们品味着收获的甜蜜，笑了一回又一回。这一刻，我们深深体会到奉献的价值、追求的快乐，也深深感受到来自同事的信任和支持、领导的关心和呵护。

我的岗位微不足道，工作也平凡普通，但只要我是爱岗敬业的、勤勉有为的，就是无怨无悔的。我一直坚定地认为，我们每个人走出的一小步，就是俊知跨越的一大步，我们添砖加瓦的每一块，就能成为俊知发展中的一座又一座里程碑。

董旺

俊知光电的人和事

2010 年 3 月，光电产业正式入驻俊知工业园。从当年一期开工 200 万芯公里，到 2016 年达产 1500 万芯规模，产能跻身全国前十。回顾这几年的人和事，有得意，有遗憾，也有惊恐！

2011 年，首次参加中国移动集采，凭借俊知技术的市场资源，一举中标入围，从此俊知光电开始进入电信运营商的视野，相继入围中国联通、中国电信供货，另外还与广电、长城宽带、铁塔公司等开展业务合作。这几年也有产品出口到国外市场，并且每年还有新产品进入市场。

在企业发展中，核心骨干起到不可替代的作用。设备部经理谢裕，技改扩能中，身先士卒、主动加压，与技术、生产人员讨论自制设备工装、省钱增效，安装过程指挥有序，保质量、保进度；技术部主任常国庆，既当老师，又当学生，由于公司成立时间短，技术部员工都是学校出来的学生，通过实习期满后进入技术岗位，没有积累，一个一个都是由常国庆带出来，边教边做，加班加点更是常事，碰到客户新要求，只能靠自己查资料，问专家，与同事讨论，到机台上去试，修整，从白天到晚上，从一天到几天这样的工作，不是少数；生产部经理潘峰从事行业 25 年，是经验丰富的多面手，计划安排井井有条，生产中出现的状况，也是手到病除，为提升基层管理的业务水平，自己编写培训教材，再分组培训、上课，人人考试过堂。

以上几个人都住在厂里宿舍，下了班还在办公室讨论工作，当车间有问题时，也是一个电话就出现在现场，次数和时间都无法统计，他们奉献不计利益，组成了优秀的团队。陈鸿保是公司设备副总，在行业内有 40 多年专业经历，了解业内生产设备的能力，在他的把控下，公司设备的效能一期比一期提高，2011 年指导二次套塑的自制，速度在 450 米 / 分钟，定制国产着色设备达到生产速度 2200 米 / 分钟，这在当时国内同行中是绝对领先的；绞合、护套一体机的使用，使拉远产品性能的稳定性得到根本控制。

真是"家有一老，胜过一宝"。管理者代表赵廷，是光电公司的首批元老。从开始教员工认产品、开机台，到规范三大管理体系，并在当年通过认证，都是一步一印。在后续光缆的发展中，敢于接受新东西，接受新挑战，2011年ODN项目刚起头，公司就参与其中，市场在吉林也有突破。在吉林联通、江西移动的二次启蒙培训上，通过与工程人员深入一线交流沟通，为他们解决了一个又一个疑问，使得公司产品在当地使用顺畅，为扩展光电混合缆在东北和山东市场作出巨大贡献。作为管理者代表，赵廷能很快适应各个部门工作，先后分管过生产、技术、采购、质量，都能做到抓一块，实一块，是基层管理者的导师。周汉强副总经理来俊知不到一年，但融入很快，他的到来，让生产管理进一步深入细致，数据化考核更加严谨，过程控制更为有效，部门沟通更为通畅，管理团队的凝聚力更高。

市场上的点点事项，也时常激励我。三大运营商入围后的大干一场；广东移动第一次入围，由于光纤供不上遭受投诉时的怕；为海外市场提供产品质量不如他人时的羞；内蒙古移动当面道歉的无奈；光纤供需转换情景的惊讶……

企业的发展，要把战略资源掌握在自己手中，才能主动有为，而不是处处受制，俊知光电的出路在"集聚一批有信念的人，做好一批有特点、竞争力的产品"。

朱旭俊

夜班散记

我是公司保卫部的一员，值夜班是常有的事。每逢值班，我都会早早醒来，然后到车间现场转一转，一来可以了解一下夜班岗位的生产情况，二来要查查岗，及时发现安全隐患。

我每天的工作开始于清晨五六点钟，这个时间工作跟早锻炼没什么两样。

每当我看到偌大的厂房里灯火通明，十几台机器在高速运转，两三条氩弧焊在呼呼地开线；每当我看到一个个繁忙的身影，一张张略显疲惫的脸庞，一切的一切都会让我怀疑，这里曾有过黑夜吗？当大家都悄然入眠的时候，黑夜被我这些可爱的工友们赶到了一边。

是的，俊知的车间没有黑夜。

随意地走过每一个工作岗位，我总会碰到笑脸相迎的面孔，因为是他们中的一员，我深深地懂得他们的欢笑幸福和辛苦汗水。

平凡的日子，不平凡的岗位。我不记得自己已经战胜过多少个这样的黑夜。每当在深夜里看到工友们忙碌的身影，看到他们满身的油污，看到他们脸上汗水夹杂着灰尘，我就会觉得，能守护在他们身边是一件多么值得骄傲和光荣的事。

与这样的劳动者在一起，是一种幸福。

王本龙

雪灾中动人心弦的一幕

2007 年 3 月 15 日，一个名不见经传的小企业在宜兴成立了。十年之后的现在，当初那个默默无闻的小企业，已经成为赫赫有名的行业的领军者。这，就是俊知集团。十年，让当初一棵瘦小的树苗，长成了参天的大树。

作为一个与企业一起成长起来的俊知人，我感慨万千。其中，印象最为深刻的就是 2008 年的那一次雪灾。那时，俊知成立还不到一年。雪，大雪，大暴雪，一场接着一场。人们已经从刚开始下雪时的兴奋，慢慢变得忧虑，到最后几乎"谈雪色变"了。田野里、道路旁、屋顶上，只要是暴露在外的地方，都堆着白白的雪，满目都是白色的。

公司也不例外，道路上、屋顶上都堆着厚厚的雪。刚开始，只是让人感觉行路不便。渐渐地，屋顶上的雪越来越厚。四面八方传来消息，说雪还会继续下，说已经有一些企业的厂房被雪压垮了……忧虑，深深的忧虑，压在了俊知人的心上。怎么办呢？大家心里都着急着，也无奈着。

在领导的带领下，一场俊知保卫战悄悄地，却又声势浩大地拉开了帷幕。

先着手打扫道路上的积雪。大家拿起笤帚、铁锹。雪，那么厚，扫了一层，还有一层。可是，再厚的雪，也抵不过俊知人手中大大的笤帚。一部分积雪，因为行人的踩踏，已经结成了冰。笤帚，是扫不动了，换上铁锹铲，一边铲，一边扫。雪太厚，铁锹铲不动了，不怕，这点困难难不倒齐心协力的俊知人，我们将公司的铲车临时改装成了铲雪车。有了这个自动化装备的加入，终于，看到了路面。在寒风中，在大雪里，俊知人冻得通红的脸上，露出了久违的笑容。是的，这点困难，怎么能打倒齐心协力的俊知人呢？

道路上的积雪清除起来虽然有难度，但是，在大家的共同努力下，终于一一清扫干净了。可是，还有那么多积压在厂房屋顶上的积雪，如果不及时清除，那可就是一颗大大的"定时炸弹"啊。这个时候，公司领导、党员骨干们，一下子冲在了最前面，爬上了屋顶。接着，更多的人爬上了屋顶。没人说什么，大家都行动起来了。笤帚扫，铁锹铲，屋顶上，到处都是扫雪、铲雪的声音。可是，雪太厚、太多了，虽然大家很卖力，却收效甚微，怎么办？"用热水冲！"公司领导果断下了决策。

不一会儿，一车一车的热水送来了，高压水枪浇在厚厚的冰雪上。接下来，扫的，继续用力扫，铲的，更加卖力地铲。因为有了热水，雪化起来更快，大家的干劲也更足了，忘了手握热水枪被烫出的一个个水泡，一拨一拨人轮流冲洒着。在这严寒里，在这大雪中，大家齐心协力铲雪的场景，成了俊知一道最美的风景。经过两天的连续奋战，终于化险为夷，一颗颗悬着的心也落地了。

俗话说："人心齐，泰山移。"困难再大，也敌不过俊知人齐心协力的决心；困难再大，也敌不过俊知人一往无前的勇气；困难再大，也敌不过俊知人无所畏惧的干劲。面对困难，俊知人用他们"长风破浪会有时，直挂云帆济沧海"的决心和毅力，赢得了全面胜利。

我们，以俊知为荣。俊知，因我们而更加强大。

尹俊伟

我与俊知同成长

自 2011 年 6 月进入俊知以来，我已经在公司工作五年了。这些年里，我见证了公司诸多重大事项和发展历程，熟悉的日子恍如昨日，公司逐年发展壮大，我也亲身体验了成功与喜悦、困难和艰辛，我深刻感觉到我与企业在共同成长。

得益于公司的内部竞聘制度，我通过了仓储部的面试，被分配到俊知光电仓储部，负责光电的辅料和原材料出入库。刚来光电时，对仓库业务有个熟悉的过程，在此过程中，同事和领导给了我很大的关心和帮助，工作中出现的问题也能及时得到纠正，使得我在短时间内就能在此岗位上独立完成工作。

几年下来，光电车间在原来只有四车间、六车间两个车间的基础上，又建成了七车间、九车间、十车间。室内光缆车间从原来的 6 条生产线增加到现在的 25 条线，护套从原来的 5 条生产线增加到 28 条线，着色从原来的 3 条线增加到 20 条线，成缆从原来的 5 条线增加到 26 条线，光电仓储部人员也从原来的 2 个人增加到现在的 6 个人。回首这些年，我们仓储部全体员工满怀激情，用深情和汗水书写着我们激昂的青春，将执着和努力挥洒在平凡的岗位上，几多春秋与冬夏，见证了俊知集团的茁壮成长。

有一种感情，是互勉互利共进退；有一种动力，是唇齿相须齐奋进。十年征程，十年收获，在公司成立十周年之际，祝福公司：繁花似锦，蒸蒸日上！十年风雨坎坷，十年传承跨越，十年的并肩携手成就了今天的俊知，"海阔凭鱼跃，天高任鸟飞"，祝福俊知，祝福俊知人，明天会更美好！

许敏

采购工作苦与乐

　　我在俊知集团从事采购工作已近十年。人生有几个十年？且这十年是我努力的十年、精彩的十年、难忘的十年。如今，我已临近退休，回首走过的路，回想与俊知的点点滴滴，不禁感慨万千。

　　大多数人都认为，采购是最简单的事情，就是拿钱买东西，谁都会。实则不然。就算家庭买菜，你若不用心，买回来的菜也可能是变质的、不新鲜的、食之无味的，更不要说是企业里的采购了，其中学问大着呢。

　　什么是最好用的东西？不同的人有不同的看法。对使用人来说，总想要最好的，好用、速度快、产量高；对技术及检测的人来说，不仅要好用，而且指标都要合格；对管财务的人来说，付款期越长越好；对公司来说，价廉物美，价格永远低下去……而作为采购人员必须要以公司的需求为己任，一切以公司利益为重；采购的物品理当要价廉物美，质优、价低、付款期长。有人说："这也太难了吧，根本做不到！"回忆我的采购生涯，虽然有苦、有难、有委屈，可我还是觉得更有意义，因为这份工作让我阅人无数，具有挑战性，能激发我的工作热情，做好了能给企业带来利益，同时也能体现个人的价值。

　　十年的采购工作，让我在工作中成长、成熟。虽然工作零碎、繁琐，对内要面对生产、技术、质量，对外要面对供应商、客户审核等等，但我仍热爱这份工作。十年来，采购部从我一个人发展到现在的十个人，带领部门人员组织了近200次各类材料招标活动；参与营销管部所有的投标、询价活动，开发材料供应商近900家。一次次投标成功，一次次招标结果满意，都使我从中获取了无穷的喜悦与兴奋，这种感觉别人是无法体会的，也不需要别人承认，我自己知道认真去做了，真心付出了，有了好的结果就觉得值得，就会激励我不断地去努力，去为之奋斗。每每这种时候，就感觉采购工作有意义、有价值、有乐趣。

2011 年 12 月，公司上市前期最后一轮供应商现场审核，我陪同香港审计师、律师、券商一行人员连续十几天前往 11 家供应商现场走访、交流，这 11 家供应商分布在江苏、浙江、山东、上海等四个地方，有生产厂，有贸易商，还有进口料的代理商。说心里话，当时压力大得无法形容，我真正体会到了"寝不能安，食不知味"的含义，生怕做得不好影响公司上市。当顺利完成了这一任务，特别是 2012 年 3 月公司成功上市的时刻，我感觉到自己工作有了价值，期间的乐已远远超出了当时的苦。

当然，发生现场质量有反馈、交货不及时、价格下不了、不停地有人打电话催款等情况时，我也很苦恼、郁闷。2009 年，俊知集团在联通、移动均中了第一标，形势一片大好，可材料紧张，特别是连接器外协件，市场供不应求，为了能够交货，出现了现金抢货现象。当时，俊知是一家新公司，无论是知名度还是资金实力都无法与其他大公司抗衡，可我们的采购团队没有被吓倒，积极出动，不怕辛苦，每天组织人员外出考察，寻找可以合作的供方。根据供应商的不同特点及优势，有的选择零件加工，有的选择成品加工，采取统一安排、专人跟进，及时保证了生产需求，保证了市场订单的及时交货。期间的苦与乐只有我们自己知道，当我们克服了一个个困难，解决了一个个问题，就有成就感，就不觉得累……这就是我采购工作的苦乐随感。

朱宝玲

不忘初心　超越梦想

　　弹指一挥间，俊知已经走过十载年华。这十年，每个俊知人都以"江东才俊"的豪迈气概，坚持创业必胜的坚定信念，秉承自强不息、励精图治的精神，凝聚睿智勤奋的工作作风，在通信行业内，不仅缔造了为人惊叹的"俊知速度"，还铸就了"筚路蓝缕、栉风沐雨"的创业典范！尽管我没有参与创业，有些许遗憾，但作为一个积极参与公司发展的员工，还是感到幸运和骄傲。是俊知，开启了我人生新的旅程；是俊知，给了我施展的舞台；是俊知，让我的梦想不再遥远！

　　翻开尘封的记忆，公司创业期给我留下的印象仅停留在外观上，厂房建起来了，道路修起来了，路灯亮起来了……市场上很快看到了俊知生产的产品，似乎一切都是在不经意间发生的。偶遇曾经的同事，总会听人称赞一句："你们真行！"可谁知道，"真行"两个字，包含多少放弃、拼搏和执着？又要有多少磨砺、汗水和日夜兼程的奔波忙碌？我相信，肯定是有一个人的魅力在吸引着你们，有一个共同的梦想在召唤着你们，有一种相互的信任在支撑着你们！多少次集结号吹响的时候，是你们，奏响了一个又一个绝美的乐章：三年做到行业第一，四年完成多元化产品格局，五年在香港主板上市！这一个个奇迹的出现，让我看到一个了不起的团队的力量，如果俊知再来一次大创业，我会毫不犹豫地说："算我一个！"

　　终于，我来了！只有加入俊知这个团队，才能真正理解俊知创造奇迹的原动力：有使命、有信任、有责任、有担当！

　　每每走进公司的展厅，看到红彤彤、金闪闪的证书、奖牌和奖杯，我都会不自觉地寻找跟我有关的影子；看到美丽盛开的紫荆花，强烈的使命感也随之而来。六年来，多少次曾伫立在寒风中苦苦等待，多少次曾焦虑纠结得彻夜难眠！心里无数次地问自己，今天我做了什么？又做错了什么？

明天要做什么？又该怎么做？

岁月交替，和很多同仁一样，我的头上添了些白发，脸上添了些皱纹，但信念依旧没有改变。十年的携手共进，我们共同体会了成长的苦与乐，一起感受了磨砺的痛与快，一同见证了俊知的崛起和壮大。当年洋溢青春气息的同事，现在已到了不惑之年，独当一面，成为公司的中流砥柱；当年风华正茂的年轻学子，和曾经的我们一样，怀揣着梦想陆续加入我们的团队……我们正变得更加强大！

俊知未来的发展可能还会有很多困难，面对新的国内外形势，我们可能还会有失误和迷茫、分歧和争议，但有领导们的高瞻远瞩和员工们的不懈攀峰，俊知一定能实现"而今迈步从头越"的跨越式发展。我相信，再过十年，俊知一定会站在通信行业的最前列，傲视群雄，我们的人生也会因为我们的努力奋斗而更美好，更加绚丽多彩！

丁伟林

十年

十年有多长
就像辗转反侧时的迷茫
和等着的天亮

十年有多短
无非鬓角的头发一段
染了又白白了又染

十年有多厚
记事本上的字很丑
每年一本却还写不够

十年有没有喜
一桩桩一笔笔
每每想起不能自已

十年有没有愁
烟缸老旧
去数一数掐灭的烟头

十年有很多的感动
就像那年大雪的寒冬
考验着钢梁的承重

十年有更多的感恩
从开疆拓垦
到"四个当年"的迅猛
从稳步递增
到实现上市的梦
最有幸的
是能和你们一起称我们
同做俊知人

孙骏

这里有展示才华的平台

转眼间，我来到公司差不多四年了。仿佛就像在昨天一样，发生的一切都历历在目，见证着公司的成长。不断壮大，管理不断规范。

2012 年 3 月公司于香港上市，也是我初来公司之月，新企业带来的陌生感与神秘感，对新文化的认同感，对企业的认同感，一下子都涌上了心头。那些日子里对于陌生的环境和同事多少有点胆怯和羞涩，不过这些不适很快被领导的关心和热情的同事打破了。

来到俊知，我在研磨岗位上一做就是两年，虽然我的工作可能平凡而普通，但只要我爱岗敬岗，把平凡的事坚持下去，就是不平凡的。2014 年 3 月，公司的 ODC 拉远光缆试产，而我也告别了研磨岗位去学习更多的技术与技能。工作就像一面平面镜，我们折射的是什么，回应的必将是同样的结果。对我们来说，我们从工作中得到的不仅仅是一份或多或少的工资，而且还得到了学习和提升自己的机会和空间。在这个竞争激烈的年代，任何一名员工都想实现自我，获取成功，那么就要树立与公司一起成长、以公司为家的职业理念。

我希望在未来的工作中自己能够承担更多，勇敢地承担责任，明确自己的目标，全力以赴，把不可能变成一切皆有可能。让自己成为领导放心、同事喜欢的优秀员工。

郭林

温馨的港湾

　　十年前的 3 月 15 日，公司的前辈们意气风发，扬帆起航。那历史性的一刻，作为后来者，我还是从前辈无数次的谈论间，体会到了当初那种喜悦而又满怀豪情壮志的心情。十年后的今天，我终于有幸和大家欢聚在一起，像家人一样共同庆祝俊知十周岁的生日。

　　说到家人，就能让我联想到家，"家"是多么温馨的字眼啊！俊知不就是我们的家吗？工作中，领导就像我们的家长，对我们谆谆教诲；同事就像兄弟姐妹，大家互相帮扶。让我体会到，家就像温暖的阳光，能够温暖我的心窝；就像明灯，照亮我前进的路。

　　在这个大家庭里，我只是平凡的一员，但这里充满着正能量，让人感到坚定。还记得不久前，公司有个小伙子在下班回去的路上见义勇为，救起了落水儿童。更难能可贵的是，小伙子做了好事不留名。后来，对方通过遗落在现场的员工卡找到了单位。那一刻，作为俊知的员工，我体会到了满满的感动。

　　在这个大家庭里，我只是平凡的一员，但是这里洋溢着的爱与分享让人感到喜悦。公司每逢喜事都会和每一位员工分享收获的喜悦。大家在为公司发展喜悦的同时，也心存感激！

　　在这个大家庭里，我只是平凡的一员，但是处处是严厉的督促和殷切的关爱。每天上下班，单位门口总有安全保卫人员检查员工是不是佩戴头盔，穿着反光背心。如有违反，会被处罚。这种督促虽然严厉，却是殷切的关爱，希望我们能够出入平安，家家幸福。

　　在这个大家庭里，我只是平凡的一员，但也能在离开家人的时候感受到家的温暖。疲惫一天回到宿舍能够有口热乎饭，能够洗个热水澡，想洗衣服了有洗衣机，想要娱乐可以打打乒乓球或者下下棋、看看书，公司在员工生活方面的照料无微不至。

在这个大家庭里，我只是一个普普通通的基层员工，但是我很充实，也很感恩，因为在这里大家都是一家人。同事之间团结互助、风雨同舟，共同分享每一次收获和喜悦，相信在这个大家庭中我们能够经受住任何风浪。

曾庆松

平凡岗位建新功

十年，弹指一挥间。

在不经意间，俊知已走过了十年，不得不感慨时光如箭，岁月如梭。脑海里，俊知从 2007 年 3 月 15 日成立发展到现在，以及自己同步成长的点点滴滴仍历历在目。从当初的懵懂小青年，成长为营销六部的副总。十年，公司从年产值千万元发展到年产值几十个亿。在成长中我们经历过风风雨雨，有过困惑，有过成功的喜悦，也创造过辉煌。

十年前，俊知给我们提供了这片热土。十年中，在公司的庇护和孕育中我也不断成长。虽然这其中充满了各种艰辛和汗水，但我们庆幸当初能抓住这个机遇，同时也是对自我的一种挑战，真是感慨万千。十年前，我怀揣着梦想，第一次离开家乡来到宜兴，这里的一切对我来说是那么陌生，是俊知让我体会到大家庭的感觉，在这里生活、成长、成家立业，有了现在的幸福生活。

十年来，我们脚踏实地，用辛勤的汗水为公司的发展而耕耘着，也收获了公司"创业之星"等荣誉。十年来，我们和公司风雨同舟，结下了割舍不下的感情。十年的青春奉献在这里，我无怨无悔，感谢俊知给我们提供生存的土壤和成长成才的环境。我们早已将俊知视作一个可爱的大家庭。这里，有我们的依靠与寄托，有兄弟姐妹般的情谊。在俊知这个舞台上，不论过去、现在，还是将来，我都将竭尽全能、尽心尽责地在平凡岗位上做好自己。展望未来，我们相信：依靠着卓越的领导团队，凭借着我们凝聚的团队精神和团结一致的毅力，一定会迎来一个更加辉煌的十年。

孙琼

放飞青春的梦想

十年，风雨同舟。

荏苒十周年，弹指一挥间，俊知集团已经走过了十个年头。作为公司的一员，我感到由衷的骄傲与欣慰。在这十年间，俊知人通过不断的实践和学习，在这个飞速发展的新时代执着顽强地耕耘播种，在通信领域已站在众多竞争对手的前列！

作为一名新人，我想我是幸运的。2014年2月进入俊知光电工作，实现了从一名学生到企业员工的转变，开始了人生新的旅程。我想是集团给了我施展才华的舞台，使我继续学习、锻炼、成长。

梦想的力量往往令人惊叹。当前，俊知集团所取得的成绩之所以让人惊叹，就是靠着公司广大员工为梦想而不懈奋斗的力量。为了早日做强做大，把俊知集团的品牌和形象推向更广阔的天地，打造全国通信领域的龙头企业，俊知人披星戴月，不断进取，勇攀高峰。成功的道路上荆棘遍地、困难重重，却无法阻挡我们勇往直前的步伐。在经济全球化的潮流中，机遇和挑战并存。我们秉承"集俊以知，和谐共荣"的企业宗旨，发扬艰苦奋斗、勇于拼搏的优良作风，一如既往不断开拓进取，让"百年俊知"的梦想直冲云霄，翱翔在祖国的蓝天上。我想，这个梦想不会太遥远，因为有这么多忠诚敬业、踏实奋斗的员工们共同奋斗，梦想会在我们的努力下飞翔。

回望这些年，俊知人满怀激情，用深情和汗水挥洒青春，将执着和努力奉献在平凡的岗位上。十载春秋夏冬，见证了俊知集团的苗壮成长。我坚信，十年磨一剑，我们的人生舞台会因为自己的努力奋斗更加绚丽多彩。

十年春秋，几多汗水，我常常怀着对公司的感恩之心辛勤工作，偶遇挫折也不改初衷。因为，我深深地爱着俊知集团，爱着这样的事业，爱着这片土地。在这个舞台上，不论是过去、现在，还是将来，我都将更加尽心尽责地在平凡的岗位上奉献自己，与单位一起成长。

俊知人风雨同舟，一起走过最艰难的十年。我们已经不再脆弱，留下的只有刚强；我们已经不再迷茫，眼神中充满了坚毅的目光；我们的梦想不再遥远，而要展翅飞翔！

陈科晔

不见不散

2007 年 3 月 15 日，江苏俊知技术有限公司，一个各类产品可广泛应用于中国移动、联通、电信等公司的传输系统中的公司，在中国宜兴环保科技工业园成立。

十年之前，我和俊知集团还是素不相识的陌生人；十年之后，我已陪伴它走过了四年的风风雨雨。

俊知技术始终坚持"人才为根本，市场为重点，创新为依托"，紧跟行业发展趋势，坚持走自主创新之路，确保源源不断地向市场提供拥有自主知识产权和高附加值的更新、更好的产品，从而在行业内树立高品质的品牌形象，力创世界级卓越企业。

2013 年 3 月 1 日，经他人的引荐和公司的面试，我很荣幸地走进了俊知集团的大门，成了俊知光电的一名操作工。起初，三班倒的工作制一时不能很好适应，领导的关怀和同事们的热情帮助让我逐渐融入集体中，也不断适应了工作的节奏。

俊知集团有一系列以人为本的管理制度做保障，我们在为俊知集团创造财富的同时，自我价值也得到了最大限度的体现。这里的每一位同仁都尽职尽责，俊知集团也为我们提供了多种展示自己才能、实现自身价值的机会。期间，在俊知光电公司领导的安排下，我换过不同的工种，对二套工序、着色工序、填充绳和成缆工序等都经过了系统的学习、操作和锻炼。

时光如流水。在缓慢的侵蚀和雕琢中，我看到了自己的改变。说话办事变得更自信了，待人接物变得更谦和了，思考问题变得更成熟了。掌握了必要的业务技能，随时随地学习和充电，工作逐渐得心应手，并变成一种生活的乐趣。

集团每年都会举办各种比赛活动。例如，集团的技能大赛，应对每一个工序设定比赛项目，考验大家技能的掌握和熟练程度，每年都有很多人踊跃参与，展示自己的才能。再到集团的趣味比赛，按各个公司、各个部门组成不同的方队，大家齐心协力默契配合，力争第一地完成比赛。这一系列别开生面的企业文化活动，使我在更深层次上得到了锻炼，工作能力有了提高。这种和谐、向上的氛围，让我在梦想的舞台上尽享工作的快乐！另外，集团每年都会对内部家庭贫困的员工提供补助基金，心系每一个员工。集团工会每年都会对生病在家的员工进行探望。

2016 年夏，宜兴持续强降雨，很多地方遭受洪水的威胁。从集团公司领导到生产线上的操作工，组成了抗洪救灾小分队，哪里有险情，他们就去哪帮忙。

十年的风雨征程，十年的血火洗礼，十年的理念坚守，十年的创新求变，造就了这样的俊知人。他们睿智、平和，处心有道、行己有方。他们乐观、豁达，积极向上、充满激情。他们意气风发、斗志昂扬地走过了十年，走成了后人前进的路标。

今天，当企业翻开第十年华彩乐章之时，我想说：面对机遇与挑战，付出辛勤与智慧，人生就会改变；面对俊知美好的前景，我们开拓进取，我们不懈努力，我们一同成长！

在我们全体俊知人的共同努力下，开拓进取，锐意创新，俊知集团必能持续健康发展！

下一个十年，我们不见不散！

殷翔飞

峥嵘岁月铸辉煌

人生就像一条路，每一分每一秒就像是路上的石子，最后铺垫成完整的旅程。旅程中每一个关口对于我们来说，既是机遇又是挑战，每一段风景都有笑泪交织。回首时，你会发现那些曾经不起眼或者最艰难的路程，都将成为一段宝贵的经历。

俊知集团成立于 2007 年。十年栉风沐雨，十年励精图治，十年峥嵘岁月铸就辉煌。这是对俊知集团十年发展的真实写照。十年的风雨历程，包含着几代人的不懈追求。站在这个节点上，回望俊知走过的这些岁月，由弱变强，十年的跋涉与拼搏，十年的辉煌与梦想，十年的艰辛和喜悦，共同品尝俊知人用汗水浇灌出的累累硕果。

十年前的 3 月 15 日，俊知集团在宜兴环科园成立，产业定位为 3G 通信市场。2008 年国家 3G 发牌，为俊知的发展注入了强大生机，一路成为行业领军者。2009 年凭借在 3G 市场形成的产业链驾驭能力，以"俊知"为品牌打造的特色园中园——俊知工业园成立。目前，工业园形成以移动通信、光通信、传感、智慧工业等四大板块为主的产业链。

有人认为工作只是养家糊口的手段，而我不这么想。网上流传着一句话："梦想要有的，万一实现了呢。"每一个人年轻时都怀揣梦想，可最后绝大多数都还给了生活，而日常工作就是对梦想最大的磨砺。俊知就是我们实现梦想的摇篮，让梦起飞的地方。

回首两年来的工作经历，从一个刚踏出校门口的应届毕业生，转变成为俊知的一名员工，一切都那么鲜活。刚进入公司的那段时间里，每天脑海里都会重复出现一个字"累"。而两年的工作生涯，印象最深的却是刚进入公司实习的这段日子，说不上多么重要，但是它却在不经意地影响着我，拨云见日一般的醍醐灌顶。

　　当企业翻开第十个华彩乐章之时，我想说，面对机遇与挑战，付出辛勤智慧，人生就会改变，面对将来美好的前景，我们开拓进取，我们不懈努力，我们共同成长！

蒋森

十年杂感

一晃十年过去了，身边的同事、朋友走走停停，而我依然天天行走在俊知路1号。

可能，我骨子里是个懒惰的人，就像温室的花儿，很难适应其他环境。有些人能在北上广吃苦奋斗，而我这么一个俗人，回了宜兴这么一个小城市。

好吧，最想做的职业是厨师，不分中西。当然，西餐好像更帅气些，不过要是每天吃西餐也有点受不了。俊知的"堂菜"说不上好吃，但出差久了，甚是怀念，就是油水偏多，养肥了一批又一批俊知人。老薄师傅，少点油多点肉可好？

这十年，俊知发展的疯狂，让我渐渐有些跟不上节奏，有点像熟悉的陌生人。

那一年，进出都在东门。一到下雨，道路泥泞，一群年轻人每天垫着木板、塑料板匆忙地上下班；那一年，还没有像样的宿舍，有种漂泊不定的感觉；那一年，才有一个像样的车间，刚毕业的学生坐那玩闹着听安全教育；那一年，认识了你们，从此工作也并没有那么乏味；那一年，我们义无反顾地在屋顶与积雪战斗，也不知是如何爬下来的；那一年，大家心系汶川，远远地关注着，有沉默、有感动、有振奋；那一年，俊知工业园奠基了，省里的大领导来了，远远地，也没看清楚；那一年，俊知传感成立了；那一年，俊知光电成立了；那一年，俊知上市了，每人都拿到了一笔奖金；那一年，再也回不去我熟悉的那一年了……

本质上来说，我仍未脱去那股子稚气。生在一个普通家庭，没有小说电视剧里那种狗血剧情。爸妈把我保护得很好，生活的压力全部留给他们自己。至今也没经过大风大浪，只有一股子真诚。想来，这是爸妈给我今生最好的礼物。

　　物欲横流好似在侵蚀着这个社会，也波及了我们身边的每一个人，越来越觉得自己无所作为。看书、打球、跑步、旅游渐渐占据了我的全部，朋友圈渐渐都是名牌豪车了，渐渐我也快要迷失了。没有传说中的幡然醒悟，也没有高人指点迷津，不过，我好像一步步在坚定自己的步伐。对啊，我不正要成为泥石流中一股清泉般的男人么？

　　工作了，升职了，恋爱了，结婚了。就像大家常说的，我的青春全在这了。青春啊，真是个美好的东西，这个年纪羡慕着那个年纪，那个年纪却又憧憬着这个年纪。

　　工作的节奏越来越快，出差的时间多了，在公司的时间少了。有些羡慕那些朝九晚五在车间工作的小伙们，希望你们能跟上俊知的步伐，紧紧地，因为你们也是俊知的希望啊。

　　一晃十年过去了。十年之前不认识你们，十年之后忘不了你们。感恩家人，感恩朋友，感恩俊知。

蒋晓青

更美好的俊知　更美好的你我

　　一路走来，翻山越岭，十年风雨同舟，集俊以知。放眼未来，携手共进，十年春华秋实，和谐共荣。

摸索前方路扬帆起航

　　转眼间，俊知集团已经走过了十年的历程。在过去的这些年里，俊知在公司领导集团的有力领导下，发扬"集俊以知，和谐共荣"的精神，在建设创新俊知、信息俊知、高新俊知、和谐俊知等方面取得了显著的成绩。最美光电线缆企业、中国无线通信领军企业、江苏省重点企业研发机构、国家火炬计划项目……十年来，俊知走了一条符合国家政策、紧扣时代脉搏、引领行业先机的趋势之路，走了一条科技创新、结构优化的研发之路，走出了一条信息化与工业化融合、质量为上的发展道路，走出了一条服务客户、服务大众的特色发展之路，走了一条回馈社会、回馈员工的共同致富之路，走出了一条将项目普惠与商业化经营有机结合之路。

开拓前进路披荆斩棘

　　当我们站在新的高度，极目远眺曾经翻过的雪山高峰，闭目回想曾经迈过的坎坷泥泞，怎能不为自己的努力而欣喜？怎能不为自己的坚韧而鼓舞？当然，这一切欣喜和鼓舞，只是下一段雄关漫道的开始。未来，我们还将面临一轮新的挑战，可纵使前路困难重重，纵使风雨兼程，只要我们行动，我们坚持，就一切皆有可能。

　　千里之行，始于足下。我们俊知人对脚下的道路更加坚定，对发展的前景更有信心。更美好的俊知，需要更美好的你我。从现在做起，从自我做起，从小事做起，做好本职工作的每一个细节，为客户提供高品质和自主知识产权的产品，为俊知多尽一份心，为俊知多献一份爱，为俊知多出一份力。我相信，在不久的未来，我们每个俊知人的梦想都有生长的土壤，每一种奋斗都有驰骋的天空，我们俊知人的幸福并不遥远，我们的努力更需坚持。

寻找未来路乘风破浪

未来，我们又将迎来一个怎样的俊知呢？我们又将如何突破发展瓶颈呢？现在，国家经济改革正在不断深化，社会风气日益净化，生活也在变化，我们国家变得更美好。展望未来，更美好的俊知，必将在集团领导的带领下再铸辉煌，必将在业务的拓展发展中成就梦想，必将在我们的团结努力中开创未来。

回望来时路，不忘初心。感恩俊知提供的学习成长平台，感恩集团领导的悉心指导和同事的大力支持。未来，让我们共怀愚公之志，同尽担当之责，扬女排精神，尽洪荒之力，抓住"十三五"国家信息化建设机遇，围绕公司发展战略，加强人才培养和自主创新，提升企业形象、核心竞争力和产业规模，为新的业绩撸起袖子加油干。

钱旭华

"俊知速度"超越前行

时光飞逝，俊知已年满十岁。这些年，依靠着专业技术、发展理念和企业文化等方面的创新，俊知已逐步发展成以"移动通信、光通信、传感、智能工业"为主要生产链的综合型企业。

八年前，我有幸成了公司的一名员工，然后逐步成长，并见证了公司的发展。遥想初入公司时，作为刚毕业的大学生，年少轻狂，但进入公司的第一天却遇到了"麻烦"。"准点打卡上下班""列早队""一直站着工作""不能串岗""不能玩手机""三班倒"……一个个要求让我内心无法平静。好在完善的企业文化、老带新的帮扶机制、合理的分工和安排，让我逐渐适应了这份工作，并顺利通过了三个月的实习期。

通过 8 个月的努力，我有幸成了研发中心的一员，才明白"俊知"为何能以"俊知速度"为人所称道。"人才战略""创新转型"成了公司持续发展的新动力。近年来，"俊知"始终坚持创新转型，不断加大自主研发力度，集聚了一支由行业领军专家、高校优秀毕业生组成的创新团队，先后承担了天馈系统行业 75% 的国家、行业标准制定，取得了发明、实用新型专利 111 项。

2010 年 3 月，"江苏俊知光电通信有限公司"正式成立，我也有幸成了第一批员工。在"新设备的选型采购""工艺的制定""设备的调试"等一系列工作的参与过程中，尽管起初有些力不从心，但还是踏踏实实地工作，一步一个脚印，通过多学习相关专业的书籍，多向老同事请教，逐渐适应了这份工作。

2014 年成了我人生的一个转折点。在这一年我完成了从"共青团员"到"共产党员"的蜕变。我积极参加了"六带头""四优四强""三有三无""为企业做贡献，为党旗争光辉"等主题活动。这让我认识到，一个党员只有进一步坚定思想信念，提高党性觉悟；进一步增强政治意识、大局观念、核心意识、看齐意识；进一步强化宗旨观念，勇于担当作为，才能在工作、学习和社会生活中起到先锋模范作用。

工作的八年我见证了公司的辉煌，也深刻地了解到，要跟上企业发展的步伐，需不断地完善自我。"雁子精神""钻子本色""老牛性格"缺一不可。

"十三五"期间，国家将大力发展新一代信息技术、智能制造、宽带中国、物联网等产业，这都为俊知的发展带来了机遇。俊知以人才战略为依托，坚持创新转型，以党建工作引领企业文化建设，塑造以人为本、和谐共荣的俊知精神。在新的起点上，必将以更优异的业绩不断前行。

潘家乐

征程路上

十年征程，十年收获。

2011 年 8 月，我应聘进了俊知光电通信有限公司。转眼间，从一个刚入职的毛头小伙，跟随着公司一步一步成长，已近而立之年。忆往昔，成长路上的点点滴滴，真真实实地刻在心头，有苦有甜。一份独特的企业文化，一份大家庭的温暖，都是公司给予我的。

这几年中我从领导细致的工作作风、诚实守信的为人处事中学到了很多。在入职的这五年多时间里，我对公司从陌生到熟悉，从熟悉到清晰，由清晰让我变得更有责任感。在成为俊知员工前，我曾经是一名整天只知道学习和一个拥有梦想不去实践的学生，而这里就是我成就梦想的舞台。

到公司的第一天，我被带进了俊知六车间，真正接触后我才发现电器元件种类是如此繁多，整条生产线的安装是如此艰苦。让我感念至今的是当时旁边的一个厂家里协助安装的朋友余工，他给予了我最大的鼓励和帮助。技术上，我慢慢地熟悉、应用着各种元器件；精神上，他鼓舞我一步一步自我学习，努力奋斗。很快，我就可独当一面，对整条生产线的安装了如指掌。其实，我们可以累倒，可以跌倒，但我们不能惧怕困难，不然，我们将寸步难行。

在那段苦并快乐着的日子里，我每天上班一有空就拿着图纸对照电柜看，不懂就问师傅。这段时间我学会了如何查找设备线路的故障，如何在烦乱的接线中理清思绪，直至现在，我仍受益其中。这段时间的积累，为之后六车间的扩产，七、九车间一期二期设备的安装，打下了大大的基础。

在俊知的这些年，我学到了业务技能，学到了拼搏向上的力量，感受到了团结互助的温暖，也学到了为人处事的稳重。虽然，我的岗位可能微不足道，从事的工作也平凡而普通，可我坚信，我们每个人走出一小步，就是俊知跨越的一大步，我们添砖加瓦的每一块，就能成就一座又一座里程碑。

荣誉承载过去，开拓指向未来，过去的只是一个逗号，在以后的日子里，我们会一起为俊知明天的宏伟蓝图添一份色。

陈振

岁月如歌　情深意长

2008 年 2 月，我在俊知集团开启了新的人生旅程。我见证了公司从一车间发展到现在成为通信行业具有强大竞争力的企业，见证了俊知这个大家庭里不断热烈的创新激情。我也跟随着公司一步步的成长已至而立之年，成长的道路真真实实地刻在心头，有苦有乐，颇有一番滋味涌上心头。

十年奋斗，十年创新。在公司里，我学会了技能，懂得了管理，确立了自己的人生观、价值观。2008 年开始先后优质高效地完成了一、三、五车间同轴条线的安装，二车间数控机床的安装，八车间实验室检测设备的安装，四、六、七、九车间光缆条线的安装等一些公用工程设备的安装工作。企业的发展速度促使我更快地在成长中经历各种酸甜苦辣，有经历风雨时的困惑，有排除万难成功后的喜悦。我忘不了刚工作时师傅们的言传身教，忘不了工作中同事们协作拼搏的身影，更忘不了领导们的关怀和培养，在公司高速发展的同时我也得到了良好的成长。我也面对起了一次又一次全新的挑战，从设备部员工到组长到工段长到设备部副主管的角色转变，与此同时也带来了一次次的责任与担当。

在不断的市场变化中，俊知人始终坚持以"集俊以知，和谐共荣"为发展方向，并重视企业文化的培养，紧跟行业的发展动态，形成以"移动通信、光通信、传感、智慧工业"四大板块为主的产业链，培养出一批不断创新和敢于挑战自我的高素质人才队伍。

过去的岁月，如同静静流淌的溪流，在以后的日子里我们将奋发向上，再接再厉，恪尽职守，再创辉煌。

钱旭峰

一起走过的日子

2007 年，她出生于一片杂草丛生的荒地。那时候，这里没有行人，没有楼宇，也没有机械轰隆，只有几个胸怀梦想的人。他们凝视着这块视为"骨肉"的土地，心里有些忐忑，目光却满是憧憬。同年 3 月 15 日，她有了属于自己的名字——俊知。从那以后，这片荒地上建起了越来越多的厂房，每天充斥着脚步声与机械轰鸣声，她不停地茁壮着。

我今年 25 岁，与她相识在 22 岁的夏天。那时的她早已荣誉遍地，而我只有一张纸，一张普通得不能再普通的毕业证书。

第一次走近她时，我就如十年前的她一样年轻、热血。我戴上手套，穿起实用却不时尚的工作服走进车间，一干就是两年。带我的师傅是个陕西小伙，在这待了五年多。我问他，为什么选择背井离乡？他说，时间久了就不想走了，况且这里很好。师傅是个很实在的人，他没有保留地教会了我很多东西。有时，我会开玩笑说："您把本事都教给了我，不怕我抢了您饭碗啊？"他只是憨厚地笑着说："你师傅的师傅也是这么教的。"

俊知有一个说法，辨别新员工和老员工只要看他们的工作服就好了。我的工作服已经变得皱巴巴脏兮兮，手套戴破了一双又一双，这倒像是劳动光荣的勋章一样令人骄傲。某个夜晚，夜班值班领导来巡查车间，他问我工作苦不苦，我说，不苦肯定是骗你的，然后我俩哈哈大笑。他说，在能吃苦的年纪多吃苦，不要到了吃不起苦的时候满是苦，我们年轻时也都是从车间开始干的。俊知就是这样一个集体，同事像朋友一样，领导像长辈一样。就像我师傅说的那样，这里很好。

公司第七届拔河比赛，我和几个壮硕的兄弟代表我们车间参赛，拿回了第一名。当我们站在一起领奖合影时，我第一次感受到了团结的力量。那天晚上，我捧着奖品——电饭锅回到家，沾沾自喜地跟我妈说，今天做饭就用这个锅，是我比赛赢的！妈妈露出欣慰的笑容说，在那好好干，那里很好！

现在是喜欢上她的第三年。我错过了她的前七年，走过了她的近三年，我看到了她的繁华，听到了她的故事。去年3月，通过竞聘我来到了营销部。对我来说，这是个全新的挑战。起初，真的无从下手。但是，在同事耐心的指导下，我也渐渐对销售有了全新的认识。当所有人向着同一个目标去努力奋斗时，这股子劲儿深深地感染了我。现在，我常常要带着产品去全国各地。接触的人越多，听到别人对俊知的赞扬越多。对此，我总是无比自豪。

三年时间很快，她见证了一个少年的成长，教会了我苦尽甘来的艺术。第一份工作对于每个人来说，都像初恋般特别。我愿意用陪伴来见证她的第二个十年、第三个十年，用陪伴做最长情的告白。

这葡萄藤是很久以前的智者种下的。今天，我品尝着葡萄的美味，吞下每一粒成功的种子，让新生命在我心里萌芽。

徐俊

释放激情　成就未来

　　沧海桑田，历史变迁，又有谁真的在意这匆匆而过的十年？然而，对于一个奋发向上、积极进取的个人或者是一个披荆斩棘、勇攀高峰的企业来说，十年足以发生天翻地覆的变化。

　　曾几何时，我无数次梦想自己的未来，在心中谱写人生中最美的光环；曾几何时，我无数次感叹自己的人生，在人世苍茫、谁主沉浮中苦寻自己的目标。在面对人生道路延伸的方向，带着青春的激情，带着对未来的憧憬，2015年夏天，我有幸进入了俊知集团。

　　刚来公司时一度困惑、迷茫。由于俊知有一系列以人为本的管理制度做保障，我们在为俊知创造财富的同时，自我价值也得到了最大限度的发挥。这里的每一位同仁都尽职尽责，努力为俊知服务，俊知也为我们提供了多种展示自己才能、实现自身价值的机会。

　　进入公司以后，我一直保持着虚心学习的态度。让我感到高兴的是，前辈们并没有那种教会徒弟饿死师傅的心态，都非常耐心、毫无保留地告诉我遇到各种问题该如何去解决。不仅如此，前辈们还经常在一起讨论工作中遇到的问题，集各家之所长，从而更好地完成工作。在俊知，我学到了业务知识，掌握了操作技能；在俊知，我经历了成长的烦恼，懂得了收获的快乐；在俊知，我看到了拼搏向上的力量，感受了团结互助的温暖！

　　在我转正的第二个月，公司进行了设备扩建。这对于我来说是一次锻炼，也是一次考验。当你把一堆零散设备逐渐变成整条生产线的时候，心中的喜悦、心中的自豪感无法言表，其中的滋味只有自己才知道。当你在安装设备的时候遇见新的问题时，前辈们都会在你身边一起讨论解决方案，让你很踏实。当你不小心犯了错误，领导会跟你耐心地讲解原因及如何处理，会让你很暖心地觉得原来领导也是这么平易近人。扩建的过程虽然非常辛苦，但是我一直坚信"能吃苦方为志士，肯吃亏不为痴人"。

今天，当企业翻开第十年华彩乐章之时，我想说：面对机遇与挑战，付出辛勤与智慧，人生就会改变；面对俊知美好的前景，我们开拓进取，我们不懈努力，我们一同成长！

吴鑫

最幸福的事

十年，年华正盛，风华正茂的岁月。而今拂面而来的风，带来你的鸟语花香，顺颊而下的雨，传来你的勃勃生机。2007 年早春，亲爱的你还显得那么稚嫩，在前辈的辛苦耕耘呵护下你一步一步成长着，岁月的洗礼、精神的凝练、汗水的堆积造就了不屈不挠、蓬勃向上的俊知集团。

十年够一代英豪对酒当歌，拓古垦今，品论天下，也够你日积跬步以至千里。2007 年 3 月 15 日，俊知在宜兴环科园成立，2008 年 3G 网络掀开大规模建设热潮，俊知一路乘风破浪，并成为行业领军者。先后主持制订了 75% 以上的通信天馈系统国家及行业标准，取得发明、新型专利 111 项。目前，公司的移动通信射频馈线已连续六年位居全国第一，电子元器件产品成功入选"中国电子元器件百强企业"，位居国内射频器件制造商之首。这是你的十年，荣耀而灿烂。

你的十年有我的五年，这是我最幸福的事。2012 年初夏，我投入了你的怀抱，在光电设备部努力打拼着，有幸见证了这辉煌而灿烂的后五年。

你还记得四期背后那块荒地吗？是的，我想你一定记得。我们一起见证了一座现代化工业车间的拔地而起，无数俊知人为此任劳尽责。领导带着我们，从图纸的规划，到实地施工，再到基础设施的铺设，我们和建筑工人一起奋斗着，眼里满是它的一日一变化。各工种的有序配合，快速协进，我第一次觉得这是一种美，很累、很苦，但让我明白了工匠精神的魅力所在。

四个月后车间整体架设完工，基础设施铺设完毕，静待安装设备的那一刻，我从心里被深深地震撼了，这就是"俊知速度"，这就是我们俊知人在有限的资源和条件下，把心靠到一块儿，力聚到一起完成的一个奇迹。

我明白，你在骄傲的同时，看着空旷的车间，正在憧憬着它的未来，我们能体会到你的兴奋与雄心。当你远眺的瞬间，我们设备部的同志们，正在给最可爱的你准备着第二个奇迹。十几个员工用两个多月，完成了近20台生产线的安装与调试。我想你一定还记得，那一个个炎炎夏日，我们挥洒着汗水将一台台生产线牢牢固定在坚硬的水泥地上，轰鸣的电锤声、榔头与膨胀螺丝的敲击声、自攻螺丝与桥架的绞合声、电焊机那呲呲的电弧声、每一根导线接入电器原件的吱吱声……我明白亲爱的你把它当作一首音乐交响曲，它虽然不如贝多芬的交响曲那样优美迷人，但一定是你的最爱。在那个完工的瞬间，我们感觉到了你的欢呼、雀跃。是你教会我们，团结一致、互帮互助、协同进步的真谛，我们把它理解成一种文化、一种精神。

今天当你步入这拔地而起的车间时，你会发现整洁有序的车间内，井然有序地安装的设备正在热火朝天地运转着，我知道这一刻，你又爱上了这一首生命之歌。

亲爱的你，对于我们每一个俊知人来说，是一个家。我想，也许你会问我这个家感觉如何？我会微笑着告诉你：温暖、向上、生机勃勃。如果你还要问我下一个十年你想做些什么？我想对你说：我会继续为这个家做点事，因为你以后的十年有我的十年。

宗俊臣

十年成长　百年梦想

2017 对于俊知来说是个特殊的年份，因为她已经十岁了。我从 2008 年进入公司，我庆幸能参与俊知的十年，感恩她的培养和付出，让我逐渐成长，同时也感受到了公司翻天覆地的变化。

公司从成立，到打造俊知工业园，到在香港联交所主板成功上市，再到目前以"移动通信、光通信、传感、智慧工业"四大版块为主的产业链，跨入行业内数一数二的大公司行列，无不体现出她的成长和变革。

公司把每位员工都当成自己的家人，她深知家族的兴盛与否和每位家庭成员息息相关，让员工们了解自己的责任，明白普通员工在普通岗位上的作用。俗话说"不积跬步，无以至千里；不积小流，无以成江海"，任何一件大事都是无数的小事积累而成的，能把普通小事做到极致，把分内的工作做到周到完美，那就不是普通小事，而是公司发展中的大事。

不管从事什么行业，要想在激烈的竞争中求得生存，实现持续、健康、快速发展，必须通过教育、培训提高员工素质，最大限度开发员工潜能。公司深知这一点，把职工的素质培训纳入企业发展规划。公司工会在鼓励员工搞好岗位培训的基础上，通过多种途径如读书自学、专业技能培训、丰富多彩的文娱活动等多种形式获取知识，适时开展技能比赛切磋交流经验。公司还与院校挂钩，给员工提供再教育的平台，引导员工走上技能成长道路。

科学技术是第一生产力，现代企业也越来越依赖于科学技术。公司自成立以来更是高度重视自主创新，不断推陈出新，已经经历了无数次的技术创新和产品升级。"集俊以知，和谐共荣"这八个字不管员工走到哪都会想起来，因为它是以前的俊知、现在的俊知、将来的俊知。因为这八个字浓缩了俊知发展的历程，是俊知根深蒂固的企业文化，它代表着员工对企业的信任，代表着对十年俊知的肯定，对百年俊知的展望。

回顾过去，我为俊知的成绩感到自豪；展望未来，更加感到任重而道远。过去的十年已为今后的发展奠定了良好的基础。未来，我会保持自信，直面困难，迎难而上，迎接挑战，不断开拓前进，为公司建设成和谐共荣的现代优质企业而贡献自己的绵薄之力。

蔡焱旭

成功，绝非必然

　　成立五年在香港主板成功上市，连续七年在馈线细分行业排名第一，天馈系统唯一的国家技术中心落地……俊知集团从一片空地发展壮大的这十年，一系列的成功绝不仅仅是好运气的偶然。

　　在券商、投资者、律师、审计师等众多专家的指点下，俊知公司成立伊始就按照境外上市的要求设置股权结构，为成立五年就成功上市指明了方向；首次注册资本达 2000 万美元，是当时馈线行业注册资本算高的企业，为入围移动运营商又多了一个打分项；成立于 2007 年 3 月 15 日，是最后一批享受两免三减半政策的外资企业，降低了企业所得税成本，增加了净盈利能力，为后续上市及参与市场竞争提供了强有力的保证。

　　2017 年春节前，为了及时给施工单位结账，公司工作人员连夜加班加点和施工单位洽谈，审计师加班加点审核。审计师说，以往碰到的都是施工单位催着结账，这还是第一次碰到建设单位加班加点催着和施工单位洽谈，催着审计师客观公正实事求是地和施工单位结账。在谈判中，施工单位感受到俊知团队负责任的精神，本着双赢合作的态度，最终做出一些让步，在年前结账回家，开开心心地过了春节。

　　俊知虽是民营上市公司，但是党委、团委、工会、纪委监督政治机构样样齐全，组长以上及采购等重要敏感岗位均与公司签订廉洁协议，并在内部发挥相互监督作用，实行内部举报制度。通过内部举报核实制度，一方面查实一些问题，更重要的是通过内部举报，通过其他部门及公司高层的眼光来看待业务管理中的漏洞，促使业务管理部门自觉整改堵漏，提升管理，提高了俊知业务部门的政治素质、业务素质和管理水平。

　　在党的群众路线活动中，俊知各级党员以及经理以上非党员干部均参加了学习教育、谈心谈话等工作，联系自己的思想、工作和生活实际，深入查找了自己在遵守党的政治纪律及"四个倾向"方面存在的突出问题和不足，并对个人存在问题的原因进行了剖析，提出了努力方向及整改措施，促使公司党员干部提高了创业激情，进一步激发了创新动力，增强了公司战斗力。同时，公司还积极参与各类慈善活动，创造和谐共荣的社会关系。自 2007 年成立之初慈善捐赠 300 万以后，每年均进行各类捐赠，组织慰问困难职工、社区五保家庭、社区结对共建等和谐共荣活动，为企业构建了一个和谐共荣的社会关系。

敌进我退，敌退我进，也是俊知能在白热化市场竞争中把握机会、劈波斩浪的关键。2009 年中国移动投标是网上反拍（以价格论输赢）的最后一年。首次投标时，业内几个大企业均认定俊知会以最低价投标竞价，但以钱总为首的俊知决策团队，在拍到每米 17.8 元以后并未再继续下行。第一轮投标从早上 8 点到晚上 11 点多，第一名以每米 8 元最低价、第二名以每米 8.8 元结束，远远低于当时的材料成本价，中标的供应商做一米亏一米。于是，第二天上午，中标供应商就向中国移动表示中标价格无法兑现。按投标规则，中标供应商必须无条件保质保量供货，违约者没收保证金并取消三年投标资格。但考虑到馈线细分行业本身有规模符合中移动要求的供应商并不多，如果将三家都赶出中国移动合格供应商，担心后面交货及质量难以保证。最后，只能采用折中的办法：前三家每家中 5% 不没收保证金，当年内不得再参与投标，而剩余 85% 的份额要重新招标。在第二轮投标中，俊知仍以 17.8 元中第一名，且中标后，交货速度和质量也日益平稳，自 2010 年起，连续七年排馈线行业第一，树立并稳固了行业龙头的地位。

谢春林

技术能手冯玲芳

在信息和通信技术飞速发展的大环境里，俊知集团一路乘风破浪，成为行业领军者。这期间，离不开技术人员的辛勤付出。

在俊知集团，提起同轴技术部的冯玲芳，熟悉她的人，都会伸出大拇指。她是公司的技术骨干，去年得到了"宜兴市高技能人才成就奖"，俊知公司还授予她"创业之星"称号，多次被公司评为"优秀干部"。

作为一名技术人员，冯玲芳工作脚踏实地，刻苦钻研。她坚持从基层做起，与技术相关的每一次公关，都少不了她的身影。在建厂初期，对进口、国产设备操作进行培训学习，有她的身影；各道工序、各条生产线的调试，有她的身影；制定修正各工序的生产工艺，有她的身影；攻关生产过程中出现的各类难题，有她的身影；对产品进行反复的试验，有她的身影……在技术人员的共同努力下，通过短短的半年时间调试，产品的各类性能指标远远优于行业标准，公司产品顺利投放到市场，并在市场中占有了一席之地。

她在工作期间任劳任怨、敬业奉献，为公司发展不懈努力着！2016年下半年，罗森博格公司的招标结果显示，俊知集团已中头标，全年需提供约7000公里的超柔馈线。但那时，公司的年生产能力大约只有5000公里，生产能力缺口较大。因此，急需重新调试国产设备生产该类产品。但国产设备的稳定性远不如进口设备。为了早日有所突破，冯玲芳根据经验，重新制定生产工艺，对设备进行筛选，重新设计工装、模具，根据生产情况及时调整、修改。那时，她每天拖着疲惫的身躯回到家中已是半夜，但躺在床上，她依然在想着白天工作中出现的问题，思考着问题的解决方案。就这样，屡战屡败，屡败屡战。经过近一个月的调试，终于在国产车台上生产出了合格产品。通过对成品电缆的测试数据比对，产品性能指标达到了进口车台生产的产品水平，完全满足了客户的需求。

持之以恒，贵在坚持！在公司原有产品的基础上，冯玲芳相继开发出了耦合型泄漏电缆、辐射型泄漏电缆等等。在多种新技术的支持下，俊知集团在特种电缆行业中，充分发挥技术优势，在市场上抢占了先机。此外，冯玲芳对原有的生产工艺进行改进，对设备、模具、工装进行重新设计，提高了生产效率；对原材料进行升级、替代，起到了节支降本的作用，提高了产品在市场中的竞争力。十年来，她对自己要求严苛，对每一盘线、每个问题、每个细节从不轻易放过。

脚踏实地海让路，持之以恒山可移。她就是这样一个拒绝"差不多"的人。

蒋奇

岁月

2010 年的盛夏，超低的气压夹杂着江南特有的潮湿，那一年，23 岁的她来到了宜兴这座小城，一晃快七年了。

面试当天，提前了一个小时来到公司，因为生怕迟到了不好，可是保安不让进，说没到时间不可以进。嗯，和大学不一样，大多数的大学校园都像免费的景区一样，可以进，可以参观游览，那是她第一次隐约地体会到求学和工作的差异。

面试官问她，为什么到这边来？知道这个岗位是在车间工作吗？"因为……因为考研失利，所以得找份工作哦，车间，是的，我知道。"桌子下，她左手的食指紧紧扣住右手的食指，像个犯了错的小孩，在等待家长的拷问。当时的她并没有意识到这个地方竟成了她日后生根发芽的土地。

初到传感公司，公司也刚成立不久，给她们培训的是一个戴着黑框眼镜、略显老气但年纪尚轻的工程师，讲的是光纤连接器、分路器，好像还有什么 AWG，听得云里雾里，感觉比当年挂科率最高的量子力学还难。培训结束的时间是下午 3 点多，下班时间是 5 点钟。她问工程师，培训完了是不是就没什么事了？他告诉她，你们需要消化一下我刚刚讲的东西。哦，那我是不是可以回宿舍慢慢消化啊？大家居然都冲她笑。上完课了不就自由了吗？可以回宿舍，可以逛街，可以做自己想做的事，但是看着大家在那翻着刚刚的培训资料，她意识到，工作和求学真的是不一样。

桂花的清香飘过了一年又一年，飘过了"集俊以知，共赢 3G"，飘过了"集俊以知，和谐共荣"，也飘过了 2012 年 3 月 19 日香港交易所的铜锣声。

时间就像是指尖沙，顺着指尖的缝隙悄然地流逝，她清楚地感觉到手指间流失的重量，还有，流逝过后，留在皮肤纹理里的尘埃。她慢慢地成长，慢慢地沉淀。时间似轻风，拂过她毕业后的六年，她从操作工变成了技术员、工程师，可以将细得像头发丝一样的光纤和小巧精致得掉在地上都找不到的芯片精密对接，可以通过车间的日光灯射在直径是 2.5mm 插针体上的投影判断插针体的曲率半径。俊知的点滴滋养了她，如导师、如兄长、如密友。她开始知道如何去了解行业的动态，知晓职场的法则，也开始给新员工培训，讲解什么是连接器，什么是 UPC，看着他们同样听得云里雾里，同样稚气未脱的脸，想到了 2010 年那个盛夏的她。

她漫步于俊知园区，看着水中欢快的鱼儿，轻轻地问，你是在感谢这一汪池水的滋养吗？当落叶在风中盘旋，谱写着一曲感恩的乐章，她知道那是大树对大地的感恩；当白云在空中飘荡，绘画着一幅幅感人的画面，她知道那是白云对蓝天的感恩。当阳光透过前辈们两鬓日渐斑白的发丝，映着额头上悄悄爬满的皱纹，她知道恩之切，言岂尽！

相伴了六年的俊知走过了她的第一个十年，但这十年，也只是俊知发展历程中短短的一瞬，因为未来更有无限可能！

李莎莎

再续辉煌

但凡埋头登高之人，总是心怀绝顶，眼观脚下，负重而行。时而步伐矫健，时而步履蹒跚，但总是不停歇地虔诚而攀。偶有一次不经意间的回眸，却惊奇地发现虽离顶尚远但身后已然霞光一片。这也是对一个负重向上充满活力的企业——俊知技术有限公司的真实写照。

光阴荏苒，须臾十年。在过去十年中，俊知从无到有、由小变大，目前正步入由大变强的关键历程。十年来，俊知创建了一整套完整、成功的企业管理制度，赢得了同行公认的俊知速度，建立了信守承诺的市场地位，取得了驰名行业内外的骄人业绩。

回顾过去，首先得益于俊知公司"掌门人"高瞻远瞩的视界和宽广博大的胸怀。俊知十年所取得的成功与收获，主要得益于公司领导"知人善任"的魅力。其次，得益于公司各条线、各部门的团队协作精神，在公司的统一意志下，卓有成效地开展工作。第三，得益于公司全体员工自觉地遵章守纪，热爱本职工作，在平凡岗位中的尽职尽责。企业是员工圆梦的载体，企业的发展成就与每位员工的努力工作分不开。

谋事在人，谋事的前提是目标明确。技术，俊知赖以生存与发展的关键因素，长期以来都有些衡量企业技术水平的术语需要仔细思考后才能进行回答的问题。经过十年的拼搏，俊知在移动互联网细分领域、技术水平、产品质量、价格与服务等方面，经历了 2G 跟随、3G 并肩、4G 超越和领跑的过程，始终与我国移动通信网络建设领域同步演进。整体技术水平逐年提升，为企业抢抓 5G 发展机遇提供了强有力的实力支撑。

公司未来的领域与技术路线应该借助一句话，那就是"学习了互联网就是学习未来，了解了互联网就是了解未来，抓住了互联网就是抓住未来"。所以，坚持立足移动互联网专业领域，深化互联网与制造技术融合；提升企业创新能力，精细化产品服务与倡导应用的系统解决方案，逐步实现公司经营模式的转变。

俊知的前十年，为企业未来发展打下了坚实基础，今后还将有更远的路要走，更高的山要攀。摆在俊知人面前的同样是一个陌生的世界，新征程还需要有新面貌、新思路。故，不能，也不敢有任何丝毫的自满或懈怠。今天，我们在这里择文同贺俊知十年华诞，目的是要看清公司今后的十年、二十年乃至更久远的路。今后的路，或许会更崎岖、更陡峭、更艰难，但只要我们扬长避短、发挥优势，团结一心、众志成城，传承和弘扬"中华子弟多才俊，集俊以知创辉煌"的精神，就一定能向更高目标迈进。

刘湘荣

志在征途不卸鞍

光阴似箭，转眼就是十年。回顾十年路，道路坎坷，成就辉煌。

十年，俊知一路走来，有风有雨，有苦有甜，有欢乐也有泪水。"以设计为起步"，逐步做大做强，发展到今天，让人钦佩也让人感动！

十年，说起来是一段历史，只有真正经历的，才知其中滋味。在瞬息万变、商场如战场的今天，俊知始终能把好舵，朝着正确的方向前进。除了幸运，更应该说是我们的领导者有着非一般洞悉市场的敏锐观察力，带领我们实现一个又一个的飞跃。俊知是个大家庭，发展到今天，家庭里的成员也越来越多，大家都在为了这个"家"的明天努力着，奋斗着。

回首俊知的发展历程，它就像一颗闪耀的"新星"，拿到了许许多多的奖项："无线通信十大馈线厂商第一名""国家 3A 建设与创新成就奖""江苏省师范智能车间""江苏省优秀民营企业"……目前，公司任务饱满，在当今激烈竞争的情况下，精力充沛，拓展未来。

回想公司一路走来的坎坷，细数公司精诚团结换来的奖杯，集团公司创造了一段辉煌的历史。对于我们亲历者来说，深深地体会过程当中的酸甜苦辣、喜悦感伤。十年，在漫长的历史长河中，只是短短的一瞬间，然而对于俊知来说，十年的艰辛坎坷，十年的风雨兼程，十年的传承跨越，十年的灿烂辉煌，我们用智慧和汗水共同书写了一部充满机遇与挑战、拼搏与奉献的发展史。

俊知的十年，是辉煌的十年，是不平凡的十年。在经历了暴风雨的洗礼之后，如一只展翅高飞的雄鹰，朝着更广更蓝的天空，飞翔！此时此刻，我们心潮澎湃，倍感骄傲与自豪！

"大鹏一日同风起，扶摇直上九万里。"俊知集团有过去十年的辉煌和成就，也一定能有今后更大的发展和希望。所谓"人在征途不卸鞍"，希望以建厂十周年为契机，进一步振奋精神，进一步昂扬斗志，进一步精诚团结，为把俊知集团建成一流现代化企业而奉献奋斗！

陈涛

难忘的岁月

2008 年 1 月，接连五天以上的暴雪从天而降。

天寒风急，一车间、二车间和三车间屋顶的积雪超过 50 厘米，眼见三个钢结构厂房的横梁渐渐弯下身子。可是，这场百年一遇的超级大雪依然没有停下来的迹象。关键时刻，集团总裁钱利荣及时开会成立抗雪战斗领导小组，组织全体俊知员工打响了抗灾战斗的"第一枪"。

在车间战斗现场，小伙子们个个精神振奋，踏过垂直的云梯，在足球场大小的车间屋顶上手握铁锹、扫帚等卸雪工具，热火朝天地干了起来。我是上世纪 60 年代初出生的，是个将近半百并患有多年高血压、心脏病的中年人，看到同事们急战大风雪的热烈场景，我想起了"集俊以知，和谐共荣，勤于追索，建成和谐共荣的现代优质企业"的使命，想起了当年竣工当年投产的俊知速度。心中激动，我也加入铲雪大军，迎着暴雪、严寒，挥动铁锹，筑起了抗击暴风雪的"俊知长城"。

是的，我们跟对了领路人，至今，我们俊知生产的产品，连续七年名列全国第一，同时也取得了"中国质量诚信企业""慈善先进企业"等多项殊荣，在俊知诞辰十周年之际也想到唐代杜牧的《题乌江亭》：

> 胜败兵家事不期，包羞忍耻是男儿。
>
> 江东子弟多才俊，卷土重来未可知。

在闪光的十年岁月中，我们不忘初心，我们再苦也甜。

孙虎兴

杂记

初冬时节来临，前两日还阵阵寒意，今日却阳光明媚，好似初春的气息环绕左右，外面的树叶越发显得明亮，似乎在用尽全身的力气来汲取这难得的暖意。坐在椅子上，窗外的阳光暖暖地洒在后背上，酥酥麻麻的让人忍不住想要偷会儿懒，眯起眼睛，就这样放空自己，仿佛置身范成大的诗词意境之中，再也不想从这个慵懒惬意中走出来。

"嗨，有空吗？办张卡。"

声音刚落，人也来到了身边，原来是位相熟的同事要来办卡。哎，梦境已破，还是兢兢业业地上班糊口才是硬道理啊。办卡的空当，"哇哦，这是你吗？"她指着我的员工牌照片说。"那当然了，那会儿我还是小姑娘呢！""嘻嘻，真的是变化好大啊！"

送走了同事，不自觉地拿起工作证，对着照片细细端详了一下，那时的我才毕业没有多久，看起来神采奕奕，到现在已经接近八年了。"八年"，这个数字吓了我一跳，原来都来到俊知这么久了，"惊风飘白日，光景西驰流"，时光就这样从我的年岁里匆匆走过。今天是个让人感慨的日子吗？如同打开了记忆的闸门，刚进公司的一幕幕一股脑地涌现出来。

记得第一天来面试的时候也是冬天，刚刚过了正月的天气正是冷到骨子里的时候，但天气无法冷却我内心的期待与兴奋。在等待面试的过程中我脑子里幻想了无数电视剧中出现过的场景，激动中甚至有一点忐忑。很快，轮到我了。当时是王经理和潘总面试，或许是看出了我有些紧张，王经理对我笑了笑，指了指我的自荐信说："字写得很不错！"并示意我自我介绍。轻松欢快的气氛，很快驱走了我的小小不安，我重新调整了自己的状态，交出了一份满意的答卷。

记得 2012 年 3 月 19 日，俊知作为上市公司正式在香港挂牌。那天早上我来门卫上班，看到大门口放了很多的标语，那一刻我感受到了作为俊知人的骄傲，内心涌起的是满满的自豪感，我作为小小的一员在自己的岗位上发光发热，哪怕只是一点点，也是集团的一分子。我是欣慰的，在这么一个蓬勃向上的大家庭里；我是幸运的，在我的职业生涯中选到了一条阳光明媚的路。正如这初冬暖暖的阳光，好似和煦的春风，不只暖在身上，也暖在心里！

宋艳艳

志存高远再出发

当时光悄悄地推动着不歇的年轮
当火焰点燃生命的激情
当三千六百五十个昼夜已成为回忆
俊知已走过十个春秋

十年，一株幼苗
从萌芽成长为栋梁
俊知
十年坎坷十年磨砺
观如今声名远扬花遍地
十年风云十年浪淘
看现在踌躇满怀志高远
十年风霜锻造了俊知人的坚韧意志
十年奋进彰显了俊知人的雄心壮志

是否记得，时光荏苒中挥洒的芳华？
是否记得，日月如梭中流淌的汗水？
是否还记得，意气风发的老总已白了双鬓？
我记得！今天的成绩蕴藏着明天的动力
我记得！今天的苦难酝酿着明天的喜悦
我记得！今天的沉淀孕育着明天的绽放

忘不了加班时充满血丝的眼睛

忘不了你们头上新添的白发
感谢所有兄弟姐妹们
感谢所有俊知人

我们来自五湖四海
我们亲如一家
任何艰难险阻都阻挡不了我们前进的步伐

志存高远知荣辱
不同血脉共追求
为百年基业添砖瓦
愿俊知第二个十年更辉煌

吴昊

幸福的态度

十年征程，十年收获。

十年，在历史的长河中只不过是弹指一瞬间，在万物的进化史中更是显得微不足道。沧海桑田，历史变迁，又有谁真的会在意这匆匆而过的十年呢？然而，对于一个奋发向上、积极进取的个人或者是百折不挠、敢于创新的企业来说，十年足以发生翻天覆地的变化。在短短的十年里，俊知开创了自己的天地。随着公司的战略化策略，公司的再拓展与公司上市的筹备，俊知迈向了新的篇章。

2012 年，我有幸来到俊知光电，找到了成就梦想的舞台。这里的每一位同事都尽职尽责，努力为公司服务，公司也为我们提供了多种展示自己才能、实现自身价值的机会。公司每次召开的办公会议、每次的竞聘演讲，一个个活动都是非常难得的学习与锻炼机会。公司毫无保留地把这些机会提供给大家，使我在更深层次上得到了锻炼，工作能力有了较大的提高。

曾经的我胆怯、困惑、迷茫。庆幸的是遇到了热忱和善的领导和同事，他们带着我迅速融入工作中，也慢慢适应了这里的节奏。在公司里，领导们像长辈一样对我的工作生活各方面予以指导和关心，而同事们则更像兄弟姐妹一样互相帮助、关爱，我愉悦并陶醉于这样的环境中。与同事们谈笑之间，我了解到另一种生命的体验，看到周围同事的一张张笑脸，我终于明白，原来平凡的岗位也可以产生无数的喜悦，幸福源自于我们的态度。

在俊知，我学到了光缆方面的相关知识，掌握了操作技能，收获了一些基层管理经验；在俊知，我经历了成长的烦恼，懂得了收获的快乐；在俊知，我看到了拼搏向上的力量，感受到了团结互助的温暖。五年时间，我从车间操作工、二套组长到二套副工段长，是俊知给予我成长与发展的机会。多少辛苦的日子，我披荆斩棘，伴随着自己倾注了无限精力的事业，走过了一程又一程。多少欢喜的日子，我舒展疲惫，品味着收获的甜蜜，笑了一回又一回。这一刻，我深深体会到奉献的价值、追求的快乐，也深深感受到来自同事们的信任和支持、领导们的关心和呵护。

虽然，我的岗位可能微不足道，从事的工作也平凡而普通，但只要我是爱岗敬业的、是勤勉有加的，就是无怨无悔的。我一直坚定地认为，我们每个人走出的一小步，就是公司跨越的一大步，我们添砖加瓦的每一块，就能成就公司发展的又一座里程碑。

潘文涛

因为感恩　同舟共济

时间一晃而过，弹指之间，距离我到俊知集团工作也有三年时间了。在俊知这三年时间里，集团发生了翻天覆地的变化，企业蒸蒸日上，也使我们员工有了一种家的归属感。

初来集团的日子里，我对这个企业不甚了解，但接下来的学习生活工作使我很快就融入了这个大家庭。一直以来，公司领导密切关注困难员工的生活状况，一直把为员工办实事送温暖放在重要位置。每年公司都会组织一些基层送温暖活动，为家庭困难的职工解决实际困难，发放慰问金，送上关爱。公司领导和工会都会对上报的员工基本情况进行摸底调查，并结合员工的致困原因、困难程度和生活状况，确定慰问对象和慰问标准，使困难员工切实感受到企业大家庭的温暖。

公司还在各部门各车间设立了职工书屋，解决了职工学习难读书难的问题，对于丰富职工的文化生活、保障职工的基本文化权益、创建和谐文明企业具有重要意义。

2016 年 7 月，宜兴各地遭暴雨袭击，在连续强降雨的影响下，爆发了几十年一遇的大洪灾。在公司党委和工会组织下，成立了抗洪突击队。在公司领导带领下赶赴新街等抗洪一线，为宜兴防汛救灾取得胜利提供保障，也体现了企业的社会责任感。

通过这几件事，我们员工也学会了感恩。感恩是一种信念，是一种情怀，同时也是一种人生的使命。英国作家萨克雷说过，生活是一面镜子，你笑他也笑，你哭他也哭。一个懂得感恩的人才能成就他生命和事业的高度。对一个企业感恩，首先意味着与公司同舟共济。如果企业是一条船，那我们的双手就是一只桨，只有我们共同伸出双手，让千千万万只桨一起划动，我们的船才能劈风斩浪，勇往直前。

姚云

悠悠十年　繁荣一片

　　初入公司，面对的是一个规模宏大、朝气蓬勃的大企业，面临的是不同于学校的同事、上级关系，身在公司中，初出校园那颗狂躁的心，渐渐平静。我知道，这就是我以后工作的地方，是追逐梦想的起点，是我异地的"家"。那时，我默默下定决心，我要努力工作，在校园里我做到了优秀，到公司我也一定争取成为最棒的。今天想起来，就因为这一信念，让我战胜了很多困难和挫折，一路走了过来。

　　工作伊始，我被分进了"江苏俊知光电通信有限公司"的"成缆工序"。望着冷冰冰的机器，我手足无措，突然走过来一名员工，他向我自我介绍后开始讲解如何操作。听着他认真而又耐心的讲解，我逐渐被吸引，原来这一台生产线还可以生产不同的缆芯。他滔滔不绝地讲解着，感受着他的倾囊相授，我也尽可能把他说的话全部记下来。虽然当时我听不懂，但我知道以后肯定有用。渐渐地，随着个人水平的提高，我开始做工序管理工作。自始至终，工作氛围一片祥和，每一次团队欢笑都是一个小小的成就标志，它是对我未来的鼓励，效果不可估量。

　　悠悠十年，弹指一挥间。我忘不了工作中前辈们那谆谆无私的言传身教；忘不了工作中同事们尽力拼搏的身影，忘不了坚持在一线指导生产的领导们。在公司发展的同时，我也得到了良好的成长，在企业和领导的关怀和培养下，我从一个懵懂青年成为企业的中坚力量。学会了技能，懂得了管理，确立了自己的人生观、价值观。公司的发展凝聚了历届领导和员工的心血，无论公司在发展过程中遇到什么样的困难，我都会与公司同呼吸共命运，用我的智慧和力量去创新发展，我学会了成长，学会了思考，学会了合作与竞争，学会了彼此信赖，也学会如何不断地超越自己。

　　虽然我没有赶上公司的诞生，但却有幸经历了公司的十岁生日。俊知，您好！不知不觉中陪您走过了五个春秋，而又了解了您十年的故事。您就像八九点钟的太阳，为我的人生指引着方向；您就像茂密的大树，为我遮凉又不忘自己成长。我愿意陪您走更长的路，因为期望见证您更加辉煌的明天！

张留保

那些令我感动的人

在俊知集团蓬勃发展的第一个十年里，我很荣幸有九年的时间在这里度过，也见证了公司从起步到成熟到完善的过程。这期间，公司涌现出许许多多人物，虽然他们的岗位不是最闪亮的，但事迹却影响着俊知最庞大的人群——生产一线的员工，当然也包括我。

2008年1月12日，那是我进公司的第一天，领着新工作服，我们就走上了生产第一线。当我们来到机台旁边，眼前的画面不同于我想象中光鲜亮丽的职场。那是我第一次见到范经理，此时他正在调试新设备，边上围着很多员工在认真地观察、学习。我们的到来并未引起他们注意，范经理只是抬头望了一眼，甚至都没有"正眼"看我们。这就是范经理给我的第一印象——含蓄内敛，沉着自信。在日后的接触中，我更体会到了范经理的这些性格特质，这些特质也让他成了生产部的定海神针。在焊接工序上，大到调成型、调精切刀，小到上盘、下盘，都打下了他的烙印。他的气场并不是能瞬间震慑全场的那种，但在无声中，他总能用娴熟的技术征服所有人。范经理强大的技术能力和稳如泰山的作风，让我受益匪浅，帮助我成长为更好的生产一线基层领导。

十年过去了，现如今生产部已无须范经理亲自动手解决操作难题，当年围在他身边的年轻人早已独当一面。而我也深深了解到，拥有过硬的技术在生产一线是多么的重要。无论做什么工作，都离不开点点滴滴的积累、兢兢业业的态度，成功从来没有捷径。

作为一名生产一线基层领导，我需要时常穿梭于机台之间联络工作。在车间，有一个人总是如影随形，那就是技术部的冯工。生产部有个说法，如果你被冯工盯上，那就有"好事"轮到你了。因为往往是产品的指标出了问题，需要你去调整设备。然而正因为这些"好事"，也让我对产品技术领域有了全新的认识。当年，冯工顶着巨大的压力，从什么都不会到如今成为专家，这期间经历了什么又有谁知道？这一切我都看在眼里，孜孜不倦地学习、提问，再学习、揣摩。多少次的错误尝试，受了多少冷眼，冯工都不计较。这就是我所认识的冯工，她不像范经理那样天赋异禀，也不像范经理那样气定神闲，冯工是那种永远让自己处在紧迫之中，觉得自己学不够、做不好，不断鞭策自己进步的人。她的这种精神也感染着很多一线员工，默默将她视为榜样。

范经理稳，冯工快，如果要用一个字去形容质量部的王经理，我能想到的就是"强"。王经理的"强"来自她强大的气场。多少次，王经理为了一点小小的质量问题与他人争得面红耳赤。在旁人看来，这兴许是小题大做了，但是王经理常说，质量无小事，只有不放过任何细节，才能把好质量大关。用两个字来形容王经理最为贴切，那就是"较真"，甚至有些人会认为王经理不近人情。她对产品质量的把关可以说是严苛，连小标签上的任何一个地方都不会漏掉。正因为她的这种坚持，使得公司很少出现重大质量事故。在专业领域绝不容情，让王经理有了"女包青天"的外号，这也恰好说明同事们对王经理工作的认可。

除了范经理、冯工、王经理，还有很多同事影响着我工作、生活的方方面面。想起他们每一个人，都是那么形象鲜明。这些迥异的灵魂互相磨合，在不同的岗位各司其职，才推动了俊知的十年。

李晴虹

一次改变人生的偶遇

2007 年夏天，我选择回到家乡——宜兴。

宜兴，历来就是个人杰地灵的地方。可当时，我却认为这是个没有前途、没有未来的地方。浑浑噩噩过了半年后，入秋后的某个日子，我在森林公园踏着黄叶闲晃。正听着脚踩落叶的沙沙声顾影自怜，就看到一个熟悉的身影，那是我们村的村书记。在与他的寒暄中，我第一次听到了"俊知技术"这个名字，当时，对于我来说它是陌生的，然而，就是它给了我机遇。

当时，俊知技术暂借我们村村部办公。怀着忐忑的心情，我见到了人事部经理，并将简历送到了她手里。等了几天，我得到了被录用的通知，被安排到精加工车间。当时，我是抱着混一天是一天的心情对待这份工作的，我切断了和大学同学的一切联系。我抱怨、怀疑，害怕人生就这样了。

2008 年冬天，大雪纷飞。车间屋顶积雪严重危害到了安全生产。我看着领导全副武装地和基层员工在一起铲雪，第一次觉得这个公司有股劲头，说不明，道不清。这件事改变了我的态度，我开始打开心扉与同事沟通，在我与家人朋友的聊天中，"公司"出现的频率越来越高。

一直想在办公楼里谋一个职位的我，在看到公司营销部招聘公告时，依然认为营销工作离我很遥远。在与家人闲谈中，我不经意提起这件事，在家人的鼓励下，我突然有了冲动，决定去竞聘营销人员。如今，我早已是营销部的一名老员工，告别青涩，不再迷茫。但是，回想起进入营销部的第一天，还是热血澎湃。那天，蒋总用有磁性且威严的声音说："欢迎进入俊知技术销售部，这可能改变你们的一生！"转眼间，我在营销部已九年，这句话依然时常在我耳畔回响。我常想，如果没有那次偶遇，没有听到"俊知"的名字，没有一腔热血地去竞聘营销人员，我的人生会是怎样呢？是不是还是继续着自暴自弃、碌碌无为的状态？我很感激那次改变我人生的偶遇。

王彬

搬迁记

人生都要经历搬迁。我经历过的搬迁，都是越搬越好，自然心情也是喜悦的，充满着期盼与美好。

我已换过五份工作，也算是职业的"搬迁"吧，第六份工作就是在俊知。2007年的第一个月中旬，彻底结束了我的第五份工作，怀着不舍又忐忑、兴奋又憧憬的心情走向了一个全新的职业生涯。最初，"俊知"只是一个概念、一个名称，一个102亩的空地，万事开头难。虽然过去多年，但有些"搬迁"还是记忆犹新。

办公地址搬迁

工作首先要办公地点，虽然有网络，有通信工具，但在那极需要信心、士气的时间段里，酒店会议室、茶楼便成了传达信息、布置任务、相互沟通等的办公场所。通过酝酿，2007年1月，租用了人民路上一家快捷酒店的大会议室作为临时办公点，简易的办公桌椅、简单的办公场所，却能感受到浓浓的创业激情和相互鼓励的真挚友情。

2007年春节过后第一天上班，办公点正式搬迁到装修一新的环科园创业中心。在那里，工作上虽然大家都有分工，但却有一种"家"的氛围，相互关心、相互帮忙，不分彼此。公司领导也会跟大家在一起分享自己的经历或讲一些励志故事，给予大家精神上莫大的鼓励。

2007年5月7日，随着厂房工程进度的迅速推进，为方便工作，办公地点搬迁到了环科园谢桥村委大楼。这回租用了三楼的整个一层，办公面积大了很多，各职能模块有了各自的办公室，并且在各个地方开始有了公司的logo，很有office的感觉。在那里，开始"招兵买马"，开始制定完善的规章制度，开始边建厂房边购置设备，开始边安装产线边试生产运行……

2008年2月28日，办公地点搬迁到公司的一车间办公室，终于是在自己的"地盘"了！进出办公室，随便瞄一下车间，都能看到热火朝天的生产景象，机器的轰鸣声不但没有影响大家的工作情绪，反而随着这喧闹声而热情高涨、斗志昂扬。

2008 年 10 月 8 日，大家迎来了期待已久的办公大楼搬迁，俊知的办公大楼高端、大气、上档次，引得外人经常来参观、借鉴。俊知的所有事情就像这办公大楼，高标准、严要求，精益求精、尽善尽美！

员工餐厅搬迁

民以食为天。2007 年 2 月 8 日，大家的工作餐统一安排在创业中心的餐厅，虽然有荤有素，但是大家还是到下午三四点就开始饥肠辘辘，伺机寻思着各样的填饥模式。

为了改善大家的伙食，但凡有一丁点的条件，公司领导便开始筹划建立自己的职工餐厅。2007 年 4 月 22 日，通过租用场地，"在水一方"便成了大家就餐地的"美名"。"所谓伊人，在水一方"，每到饭点，大家都特别想见到"伊人"，美美地饱餐一顿，为每天辛苦的劳作加足油、注足劲。

2008 年 4 月 5 日，公司员工人数已经达到 300 人，"在水一方"已不能满足需要，商量讨论后决定在公司的仓库内建临时餐厅，尽管简陋，但省去了来回的时间，非常方便。饭点时刻，看着一大屋的人吃得呼儿嗨哟，也是非常带劲的。记得钱总说过"从员工饭菜中省钱不是成绩，能把员工吃得不肯走才是你的工作"，想到每天可口的饭菜，心里由衷地感动着，满满都是爱。

2008 年 10 月 16 日，公司餐厅尚未全部到位，老薄已经迫不及待地"搬迁"了，公司每天三班就餐人数已经接近 400 人了。新的员工餐厅非常宽敞，硬件设施全部按照相关标准配备，就餐位达到 380 个，按一次分三批就餐，就可以解决 1140 人就餐。

员工宿舍搬迁

以厂为家，宿舍就是半个家。2007 年初，公司租用了一套新落成的南郊花园商品房，房东刚好全新装修，因为住宿员工少，所以可以分派到每人一间房。2007 年 4 月 22 日，"在水一方"二楼宿舍紧随着一楼餐厅开始同时启用，临街商铺的费用作为住宿成本，也算是奢侈了一把。

随着人员的增加，宿舍的压力越来越大。其实在建厂前，公司就同步考虑到了员工宿舍，但环科园管委会的人才公寓因故一度推迟。记得，当时公司领导经常抽时间亲自外出找房源。也记得，在 2007 年的 8 月和质量部的王晓益，在烈日下从环科园新城路周边到公司都走了个遍，有不用的网吧，有待租的厂房，有农房……但都不合适。几经寻访，终于看中了邦利的厂房，离公司大概 10 分钟的路程。经过装修，初步安排了 100 个床位，2007 年 9 月 15 日，员工开始搬迁入住，终于有了集中宿舍，也有了宿舍制度。宿舍管理员老吴是行伍出身，虽然年届六十，却每次都能听到他标准响亮的口号声，"立正、稍息……"，接下来就是反复地强调安全、强调纪律、强调卫生……

在公司领导高度关注下，2008 年 7 月 20 日，通过充分准备，公司宿舍顺利落成并进行了全体住宿员工的搬迁，大家都欢天喜地搬家，有空调，有热水，有公共活动场所，有夫妻房，还有套房。至此，终于可以完全满足广大员工的住宿需要了。

通过三年多的飞速发展，厂区面积由原来的 102 亩扩大到 365 亩。2010 年 3 月，又成立了江苏俊知光电通信有限公司和江苏俊知传感技术有限公司，至 2010 年 8 月，员工总数已经达到 631 人，一大半人需要住宿，让公司宿舍拥挤不堪。又是几经商量研究，将现在九车间西端的办公用房改造成了临时的员工宿舍，部分员工又再次经历搬迁。

2012 年年初，环科园的人才集中公寓终于建成，公司租用了三层宿舍楼，可解决近 500 人的住宿，而且作为园区的生活服务区，配套的生活设施及周边环境相对较好。于是，2012 年 2 月 10 日，373 名住宿员工中的 228 名人员又经历了一次搬迁。

公司还有很多的搬迁故事，每一次的搬迁都是公司提升、发展的一个注解。

王榴贤

平凡成就不平凡

　　早晨上班路上，电台正播放陈奕迅的《十年》，低沉的旋律飘扬开来，歌词也触动了心绪，俊知已经十岁了。这十年间，互不相识的我们走到了一起。你在生产部，我在销售部，她在物流部……上千个身影活跃在公司的各个角落，分工合作，各司其职，紧密配合。各个岗位的优秀人才，响应着"集俊以知，和谐共荣"的号召，默默地为俊知成长添砖加瓦。

　　十年间，俊知从零出发，到现在取得发明、实用新型专利 111 项，成功入选"中国电子元器件百强企业"，位居国内同轴连接器制造商之首。公司还先后荣获"国家 3G 建设与创新成就奖""无线通信十大馈线厂商第一名""中国通信光电缆行业核心企业""2014 中国通信 4G 网络建设贡献企业""2014—2015 年度中国无线通信领军企业"等荣誉称号。

　　荣誉不是天上掉下来的，靠的是俊知人的付出与坚守。在俊知，倡导工作不分轻重，职务不分高低，摒弃腐朽的人情腐败，让每个员工在轻松的工作环境中安心、专心、用心工作，体现了一份公平与和谐。做实业需要静心，需要"工匠精神"。守得住枯燥，耐得住寂寞，压得住无妄之求，才能在平凡之处显示不平凡。俊知人默默走过十年，从起步就是不平凡的，身披光环与赞美，但俊知人没有沾沾自喜，没有得意忘形，有的只是埋头苦干、严谨踏实的工作作风，从上到下一步一个脚印。

　　公司成长道路上遇到通信行业 3G、4G 大发展，公司产品供不应求。为了保障市场、保证客户工程顺利进行，公司全员加班加点，急市场之所急，想客户之所想。车间内机器可以休息，但人不歇；物流上，原材料保质保量不断档；发运处，车水马龙，调配明确；销售上，多方协调，合理分配。在一次次的挑战面前都能很好地化解问题，实现经济效益与社会效益的双丰收。而这，靠的不是某一个部门的功劳，而是整个俊知团队的共同努力，无缝对接的高效工作。

在俊知,可歌可泣的事例很多,他们都是俊知十年缩影中的一个个片段。俊知人靠的是团结向上、分工协作的团队精神,俊知的发展史不是建立在个人主义的基础上的,而是靠着数以千计平凡岗位的工作者,点点滴滴的一丝不苟,造就了现今的地位。

俊知人,平凡成就不平凡,我为身为团体一员而骄傲,更为能见证俊知每个前进的步伐而骄傲。而这些都是靠自己的双手和汗水,在这里,最平凡的是俊知人,而最不平凡的恰恰也是他们,集俊以知,故能厚积而薄发!希望俊知的未来十年能站得更高、迈得更远。

黄欣

法则

　　回首展望，曾经的我还是一个乳臭未干的小伙子。依稀记得那时的我背着书包，踏进所谓"小社会"的大学，开始了我崭新的历练生活。父母的叮嘱，老师的教诲，朋友的关怀，承载了太多情绪的我，不知怎么应对。

　　社会生存的法则也不过是"倾听、诉说、实践、总结"罢了，但是要做好这几点真的并非一针见血般容易。

　　大学生活中，我想老师的讲堂是"倾听"这一技能学习的最好场所。全神贯注做好笔录，人就像海绵一样充分地吸收这堂课所有的知识。当然，学校也会鼓励学生自己组织一些社团和活动来丰富大家的阅历，我想在这些组织和活动中充分而大胆地阐述自己的观点和技能，则是"诉说"的最好渠道。不断地解题，不断地在组织中活跃自己，不断地知道自己哪里比别人强，哪里还有不足，什么样的处事风格才能更高效率地解决一个难题，这就是我们要从"倾听"和"诉说"中去慢慢"实践"所需要掌握的东西。慢慢地，我们对自己所"总结"的东西，融会贯通地运用，就会有一种醍醐灌顶的感觉。

　　时光飞逝，告别大学，转眼我就是一位踏入俊知的工人了。在真正的社会，法则依然适应。领导的教诲以及下达的工作指令，我们要"倾听"，并且要认真听、仔细听；老员工的工作经验我们要"倾听"，并且要谦虚听、严肃听。在工作中遇到问题我们要敢于"诉说"，谦虚地向领导或者老员工提问。在工作中有自己的建议也可以向他们"诉说"。自己在工作中不断地摸索不断地进步，才会慢慢变得成熟。把自己遇到的问题和解决方法在工作中不停地"实践"，这样我们对棘手问题才会处理得游刃有余，同时才会寻找到更好的方法。

　　我们不断"总结"的问题及创新的东西，加以记录推广，聚沙成塔，公司的技术才会更加完善。提高自身综合实力，做一个既能为领导服务解忧的同事，又能为俊知创造价值的员工。

不知不觉在俊知已有一年了，我在这个大家庭中学到了很多东西，"倾听、诉说、实践、总结"成为我踏上工作岗位所运用的一个法则。恰逢公司十周年庆，希望俊知集团更加繁荣昌盛，希望俊知的每个员工都"集俊以知，和谐共荣"。

顾星涛

创新，俊知发展的底气

经过三十多年的改革开放，虽然中国制造业产值已经超越美国，位居全球第一，但像华为这样的行业领导者依然凤毛麟角。大多数中国企业缺乏核心竞争力，使我们长期位于制造业链条的中低端，产能严重过剩，利润微薄。想要摆脱这种困境，具备创造性思维和创新能力比投资更加重要。

创新是在我们国家出现频率非常高的一个词，其实它也是一个非常古老的词，英文innovation起源于拉丁语，原意有三层含义：第一，更新；第二，创造新的东西；第三，改变。创新作为一种理论，1921年，才第一次被美国哈佛大学教授熊彼特引入经济领域。创新的定义很明确，是指以现有的思维模式提出有别于常规或常人思路的见解为导向，利用现有的知识和物质，在特定的环境中，本着理想化需要或为满足社会需求，而改造或创造新的事物、方法、元素、路径、环境，并能获得一定有益效果的行为。而我们所说的创新思维，就是指用新颖独创的方法解决问题的思维过程，它突破常规思维的界限，以超常或反常规的方法、视角去思考问题，提出与众不同的解决方案，从而产生新颖的、独到的、有社会意义的思维成果。

眼下，创新已经进入到我们社会领域的各个方面，如技术、工艺、管理、销售等，对创新我们有更立体的理解，说别人没说过的话、做别人没做过的事、想别人没想过的东西都是创新。但创新不一定非得是全新的，以新的形式包装叫创新，以新的切入点进入叫创新，总量不变结构改变叫创新，结构不变总量改变也叫创新。

美国福特汽车公司的创始人亨利·福特说，不创新，就死亡，人类社会的历史就是一部创新的历史。我们正处在一个竞争空前激烈的时代，俊知公司要立于不败之地，做行业的引导者，就必须一如既往地坚持创新，大力宣传创新对提高企业核心竞争力的重要意义，对各级领导和员工进行创新意识的培训，建立员工的创新奖惩制度，营造利于创新的环境。

创新是一个民族进步的灵魂，是国家兴旺发达的不竭动力。制造业要摆脱目前的困境，只能靠改革和创新。改革是国家层面上的，创新则主要靠企业来完成。让我们俊知公司掀起全员创新的热潮，把俊知公司打造成具有国际竞争力的知名企业。

陈鸿保

俊知人的骄傲

在悄然无息中，俊知迎来十周岁的生日。身为一名俊知人，我将满怀感激与喜悦之情献上最真诚的祝福：愿您会当凌绝顶，一览众山小，乘风破浪铸辉煌。

作为一名俊知人，我深感自豪。回顾往昔，正是春风化物、鸟语花香的 3 月，乘着 3G 移动通信市场，俊知从此扬帆起航，在中国通信设备技术领域里开始绽放色彩。对于一个人来说，两年仅是人生的一小段，或许是还处于求学路上的一名学生，或许是还处于起步阶段的工作者，要谈的发展还是那么遥远。对一家企业来说，在竞争激烈的市场环境里，两年的市场初探只能意味着生存之本的刚刚获得。然而，俊知用两年时间在通信市场打造出了自己的产业链，并获得了社会各界的认可，荣获国家 3G 建设与创新成就奖等荣誉，形成了自己的产品特色。依托所打造的通信市场产业链驾驭能力，俊知用锐意进取的拼搏精神，敏锐地看到 2009 年正处于高速发展期的 FTTH、三网融合和物联网产业，打造以"俊知"为品牌的俊知工业园，经过科学管理、人才引进、市场开拓，工业园已形成以"移动通信、光通信、传感、智慧工业"四大板块为主的产业链。

作为一名俊知人，我深感骄傲。十年之短暂，在幽远的岁月长河中，犹如沧海一粟；十年之年幼，在漫漫的人生之途里，仿若无知少年。在中国通信设备技术领域里，俊知用十年打造出一条巨轮，时刻把握住自己前行的航向，掌握了各种航行之道，搏击在变幻莫测的深海中。在平静里时刻准备迎接暴风雨的考验，开拓更广阔的天空。俊知始终秉承着"人才为根本，市场为重点，创新为依托"的发展理念，审时度势，以发展的眼光，用十年风吹雨打的拼搏，更是十年发展积淀的力量，成为通信设备技术领域里的领军者。

作为一名俊知人，我深感鼓舞。十年的积攒化作继续前进的动力。每一次的收获，并没有让俊知志得意满、放松自我，而是看到了更多肩上的责任。作为一家民营企业，2012年在香港上市，发展成为中国通信设备技术供应商十强企业，需要承担的社会责任更重，需要创造更多的就业机会。俊知用最踏实的精神积蓄着一年年拼搏收获的经验教训，当扬帆起航时顺着这道风力，激荡出一浪又一浪的波涛，开创更美好的明天。俊知人都能感受到这股积蓄的力量，灌输在我们的内心里，让我们充满了力量，变得更有活力。我们一起载歌载舞，一起并肩作战。

作为一名俊知人，我深感荣幸。人才犹如企业这座大厦的地基，承载着企业的万丈身躯，让它高耸入云，让它远眺未来。俊知深知人才对发展的重要，制定了以人才为根本的发展理念。对于人才，俊知以最为宽广的胸怀接纳着，提供其才华施展的舞台，在实现其人生理想的同时，也支撑起了自身的伟岸身姿。这里，我们能够感受到被重视、被关爱；这里，让我们充满了主人翁的意识。在信息飞速发展的今天，企业的生存与发展是动态的，需要企业与时俱进、不断更新，人才的重要性已是不争的事实，优秀企业为践行人才兴企付出了艰辛的努力，从选苗到育苗到形成一套成熟的工艺都经历了别人无法承受的痛苦抉择。优秀的企业是人才培养的摇篮，俊知以发展的眼光储备人才、善待人才、尊重人才。

孟俊

我的俊知我的家

斗转星移十载，俊知迎来了十岁生日。过去十年，俊知人励精图治，不懈努力，将一个名不见经传的小厂培育成我市的重点企业。这一结果，让每个俊知人都感慨万千。

回想过去，企业刚刚起步，资金不足，品种不多，人员不稳定，企业发展举步维艰。但俊知人没有被困难吓倒，而是在大浪淘沙中培养造就了一支特别能吃苦、特别能战斗的俊知团队，正是这样一支团队，奋斗十年，拼搏十年，让企业实现了腾飞的梦想。

回顾过去，俊知的变化，俊知的腾飞，让每一个走过十年风雨的俊知人心潮澎湃，为之骄傲和自豪。展望未来，商海沉浮，竞争激烈。但我坚信，有领导的正确决策，有员工的同心同德，俊知这条大船，必将在市场大潮中，乘风破浪，勇往直前。

家，给人的是那种温馨、舒适的感觉。家是避风港，是心灵的依托。但在我心中，家是一种牵挂，是驿站。为了寻找更为理想的家，我面临一次次"家"的选择。其间也换过几次"家"，那是因为它们都不是我所追求的理想的"家"。

也许是缘分，在某个收获的季节里，我有幸找到了我理想的"家"——俊知，并成为"家"的一员。一开始，我就被她那充满年轻活力的激情所吸引，投入她那宽厚博大的胸怀，倾听她强劲的脉搏，感受她顽强拼搏的精神。一种从未有的动力如雷电般震撼心灵。自信在不经意间树立起来，以前受过的挫折消失得无影无踪。

成为俊知的一名员工后，耳闻目睹的是"家"变化的日新月异，规模之大、速度之快，令人目不暇接。这里没有阳春三月的呢喃，也没有风花雪月的温馨，有的只是如火的激情、如歌的事业。自步入俊知的那天起，"家"

就给了我一个施展才华的大舞台，我珍惜这不可多得的机遇，我有什么理由不为之奋斗呢？更何况我处在人生最沉重的阶段里，背负孝老养小的责任与重担，又怎能不努力工作，充分展现自我的人生价值呢？

既然我选择了俊知这个家，不管今后的道路还有多少曲折和艰难，我都有信心和决心，从干好本职工作做起，扮演好自己在"家"中的角色，站好每一班岗，发挥自己的最大能量，以出色的工作业绩与"家"同步发展，创造财富，回报社会。

"员工靠企业生存，企业靠员工发展。"为了"家"的兴旺发达，为了"家"的基业长青，我愿意与所有并肩战斗的同事们一起，付出自己的智慧、青春、热血和汗水，永不言悔。

丁志斌

餐厅里的红烧扎肉

"哇，扎肉，有扎肉"，每隔一段时间的早上，在俊知餐厅里总能听到员工们欢快的叫声。俊知餐厅里色香味俱全的红烧扎肉，让人从吃第一口到最后一口，一点儿也不会觉得油腻，而且越吃越香，越吃越想吃，吃到最后用扎肉汤浇出的面条也非常香，吃完扎肉还能再吃下满满一大碗面条。

俊知餐厅里做出的红烧扎肉好吃，这主要归功于餐厅负责人薄训根同志采购生肉时选料讲究，配料优质齐全，烹制红烧扎肉的马玉山师傅不偷工，火候把握适当。我曾专门问询做红烧扎肉的马师傅烹制秘诀，他笑道："一般人烧不好红烧扎肉，往往是选肉不讲究，把炖煮原汤倒掉，冷热水加错或水没加到位，火候掌握不好或炖煮时间过短，调味品放多了等。"

老子云："治大国，若烹小鲜。"企业管理最难的就是餐厅管理，能把餐厅管好的一般都会成为优质企业。因为任何产品的标准都不如粮食蔬菜油盐酱醋鸡鸭鱼肉复杂，任何产品的质量都不如每天需要变换口味的饭菜难以掌控，任何产品的价格都不如员工顿顿吃的饭菜敏感。因此，餐厅管理很难形成有效的管理制度和食品采购规范。一位行业的高管在俊知的员工餐厅里用过餐后说："俊知的员工餐厅应该是宜兴企业中最好的餐厅之一。"

而俊知企业的餐厅能够做到永远窗明几净，饭菜干净卫生，很多员工一天三顿都在餐厅吃，甚至有些住在家里的员工一天三顿大多数也在餐厅吃。我也曾问询过多位经常在餐厅就餐的员工，他们说："外面小餐馆的饭菜质量与卫生难以保证，而且五六元钱就能吃饱吃好的地方还真找不到。"我曾拿红烧扎肉粗略地算过一笔账，一份带皮带骨头的生肉约4两左右，大批量采购按照批发价16元/斤计算，一份生肉成本约6.4元，加上调味品，采购成本超过 7 元 / 份，而售卖给员工的价格是 5 元 / 份，餐厅售卖一份就要亏本 2 元钱，餐厅还要补贴水、电、煤气和人工费用，每年公司要为餐厅补贴数百万元钱。正如一位来俊知考察的工程技术人员所说："一家企业餐厅能把红烧扎肉用心地做到如此美味，生产出来的产品应该也不会差，我们放心！"

赵士悦

团队成就自我

时光荏苒，转眼间我在俊知集团已有九年的时光。作为进厂比较早的老员工，我见证了俊知的成长和发展——从零开始，俊知一路乘风破浪，并成为行业领军者。同时，俊知培养了我，成就了我，我为我是俊知的一分子感到荣幸。俊知人敢于奋斗、无私奉献的精神成就了如今的伟大，造就了辉煌的今天，我更加坚信，俊知的明天必会更加的光彩夺目。

在 2007 年，致力于高新科技制造的俊知公司成立了，主要的产品服务于移动、联通、电信这三大运营商。我看中了公司良好的发展态势，在 2008 年加入了俊知。我是从基层做起的，进厂后直接到公司上三班倒，在同轴车间操作生产同轴电缆。经过一年时间的学习和实践，我很快成为主机手。俊知一直都有在基层选拔人才的企业文化，在我们公司很多的部门经理都是从基层车间里通过竞聘选拔上来的，这种竞聘机制已经融入了俊知运行的各个环节，也促使公司得以良性发展。机会总是留给有准备的人，在 2009 年公司内部组织营销人员招聘，我通过认真准备顺利通过了应聘，成了公司的一名营销人员。这一年经过领导的言传身教，同事的热心帮助，使我从一名门外汉成长为业务精英。而且，在这一年里，领导帮助我成长，让我放心大胆去拓展业务，使我积累了很多的待人处事经验，并且明白了关于业务方面的很多事情，这对我以后的发展至关重要。

2013 年，是我工作阶段成长较快的一年。我在营销五部工作。在我们大区经理的带领下，我负责陕甘宁青新五省的具体事务。这一年里，我经历了人员的调动，新人的加入，但我仍然尽力完成本职工作。我需要和客户单位相关部门的采购员和工程师密切接触，并处理各种事务，来维护公司和客户之间的关系。这一年里，尽管有成绩，但是不足还是有很多。在领导的帮助下，通过我和同事们的努力，克服了订单量减少、价格差异等困难，完成了这一年的工作任务。通过这一年的成长，我发现了在客户维持方面，应多用心去和客户做朋友，而不仅仅是业务上的往来；对待任何事情，态度一定要端正，要细心、用心地完成每一个细节，不能有半点的马虎。这一年的时光培养了我严谨的工作态度，锻炼了我作为营销人员应该具备的眼界和能力，让我受益匪浅。

当然，挑战和机遇永远都是共存的。在2016年的年初，我的工作岗位发生了很大的改变。由于公司制度的改革，我们营销部之前是一个管辖陕甘宁青新五省的大部，现在进行了拆分，我成了独立负责陕西和新疆两个省地方的大区经理。在感谢领导对我这些年来工作肯定和信任的同时，我也深刻感受到来自工作的压力及责任，但我有勇气面对挑战，有勇气战胜困难。真正的勇士总是敢于直面眼前的困难，我总是用这样的方式自勉。

我对2015年的工作进行了全面的分析和反思，为2016年的前行寻找方向和目标。在2015年，全年西北五省总发出较上一年有所增长，但是在回款方面没有达到预期的目标。尽管这几个省的发出都有所增长，但是增长点和上一年出现了很大的不同，通过数据分析和比较，我发现新疆受到地理位置和经济因素的影响其业务发展速度很快，在不拓展其他产品的情况下可以进一步挖掘馈线的需求潜力。所以，在这样的市场环境中，在保存现有产品规律的情况下，拓展新的产品和增强已有的新增长点，是整个工作的重点内容。

对企业而言，订单是生存的基础，回款是发展的保障。在2016年里我认真落实和贯彻集团的发展方针，把这两项工作抓好，克服各种困难，提升工作效率。针对跟踪不及时、主动性不强的主观因素，我主动了解员工的工作动态，督促其高效完成工作；针对客观因素，积极沟通，做到能完成的工作必须办，不能完成的工作尽力办。通过一些方式方法的创新应用，我带领的部门现在的工作进度和效率已有了改善，但仍需要广大员工继续努力。

很荣幸，我们见证了俊知十年的发展之路，见证了其不断创新、不断成长的过程。感谢俊知给我发展的机会，感谢公司锻炼了我，让我从稚嫩走向成熟，从无知走向睿智，从低谷走向顶峰。是俊知教会了我如何做业务，是俊知培养了我坚韧的品质，是俊知造就了我严谨的性格。我为我是俊知人感到自豪。回首我在俊知的这九年，我从车间走到营销部，从普通的操作工到大区经理，其中滋味唯有自己了解。太多的事情需要铭记，太多的感慨值得表露。我庆幸，我的成长和俊知有缘；我感激，我的未来由俊知给予；我骄傲，为我是俊知的一员。

吴斌

时间和数据的故事

十年征程，十年收获。十年，弹指一挥间，却包含了俊知人许许多多的坚持与执着、探索与创新；十年的理念坚守，十年的创新求变，十年的变化与成绩令所有俊知人骄傲。让我们沿着时间的轨迹，回首俊知十年的研发与创新。

用时间讲研发。2007 年 3 月 15 日，公司获得无锡市工商行政管理局颁发的营业执照；2007 年 9 月 20 日，第一批连接器产品下线；2008 年 4 月 24 日，"3G 系统用 N 型射频连接器""天馈系统用高频信号防雷保护器"产品首获江苏科技厅高新技术产品认定；2008 年 6 月 18 日，"射频同轴电缆连接器插头""移动通信用天馈线同轴避雷器"两项实用新型专利首获国家知识产权局授权……以及首个市级项目立项、首个企业认定称号、首个科技进步奖、首个工程技术研发中心、首项产学研合作、首个省级项目立项等等。

这些"第一"看似简单，却记录下了俊知在研发与创新上的开端、突破与成长；这些"第一"看似普通，却记录了俊知人的不断努力与付出以及取得的成绩；这些"第一"不仅仅是对俊知研发与创新之路的见证，更是对俊知研发人的肯定和鼓励，而且在公司各方面的支持与鼓励、科研团队的不懈奋斗下，相信不久的未来我们会创造出更多的"第一"。

用数据细说研发。对科研投入而言，创新就是生命力。公司创立以来，十分重视技术和产品的自主研发，创建当年即投入 1300 多万元进行研发和创新，并取得了较好的创新绩效，当年自主知识产权新产品的销售达到了 1 亿多，占当年总营业收入的 86.7%。随着公司实力的不断提升以及产品的不断上新，公司在研发和创新方面的投入逐年上升，每年研发投入均不低于销售收入的 3%，2015 年研发投入达到了 9400 多万元，2016 年研发投入超过 1 亿。截至目前，公司累计开展了 67 项自主研发项目，承担了 6 项省级项目、4 项市级项目。在研发成果方面，一分耕耘一分收获。在全体俊知人的努力与付出下，公司收获了多方面的研发成果，取得了优异的研发成绩：公司自成立至今围绕产品、技术及项目重大突破共申请专利 111 项；目前，就创新产品共申报了 49 项江苏省高新技术产品，其中 47 项已获得认定，2 项正在审核中；公司参与了众多通信线缆方面国家及行业主要标准的起草和编写工作，在通信天馈产品领域所采用的国家及行业标准中，公司主持制定的标准占到了 75% 以上，涵盖了通信接入产品的原材料、产品结构、通信系统、工程布放、验收检验等全过程；在国内外著名期刊上共发表了 32 篇论文。

公司的创新工作也得到了各级政府单位的认可，如省推进企业研发机构建设工作联席会议授予公司"企业重点研发机构"，省工信部授予"江苏省首批'互联网＋工业'示范工程"，省经信委授予"江苏省创新示范企业"，省经信委授予"江苏省三网融合创新基地"等等。

"不积跬步无以至千里，不积小流无以成江海"，一项项数据的积累，一项项荣誉的获得，反映了俊知人脚踏实地、坚忍不拔的工作作风和工作态度；只有量的积累，才能达到质的飞跃，"积水成渊，蛟龙生焉"，积累的过程虽然是漫长的、坎坷的、不确定的，但相信在俊知人锲而不舍的坚持和努力下，公司在研发和创新的道路上会越走越平坦，取得越来越多的研发创新成果，最终实现腾飞，引领行业的发展。

世界企业的百年发展史告诉我们：创新和研发的成功率只有 1/1700，对于企业来说投入研发就是"屡败屡战"，但不创新、不研发就只有"坐吃山空"。因此，尽管我们知道创新和研发之路布满荆棘，但是我们仍孜孜不倦地追求创新和自主研发，因为只有创新和研发，我们企业才能成为那 1/1700 中的"1"，才可能拥有核心技术，拥有核心竞争力，才能获得持续发展的源源动力。作为研发团队的一员，我感到很幸运，也很自豪，幸运的是我能够参与公司的研发创新并贡献自己的力量，自豪的是公司研发创新取得的成绩包含了我的一部分努力，而且我相信在未来的十年、二十年、三十年，俊知在科研创新上会取得更惊人的成绩，公司产品、技术实力与竞争力将继续保持同行业第一！

唐青

见证传奇

道心惟微，惟精惟一。俊知自成立起，始终发扬工匠精神，追求精益求精，坚持以质取胜，以精取胜，以新取胜。2016 年，俊知被省商务厅认定为外资跨国公司地区总部，这是无锡地区唯一获此殊荣企业。

本人有幸于 2008 年 4 月进入俊知并任营销四部副总经理，见证了俊知历经磨难取得"真经"；见证了俊知以工匠精神，实现了发展传奇；见证了俊知在董事局主席、党委书记钱利荣的领航下，成为通信光电缆最具发展潜力企业，位居国内同轴连接器制造商之首。

见证品牌影响传奇

俊知发展初期主要引进德国、奥地利、美国、日本先进的制造、检测装备，专业生产射频电缆、新型电子元器件及移动通信系统交换设备。随着市场的需要，俊知打出一套"加强党建、转型升级、模式创新、提质增效、管理提升"的组合拳，倡导和弘扬工匠精神，坚持产品精益求精，公司的移动通信馈线产品连续多年位居全国第一，企业影响力不断提升，荣获中国电子元器件百强企业、国家 3G 建设与创新成就奖等荣誉称号。在 2015 年第二届世界互联网大会上，江苏俊知的移动通信天馈系统及室内信号覆盖系统被应用到乌镇，为大会提供了强有力的技术保障。十年间，俊知以更大的勇气、更大的魄力、更专注的精神，大力推动以互联网、智能化为核心的新一轮科技和产业革命，为世界通信经济谱写华章。

见证企业家创新传奇

创时代下，新生代企业家在传承中激流勇进。钱总始终强调，一个企业必须传承，传承才能发展，传承什么？传承物质，更需传承精神；一个企业必须创新，创新才能变革，创新什么？创新模式更要创新思想。整个社会都处在转型之中，每个人都在寻找机会。钱总认为，商业时代无论如何改变，商业的本质始终不变，即如何创造合适的供应来取悦用户。因此，在他领导下，虽然俊知起步晚，但起点高，而逐渐成为行业的领导者。十年来，他孜孜不倦地坚持创新路线，向生产资料供应链服务集成商的目标加快转型，进一步明确提出"人才为根本，市场为重点，创新为依托"的战略愿景。借助于公司跨界电子商务平台，公司正由过去简单的"长协""买断"模式逐步转型为以产业链和供应链服务集成的发展模式，在做精做深配供配送、优化存量业务的基础上，发挥公司积累的行业经验、服务能力和差异化优势，跳出现有思维，跨区域、跨行业拓展，坚持走自主创新之路，源源不断地向市场提供更新、更好、拥有自主知识产权和高附加值的产品，从而在行业内树立高品质的品牌形象。对钱总而言，在这条道路上，他持着的重要制胜之法宝，正是精益求精的"工匠精神"。

见证科技进步传奇

俊知成立之初，始终坚持科技兴企，坚持创新转型，集聚了一支由行业领军专家、高校优秀毕业生组成的创新团队，先后承担了天馈系统行业75%的国家、行业标准的制定，取得发明、实用新型专利111项。先后引进了奥地利罗森泰物理发泡串联生产线及成型焊接轧纹生产线、美国哈挺和日本津上精密数控车床、美国安捷伦矢量网络分析仪等生产和检测设备，达到国际先进水平。公司以其高效的管理、扎实的服务，赢得社会的普遍认可，屡获殊荣。科技成为俊知飞翔的翅膀，让俊知翱翔五湖四海。

王德弟

十年光阴　十年征程

十年光阴，十年风雨征程，俊知集团已经从成立当初的天馈产品制造商，发展成为集天馈系统、光纤光缆、传感产品、地产、智慧制造为一体的多元化发展大型集团企业。俊知如何在这十年的风雨中成长为一名巨人？作为俊知的一员，我觉得俊知的成功离不开以下三点：

第一点，坚持创新。一个企业的成功必定离不开创新，创新是一个企业生存与发展的根本。初期的俊知只是生产天馈系统产品，随着国家大力发展新一代信息技术、宽带中国、FTTH、物联网等产业，面对这个机遇，公司成立了俊知光电、俊知传感，在光产品上弥补了市场竞争中的不足。也正是有了这个创新，才使公司光产品在三大运营商中取得良好的成绩，并获得业内的好口碑。做宜兴高新科技企业的领头人，俊知自创办以来，便一直响应国家政策，始终坚持创新。可以说，创新是俊知进步的源泉，正是因为坚持创新，才使俊知能够蓬勃发展。

第二点，对市场的精准把握。经济信息时代，机会稍纵即逝，对于机会与市场的把握能力的好坏，成为衡量一个企业成功与否的最重要因素。十年来，俊知见证了国内经济的进步与繁荣，在竞争激烈的市场经济中，俊知总能够把握住市场的走向，成为市场的掌舵人。2008年初，俊知正式参与中国联通集采，一举夺得全国第三名的好成绩，紧接着又成功中标中国移动、中国电信项目。2009年通信行业3G大建设，公司抓住这个机会果断、快速地进入市场，并迅速占领了很多重要市场，接下来的4G大建设、FTTH、宽带中国等大的发展建设，华为、中兴的进入，中国铁塔公司成立后市场的布局等，公司每次都能精准把握好这些机会，紧跟市场并且做大做强。

第三点，对人员的管理和人才的培养。人员管理在企业竞争中占有独特而又重要的地位，公司在这十年内，在企业与员工、员工与员工之间关系的处理上做得十分到位。各部门员工在自己的岗位上各司其职，分工明确而又相互配合，为俊知这十年的发展起到了极为重要的作用。人才的培养更是企业竞争的根本，公司在高速发展的同时也更加注重人才的培养，各个岗位、各个条线都会给员工各种机会去锻炼和增强自身的工作能力。我最初在北京是在营销一部工作，辅助部门领导做总部集采和北京、天津市场工作。随着公司的日益壮大，产品也开发增加了许多系列，2010年公司考虑把总部集采工作和市场分开。公司给了我这个锻炼、提升自己的机会。回想这几年工作，觉得自身有了很大的提高和进步，这也要感谢公司以及领导给了我这样一个锻炼的机会，培养我独当一面的能力。

　　这十年来，俊知秉持着"人才为根本，市场为重点，创新为依托"的原则，一步一个脚印，成了宜兴高新企业的领头人，这十年的风雨铸就了俊知的不凡，使我们俊知人能昂首挺胸、不惧艰险地面对下一个充满挑战与惊喜的十年。

蒋益锋

无悔的赞歌

俊知已经整整走过十个年头了。十年的春华秋实，十年的如歌岁月，十年的业绩满满。

作为广东条线的销售区域代表，我们为十年俊知的发展欣欣鼓舞，我们为十年俊知的奋进击掌相庆。

十年来，我们始终以"咬住青山不放松"的决心紧咬指标不放松，业务一路攀升；十年来，我们始终以"面壁十年图破壁"的毅力开拓市场，部门员工队伍不断壮大；十年来，我们始终以"精卫无穷填海心"的意志合规经营，管理水平全面提升；十年来，我们始终以"九九为功真奉献"的精神勇于担当，赢得了一大批优质的好客户。

十年，弹指一挥间，我们把激情写在了俊知的不朽岁月里；十年，宛如平常一段歌，我们把热情写在了俊知发展的快车道；十年，我们无怨无悔、无私奉献，用汗水和热血谱写出一首无悔的俊知赞歌。

让我们用镜头来记录我们广东条线曾走过的一段段同奋进、同欢笑、同快乐、同拼搏的如歌岁月吧，来书写那奋斗不息、登攀不止的俊知人生吧！它是俊知发展的真实缩影。

在急难险阻面前，迎头而上、砥砺前行

曾记得，在初到广东条线之际，我们跑市场、访客户，大家一起出主意、谋良策。万事开头难，但无论怎样，我们始终不轻言放弃；无论何时，我们始终不肯说抛弃。大手笔培育新人，心贴心教习业务骨干，手把手帮扶员工。在无数个不眠夜后，在多少次促膝谈心后，在几番大刀阔斧整顿后，我们终于欣喜地看到，广东条线在市场的大潮中岿然不动，一步一步迈上了良性发展轨道。

曾记得，面对客户的犹豫、徘徊、观望、叹息，面对客户的流失，我们坚持主动上门切脉诊断，做到对症沟通解难题。沟通交诚心，畅谈破难题……我们始终坚持既依法保证客户正当权益，又维护公司经营利益，用我们的热忱和过硬的本领服务好客户，赢得了一大批优秀的"上帝"。

在管理增效面前，当仁不让、责无旁贷

把理解转化为信任，把理解转化为感恩，把理解转化为宽容。管理者以身率人，做出示范，以上率下，做出榜样，以理服人，员工冷暖牢记心头，与全体员工同欢乐、共进退，同喜悦、共发展。在趣味运动会上、在演讲比赛中、在乒乓球比赛中，到处都有管理者的身影，到处都有他们的足迹。在全年指标全面完成后，管理者和员工一道欢呼雀跃、击掌相贺，共享喜悦。

管理激发出了新活力，熔铸出新动力。在共同的征程上，在共同的拼搏里，大家结下了深厚的友谊，凝聚下共同的信念。在俊知的崭新岁月里，大家将继续再接再厉，共同书写更耀眼的辉煌。

在大仁大义面前，舍却小爱、成全大爱

曾记得，在"5·12"大地震后，在公司的号召下，我们共同慷慨解囊，把集小成多募捐起来的钱汇聚成江河，结晶成爱心，捐赠到灾区。面对别人的袖手旁观和冷眼观望，我们毫不犹豫箭步上前，主动搀扶摔倒在地的老人，并把其护送到医院，我们用"行生活微善，传世间大爱"的壮举和言行，激励感染、影响着周围的人们。

像这样的故事太多太多，一桩桩、一件件，无不诉说着俊知人的博大和关爱。我们关心孤寡人，关爱留守儿童，开展了"空巢心之旅""未来之星"活动，结对帮扶贫困学生。一起起、一个个，用无言的行动诉说着对这个社会的热爱，对人生的热爱。

在服务品质面前，精益求精、永远向前

我们重视服务质量，大大提升了俊知的品牌信誉；我们重视稳健经营，把诚信天下、追求卓越的旗帜铭刻在广东的蓝天大地；我们重视社会服务，营造了发展和谐共生环境。我们把俊知的品牌写在广东的大地上，我们把

俊知的形象树立在广东的百姓心间，我们为俊知的未来拼搏努力，我们为俊知的发展挥汗如雨。

点点滴滴的岁月倏忽而逝，曾有的坦诚相待历历在目。如今，我们又要站在新的起点上；如今，我们又要踏上新的征程；如今，我们又要续写俊知新的辉煌和传奇。

王震强

不忘初心

凛冬将至，沐浴在这暖暖的阳光中，喝着花香扑鼻的菊花茶，拿着最潮流的 iPhone 手机，一边听着杰伦版的"中国风"，一边用镜子软件查找自己……这把无情的岁月刀还是划清了现在的我与工作证上那六年前的我。是啊，六年了！每回感悟到这，心里都会臭不要那啥地安慰自己："我变成熟了。"

世人很难免俗，每每到此环节，都会不自觉、不经意地去想一些"过去的种种……陪伴你的左右……然后一起走过的点点滴滴……风风雨雨……"每回翻过这些苍凉的扉页，都会去感慨留存在这上面的痕迹。其实细想一下，都是一场空，到最后我们还得为这煽情的泪水自己买单，作为人生成长的必修课之一，因为眼前正进行的一切才是我们最需要珍惜的。与此同时，当你不管变得多么成功，或是还在成功的道路上行进，在自己心里依然要保持清醒的头脑，延续那份矢志不渝的初心。对，那就是不忘初心！

秉持着这份初心，回顾过去的六年……

2010 年 7 月，我作为一名刚踏入社会、初出茅庐的新人，有幸进入了我们当地经济开发区的龙头企业——江苏俊知集团就业，完成了从一名学生到企业员工的转变，以此开始了人生新的旅程。带着刚出校时的那份稚嫩、那份理想，我从一名车间里最普通的操作工做到了营销市场区域总监。回想这一路走来，我一直觉得自己是很幸运的。是公司给了我一个施展才华的舞台，使我能够在工作中不断地学习、锻炼、成长。总结这六年，留给我最多的还是惊喜。这一时期我同时经历了人生的两大转变——参加工作和步入婚姻殿堂。自然而然，从那时起，我也就明白了作为一个 MAN 所要肩负的责任……

秉持着这份初心，励志我未来的六年……

有人说："爱情与事业，是人的一生中密切相关的两个重要方面。爱情给人以美好的生活，事业给人以前途和光明……"的确，如果把人生比作搏击风浪的航行，那么事业则是船，爱情则是船上的帆，再凭借着自己最初不变的信念去摇摆，我相信在不久的将来，终会抵达那胜利的彼岸。

六年，大江东去，我们历经沧桑；六年，春潮不息，我们不改志向……

杨健

回顾与展望

十年的光阴转瞬即逝，十年的道路充满艰辛。十年，让俊知焕发出勃勃生机，步入又好又快发展的良性轨道，从零开始发展到如今国内知名的通信设备供应企业。十年，公司实现了从无到有、从小到大的巨变，向世人展现了创新型通信企业的无穷魅力。

十年，我们共同变化

迈进 2017 年，回看公司走过的 10 年，回看自己身边的变化，自然地想到了一句话：一切皆有可能。

2007 年 3 月 15 日，公司正式成立，翻开俊知的第一个篇章。十年间，公司在通信行业获奖无数，赢得良好口碑。2010 年 3 月 1 日，成立江苏俊知光电通信有限公司和江苏俊知传感有限公司，业务涉及范围进一步拓宽，成为涉及电子元器件、天馈系统、传感系列、光网系列等一系列产品的综合性通信企业。2012 年 3 月 19 日，俊知集团在香港联合交易所主板上市，公司的发展登上了新的平台。

当时的公司不断积累经验，依靠老业务员传帮带，积极探索企业管理办法；现在的公司已经能为业务员提供更广阔的平台和共享资源，加速了业务员的成长，企业不断加强内部管理，提能力，促转型。当时的我只在书本上学了点通信知识，没有任何经验，一筹莫展，不知从何做起；现在的我已经成为一个成熟的业务员，对通信行业有着比较深入的了解，自信自立，脚踏实地。

十年，我们不断收获

回首十年，公司规模和人才培养都实现了质的飞跃。在通信行业获奖无数，现已成为中国通信行业设备供应商十强。公司规模也从最初的起步阶段发展到如今拥有 1000 余人的大型企业。

特别是公司为每位员工设计了广阔的发展蓝图，海阔凭鱼跃，希望人人都可以在这里遨游。公司给了我们这份能体现自身价值的工作，但收获的远远不止这份工作本身。学会了一技之长，成为一个对社会有用的人；增加了自信心，朝着自我实现的目标迈进；获得了强烈的归属感，公司就像我的家，无论生活还是工作，这个温暖的大家庭支撑着我，给予我前进的力量；得到了体现自己价值的薪水；工作中的一些方法让我终身受用；工作中的形成的理念和行动一直激励着我，也将激励我今后的生活……

当然，收获还不止这些。如做到极致的理念已经深入我的思想；强调正向积极思维的工作方式也影响着我生活的方式；站在别人角度考虑问题的"利他经营"理念可以用于客户、供应商，也可以用于家庭成员和朋友；学会聆听，不要让自己的定式思维影响我们发现事实真相；公司领导们积极学习、要求进步、不断超越自己的态度，不仅带领很多员工不断超越自己，创造奇迹，也给了我很大的鼓舞和力量；公司宽容、简单、团结、公平的企业文化，每个人各尽其职、为总体目标服务的工作态度，也将成为我不断激励自己的宝贵财富。

未来，谱写新的篇章

公司十年庆典，既是辉煌历史的盘点，也是憧憬未来的启航。回顾十年，我感觉自己是一个比较幸运的人，来到公司工作是我最幸运的事情之一，这里给了我很广阔的发展平台，随时为我们提供力量和帮助，公司就像一个大家庭，带领我们一起走在康庄大道。

展望未来，公司将翻开新的篇章，虽然我们面临着更加严峻的形势和任务，但机遇与挑战并存，只要全体公司人坚持不懈努力，就一定能续写美好的明天。对于我个人来说，一项主要任务就是要提高业绩，为实现公司的整体业绩目标、实现我们共同的梦想而努力。

史宇翔

"花园工厂"迎宾来

　　江苏俊知技术有限公司，坐落在美丽富饶的太湖之滨——宜兴市，一个集设计、生产、销售于一体，拥有移动通信、光通信、传感、智慧工业四大板块的高新技术企业，公司内绿草如茵，绿树成群，素有"花园工厂"的美誉。

　　走进公司大门，首先映入眼帘的是一座端庄、典雅又不失大气的五层办公大楼。大楼为平顶长方形结构，线条现代、简约、不繁杂，体现了俊知人的干练、洒脱、勇往直前。墙体上略带浅灰的纯色花岗岩板，正如俊知人的正直、质朴。

　　大楼前栽种了两棵高大的香樟树，树体高度约有 10 米左右。香樟树树干挺拔，枝繁叶茂，四季常青，树木修剪得体，树冠约呈球形；香樟树下绿草如茵，整洁平整。两棵香樟树中间是三根旗杆，中间悬挂着中华人民共和国国旗，两边为俊知技术厂旗。

　　大门的两边是干净、笔直的沥青路，如玉带一般通往各个生产车间。路两旁种满了草坪与树木，两旁的花草树木错落有致，高低相间。俊知人骄傲地说："公司内看不见土，有土的地方就有花草树木。"

　　进大门向西，有棵"迎客松"苍劲耸立，枝干遒劲，姿态潇洒、挺秀，枝丫向一侧伸展，雍容大度，隽秀飘逸，如同好客的俊知人伸出手臂，热情地欢迎宾客的到来。

　　宜兴有氿，团氿、东氿、西氿，俊知有"铭氿"。铭氿中有两座亭台，配以曲桥相连，水面下金鳞红鱼结队往来，悠然自得；铭氿上面山丘起伏，芳草如茵，佐以桂花树、松柏、玉兰花等各种树木；亭台流水，曲径小桥，峰回路转，绿树环绕，完美体现江南水乡之风韵，使人不出公司而获山水之怡，身在工厂而得林泉之趣。

俊知不仅让工厂变成了花园，而且将绿色生产贯穿到整个生产现场。整个厂区地面干净、整洁，根本看不到垃圾；车间照明全部采用 LED 光源；在厂房顶棚上采用间隔式采光瓦，安装无动力排风机，减少消耗。

这就是俊知，一个整洁、整齐，绿化似花园，同时富有不断创新、勇于开拓精神的高新技术企业，贯彻了以人为本和生产经营与环境保护协调发展的理念。我们有理由相信她的明天会更好！

常国庆

【编前】2013 年 6 月 21 日，作为常熟理工学院的优秀毕业生，钱利荣先生应邀出席了该院 2013 届毕业典礼，并与该院 2013 届全体毕业生一起，分享了他跨出校门后打拼二十六年的切身经历和深刻感悟，给行将踏上社会的学子们以深刻的人生启迪。

人生的道路，就在自己的脚下
——在常熟理工学院 2013 届毕业典礼上的讲话

尊敬的各位老师、同学们：

大家好！

我是机械工程 1987 届的毕业生钱利荣，很高兴和大家认识！

首先要恭喜你们，经过四年的努力，学有所成，奔赴社会。今天应该是你们人生中值得自豪的一天。我很荣幸，能和你们一起分享这份快乐。

其实，在来之前我一直在想，今天我应该说些什么？这二十六年来，我经历了太多成功的喜悦和失败的教训，实在是说来话长，让我真的不知从何说起。所以，只能简单说说我跨出校门以后经历的三个阶段，希望能对学弟学妹们有一定的启发。

第一阶段（1987 年 7 月—1996 年 12 月）：这十年可以说是我成长的十年。1987 年我走出了校门，回到家乡吴江市七都镇。作为镇上当时为数不多的大学生，我被安排进入了镇办农机厂当工人，由此开始了自己的职业生涯。一年后，又转型为镇办企业双塔集团的第一位电缆工程师，当时工作条件十分艰苦，像一些新产品的研制没有专用的设备，只能试着做，做了改，经常不分昼夜地忘我工作。就这样，从基层做起，从三班倒做起，先后担任车间副主任、技术科副科长、技术科科长、厂长助理、副厂长,从一名普通的技术员做到工厂领导班子成员。这十年,不单单使我的专业技术水平得到了提升,更重要的是多个岗位的历练,提高了我独立处理事务的综合能力,提高了我解决疑难问题的应变能力,从而,形成了能统揽全局的风格和素养。

第二阶段(1996年12月—2007年1月):这十年可以说是我发展的十年。1996年12月,镇上考虑派我到宜兴亨通公司担任总经理,当时摆在我面前的有两个选择:一是在镇工业公司继续当副经理,担子轻、压力小,仕途无忧;二是到亨通,担子重、压力大,搞不好进退两难。但我想,自己一直志存企业,如今正是机遇,虽有困难,但事在人为。于是,我做出了重要抉择,临危受命,毅然告别了妻儿老小,只身前往人生地不熟的宜兴。当时,这家企业已陷入停产,每年亏损1400多万元。第一天踏进厂门,所到之处,令人痛心:办公室内,行政人员串岗聊天、玩电脑游戏;车间内,女职工三五成群聚在一起打毛衣、叙家常,男职工则下棋、玩牌、打乒乓……简直成了"游乐城"。面对如此现状,我下定决心,一定要用最短的时间来彻底扭转这种局面。于是,进行了一系列的大胆整改。一年后,企业扭亏为盈,步入了"政通人和、持续发展"的良性循环之路,并多年位列宜兴市纳税前五位。2006年,企业还成功在新加坡主板上市。前面集聚的力量,使我有能力抓住了企业"公退民进"的改制机会,把握了资本运作的机遇,在创造良好社会效益的同时,个人财富也得到了成倍的增长,从而,也使我自己热爱的事业得到了长足的发展。

第三阶段(2007年至今):虽然还不到十年,但可以肯定这将是我创业的十年。2007年,我带队组建了俊知,创造了"当年立项、当年建设、当年投产"的"俊知速度",刷新了宜兴规模外资建设速度的新纪录。2009年,我又抓住了国家发展3G通信的机遇,企业实力和行业地位迅速提升,企业获得了"高新技术企业""中国驰名商标"等荣誉,生产的馈线产品还连续三年全国第一。2012年,企业成功在香港主板上市,从一块白地到上市仅用了五年时间,这在行业中绝无仅有。目前,俊知工业园形成了以"移动通信、光通信、物联网"三大板块为主的产业链,正向国际知名通信产业集团迈进。

这些年我所取得的成绩,离不开母校的培养和老师们的教导,借此机会,我想再次说一声:谢谢!

今天,我还想趁此机会和学弟、学妹们说点心里话,与大家共勉。

一、只有做好自己,才有脱颖而出的机会。踏上社会,除了努力提高专业素养,更要有意识地调整心态;除了具备饱满的自信心,更要有强大的抗压能力;勤奋好学、踏实做事,这样才能让职场之路更加顺畅。

二、只有懂得包容,才能赢得被追随的魅力。踏上社会,要尽快适应、珍惜新的岗位,重视与人交流、沟通,保持谦虚、平和,这样才能得到领导的重视和同事的尊敬。

我相信,再过三十年的话,你们中间肯定会有一大批的人比我更加优秀,我衷心地祝愿、祝福你们!

最后,祝愿母校桃李芬芳!也祝愿老师们幸福安康!

谢谢大家!

钱利荣

最真实的写照

　　十年励精图治勤奋进取，十年风雨兼程披荆斩棘，十年峥嵘岁月铸就辉煌——这是对俊知十年发展最真实的写照。十年，俊知用自己的足迹写下一部艰苦卓绝的创业史，写下一部自强不息的奋斗史，写下一部锐意进取的发展史。

　　十年的风雨历程，包含着所有俊知人的不懈追求。十年后回望，俊知走过的这些岁月，由创业初的默默无闻到上市后的光芒万丈，这其中无不闪动着俊知全体员工勤劳奉献的身影，凝结着他们的智慧和汗水。十年的跋涉与拼搏，十年的辉煌与梦想，让我们共同回顾这十年的艰辛和喜悦，共同品尝俊知人用汗水浇灌出的累累硕果。

创业篇

　　数易春秋，风华正茂。2007 年 3 月 15 日，俊知正式建成并翻开了历史的第一页，也奏响了俊知人艰苦创业、争创一流的英雄篇章。从此俊知只争朝夕的精神，为宜兴大地贡献着自己的赤诚，携着自己的荣耀载入史册，俊知如一颗冉冉升起的新星，闪耀在太湖之畔。

　　十年风雨砥砺，十年艰辛创业。2007 年，俊知人在移动通信大发展的大潮中，开始了探索俊知集团发展的道路，有辛酸、有欢乐，几经拼搏、几多收获，俊知在探索的道路上艰难前行。从最初的一片荒地，到项目审批、前期筹备，到开工建设、产出产品，俊知只用了一年时间。这是一个何等骄人的成绩！俊知人用一种令人惊叹的热情与坚毅完成了这一伟大的创业之举。

奋斗篇

风雨同舟，共济十载。那是一段凝聚力量的历史，也是一段追求卓越的历史。2009 年，3G 牌照发放，标志着中国通信行业又一次的建设高峰，面对全国电缆市场需求急剧增长的形势，在当年三大运营商集采都排名第一的情况下，公司领导审时度势，及时进行了扩能，调整销售策略、精细化管理，新生的俊知顶住了压力，经历了市场严峻的考验。

对于企业发展而言，三年靠机遇，五年靠资金，十年靠人才，百年靠文化。建设年轻干部队伍，为公司注入了新的发展理念与活力。俊知以其独有的魅力吸引着有志之士慕名而来，十年磨一剑，砺数载心智耕耘，积万卷铿锵力作；十年的执着，镌刻着不懈的追求；十年的协心努力，承载着岁月的悠久；十年的积淀，留下了厚重的基础；十年的坚持，铸就了坚忍的执着；十年的磨砺，我们已经朝气磅礴。十年的奋斗，产出了累累的硕果。如今，俊知集团已发展形成以 RF 电缆和普通光缆为主，漏泄电缆、软电缆等多元化发展的格局。

发展篇

日月轮回，斗转星移。企业的发展就像一条川流不息的大河，有时汹涌澎湃，有时涓涓细流。2012 年 3 月 19 日，俊知集团在香港挂牌上市。短短的五年时间，就完成了从一无所有到挂牌上市这一伟大历程，是俊知成立以来一个新的里程碑。五年来，俊知人凭着"壮士断腕"的勇气和决心，凭着"破茧重生"的韧性和精神，开拓创新，为企业和社会创造了良好的经济效益和社会效益。

上市，给了俊知一个良好的契机。俊知光电和俊知传感也随之相继成立，使得俊知集团的产业结构越来越完整和多元化，让俊知从创业初的小舢板成长为一艘能经历任何风浪且能乘风破浪的永不沉没的行业巨舰。

庄键

一直奔跑　一路感恩

年年岁岁花相似，岁岁年年人不同。转眼间这已是我在俊知的第四个年头。回想起这三年多的工作生活，我的眼前总飞扬着一个个鲜活的面容，浮现出一幅幅精彩的画面。领导们对我深切的关怀、同事们对我无微不至的照顾，使我感到身处于这样一个和谐友善的大家庭里工作生活是多么地幸福。

俗话说：锦上添花易，雪中送炭难。但在俊知，无论是顺境还是逆境，所有人都会伸出援手，对你善良以待。去年夏天发生的一件小事，让我终生难忘。

7月的盛夏，炎热的天气让人呼吸困难，恰巧那天我去车间查看即将发货的电缆。车间里的环境对当时身体不是很好的我来说很是憋闷焦躁，不知是什么时候，我忽然眼前一黑，似乎快要失去知觉，无法动弹。当时的我只能远远地听到很多人一边抓住我的手一边大声呼喊："你怎么了！？快把她扶起来！到窗户边去！快把窗户打开……"过了会儿，我醒来后发现，自己坐在窗边，身边围着一圈人，有的给我扇扇子降温，有的在打电话找人支援，有的为我拿来了藿香正气水……我看着他们焦急而又关切的眼神，眼角不觉有点濡湿。我叫不出他们所有人的名字，也不常与他们接触，但是在我身体不适的时候，他们对我的帮助和关怀，足以让我铭记一生。不一会儿，看见保安开着一辆电瓶车来到我跟前，原来是有同事打电话说我在车间晕倒了，需要找车把我接回去。如今，回想起当时的一幕幕，内心依然久久不能平静。他们给我的关怀，如春风化雨，滋润着我的心田。

感动并不需要轰轰烈烈的故事，感动有时就是那一瞬间的一个眼神，抑或是一个动作、一句关心的话语、一碗炎热暑日中清凉的绿豆汤。感动就是与你们相伴、与你们分享的每一个点点滴滴，虽然你们来自也许我不

曾到过的城市，我们有着全然迥异的经历，但因为有了你们，好像所有的
辛苦都能被化解，好像所有的逆境都有柳暗花明的转折，即使有眼泪，它
们也会以最温柔的姿态降落。因为有了你们，我不会放弃任何一个成长的
机会。一个人活着，取悦自己，善待他人，创造价值，实现理想，这些种
种所有，都是我在这个集体中逐渐领会学习到的。

周泊霏

成长

　　2017 年的 3 月 15 日，是江苏俊知技术有限公司成立十周年。十年，在历史的长河中也许只是弹指的瞬间，然而，对于一个奋发向上、积极进取的个人或者是一个披荆斩棘、勇攀高峰的企业来说，十年足以发生天翻地覆的变化。

　　2014 年 3 月 22 日，我有幸来到俊知技术成为一名员工。在此之前，刚从学校出来的我，只是一个没有多少工作经验和社会经历的学生。我刚来公司时也曾一度困惑、迷茫、失落，毕竟校园和企业是两个不同的领域。庆幸的是遇到了平易近人的领导和热心帮助的同事，领导的关怀和同事们的热情帮助让我迅速地融入工作中，慢慢适应了工作的节奏。最开始我被分到器件车间做质量部检验员。器件车间主要生产的产品是各种规格跳线、连接器、转接器与避雷器。平时的任务主要是做好生产过程中的首件与巡检，并对生产完成的跳线和避雷器按照标准进行相应的驻波与交调的测试。任务强度不算大，但是非常繁琐，需要检验员有耐心、细心与责任心。而对于我来说，缺乏细心正是最大的缺点。因此刚来的时候，出了不少差错。但是庆幸的是，工段长和同事并没有过多地责怪我，而是很仔细地给我讲工作中需要注意的地方。我也在工作中慢慢积累着工作经验，学习老员工的工作方法。慢慢地，我在工作中因为粗心而犯的错误变得少了，这与平时工作中领导与同事的帮助是分不开的。

　　三年来我成长了很多。从器件车间转岗到软电缆车间，从软电缆车间转岗到电缆车间，期间，我学到了许多有关于电缆方面的知识，了解了同轴电缆与跳线的一些基本生产工序和必要的检验方法。从当初的一窍不通到现在的信手拈来，学到了许多在课堂上学不到的东西，做好一个质检，不单单需要过硬的检验技术、细心、耐心、责任心，也需要一定的团队合作意识。

十年前，当公司承命草创、艰难起步时，是大家筚路蓝缕，披荆斩棘，硬生生为公司杀出一条血路。而十年之后的今天，依旧是大家在为了公司的未来前途贡献自己的力量。期待在下一个十年里，我也能成为像他们一样的人，成为一个真正优秀的俊知技术人，为俊知技术的明天贡献自己的一份力。

王亦玺

缘分

人与人之间的关系是一种缘，我觉得进入一家公司也是一份缘，因缘际会，我有幸地进入俊知。

时光匆匆，一转眼进公司已是第五个年头了，时间虽然不长，但也不短。现在回想，当初对公司的了解都是从公开的途径或朋友圈得到，特别是公司成立的情况与发展都只能从各方打听回来。加入俊知这个大家庭，作为其中的一分子，自然希望多了解一下公司，所以每次有机会跟公司领导或员工闲谈时，总有兴趣听听公司的发展过程，每次听一些都对公司多一层的了解。愈多的了解使我明白为何从各方听到的都是对公司的赞赏。

国际会计师事务所的工作经历让我了解了不少企业，成功的企业都有她的特色，特别是她的老板及管理团队，如果他们没有过人的能力及突出之处，根本没有可能带领公司做出突破。一家公司能成功绝对不是偶然，当中一定有一个从上而下的理念带领公司发展。在钱总的领导下，我在俊知看到的是"物以类聚"和"百花齐放"。"物以类聚"说的是大家这一个团队都是努力地为公司，大家都有共同的理念为公司向前发展尽力；"百花齐放"则是于公司里我看到不同部门、背景、年龄、才能的人才都在拼命地发光发热，每一个都乐意发挥自己的专长及能力。

还记得第一次到公司的车间参观，看到车间井井有条，公司员工勤劳专业地工作，敬业乐业，谨慎地对待每一个工序。这跟以往我看到大部分企业的车间大不相同。另外我们的财务团队对工作极其认真，一直为业务准备资料及分析，以协助公司发展。这正好说明俊知从上至下都贯彻"集俊以知"的精神，也使我理解到公司当初为何选择这个文化理念。

每一个人于家庭及社会都有不同的职责，每一家企业于社会中也发挥着不同的作用。俊知过去多年为不同的营运商提供服务，其实也是为国内通信业的发展付出汗水。所以有些时候我拿着手机看着屏上的网页，想到国家手机及光通信网络发展如此神速，总想到我们俊知在背后的功劳，心里面也有着一份莫名的骄傲，想到自己其实也在为国家的发展出一份力。

俊知十年间得到各方的认同，也获得了不少的奖项，我知道这些都是我们团队努力不懈的成果。当然，大家努力工作的时候不会以得到别人的称赞为目的，但是只要你认真地坚持，总有一天会得到回报。在未来，我希望能与公司其他员工一起继续为俊知的未来贡献，也能让国家的通信事业继续高速发展。而我也相信公司未来的成就一定不止如此，只要我们继续一步一步地共同走过去，下一个十周年回头再看，总会觉得当初的付出是甘甜的。

梁肇基

十年风雨　集俊以知

时光如箭，岁月如梭。2017 年 3 月 15 日，是一个值得纪念的日子，我们满怀壮志地迎来了公司创建十周年庆典。

回忆是温暖的。2013 年 7 月，刚踏出学校的大门准备踏入社会的大道，初出茅庐的我一片迷茫。一个偶然的机会，我通过面试进入了俊知。初入公司，无论是工作环境还是厂区环境，都觉得异样地吸引人。我和俊知的缘分就从这里开始了。

起初，经过面试被分配到了俊知光电的着色工序。三个月的实习期让我慢慢地适应了工作节奏，掌握了各种操作技能，懂得了收获的快乐。在这期间遇到了诲人不倦的领导和同事，毫无保留地教我操作技能。如此温暖的工作氛围，使我之前的那一片迷茫很快烟消云散。这让刚踏入社会的我学会了坚持。实习期刚过，我就被公司发运部录用了。这让我相信，这里是一个放飞梦想的地方。

工作其实就像一面平面镜，我们投射的是什么，回应的必将是同样的结果。对于我来说，我觉得从工作中得到的不仅仅是或多或少的薪水，而且给我们提供了一个展示和充实自己才华的舞台，不断从成功与失败中丰富自己。

每日早晨漫步在郁郁葱葱、生机勃勃的俊知大道上，享受着清晨阳光带来的那份温暖，伴着车间里机器的声响开启每日的工作日程。就在这不经意的一个个日子里，公司诸多方面都在日新月异地发展和变化，不由得让人充满信心。在这期间，我见证了光电的成长，见证了光电的壮大，车间规模不断壮大。车间新增的生产设备不计其数，人员规模从之前的百来号人壮大到了今天的三百多号人。

公司蓬勃飞速的发展让人惊叹。那是因为公司始终本着以"人才为根本，市场为重点，创新为依托"的企业理念，紧跟行业发展趋势，坚持走自主创新之路，源源不断地向市场提供更新、更好的产品，从而在行业内树立高品质的品牌形象，力创世界级卓越企业。身为俊知的一员我为此而骄傲！

也许三年来的了解，远不足以诠释十周年来的风风雨雨。但任凭岁时更替，时光流逝，总有一些人、一些事沉在我的记忆深处。无论岗位怎么变换，之前所遇到、所学习到的点点滴滴都成了我勤奋工作的标杆，给了我珍贵的鼓励和启发。

集俊以知，和谐共荣！

陈蓉

致营销部全体同僚

山何巍巍，水何茫茫，
心有情兮，立国有疆。
情如春绿，爱无秋黄，
心有情兮，可赡家邦。
清澜变野，翠地成桑，
年复一年，亦有何妨。
有卿如意，闻君坦荡，
诸般可得，国士无双。

汤新发

生命必须走出去

——观《转山》有感

安逸的生活总是让人意志消沉,本片主人公张书豪就是这么一位大学毕业生,整日游荡,无所事事。平静的生活总会发生一些不平静的事。哥哥的去世把他平静的生活打乱,他在哥哥的骑行日志中,发现了哥哥想要骑行滇藏线的计划。或许是年轻人的冲动,或许是对自己目前生活状态的不满,书豪决心完成哥哥的愿望。

疯狂的想法总是让人孤独,偏执的他独自一人踏上了大陆,开始了这段艰苦的路程。对于骑行,他一无所知,所幸路上遇见一位资深的骑行者,李晓川,两人结伴而行,倒也不那么孤单。晓川是老骑手,对于滇藏线很熟悉,在骑行、路程和生活方面给了书豪很多帮助和鼓励。如此波澜不惊的路程自晓川坠崖后变得艰难起来。毕竟,一帆风顺不叫成功,何况对一个菜鸟而言也不可能一帆风顺。一个人,问题就接踵而至了,各种问题的出现令书豪崩溃,一点一滴地消磨着他本来就很孱弱的意志,甚至危及他的生命。好在他凭着晓川的鼓励和热心人的帮助坚持了下来,来到了拉萨。他成功了!

整部电影看下来的第一感觉是真实,真实到自己很容易就代入角色中了。同样的境遇下,自己是否能做到像主人公这样?再看目前碌碌无为生活着的我,不禁深思,人生没有了目标,没有了挑战的勇气,那生命的意义又在哪里?每个人心中都有原始的狂野,可是谁又能毫无顾忌地释放呢?我有一位同学,他今年已经是第三次骑滇藏线了,每次看见他的微信动态,心中总是百感交集,羡慕、赞叹,更多的却是茫然。人家怎么就能活得如此精彩?其实他的行动不是冲动,而是在寻求生命的意义;我是一声不响地继续在波澜不惊的生活中沉沦,还是义无反顾地掀起滔天巨浪呢?

　　"书豪吾弟，我又活过来啦，身上还留着七个钢钉，走路一拐一拐的，可我还是上路了。大夫说我还要再休息六个月，可我满脑子都是路上的味道，这味道一天比一天浓烈，我实在是等不了了。他笑我找死，我说不对，我不想死，我热爱生命，所以我必须走，必须走出去。"片尾李晓川信中的话直戳我的内心，这大概就是所谓生命的信仰吧！生命不是如此才像样吗？我正因为热爱生命，所以才不甘心让生命沉沦于平凡之中，变得廉价；而是要通过磨砺，成就生命的不凡。这样一种人生，任谁都会竖起大拇指赞叹。可幸，现在为时不晚，我必须走出去。

史晔鑫

吾之俊知故事

丁亥年初，正月廿六，于陶都宜兴之宜城之南，一厂名为俊知落于此地。宜兴古称阳羡，乃兴旺之地，人杰地灵，物宝天华。

俊知坐北朝南，面向广阔。创业诸君胸怀大志，历辛历苦，以成心中所愿。时光飞逝，恍然已有十年之久。大楼车间，拔地而起，序列排布。大门宽阔，入门为场，场中竖旗三面，早年间，中为国旗，西为星洲，东为俊知。场北为楼，垒数五层，为办公之用，东西各车间三座，左右对称。十年间，日益壮大，又向西增设车间数座。俯瞰之下，已成工业之园。东西之长竟两里有余，南北之宽亦近一里。十年之间，斩获殊荣无数，更是锦上添花。

吾有幸于庚寅年亥月入俊知以事。于站候车，稍时有年长者问之：少年何去？答曰：去俊知面试尔。老者闻之：听闻此乃新兴之厂，效益颇好。如雨后之春笋，生机盎然，汝此去定然善也。少顷，车已致，道别老者，不经心想：如此家喻户晓，入内当为何景？

下车入厂，眼前一亮，楼宇轩昂，大气庄严，举目四望，不经惊叹楼之高地之大。大楼静谧无杂音，行人匆匆不紊乱，踏入门中羞影晦，神经绷紧难放松。整理衣襟，唯恐衣衫不整有违其境。忧中有喜，喜中有忧，喜有幸于此，忧面试之关。虽是白驹过隙一瞬间，却似翻山越岭蜀道难。而后面试通过，不经自喜难耐。

亥月廿六入车间，见窗明几净，秩序井然，昼间日光满堂，夜则灯火通明。人人和睦相处，团结友爱，无飞扬跋扈之徒，亦无勾心斗角之辈。吾于机台操作，虽读院墙十数载，亦有自知之明。院墙所学不过纲伦之识，与院墙之外，实有莫大出入，虔心求教，不懂就问。"三人行，则必有我师焉。"取他人之长，学有用之技，以司己职。虽有三班轮倒之苦，四处跑动之累，亦毫无怨言，且别有一丝喜悦。有人不解，问之：汝出于院墙之内，为何愿做此等活计？吾笑曰：院墙出身并非高人一等，况吾乃初出茅庐，活计虽累，却也有所收获，吾非眼高手低之人，事无巨细，若此等活计尚不能做好，何谈其他？若有苦有累就心生退意，与逃兵有何二哉？

辛卯年内招，有幸得进技术，免去三班轮倒之苦。有旁人羡慕曰：已脱生产，乐哉乐哉。吾对此不以为然，深知新位责之大，任之重。虽早先作于生产，劳于质检，终只能略知皮毛，需更虔心求教，勇于探索。且衣着已为行政，更要谨言慎行，切莫有损于形象。于是乎，吾每日深入车间，跟踪观察，交流学习，归纳总结，熟记于心，以能但此大任。日复一日，回首在技术已有六年有余，虽已有成长，但学无止境。每日于车间仍有大半时间，亦需时常东奔西走，或于车台调试，或于样品生产，林林总总，年复一年，虽忙碌却也感充实。

时光轮转，已至丁酉。吾在俊知亦有七年，虽憾未能见其开端，然有幸能事之七年，亦乃自豪其中。祝俊知青山常在，绿水长流，枝繁叶茂，欣欣向荣。

刘志拯

泰安行

2012 年那个夏天，山东移动要求我司立即赶往山东进行首次到货检，首站泰安。

质量部的小伙子们听到这一消息，立即开始了精心的准备，连夜清点整理测试用的仪表、校准件、测试用工具……清晨的霞光刚微微地露出，小伙子们就整装待发……

车子一路飞奔，一路上大家静静地思索，库房的测试条件可不比公司测试条件，这时蒋晓青焦急地问："库房有没有电源呢？"邱禄镇定地回答："我准备了 50 米的活动拖线板，肯定能找到电源。"我们松了口气，距离泰山越来越近，连绵的山峰不断映入眼帘，不同于江南丘陵的小巧秀美，泰山是如此雄伟壮观，巍峨挺拔。我们兴奋地呼喊着"泰山、泰山"。

傍晚时分，一行人到了泰安，泰山的山脚下，一天的车程大家似乎有点累了，这时手机铃声急促地响起来，猛地一下子清醒了，电话里传来前方验收的指令，要求我们第二天早上八点前赶到库房。我们小心翼翼地将仪表、校准件搬下车……

清晨的闹钟把我们从睡梦中叫醒，窗外的泰山在初升的太阳照耀下是如此多娇，一夜的休息，让我们显得格外的精神，来不及多看她一眼，便急匆匆赶往目的地。

几经打听，终于到了目的地，库房依山而建，顺着山坡，我们来到库房。这时移动验收小组人员也准时来到库房，"请跟我来！"顺着移动人员手指的方向，远远地看到有两只火红色的集装箱柜。

"馈线在那个柜中，根据抽样规则每柜抽取 3 箱，上午完成所有项目的测试，请配合。"库房人员用力地打开柜门，一股滚烫的热气扑面而来，只见两个小伙毫不犹豫地爬到车厢内，在移动人员的指挥下，用力挪开托架上面的八箱馈线,再将指定的馈线搬下车箱,汗水滴答滴答洒落在纸箱上,犹如一朵朵美丽的水花瞬间绽放开。

我们依据工作分工,一边快速地安装连接器,一边有条不紊地进行仪表校准,六盘馈线各项指标很快测试完毕了,这时移动人员说:"还剩最后一个项目,把馈线放开测试实际长度,一米一米测量。"正午的太阳一点也没有想午睡的意思,炙烤着山东的大地,两人将馈线搬到空旷的场地上,用力抱起,慢慢地开始放线。

"没关系,你们把馈线在地上滚着放吧,这样太费力了。"

"不、不、不,那样放线容易损伤馈线。"

"休息休息,喝瓶水吧。"

移动人员打开矿泉水瓶递了过来,此时虽然没有太多的话语,但一句话、一个动作给了小伙子们无比的肯定。

"结束,全部一次性通过。"随着移动人员的总结,泰安之行在忙忙碌碌中结束,我们即将踏上下一站行程。

虽然我们没有登上泰山,但是在泰山脚下洒下了青春的汗水;虽然我们没有轻抚泰山的容颜,但是展现了我们自豪的脸庞;虽然我们将离泰山而去,但是却见证了俊知小伙子们的成长。

王晓益

十年辉煌路　共筑中国梦

十年耕耘历千辛，一举成名天下闻。虎踞龙盘今胜昔，天翻地覆慨而慷。

梦，在中国人眼中不只是一种精神寄托，更是一种夙愿，一种奋斗目标。大到实现国家富强，民族振兴；小到实现个人理想，为社会主义现代化贡献自己的力量……这点点滴滴，各式各样的理想凝聚在一起，我们可以统称为"中国梦"。

十年之前，我不认识你，你不知道我；十年之后，世界认识了你，我们为你骄傲。江南鱼米之乡，中华陶都之城。"俊知技术"这颗璀璨的明珠在这十年间勇于拼搏，紧跟时代步伐，不断挑战自我，朝着自己的"梦"前进，在通信工业中闪烁着耀眼的光芒，用自己平凡的双手创造出了一个又一个不平凡的奇迹。

十年的辉煌，浸透了俊知人的辛勤与汗水，饱含了俊知人的精诚团结，印满了俊知人永不止息的脚步；十年的辉煌，显示了俊知人踌躇满志、高瞻远瞩、屡创佳绩的大智大慧；十年的辉煌，体现了俊知人笃信不移的信念，"没有比脚更长的路，没有比人更高的山"，坚定不移地向着自己的"中国梦"前行……

"千里之行始于足下"，正是这样一点一点积累，一步一个脚印，"俊知技术"在这个竞争激烈、市场多样化的环境中茁壮成长，不断发展……作为质量部的一名普通员工，真实地感受到了"俊知技术"正在从幼小一步步走向成熟，也在一点点筑就着自己的"中国梦"。2008年—2011年是公司快速发展阶段，随着各个车间生产线的正式投入，生产任务也迫在眉睫。质量部的员工不管工作任务有多重，检验要求有多高，继续迎难而上，攻克一个又一个难关，为企业的生产发展保驾护航，"哪里最困难就去哪里，哪里最需要我们就去哪里"，所谓"何惜挥汗如雨，只因心中有梦"。各层领导更是亲临第一线，与员工一起沐风栉雨，同舟共济，起到了表率作用，极大地鼓舞了士气。

或许是电缆检验要求的多样性，或许是工作繁重，经验欠缺，更多的质量工作倾向于量，而忽略了质的提高，不管是我们自身，还是具体工作，都暴露出很多预料之外的问题。制度不完善导致工作任务出现争议，影响生产正常运行；科学管理的欠缺，降低了员工的素质与工作效率，成为公司前进的拦路虎，与"以人才为本"的发展原则更是南辕北辙。

"路漫漫其修远兮，吾将上下而求索。"在这改革与发展的风口浪尖，质量部员工与领导众志成城，群策群力，不断认清自我，不断完善自我，使部门面貌发生了翻天覆地的变化：检测程序规范化，每一项检测程序都按技术标准执行；工作流程具体化，每一项工作步骤都清晰细微地布置；部门责任明确化，每个员工的工作都有记录，确保每个检测环节都有迹可循；科学管理人性化，每当遇事，领导与员工采取民主协商，做到公平公正；个人素养常规化，每年都要开展几次技能培训活动以及考核，巩固和提升员工的工作素养和技能；人才培养多样化，在常规检测员工基础上，新增原材料检验、样品检验、标签打印员以及实验人员……一项项工作制度的完善，一条条科学管理措施的实行，质量部在以前的基础上有了根本性的飞跃，真正做到了质的提升，真正发挥了公司的心脏功能，强劲有力地跳动着。质量的发展与改革只是公司蒸蒸日上美好前景的一个缩影，公司取得的辉煌成就是所有部门共同奋斗、共同努力的结果，荣耀属于每一个员工！

俊知的"中国梦"是所有俊知人共同的理想，也是每一位俊知人奋斗目标的总和。俊知人是勤劳的，你总可以看到深夜办公楼的灯光，你也可以看到节假日大家忙碌的身影，坚守自己的岗位，工作互相配合，有条不紊。俊知人是富有拼搏精神、团队意识的，总是积极参加各种团队比赛（足球、篮球等），不管比赛结果如何，都要打出作为俊知人特有的精神风貌。俊知人总是乐观的、无私的，没有人会因为工作辛苦而抱怨，也没有人因为工作需要加班而发牢骚，他们更关心的是自己今天的工作有没有做好，今天的自己是否比昨天更努力，有没有离自己的"梦"更近一步……

"永远在路上"，这一句话蕴含了深刻的哲理与信息。十年，在历史长河中只是弹指瞬间，在浩瀚宇宙进化中更是微不足道。十年的辉煌，更只是成功路上的一个休憩站，成功篇章里的一个逗号……辉煌承载过去，开拓在于未来，将来的路更需要我们持之以恒，矢志不渝，扬起奋斗的风帆，吹响奋斗的号角，奏响奋斗的乐章，为中国现代化建设添砖加瓦，争当现代化企业的领头羊，垒筑起共同的"中国梦"……

王军

感恩

时光荏苒，岁月如梭，回想 2008 年 2 月 18 日这个特殊的日子——也就是我第一次踏入俊知上班的那天，情景依然历历在目，整洁的环境、严谨的态度、和睦的氛围吸引着我选择了俊知。转眼间，我在这片土地已工作与生活了九年，陪伴是最长情的告白，我很荣幸自己在这儿九年，亲身见证了俊知的初露锋芒、坚毅奋进和如今的玉树临风。

在和俊知朝夕相伴的九年时间里，我真切地感觉到公司不只是一所"学校"，让我得到了充分的成长与锻炼，不管是在心态、生活还是做事方法方面，都给了我不同凡响的冲击，而且更是一个充满着凝聚力和爱的大家庭。在这个大家庭里，"养育"着来自五湖四海的同事与朋友们，大家齐聚在这里，一起工作，一起生活，我们见证着身边每个人的生活改变。在这里，我们要对俊知说一声："俊知，谢谢您！"

从最初稚嫩的幼苗，我们一路走来，见证您的成长，看到您的壮大，喜闻您的业绩，未来的您将会长成一棵参天大树，让我们可以依偎。我想说，遇见您真好！

与公司相伴的时间里，我们跟公司一起经历了很多第一次，第一次年会、第一次上市……庆幸公司很多重要的成果与我们分享，虽然有过坎坷与残酷的竞争压力，但留给我们更多的是欢乐和喜悦。未来的日子里我们俊知人依旧齐心协力，风雨同舟！

九年的时光是那么的短暂，又是那么的漫长，在人生的长河里已是那么重要的部分。是什么吸引着我选择与俊知一起经历起始的忙碌、过程的困惑、发展的充实，共同见证 3288 个日日夜夜的艰辛成长？是您的气质、您的与时俱进、您的关怀、您的执着……在您的身上，我懂得了人生的意义，看到了真正的生命之光，感谢一路有您！

　　"集俊以知，和谐共荣"，这是俊知的一种写照，更是俊知的一种精神。有了俊知，才有更多的俊知人实现了自己的理想与抱负。人的一生，父母的爱为我们浇注幸福的路，俊知的爱为我们打开实现价值的门。感恩这两份大爱，使我们懂得责任，学会奉献。

　　一个企业的发展壮大，靠的是每一位员工严格的执行力、绝对的忠诚度和真诚的感恩心。一个懂得感恩的人，才有可能成就事业。员工对企业的忠诚，受益的并不仅仅是企业，最大的受益者就是我们自己。"爱岗敬业"就是感恩俊知的最好诠释，让我们用感恩行动祝福俊知，感谢俊知！

　　古语道："羊有跪乳之恩，鸦有反哺之义。"滴水之恩当涌泉相报。让我们学会感恩，感恩父母，感恩俊知，常怀感恩之心，培养感恩之情，落实感恩之行。愿我们都以一颗感恩的心，为俊知更好更快发展发一份光、散一份热，干好本职工作，助俊知再创未来更多的十年辉煌！

沈佩

张福贵的故事

在公司的木工车间，有一位人人敬重的老同志，他不怕苦不怕累，即使已是知天命的年纪，却还坚持学习、身先士卒。他就是木工车间主管张福贵。

木工车间，服务于俊知工业园里的技术、光电、传感三个分公司，主要制作光电缆用盘具、托架和木制品，以及成品光电缆盘具封装工作。车间负责人张福贵，原为俊知技术公司设备部机修人员，精于钳工、焊工，善于安装、维修设备，是设备部里不可多得的技术骨干。2014 年 5 月，木工车间原有负责人突然离职，张福贵临危受命，勇挑重任，在不足一个月的时间里，从一位生产管理的门外汉，成长为木工车间优秀的管理工作者，期间经历，值得学习。

上任伊始，张福贵已有五十岁，以前从未使用过电脑，申请材料、汇报工作、电脑打字都成问题，尤其对材料尺寸、工作安排更是一无所知，但经过领导教、同事帮、自己学，短短二十余天，就已基本能够适应工作岗位，成功竞聘上主管岗位，这充分展现了他勤奋好学、敢为人先、不计得失、勇于担责的俊知管理工作者良好的精神风貌。

张福贵学历不高，但贵在聪明好学、勤于思索。习近平主席曾说："要在游泳中学会游泳，用智慧和勇气承担责任。"张福贵就是这样一个人。以前，在设备部做机修人员时，他就善于动手，勤于动脑，别人拆不下来的齿轮，他能想出办法轻松搞定；别人修不好的设备，他采用更换整体部件的形式，就能让设备先运转起来，再慢慢修理损坏部件，既不耽误生产，又能慢工出细活，一劳永逸地解决问题。因此，张福贵还连续多年被公司评为优秀工段长、先进班组和和谐员工。

自从张福贵调任到木工车间以后，学习的劲头更强了，五十多岁还抱着一本字典练习电脑打字，做表格统计分析数据，挖掘员工潜力，提高单位劳动定额。钻研原材料降本节耗，把木盘外径从 1.15 米减小到 1.13 米，每个盘具可节约木料成本 3 元钱。他还进行工艺创新，把水杉实木条料更改为胶合板和木条复合筒芯，这样，既提高了工人的生产组合装配速度，每个筒芯还可节约材料成本 15 元钱。根据供应商的到货木料实际尺寸数据，他发现了木料的厚度全部为负偏差，于是，他就按照实际尺寸计算木料材积，一旦发现以次充好的木料，就全部挑出退回供应商，酌情扣减木料方数，每年为公司节省材料成本数十万元。

别看张福贵从设备部调任到木工车间好像"升官"了，可实际上，他的工资收入却下降了。因为按公司规定，原来他在设备部可享受 1.25 的技术工资系数，而到了木工车间，工资系数却为 1，每个月少拿了近千元收入，但他并未计较，服从安排，也没有提出异议。他还主动为员工调职加薪，提拔了两名技术骨干为木工组长，加强生产管理。把员工日平均工资从 95 元增加到 120 元。发放劳保用品时，宁可自己没有，也不会缺少员工的防护用品。所以，虽然他是后来的，却深得木工车间员工的称赞和拥护。

钱荣根

我的俊知生活

初出茅庐

当黎明的曙色尚未到来的时刻，刚出门便感到奇寒透骨，便匆匆跑回家中，取件衣服披上。几天的奔波总算有了着落，毕业后的心高气傲已被消磨殆尽，剩下的只有内心的脚踏实地。记得那天大包小包地搬进公司宿舍，完全整理好后已是晚上 8 点多，顶着一头乱发的我坐在床上一动不动，心里反复在说：这点累都吃不消吗？不想再体验拼命投简历、面试后又杳无音讯的日子。那晚睡得很早，也醒了很多次，梦里面有舍友下班后乒乒乓乓的声音、火车的鸣笛声、楼下小贩勺子与锅的碰撞声……

民以食为天。第一天的工作，让我印象深刻的是食堂的糖醋排骨和家里的不一样。酸酸甜甜的，勾芡很均匀，关键是肉松软得似乎骨头都可以嚼碎。再说说鱼，大厨真的很会烧鱼，红烧鱼、酸菜鱼、剁椒鱼等等，鲜、酸、辣、香都有，尤其是酸菜很下饭，有时候没看清的话就会吃到泡椒，那一阵的辣味在嘴里蔓延直到嗓子眼。

春雨绵绵

窗外的雨滴声将我从浅梦中惊醒，睁开倦怠的双眸，那恍如隔世的梦境依稀犹存。穿戴好后，瞧一眼手机，还有 20 分钟可以去食堂喝一碗热粥加个煎蛋，完美。就是食堂的阿姨给的咸菜太少，而我又是不太喜欢喝白粥的，经常会剩，想想挺浪费的。

打伞走在公司路上，偶尔会有雨水溅到裤子、鞋子、肩上，可能不似夏季的雨那么猛烈，也就不太在意。路旁的花在雨中娇艳欲滴，好似羞涩的少女。烟雨中的凉亭让我不由想道："人生若只如初见，曾记否，石桥上无意间的回眸，烟雨江南。"

秋思桂香

"叶密千层绿,花开万点黄。"瑟瑟秋风中,桂花的香气飘满整个俊知,刚踏入大门就扑鼻而来。

曾几何时,迎着熟悉的味道,与好友狂奔在去上课的校园路上,边跑边吃着热腾腾的肉包子,然后互相嘲笑对方油滋滋的嘴巴。记得有次偷偷带早饭去教室,结果被逮了正着,在班主任的逼供下,死死咬住是给自己买的,好友傻乎乎地发誓要做一辈子的朋友。闻着香气,本来有些欢喜的心情有些消散,别后闲情何所寄,多少次在梦中你我依旧笑靥如花,想要倾诉却忽至梦断。

才听夜雨,就觉秋如许。一场秋雨一场凉,路上的同事们纷纷加快脚步,有些紧缩着脖子,生怕冷风灌入。雨水打落了不少花瓣,地上又添一抹黄色,香气依存,却没有原先那么浓郁了,秋也随之悄悄地渐行渐远。

冬日偶遇

那段时间,公司一直加班,每天的生活就是吃饭、上班、加班,由于天气寒冷,基本洗完澡就睡觉了。舍友无意间和我说,你可以去公司图书馆。我以为是在开玩笑,"别逗了,公司还有图书馆?"说实话,我毕业以后就一直没停下来好好看本书。

后来一段时间去过几次公司的图书馆,书的种类还是蛮多的,不过有几次都没找到想要的书,倒是激起了我的阅读兴趣。公司没找到的书,我就去宜兴新建的图书馆借,新建的图书馆不仅书多,而且干净舒适安静。

像往常一样背着双肩包去新图书馆借一本一直惦记的书,找到后准备先读一会再走,刚坐下时发现对面的女士和我看着同一本书,她也发现了我,互相相视一笑。阳光下的她皮肤白皙,有一股书香气,非常有气质。

不知不觉已是下午3点多,起身准备离开,却被她叫住:"小姑娘,你等等,能麻烦你帮我把这本书还回去吗?我不太记得原来放的地方了。"小事一件嘛,"可以啊。"不知怎么就小声聊起来了。原来她是位刚退休不久的老师,闲暇时还会去参加义工活动。她说:"教书是为了报答社会,培养下一代,而义工是一种乐趣,自我价值的体现。"

因为工作的原因,后来也没经常碰面,导致她见到我便问:"工作这么忙,还来看书啊？"我也只能拾人牙慧："工作是为了提高物质水平，而读书则是精神上的升华。"

从大学到社会，从愚昧到理智，从傲娇到踏实，这都是俊知带给我的改变。我的俊知生活，真的很丰富。愿我能在俊知这片土地上越走越远。

唐玉婷

十岁生日快乐

——致俊知

2007 年 3 月 15 日
您出生了
怀揣着梦想与信念扬帆远航……
如今，您十岁了
如同一位朝气蓬勃的少年
营造出一副蓬勃向上的气象
如同一条激流勇进的小溪
击打着一块一块坚硬无比的磐石
……

您满腔热情地关怀着我们
让我们像孩子一般备受呵护
您是母亲，不需要我说出感激
您像太阳一样温暖着我们
让我们感知离乡背井的温暖
您是爱人，让我感受温存
在同轴运作的光辉时光中
我听到了一种经久不息的激情
在光电的雄然升起中
我感受到了一种傲视一切的目光
在传感的骄傲守望中
我体会到了一种千年未变的执着
让我们一起纵情歌唱，欢快起舞

迎接您的生日

与您一起回望一路走来的风雨坎坷与光辉岁月

在未来的十年里，我将

继续与您一起追寻青春的梦想

继续与您一起成长、一起欢乐

继续和您一起撰写下一篇美丽的篇章……

而此刻，我只想对您说声

俊知，祝您生日快乐！

虞玲

最美的他们

2016 年 7 月 2 日起，苏南地区普降特大暴雨，太湖水位猛涨，宜兴遭遇 1998 年以来最大的洪涝灾害。西氿超历史最高水位，河湖库塘水位急剧上涨，多地水位全面超过历史最高水位，抗洪救灾形势十分严峻。

7 月 4 日，俊知集团组建了一支由年轻党员、优秀团员组成的抗洪突击队，我也有幸成为这支队伍中的一员。7 月 5 日，以集团党委副书记、工会主席郝广允为首的抗洪突击队，在环科园的组织带领下，参与到了新街街道水北村和潼渚村交界处东埝圩的抗洪救灾工作中。

到达现场后，我们发现，曾经的水坝已经完全被洪水淹没，当地民警、村干部及部分志愿者已经在大坝上筑起了人墙。几百米长的堤坝，每隔半米左右就站一个人，一个个手把手地将装满泥沙的编织袋传递到河对岸。郝书记主动请缨，要求接下最需要体力的活。于是，我们的任务是将汽车运送过来的泥沙装入编织袋中，并将装好泥沙的编织袋运送到堤坝上。得到任务后，我们便明确分工，马上加入到抗洪救灾的队伍中。

在大家争分夺秒抢筑堤坝时，不知是谁突然喊了一声"蛇"，只看到一名武警官兵手里抓着一条蛇从水中走上岸来。原来，这条蛇是大家在水中加固堤坝时游到人群中去的，正好被这名武警官兵发现了。他眼疾手快，抓住了这条蛇，并到岸边用袋子将它装了起来，防止它继续游到水中，伤害正在加固堤坝的人。

7 月 7 日，环科园的险情告一段落。按上级统一调度，我们又赶往范道开展抗洪救灾工作。我们到达时，发现原本可供汽车行驶的路面已经完全被洪水淹没。要到达预定救援地点，需乘船才能到达。由于路面被洪水淹没，已无法使用车辆运输泥沙加固堤坝。于是，临时指挥部立即部署应急措施，安排当地清理淤泥的船只，将河底的淤泥抓到堤坝上，然后在淤泥上盖上彩条布，并在彩条布的两端挂上砖块，从而使堤坝得到加固。到达预定救援地后，当地负责人安排我们兵分两路：一部分人将现有的沙土装入编织袋中，运送到河岸边；另一部分人将找来的砖块放入纱网中提到岸边。一方面方便当地渔民在水中固定彩条布；另一方面可用砖块将彩条布压住，防止即将到来的台风将彩条布掀起，影响河岸的加固工作。

在休息间隙，我们了解到，几个负责人已经连续多日 24 小时在这河岸线上巡逻，他们每天要在淤泥中走十几公里。当我们的砖块即将用尽时，当地村民主动提出将自己修建的排水渠拆除，将里面的砖块用来填补不足。看着民警们用铁锤将渔民修建的排水渠拆除，我突然想，正是有了那么多不计个人得失的群众，我们的抗洪救灾工作才能如此顺利。

此后几天，我时刻关注着天气及救灾情况，看到新闻报道里一个个感人的事迹：有在水中救灾两小时的村书记，有术后坚持救灾最终昏倒在前线的村书记，有背着老大爷徒步蹚水而过的武警官兵，有为民警撑伞的好心群众，有冒雨搭设应急便民桥的建设、交通部门的同志，有连夜为我们保障供电、供气的同志……看到他们在这次抗洪救灾中所做的一切，我总是热泪盈眶。

这世上总有这样一群人，他们平时不显山不露水，当危险真正降临时，他们往往冲在最前面，不顾个人利益得失，不顾个人安危荣辱，他们才是世界上最美的人。

钱鑫

"俊知速度"背后的故事

十年磨砺成锋锐，万里扬帆展宏图。

今年 3 月 15 日是俊知集团成立十周年的日子。十载耕耘，硕果累累，我们抚今追昔，感慨万千。在这十年里，俊知集团取得了突飞猛进的发展，这些成就的取得是俊知集团董事局主席、党委书记钱利荣领导全体员工，用汗水和智慧浇筑而成的。十年光阴，见证了俊知从小到大，由弱到强；见证了俊知不断刷新创业速度，在持续发展的道路上铿锵前行，铸成十年辉煌。

2006 年底的一天，我接到夏总电话，得知有领导要创办一家新公司，询问我是否愿意去新公司一展身手。如果说当时我毫不犹豫地回答跟着去，肯定是虚伪的。因为我当时所在的企业是国内知名的大公司，一旦选择离开，就将失去现在拥有的一切。我们没有预测未来的超能力，新公司是否会成功，没有人知道，一旦创业失败，我们就将面临失业。但考虑再三，我选择跟着一起闯一闯。回想起这次重新创业，我从不后悔。

春华秋实，辛勤耕耘结出繁荣硕果。十年创业，俊知人一步一个脚印，一年一个台阶，不断进取，勇攀高峰。即使成功的道路上荆棘遍地，困难重重，也无法阻挡我们勇往直前的步伐。面对机遇和挑战，我们秉承"牢记便命，勤于追索，建成和谐共荣的现代优质企业"的精神，发扬艰苦奋斗、勇于拼搏的优良作风，不断开拓进取，铺就了一条超越的发展之路。

回顾 2007 年 3 月 15 日公司成立之初，公司领导带领 30 位认同公司核心价值观、敢于挑战、不断创新的队伍，制定战略目标，安排时间进度并落实到各条线。那时起，我们开始建厂房、上设备、促投产、抢市场、抓机遇、排外患。当时，公司没有总工程师，也没有完全掌握设备及工装、掌握射频电缆核心技术的人。在建设过程中，我们遇到了很多技术难题。面对困难，我们没有叫苦叫累，没有埋怨，没有给公司增加麻烦，而是集聚骨干力量学习讨论，研究解决方案，攻克了一道又一道技术难关，确保各项工作按计划顺利完成。正是因为我们俊知有团结一致、爱岗敬业、顽强拼搏、真抓实干的高效团队，发扬艰苦奋斗的优良作风，才实现了当年立项、当年建设、当年投产，创造了宜兴地区规模外资项目建设速度的新纪录。

回首过去峥嵘岁月，我们经风雨，历坎坷，洒一路辛勤的汗水，留一路胜利的欢笑。俊知人在大难面前勇于拼搏，勇于争先，忠诚敬业。2008年临近春节时，一场突如其来的大雪让我们如临大敌。眼看新厂房屋面的钢梁已被大雪压得明显变形，不采取措施，新厂房将毁于一旦。怎么办？这时，俊知人没有害怕，争抢着爬上8米多高的屋顶，用铲子除雪。可是，由于人少，除雪量还抵不过下雪量。怎么办？我们从热电厂买了热水来融雪，然后组织人员轮流上屋顶铲雪。身上湿了就下来烤烤，再继续投入融雪队伍中。从1月30日至2月3日，我们连续奋斗了五天，终于清除了屋顶积雪，战胜了特大雪灾。同轴电缆设备终于开始安装，部分员工还牺牲春节休假时间，加班加点安装调试设备。4月初及时投入生产，并顺利通过中国联通的厂验，抓住了投标机会，为公司的快速发展奠定了良好的基础。

十年成果，来之不易。公司领导以敏锐的市场触觉和前瞻性的战略眼光，把企业的"立身之本"锁定在了具有广阔空间的3G网络建设上。果断进行了3次扩大同轴电缆产能规模，抓住了3G网络建设机遇。2009年俊知的产销规模迅速发展成为国内行业第一，产品规划、性能指标、技术标准等名列行业前茅，成为行业领头羊，树立了业内威望。

2012年3月，俊知在香港成功上市，拓宽融资渠道，为企业集聚发展所需的足够能量，使集团向纵向一体化和横向一体化的产品链进行转型，并利用上市公司收购、兼并相关业务的企业，实现企业形象、核心竞争力和产业规模的提升，成为宜兴市的知名企业。

十年光阴，我们悄无声息地走过，岁月给我们记录了美好的回忆，留下了一串坚实的足迹。荣誉承载过去，开拓旨在未来。在今后的日子里，我们一定不辜负公司对我们的信任与期望，再接再厉，奋发向上。

让我们共同祝愿——俊知集团的明天会更加辉煌！

蒋新洪

难忘的 2009 年

2009 年注定是不寻常的一年。

年初，电信行业发放了"3G"牌照，通信用同轴电缆迎来了发展的大好时机。2009 年春节前，公司下发了倡议书，号召大家"今年春节不休假，鼓足干劲赶生产"。那个时期，一期生产车间内机声隆隆，一派热火朝天的景象。

2008 年上半年时，公司领导审时度势，对同轴电缆进行二期项目的生产设备扩能，订购了二期设备。2009 年初，电信行业"3G"牌照发放后，同轴电缆需求迎来爆发式增长。因此，刚到货就及时安装好的两条物理发泡生产线，大家都希望能很迅速调试到位，投入正常生产，满足市场需求。那时，公司从上到下所有人员的急切心情真是无法用言语来形容。当时，我们跟着老外调试的一线操作人员，每天都工作到很晚才下班。经过将近一个月的紧张调试，2009 年 3 月 14 日，一条发泡调试出合格的 1/2 电缆产品后，就开始投入正常的连续生产，及时缓解了生产的压力。4 月 7 日，第二条发泡调试完毕，7/8 电缆产品也投入了正常生产。原本至少要 3 个月才能调试好的设备，俊知人在一个月内就完成了。这是"俊知速度"真正的体现，也是俊知人的骄傲！

在这一年的生产过程中，我们在不影响性能的情况下，对物理发泡设备进行了提速生产，7/8 芯线由老外调试时的 30 米 / 分钟提高到 35 米 / 分钟，提高了产量，提高了效率。这一年，随着新设备的不断增加，生产员工队伍迅速扩大。新员工的增加也给生产控制和质量管理带来了压力。为了提高新员工的工作水平，我们一起学习资料，一起学习理论，一起实际操作，在相互帮助中共同提高。在这个过程中，俊知的生产能力得到了迅猛提高。这一年也是俊知生产快速发展的一年。

2009 年，我们在抓好车间生产稳定发展的同时，还不断强化车间内部管理，灌输成本意识，尽量减少材料的浪费。每个月，都要召集主机手以上人员开会，总结一个月的生产情况，培养主机手的责任意识和主人翁意识，让他们既能做个操作能手，又能做个管理能手，为同轴电缆大规模大批量生产打下了扎实的基础。

回首往事，历历在目。大跨越发展的 2009 年，踪迹犹在，催人奋进。

潘建宇

感悟

转眼，我们俊知公司已成功地走过了十周年。回顾这十年历程，虽然有不少的心酸与苦楚，但更多的是成功与喜悦。这十年是艰苦奋斗的十年，是意气风发的十年，也是不断改进、充满挑战的十年。

十年，俊知走过的坎坎坷坷、历经的风风雨雨以及俊知人勇敢拼搏的场景仿佛就在眼前，正是这十年的艰辛与不凡，让我知道我们俊知能有今天的美好局面是多么的来之不易。没有俊知人当初的艰苦拼搏，就没有俊知今天的长足飞跃；没有俊知人十年来的辛苦劳作，就没有我们今天的骄傲与自豪。俊知已经告别了步履蹒跚的时代，正迈着稳健快速的步伐奔向发展的快车道。我深深感悟到：俊知为俊知人创造平台，俊知人在俊知默默奉献；俊知改善了俊知人的生活，俊知人提升俊知的品质；俊知壮大了，为俊知人搭建了更好的平台，就如一环一环的"链条"，将俊知人与俊知紧密地连在了一起，它成就了俊知，更成就了我们俊知人。

我知道，过去的十年，在公司领导班子的带领下，我们俊知人秉承着"集俊以知，和谐共荣"的俊知精神，在风雨中昂首阔步迈向前方，取得了傲人的成绩。

我相信，在未来的日子里，只要我们俊知人坚定信心，务实诚信，团结创新，开拓进取，定能开创我们俊知更加辉煌、灿烂的明天。

一起走过的日子，风雨同舟中让我获得知识的同时也丰富了管理的积累；我们相互扶持，互相鼓励。同事们温馨的笑容，工作中温暖的气氛，让我学会去爱，去坚持，去相信未来。

青春不是年华，而是心境；青春不是桃面、丹唇、柔膝，而是坚定的意志、积极向上的信念、炽热的感情；青春是生命的源泉在搏击不息的涌流。每一次的团队欢笑都是每一个小小的成就标志，它是对我未来的鼓励。每一次的挫折，都是生活交给我的作业，让我在曲曲折折中寻找正确的答案。永远都一帆风顺不经历挫折的人，它的人生书集就只有一些虚浮的文字，没有色彩，没有激情。

当企业翻开第十年华彩乐章之时，我想说：面对机遇与挑战，付出辛勤智慧，人生就会改变；面对将来美好的前景，我们开拓进取，我们不懈努力，我们一同成长。

马媛媛

我是一滴水

有人曾问过一位哲学家这样一个问题："一滴水怎样才能不干涸？"哲学家回答说："把它放到大海里去。"这段富有哲理的对话给我太多的启示：为什么汹涌的波涛蕴涵着激荡一切的无穷力量？那是因为有那一滴滴海水的力量汇聚；而那一滴滴水，也只有纳入大海的怀抱里，才能以多样的形态来证明它的存在。由此，我联想到了我与俊知集团之间的关系。

我是一滴水，公司就是我存在的大海。记得一位哲人说："吃得苦中苦，方为人上人。"年轻人，只有把企业当成自己的家，才会感受到家庭般的温暖。我深深知道一个人的力量是微不足道的，唯有全身心投入到工作中，把自己融入企业这个大海里，才能折射出人生的光辉。几年的工作经历，我一直从事技术方面的工作，从技术研究到技术管理，这期间有成功的喜悦，也有失败的痛苦，一切的一切无不倾注着领导对我的信任和同事的支持。我始终与企业同欢乐、共成长。

我是一滴水，公司就是我发展的大海。2014 年我加入俊知大家庭，短短的两年时间里，在求发展的理念之下，我亲眼目睹着公司的成长与发展。新疆的满天飞雪中，有俊知人踏实的足印；内蒙古的炎热阳光下，有俊知人挥洒的汗水。塞外的狂风暴雨阻挡不了我们前进的脚步，内蒙古的酷暑难以逼退我们开创事业。身体冷了，但我们有信念，所以我们心中倍感温暖；身体热了，但我们有信念，所以我们心中流淌着清泉。我们无怨无悔，我们追求着俊知更加辉煌的明天。

正是这么多默默无闻的俊知人天南海北的无私奉献激励着我，鼓舞着我。我更加深知，只有把自己和企业的命运牢牢地联系在一起，才可以汇成一条奔腾不息、勇往直前的大江。

如果把俊知集团比作大海，那么各部门的人就是海中的浪花。技术部作为生产辅助单位，更是浪花中的一朵。我们的宗旨就是让前线用我们的产品用得满意、用得安心。人员队伍健全了，安全意识增强了，服务素质提高了，单位就会充满生机和活力。这些要求赋予了我们更大的责任，我们只有立足岗位，求真务实，开拓创新，把"行动快一点、工作严一点、做事多一点、效率高一点"等工作要求真正运用到日常工作中，才能把工作做得更好。

企业中的每个人都是这个大家庭的一员，而我们又都是这个大家庭的主人。企业是我们的工作场所，也是我们的事业舞台。就我而言，自从我加入到这个企业大家庭以来，就将这个大家庭当成了我生存的基础。大河里有水，小渠才不会干涸；企业兴旺，员工才能受益。

一份职业，一个工作岗位，是一个人赖以生存和发展的基本保障。只有爱岗敬业的人，才会在自己的工作岗位上勤勤恳恳，不断钻研学习，为企业做出贡献。也只有爱岗敬业的人，才有可能成为企业的栋梁之材、希望所在。

爱岗敬业是一种精神。任何人都希望最大限度地实现人生价值，而要把这种理想变成现实，靠的是什么？靠的就是爱岗敬业。歌德曾经说过："你要欣赏自己的价值，就要给世界增加价值。"

爱岗敬业也是一种态度。美国总统肯尼迪在就职演讲时曾说过："不要问美国为我们做了什么，而要问，我们为自己的国家做了什么。"是的，不要问企业为我们做了什么，而要问自己为企业做了什么。

爱岗敬业更是一种境界。有句广告词说得好："思想有多远，我们就能走多远。"当我们将爱岗敬业当作人生追求的一种境界时，我们就会在工作上少一些计较，多一些奉献；少一些抱怨，多一些责任；少一些懒惰，多一些上进心。

一滴水融入大海它将永恒，一个人钟情于自己的平凡岗位，他的人生将是精彩的。我是一滴水，是俊知这片"海"里的一滴水。

吴科星

幸运相识　与你相伴

·

　　爱到深处是无言，情到浓时是眷恋。这是我对俊知的感情，就像歌曲中唱的一样"让心春去，让梦秋来，没有遗憾，心随你动，心随你痛"。

　　宜兴的美、俊知的强，领导的高瞻远瞩、同事的团结互助，真正地体现着我们俊知人的精神"集俊以知，和谐共荣"。我庆幸自己能加入到俊知这个大家庭。俊知十年的发展已引起了同行业的瞩目，俊知始终坚持创新转型，力争走在行业前端，争做佼佼者。与俊知一起度过的岁月丰富了我的阅历，更增长了我的专业知识和经验。

　　在俊知的历练让我有了飞速的成长。在专业知识方面要"全面而深刻"，在部门管理方面要"简而有效、团队协作、奖罚分明"，在工作安排方面要"考虑全面、主次分明、知人善用"。岗位的变动、平台的提升、角色的转换，不仅锻炼了我的能力，也让我深刻地感受到做为一名俊知人"顽强拼搏、不畏困难"的精神。

　　三十而立，正值当年。不经风雨，怎见彩虹。面对困难，要沉着冷静、认真分析；面对挑战，要积极乐观、群策群力；面对挫折，要咬紧牙关、迎难而上。伴随发展，要培养自己的大局观，要认清自我，要善于探索，要接受考验，要敢于挑战，要善于创新，要创造新的高度和成绩。

　　喜悦伴随汗水，成功伴随艰辛。俊知十年，艰苦创业，风雨坎坷。遵循公司经营理念，认真执行公司制度。在成绩面前做好总结与反思，关注行业动态，关心公司发展，注重能力的培养和锻炼，制定长短期目标，创造价值。

　　成绩背后浸满了大家辛勤的汗水，荣誉里面是大家努力的结晶。十年，是一个归总，更是一个崭新的起点。信心满满，我们将再次踏上更高更远的征程。我们还有更大的目标、更大的理想要去完成。不抛弃、不放弃，同舟共济，乘风破浪。

　　落叶在空中盘旋，谱写着一曲感恩的乐章，那是大树对滋养它的大地的感恩。感恩俊知，幸运相识，亦愿与你相伴一生。我坚信俊知的未来就如同公司门口那两棵香樟树一样，始终高大挺拔，终将立足于行业之巅。

王占超

风雨同舟

荏苒十周年，弹指一挥间，在不经意间，我们俊知将要迎来十周年华诞。作为公司的一员，我对公司今天所取得的成绩，感到由衷的骄傲和欣慰。

回首这些年，我们俊知人满怀激情，秉承着"人才为根本，市场为重点，创新为依托"的企业精神，用深情和汗水书写我们激昂的青春，将执着和努力挥洒在平凡的岗位上。十个春夏与秋冬，见证了俊知的茁壮成长。十年春秋，几多汗水，有一种感情，是互勉互励共进退；有一种动力，是唇齿相须齐奋进。在这十年间，俊知人通过不断的实践和学习，在这个飞速发展的新时代执着顽强地耕耘播种，确保产品质量始终处于国际先进水平，使俊知成为全球领先的无线解决方案供应商。

俊知好像一本书，而我就是一位读者，被她优美文雅的扉页深深地吸引进去。从我迈进俊知的那一天开始，每读一页就对她了解得更深一些，而这些东西却又能吸引着我不停地读下去。

有人说企业是水，那么，我们就是被养育的鱼；有人说企业是大地，那么，我们就是被哺育的树木和花草；有人说企业是一部大机器，那么，我们就是被组合的零配件。

而要我说，企业就是我的家。我们的生活资源来自于企业，企业兴旺，我们就发达，企业亏损，我们就穷困。我们离不开企业，因为，这是我们的家。

家——这个充满温馨与安详的字眼，让人有一种莫名的神往。我们公司——江苏俊知技术有限公司，就是一个人口众多的大家庭。在这个家庭里，我们有兄弟，有姐妹，大家互敬互爱，互帮互助，和谐相处。上级对下级关心爱护，并给予各种帮助；下级对上级尊重、理解、信任；同事之间团结友爱，大家拧成一股绳，向着更好的明天奋进。

家，是人们生活的港湾，是每个人心头的牵挂。自古以来，家让我们寄托的情感实在太多太多，一谈到家，那种淡淡的温馨与关怀，那种归宿感和安全感，就会油然而生。任何一个人，为了让自己和家人，甚至是我们的下一代过上幸福的生活，都应该对家庭肩负起责任心和使命感，尽自己最大的努力去精心呵护和照顾这个家，让家变得更温暖、更美好。

同样，每个人对待自己工作的企业，都应该像对待我们的家一样，从心底里热爱它，忠诚于它，以诚挚的情感关心它、呵护它。无论何时何地，遇到什么困难，都应该心怀强烈的责任心和使命感，将自己全部的激情、智慧和心血投入到工作中去，尽职尽责做好每一项工作，完成社会和企业赋予我们的使命，让我们的企业发展壮大，走向辉煌，从而实现我们的人生价值和成就。因为企业就是我们的家。

十年征程，十年收获。在公司成立十周年之际，文字与语言是否华丽已不重要，重要的是从文章中品味到那一种感恩之心、喜悦之意以及对俊知大家庭的深深眷恋之情。所以，我宁愿选择用朴实的语言来宣泄自己内心涌动的情感。

俊知人风雨同舟，一起走过开始的十年。我们将继续以"企业与我同在，我与企业同行"为宗旨，创造更辉煌的明天，更辉煌的俊知集团！

顾东明

枣树

　　我来自农村，老家伴水而居，家有良田数亩，算是小桥流水人家，院前屋后满满的郁郁葱葱，记忆中那里是我上树爬墙肆意玩耍的好地方。也许是受到鲁迅笔下"我家门前有两棵树，一棵是枣树，另外一棵也是枣树"的影响，家门口的那颗枣树给我留下了深刻的印象，从懂事起，每每树上开始挂果，我就搬个小板凳来到树下，欢呼雀跃地吃着大人顺手摘下的红彤彤熟透的枣果儿，真的很甜。后来由于种种原因，枣树没有了，但那份沁人心脾的甜味一直留在我的记忆中。

　　2010 年，我来到俊知光电就职，第一次迈入工作车间时，车间对面那一片茵茵绿绿、小桥流水、草长莺飞、亭台轩榭的景色瞬间夺走了我的目光。巧合的是，我目光扫到花园的树丛中有一棵枣树，不大，却一下唤起了我儿时的美好回忆，那份沁人心脾的甜味突然萦绕在我的四周，这是俊知第一次让我有了家的感觉。

　　在这温暖如家又似花园的工厂里，我和同事们同心协力，努力耕耘。巧的是绿荫里那棵枣树总是不经意地吸引我，它陪伴着我们的企业从只有 1 个车间到拥有 11 个车间，陪伴着我们从艰苦创业到敲响上市的钟声，它见证了我们俊知人创造的一个又一个"俊知速度"，它也在这个过程中如同俊知一样茁壮成长、开花结果。渐渐地，我发觉它与俊知是如此相似。

　　我们每一个员工就像这棵枣树上的一片片绿叶、一根根树枝、一簇簇树根，只有作为绿叶、树枝、树根的我们积极发挥每个人的作用，这棵枣树才会蓬勃生长，才能够充分吸收阳光，保持水土，根深蒂固，硕果累累。枝节和绿叶必须依靠树根源源不断地给予养分，才能生机盎然郁郁葱葱，而树根脱离了树叶和树枝也无法根深蒂固。叶、枝、根的相互依赖、相互作用教导着我们，公司的蓬勃成长离不开每一个俊知人，只有每一个俊知人齐心并进，相辅相成，才能做到"根深叶茂"。

对于枣树来说，每年秋收时节是最幸福的，满眼的硕果累累是对这一年最好的礼赞，每一颗熟透的枣果儿也传达着枣树那份幸福的甜蜜。那一颗颗枣果儿，就像我们俊知整个团队这些年来所取得的成功："全国厂务公开民主管理先进单位""国家守合同重信用企业""国家 3G 建设与创新成就奖（行业仅华为与俊知）""无线通信十大馈线厂商第一名""全国职工书屋""中国驰名商标""2014 中国通信 4G 网络建设贡献企业""2014—2015 年度中国无线通信领军企业""高新技术企业""江苏省文明单位""江苏省两化融合示范企业""江苏省三网融合创新基地""江苏省首批'互联网＋工业'示范工程"等荣誉称号。面对这些荣誉，我们每一个俊知人就像那枣树一样幸福地甜蜜着。

枣树也许没有鲜丽的色彩，没有诱人的芬芳，没有婀娜的腰肢，然而在那朴实的外表下，那份不屈的坚毅、昂扬的斗志，支撑着它根植黄土叶朝青天，伸展着自己如铜若铁的躯干。长久以来朴实、坚毅、不屈的气质正是我们俊知团队坚持的企业文化。我们就像枣树一样默默奋斗着，坚信只有日积跬步才可以至千里；岁月的拍打，精神的凝练，困难的阻挠，这一切都没有能够停下我们踏实前进的步伐。

通过十年不懈的努力，俊知集团已经长成了一棵"大树"，但依旧保持着那份伟岸正直、质朴严肃的气质，昂扬上进、百折不挠、无所畏惧的斗志，造就了无与伦比的强大生命力，它跨过失败的沟壑，走向一个接着一个的胜利。而在这个团队中，作为叶、枝、根的我们每一位俊知人，坚守自己的岗位，奉献自己的热量，相互搀扶，我们牢记使命，剔除自满，勤于追索，突破险阻。

在俊知十周年之际，让我们整个俊知团队继续像这棵枣树一样，带着那份不屈的坚毅、昂扬的斗志，根植黄土叶朝青天，成就那棵未来如冠如云的俊知之树。

谢裕

劳动者之歌

　　众所周知，在人类漫长的发展史中，劳动占据了至关重要的部分。劳动是神奇的，劳动是伟大的。劳动者用他们勤劳的双手和智慧，编织了这个五彩斑斓的世界，创造了人类的文明。

　　人类的进步，一直是依靠于劳动。今天我们用于交流的语言，最初的形态也不过就是原始人在劳动时所喊的号子而已。人类在追求更好生活的过程中，不断地改善了自己的劳动方式。随着劳动方式的改变，生产力也在悄无声息地进行着变革。生产力的发展，唤醒了人类内心深处对于文化与政治的需求，于是人类社会走向了一个与之前完全不同的发展模式。哥伦布航海的时代，劳动人民建起船只，用他们的双手奉上了沟通世界的工具。西方宗教改革与文艺复兴时期，是劳动人民带来了印刷术与造纸术，才可以尽情地记录自己文思泉涌的时刻。时至今日，人类在钢铁社会中生存，所有的一切都离不开工业流水线，也必然离不开劳动人民辛勤的付出。马克思说："劳动是人的本质。"人体现自己的过程，正是不断地投身于劳动生活当中。也正是劳动人民将人类从采集社会的食不饱腹、衣不避寒带到了如今车水马龙、霓虹闪耀的新兴世界。

　　城市的喧嚣和精彩与沾满污垢的双手形成了不可言喻的对比，我无法想象承载汗水的路途究竟能走多远，但却能透过机器想象在炎热的时光里他们承载了多少辛酸。闷热的午后，空调吹出的冷风在硕大的空间似乎心有余而力不足，但有一种人依然忍着心里的燥热在奋力地工作，坚守着各自的工作岗位。即使条件艰苦，即使环境恶劣，他们依然如此，兢兢业业地工作，不敢有一丝松懈。他们就是劳动人民。

　　车间的劳动人民，多么熟悉却模糊的字眼，或许你没有亲眼见过，但却真真实实存在于我们身旁。他们朴实却无比光彩，他们用双手和技能为社会做出一丝丝改善，看似简单却无比艰难。可能你无法想象他们周而复始的工作，但却能想象他们身着普通的工衣穿梭在轰鸣的车间专注于手里的工作，丝毫不敢松懈。这嘈杂的环境似乎只是机器的声音，排除之后你会发现这一切都处在安静状态，每日循环，日复一日，但他们依然奋力如此。这一刻我体会到了前所未有的静美，那喧嚣之中的静美，仿佛置身其中，无法自拔。因为感受到其中的辛酸，因为亲眼见证他们每日穿梭其中努力拼搏，因为日复一日的坚持守候，因为那沾满污垢的双手，汗水打湿衣衫，额头不时有汗水滴下，但手里的活却依然有条不紊地继续着。他们是普通人，有血有肉，可他们却秉承着自身的信念在做好自己的工作，无论多么艰难、多么无趣，他们依然如此，靠他们的双手努力着，似乎印证了《边城》里的一句话："日头没有辜负我们，我们切莫辜负日头。"

车间似乎成了他们另一个家，机器整日呐喊，新的"生命"每日闪现，每日如此，但正因为有了新的成果才给了他们新的动力，给予他们新的创新。蓦然回首，你会发现你的身边，走过的每一个城市，用的每一样东西，看的每一个建筑风景，触摸过的每一件商品，似乎都离不开那些基层员工，即使你想不到它们最原始的模样，却能体会每件物品包含的努力辛酸。

我们的衣食住行，无不是基于劳动人民无私的付出。劳动人民在历史的进程中无声地做着自己手头的工作，他们在岁月的流逝中消亡，却在生命的长河中永生。是他们带给我们生活，带给我们前进的创造力，带给我们不断的激情；我们体验生活，享受生活，感悟命运，更应该感谢劳动人民，是他们给予了我们这一切。

毛跃鹏

披荆斩棘创造辉煌

十年风雨同舟，十年锐意创新，十年栉风沐雨，十年春华秋实。在硕果累累的今朝，俊知迎来了她十年的华诞。而我，也与俊知一起默默走过了十年。

宁静的夜晚，抬头仰望窗外的天空。闪闪的星星，点缀冬夜，让人心旷神怡。值此俊知十年华诞之际，心潮澎湃，十年的朝夕相处感情尤深，十年的光辉岁月历历在目，为了表达此刻的心情，提笔挥写"披荆斩棘，创造辉煌"。

十年前，公司起创于杂草丛生的荒地，占地面积 102 亩。公司领导英明决策，一边施工建设厂房，同时洽谈设备签订合同，技术做好相应产品设计，市场做好前期宣传，做到齐头并进、相互补充、协同作战。真是功夫不负有心人，俊知实现了当年立项、当年投产、当年见效益，并打破了宜兴市的纪录，一举成为宜兴大地上一颗璀璨的新星。

有了第一年良好的发展基础，俊知不断奋勇向前，2009 年投资建设俊知工业园，2010 年俊知实现裂变式发展，成立俊知光电和俊知传感两家公司，成为宜兴市规模企业之一。至此，偶然间想起一首唐诗：

> 半亩方塘一鉴开，
>
> 天光云影共徘徊。
>
> 问渠哪得清如许？
>
> 为有源头活水来。

俊知裂变式的发展不就是那源头的活水滚滚而来吗？

还清楚地记得 2008 年冬天的一场大雪，华夏大地一片白雪皑皑，宜兴的大雪也创造了历史，路面积雪 20—30 厘米，房顶积雪达到 50 厘米以上。公司领导发现房顶的斜拉钢筋有些松动，说明积雪太多有可能导致房顶垮塌的危险，于是果断决策采用热水冲击除雪的方式，全体俊知人众志成城、团结合作，几人一组爬房顶除雪，经过一个通宵的奋战完成了除雪，保住了我们的厂房，保住了我们的生命线，也保住了我们的美好未来。

这场大雪，也许是老天爷对于人类违反自然规律而给予的惩罚。俊知人，全体俊知人，在自然灾害面前毫不退缩，机智勇敢、精诚合作、团结一致，谱写了俊知不朽的篇章。

看如今，俊知在宜兴已经是屈指可数的集团企业之一。俊知集团旗下的子公司在行业内都具备相当的规模，甚至已经成为行业的排头兵。看俊知工业园内，由最初的一排厂房，发展到现在的四排，十年前由东向西看还是无边的荒草地，十年后已是荒草皆无、厂房林立，如若不仔细去看标示牌还很难找到目的地呢。

十年风雨，十年征程，从荒草丛生，到厂房林立，诠释了全体俊知人的辛勤付出。十年创新，十年磨砺，从 3G 基站系统用产品，到光通信系统产品、FTTH 系统产品、铜材制品，以及进军房地产业，诠释了全体俊知人的智慧结晶。十年奋斗，十年拼搏，俊知从无到有，到成为香港上市的大企业集团，诠释了全体俊知人的敬业精神。

回顾过去的十年，既有创业的艰辛，也有成功的喜悦，俊知集团拿下一个又一个标，跨过了一道又一道坎，可谓披荆斩棘。回顾过去的十年，俊知从无到有，从小企业变为大集团，凝聚了所有俊知人的勤劳和智慧、心血和汗水，诠释了"集俊以知，和谐共荣"的发展理念，创造了宜兴的历史，创造了俊知的辉煌。

十年的风雨征程，十年的血火洗礼，十年的理念坚守，十年的创新求变，造就了这样的俊知人。他们睿智、平和，处心有道、行己有方。他们乐观、豁达，积极向上、充满激情。他们意气风发、斗志昂扬地走过了十年，走成了后人前进的路标。

展望未来，全球通信产业发展如火如荼，中国的通信产业发展更是突飞猛进，在如此优异的产业发展背景之下，俊知一定会励精图治，再露锋芒，改写过去十年的历史，创造一个更加灿烂的明天。

李文风

筑梦空间

北眺团氿水，南望龙背山。荆邑近郊、闹中取静之处，俊知隐于此。

十年树木，百年树人。十周岁的俊知，现已成长壮大为一片郁郁葱葱的森林，滋润着一方水土，养育着一方人。在这座城市，俊知早已超越了一个公司所能被赋予的意义：在持续下行的经济压力下，俊知攻坚克难，勇当纳税大户，为当地经济发展做出了卓越贡献。但是俊知深知赢利不是唯一目的，反哺社会，才是企业长久屹立之本。所以，俊知十年如一日地积极投身于慈善、公益事业：困难员工的关爱计划、见义勇为之举的大力表彰、敬老院里的嘘寒问暖、抗洪救灾之时的无畏无惧等等，无处不彰显俊知的人文关怀理念。在这样的企业文化熏陶下成长起来的俊知人，心怀感恩之际，更是将个人追求与企业发展融为一体，凭借上下齐心之力，一次又一次地在行业内创造辉煌。

在改革的大浪潮中，俊知响应时代号召，积极践行"走出去"方针，海外营销部应运而生。

走出去，需要勇气，更需要谋略。商场如战场，对于纷繁复杂的国际市场大环境，海外部并没有退缩，也没有莽撞。领导层运筹帷幄，团队成员全力执行，一路披荆斩棘，砥砺前行。在公司的组织下，队员们定期参加产品知识及营销战略培训，力争在最短时间内掌握更多的专业知识；全面夯实外语基础，将"专八"的纸上谈兵，彻底落实到实际应用中来，从而提升与客户沟通的流畅度与专业度；在国家政策的扶持下，海外部积极参加各大世界性展会，向来自五湖四海的客户展示我们的全系列产品；在客户来访期间，系统性介绍俊知的综合实力，使客户能放心与我们建立合作关系。

十年磨一剑。从零到有，从默默无闻到脱颖而出，从崭露头角到绽放光芒，这是国际贸易中的一小步，却是俊知海外部的一大步。十年时间，将技术、光电、传感的产品全部推向全球，客户群辐射至南美、欧洲、中东、东南亚等地，获得市场占有率的同时，也充分赢得客户的信任与赞誉。十年，每一个小目标的实现，都来自俊知人的共同努力与配合。

我也有幸能成为俊知大家庭的一员。两年不到的时间里，时常遗憾未能参与俊知这十年成长，遗憾未能与海外部成员一道经历最初的拼搏。但正是因为有了先驱们的奋力开拓，才能让后人踏在这片热土上时，时刻心存感激与敬畏。

这就是俊知，一个如梦如幻的筑梦空间。

与其说是筑梦空间，不如说是圆梦空间来得更为恰当。在这里，物尽其用，人尽其才，每个人的脚下，都是一方舞台。祝愿每一位俊知人，不忘初心，在机遇与挑战中，筑起自己的梦想，并为之努力拼搏而圆之！

徐晨曦

宝剑锋从磨砺出

"十年磨一剑，霜刃未曾试。今日把示君，谁有不平事？"诗中的剑被反复锻造十年，锤炼了十年，才荡尽了天下不平事。俊知篮球队也就像诗中的剑一样，从刚开始的稚气未脱、毫无名气，到如今崭露头角、锋芒毕露、一剑封喉。

环科园的比赛刚刚落下帷幕，俊知篮球队荣获第一，也在宜兴篮球圈颇有威名，俊知篮球队的坚毅与勇猛，已经超出了所有人的想象。回想刚参加环科园联赛的时候，小组出线根本就是奢望，赢一场对我们来说都有难度。

2009 年的俊知篮球队稚气未脱、毫无名气。第一次参加环科园比赛，就赢了一场，小组未出线。也是从那个时候开始，俊知篮球队正式组建。2010 年公司规模日益壮大，成立了俊知光电通信有限公司和俊知传感通信有限公司，公司领导也开始注重篮球运动，俊知篮球迎来了第一次公司内部比赛。这次比赛发掘和培养了很多篮球爱好者，奠定了俊知篮球的基础和氛围，我也代表光电设备部获得了第二名。2014 年，俊知篮球队进入低谷时期，队伍的老龄化、磨合问题等等，都导致 2014 年联赛的惨败。但俊知人从不气馁，从哪里跌倒就从哪里爬起来。

2015 年的俊知篮球队开始崭露头角。俊知光电第二次产能扩建，同时也吸引了一批篮球爱好者，俊知篮球再次扬帆起航。这个时候宜兴全民运动热了起来，广场上跳舞的大妈越来越多，篮球馆、羽毛球馆如雨后春笋般冒了出来，各种各样的篮球队也都组建了起来，比如飞牛队、春江队、五粮液队等等，大的超市、小区、企业都有各自的球队。也是从这个时候开始，俊知篮球队不断和其他球队切磋，团队配合，个人能力迅速提升。在公司领导的支持下，每周六下午安排队内训练，请来专业教练指导，球员的体能、技术方面得到了提升，队伍的阵容也开始多样化。

　　2016 年的俊知篮球队是锋芒毕露、一剑封喉。从公司组织的友谊赛到刚结束的新街街道环科园的比赛，一路披荆斩棘，以全胜战绩问鼎冠军。现在只要公司安排比赛，我们都是抱着必胜的信心去打的，队友们不怕苦不怕累，大家也形成了一种默契，这种默契是俊知培养我们这么多年的一种精神，俊知人坚持不懈、百折不挠的精神。

　　俊知以重视人才为核心创新文化，创新是发展的动力，人才是创新的源泉，而公司将企业文化建设放在企业发展的核心位置，运动也是俊知文化建设的重要方面。俊知将会继续开展企业文化的建设，提升企业的核心竞争力，俊知篮球也将更上一个台阶。

潘超

蜕变

又是 5 月，初夏连日的甘霖将大地洗刷一新，新竹苍翠，仿佛能听到那"噗噗"的拔节声。阳光照在一碧如洗的新叶上闪闪发光，空气甜丝丝的像轻沾了蜂花。人们忙碌着，汗滴和着笑容飞扬。

十年前嗷嗷待哺的婴孩如今已成长。让我轻撩面纱，略睹芳华。

她亭亭玉立、端庄大方。那平整的草坪是她的容颜，浓妆淡抹总相宜；那片片彩蝶缀入簇簇花丛，是她发髻间的簪花；那茂密的藤枝是她的霓裳，时而曼妙时而雍容；十年树林，挺拔茂盛，是她那健硕而妖娆的身姿；那每天川流的装载车，为她串成项间珠饰。

她和谐包容、睿智从容。在闲暇周末的午后，悄然来到二楼的图书室，简洁、敞亮，各种书籍静候其间，每每浸入书海而忘却时间；有心要了解近来动态，可到宣传窗栏，那里各种表扬和嘉奖无数；独步到西院，侧目远眺，偶尔会看到二三青年在运动区，他们或奔跑、或嬉闹、或追赶，活力四射；再或来到办公室，依窗而望，那最高最密的香樟里有定居多年的喜鹊伴侣，咱们已相识多年，或许它们也已经认定我这位友善的邻居。

她朝气蓬勃、生机盎然。生产现场如火如荼，工人的技艺炉火纯青，熔化了铜，锤炼了心，他们刚毅又闪亮，稳重又坚强；装运的货车排成长龙，等待那一箱箱新鲜的产品，发往五湖四海；海内外友人频频来访，露出了赞赏的目光。

十载春秋，终于闪耀。

小玲

开拓更为广阔的天地

十年征程，十年收获，在公司成立十周年之际，我衷心地祝福公司：繁花似锦，蒸蒸日上。

2007 年 12 月份我开始参与车间的生产管理，基本上从零开始学习，在领导的带领下与同事的配合下，慢慢地熟悉了生产管理并参与新产品的研发设立，摆脱了单一的产品结构，将公司的产品引领向多元化及精品化。与此同时，对公司人员管理、设备管理保养及维修也倾注了较多心血，率先设立了人员考核机制，大大提高了员工的素质。俗话说：磨刀不误砍柴工。机械设备是企业的命脉，拥有健康完善的设备才能保质保量地完成生产目标。

2013 年，我分管销售部门，对于新的职位，开始时内心有些胆怯，毕竟做了十几年的生产管理，对于销售上的人情世故以及各种技巧甚是陌生。穷则独善其身，达则兼济天下。我深知，唯有做好自己才能做好工作，可以用经验技术来弥补自身的不足，通过学以致用，融会贯通，结合市场需求，调整产品结构，在现有设备和人员基础上实现产品多元化、产能最大化。这三年间，基本完成了领导交办的任务，并且自身得到了极大的提升。

结合 2016 年下半年我公司的产销量，我们感到干劲十足，对于公司的转型升级也越来越有信心。2017 年，我们将深化产品结构，降低低附加值产品的占比，继续开发新产品，在领导的带领下一定能够取得更高的成就。

十年风雨坎坷，十年传承跨越，十年的并肩携手成就了今天。面对着几十年甚至上百年的企业发展史，过去的十年，只不过是短短的一瞬间。然而，对于我们公司来说，却是一部充满机遇与挑战、拼搏与奉献的创业史。我们取得今天的成绩，是各级领导及集团公司关怀支持的结果，是我们全体员工拼搏奉献的结果。

十年不短，上下求索跬步才起；十年不长，稳定和创新是企业发展的根本。俊知没有华丽词语，只有两个字，那就是"高效"。服务无止境，满意永追求。我将永铭十年前创办时的初衷，秉承优良的企业文化和宗旨，致力于开发新的产品丰富企业产品，优化产品结构，抓住一切机会发展壮大自己，在行业中立于不败之地。

荣誉承载过去，开拓旨在未来。过去的十年只是一个逗号，在以后的日子里我们一定恪尽职守，为俊知明天的宏伟蓝图添一份色、加一剂墨。我们一定再接再厉，奋发向上，绝不辜负公司对我们的信任与期望。"海阔凭鱼跃，天高任鸟飞"，我们相信，只要我们立足自身优势、创新理念、整合资源、打造精品，形成人才和产品优势，就一定能开拓出一个更为广阔的天地。

荣明

每个岗位都是片充满生命力的土地

岁月的流逝，生活的考验，工作的磨炼，让我们少了一份天真，少了一份莽撞，却多了一份成熟，多了一份慎重，更多了一份责任心。让我们更懂得珍惜工作，珍惜生活，珍惜这份来之不易的责任。家庭和孩子是我们心的归属，企业和工作是我们充盈生命的平台。

不知不觉在俊知已经走过了十年。十年前，我加入营销部这个团队，工作强度虽然大，但却得到了一种收获的充实，一种奋斗的满足。

十年来，我与公司同成长，与部门同事并肩作战。这段工作经历丰富了我的知识，提高了我的才干，磨炼了我的意志，使我从中学习成长。我常想，这份工作给予我太多，而我为这份工作奉献得太少，应该拿什么来报答？记得有位单位领导曾意味深长地对我说："用平常的心做人，用感恩的心做事。"一直以来我都牢记这句话，面对工作，不管有多大压力，我都顽强拼搏努力工作，把工作干好、干出色。

既然我们选择了这个岗位，就必须记住自己的责任和使命。既然非做不可，与其被别人推着去做，还不如自觉自愿地尽力把它做得最好，努力找到工作的乐趣。每一个岗位都是一片充满生命力的土地，我相信只要我们用责任心去做好每一件事，那么在任何岗位上，我们都会收获事业的春天。

十多年的工作学习和生活，丰富了我的社会阅历，也教会了我一些人情世故，让我深深体会到责任心在工作学习生活中的分量。工作和家庭一样，永远意味着责任，只有勇于承担责任的生活，才会过得充实和精彩，才会不留遗憾。

俊知是我职业生涯的一块绿洲，滋养着我的心田，我会勇于承担重担，敢打敢拼，在"一家人、一盘棋、一条心"的企业精神感召下，一起打造俊知的新天地。

崔卫良

明天会更好

时间匆匆流逝，秋天正在悄悄走来，凉爽的风儿吹得绿油油的树叶渐渐变黄，白天也不是那么炎热了。转眼间，两年的悠悠岁月已如同手中的沙子，无声无息地流失。

在俊知的这两年时间让不知该如何做好工作的我很快地完成了从学生到员工的转变，让我较快地适应了俊知的工作环境；让不知该怎么与人共处的我能够与同事很好地配合和协调。在这两年的时间中，有欢喜，也有忧愁。而让我印象最深的莫过于俊知工会组织的各种活动。

俊知工会每年都组织多种比赛活动，各种各样的比赛活动丰富了俊知员工的文体生活，缓解了俊知员工的工作压力，增强了俊知员工的凝聚力，激发了各部门的团队精神。

去年的趣味运动会设有托球接力、跳绳跑、两人三足跑、拔河等多个项目。托球接力是参赛队员单手握住羽毛球拍，网球放在羽毛球拍中间，快速向前运动，到达后将球拍与网球交给队友，以此往返运动，直到最后一名队员到达终点。两人三足跑是两人组成一组，赛前每单位两位运动员各一条腿用两条带子捆绑在一起。起跑信号发出后，两人同时起跑，以两人躯干到达终点线后沿垂直面，方为到达终点。

每一个比赛项目都可以锻炼参赛人员动手动脑的能力，也可以增强参赛人员团结协作的精神，增强各部门内部的凝聚力，提高员工参与活动的积极性，增进各部门之间的交流。同时也多了一份趣味，多了一份童真，让员工们体验到了运动的快乐、竞争的乐趣、参与的欣慰，培养了团结协作的精神，激发了运动潜能。

俊知工会除了在企业内部举办各种比赛活动外，还积极参与各种社会公益活动，比如他们平时还组织员工参与献血爱心活动，更是参与扶贫救助、救灾等活动。

去年 7 月份连续的强降雨使宜兴遭遇了 17 年来最大的水灾，多个乡镇（街道）水位超过历史最高水位，全市防汛 II 级应急响应升级为防汛 I 级应急响应。从 6 月 19 日入梅以来至 7 月 6 日，光宜兴本地的降雨量就达到了 557 毫米，是正常年份的 3.57 倍。再加上，位于宜兴下游的太湖水位居高不下，太湖的雨水沿着河道倒灌宜兴，宜兴发生了严重内涝。7 月 5 日—7 月 7 日，在俊知工会的倡议下，工会主席郝广允组织广大俊知员工组成"抗洪突击队"，奔赴宜兴抗洪救灾第一线。队员们不怕辛苦、不惧风雨，不停地取土装袋加固堤坝，扶助受灾群众走出困境，共渡难关。与灾民同命运、共呼吸的义举也得到了同行和市民的称赞，许多热衷于公益事业的企业也纷纷用实际行动参加抗洪救灾。俊知工会为宜兴的抗洪救灾做出了重大的贡献，他们用实际行动承担社会责任，积极回馈社会，贡献更多的力量。

来到俊知工作，我最大的收获是在敬业精神、思想境界、业务素质、工作能力上都得到了很大的进步与提高，也激励了我在工作中不断前进与完善。我明白了俊知的美好明天要靠大家的努力去创造，相信在全体员工的共同努力下，俊知的明天会更加美好、更加辉煌，在以后的工作中我也将更加努力上进。

朱强军

十年成长路　砥砺再扬帆

在环科园，有一条以我们公司名称命名的马路——俊知路，在这片土地上，有一拨敢想敢干的热血人群。遥想十年前，三十余人在领头羊公司领导的带领下，在共同的信念、共同的目标指引下，披肝沥胆、艰苦创业，创造了当年立项、当年建设、当年投产的俊知速度。

万事开头难，有一个个困难等着去克服，一个个高峰等着去攀登。机会永远是给有准备的人预备的，公司成立不久，正赶上中国电信行业3G大发展的机遇，公司领导及时提出"集俊以知，共赢3G"的口号，利用浸淫行业十数年的深厚积淀，准确捕捉到稍纵即逝的机会，快速上项目、加设备，为2008年、2009年电信行业馈线供货出现井喷现象提前打下坚实的物质基础。回顾当年，有幸作为一个当事人，参与了当时的一些工作，公司领导那种正确预判、果断决策，招标反拍时那种惊心动魄，现在想来仍是记忆犹新。给俊知一个机会，还世界一个惊喜。当年电信行业的3G建设，江苏俊知可以说是全程参与，全力配合，记得当时半夜12点仍会接到运营商的催货电话，耐心解释、努力解决，如火如荼的场面真是历历在目。我们在付出巨大努力的同时，也收获了很好的行业和社会效益，我们获得了2009年中国3G建设与创新成就奖、2009中国信息产业年度影响力企业、通信产业年度创新奖等一系列有重大含金量的奖项。并被许多省级运营商评为年度最佳、优秀供应商等，获得了大家的一致好评。

罗马不是一天建成的，成功的道路也不是一蹴而就的。我们在2010年3月分别成立了俊知光电通信有限公司、俊知传感技术有限公司，研发、生产、销售通信光缆、新型光电子元器件、传感器等产品，产品应用行业广泛，贴合信息发展方向，同时也丰富了公司在行业内上下游的产品线。2012年对俊知人来说注定是不平凡的一年。经过近五年的奋斗，多少个不眠之夜，我们于3月19日在香港联交所成功上市。其实这也算是水到渠成，连着数年的运营商集采都是排名第一，我们俊知已成为中国最大的馈线生产和销售商。在香港的成功上市，让我们俊知真正走到了国际市场前沿。新的起点与平台，俊知——这个中国通信产业的先锋，正在中国信息化进程中书写更大的产业突破与作为。

每个成功的团队都离不开灵魂人物。我们俊知的领路人正是集团董事局主席钱利荣先生，中国通信馈线市场的领军者。他高瞻远瞩地确立发展战略，十分注重技术研发和产业链整合，在专注馈线产业的同时，成功实现FTTH和物联网产业稳健开拓。他面对困难时的坚毅和对待成功时的从容都令人钦佩。他居安思危，注重团队建设，为团队不时注入新鲜血液，从队员的思想根源上找原因，为整个公司的发展殚精竭虑。

十年之前，我不认识你，你不属于我。而经过十年，我却早已融入了你，融入了俊知这个大家庭。面对挫折时的沮丧，获得成功时的喜悦，在我们身边都会有一群队友和朋友，一起面对，一起分享。十年，从而立到不惑，跌宕起伏，才是人生。

任建良

漂泊者的晚宴

曾经在书上看到一句话：一个人除了故乡之外，还会对另一个城市有莫名的归属感和好感。

我与北京的缘分要从小时候说起，父亲在我二年级的时候到北京出差，第一次给我带了全聚德，我对北京的第一印象除了天安门便是烤鸭了。再到上大学的时候，当时在长春念书，假期无聊便呼朋唤友去了一趟北京。当时正值 5 月，帝都满城柳絮，未央湖中的鸳鸯也在柳絮中起舞。那次去北京只能算是路过一次北京，在春天，匆匆而来匆匆而去，恰是这样一个艳阳天，是这样一幅完全的美景，并未见到雾霾、沙尘暴弥漫的景况，所以我印象中北京的春天是绝美的。

那次离开北京之后，觉得在北方念书才会到北京来，毕业之后可能就没什么机会到北京来了，未曾想到在俊知的工作给了我这个机会，让我可以常驻北京。2016 年全年我在北京待了 249 天，跟北京一起度过了春夏秋冬，在北京的这段日子，工作之余把北京逛了个遍，对北京多多少少有了更多的了解。

如果说宜兴和北京最不一样的那就要数春天了，就像古清生所说的，北京的春天，是极不易把握的。3 月时分，树的枝头上有了绿意，进了 4 月，迎春及桃花就开了，这景况大约也跟南国的城市相去不远，所不同的是，北京的春天却还脱不尽冬衣，毕竟北京春天的大风是南方所没有的。也只有自己一个人在风中行走，才会觉得自己像无根浮萍到处漂泊，但是回到办事处就会觉得自己回家了。

北京办事处虽然不是自己真正的家，但是跟北京办的每一个领导和同事的相处都跟家人一样融洽。我在北京，出去办完事回来，都会跟同事们一起去吃饭，虽然楼下的快餐并不能算作是什么美味，但是只要与大家在一起，也能吃得很满足。要说我在北京吃过最好吃的那非邵总亲自下厨烧的菜莫属了。有时，周末大家都有空，我们就会去富国里菜市场自己买菜做饭，大家分工明确，洗菜的洗菜，切菜的切菜，搞卫生的搞卫生。邵总负责最重要的环节——烧菜。一个办事处，有人做饭就有了烟火气，也就有了真正家的味道，大家围坐一桌，一起吃饭。那时候我们会忘记自己身在他乡。

北京办是我们在北京的家，这儿有属于我们的晚餐。

孙家浚

忆

已十年，忆十年
十年如一日，弹指间
十度春红，如歌如梦
旭日近午，已过而立

忆十年
双肩重担，人生大道
为人父，方知高堂之辛劳
子何以为孝，尽所能
为人夫，方知内事之烦劳
夫何以为报，善待之
为人臣，方知事业之辛劳
为知遇之恩，尽人事

忆十年
胜读十年书
看明朝
迈步从头越

戴春平

"小目标"里"功课"足

在俊知的第一个十年里，我很荣幸能够亲自见证她的初露锋芒、坚毅奋进以及如今的玉树临风。公司自 2007 年 3 月 15 日成立以来，一路乘风破浪，成为行业领军者。我们为俊知的成长而努力，同时我们又得益于俊知的成长。

2010 年 1 月进入俊知以来的时间里，是我人生中实现自身价值的重要阶段。记得刚进公司时，我被安排分配到软电缆车间绞线工序。当时的软电缆车间是公司刚成立的新部门，所有的设备还都没有安装调试完成，新的车间意味着从零开始，也意味着对于我这样一个新员工来说有更多的机会。在刚到绞线工序时，我就给自己定了一个短期目标，就是在转正考试前必须熟练掌握自己工序的所有操作技能，能够独立开机。

由于车间还在起步阶段，订单不多生产不忙，我于 2011 年中旬被借调至同轴车间协助生产，在被借调到同轴车间生产的半年时间里我被安排到焊接 O 车。由于焊接 O 车是新上的设备，还在调试阶段，这使我学到了很多操作技能，也对公司有了更加全面的了解，自己的能力也有了进一步的提高。

2012 年初，由于软电缆车间生产需要，我被调回软电缆车间生产，并让我参加主机手考试。让我担任软电缆绞线工序的主机手，这是领导对我的信任，也是对我平时工作的肯定。在我作为主机手的这段时间里，我一边带好手下的新员工进行生产，一边学习软电缆的操作知识、设备的操作规程，了解软电缆使用范围、各种特性、产品分类、执行标准。在这段时间里，我学习到了很多，也更加明确了目标——争取能够成为一名工段长。

随着车间生产的正常化，订单也开始慢慢增加，在这段过程中我们也遇到了很多的问题。在公司领导的正确带领下，我们攻克了一个又一个难题。

这期间的学习让我在随后公司提供的软电缆车间组长职位的竞聘中顺利竞聘上了组长一职。当我做上车间组长后，我深刻地懂得，自己不仅仅是要负责一个机台、一个工序，不仅仅是管理两三个员工，而且是要对软电缆的整个生产流程都有一个全面的了解，对于生产过程中每一个环节出现的问题都要能够独立去解决。

在这期间，我们车间的三名组长协助主管，对车间的生产管理制度、质量管理制度进行了完善，并协助制定了车间计件制度、绞线护套废料考核制度等等。这段时间的学习以及积累让我的工作能力有了很大的提高，并于 2014 年 6 月顺利地竞聘上了软电缆车间工段长一职，终于完成了自己定的目标。

过去的十年是辉煌的十年，也是艰苦奋斗的十年；是意气风发的十年，也是不断改进的十年；是充满挑战的十年，也是披荆斩棘的十年；是走向成熟的十年，也是充满矛盾的十年。

我有幸成为俊知的一员，有幸见证俊知集团的成长，有幸为俊知这栋辉煌的建筑添砖加瓦，倍感荣幸和自豪。时代在前进，形式在发展。俊知集团也一定会乘胜前进，不断创新发展，不断超越突破，实现新发展，跨上新平台。

未来的十年是奋斗的十年，是发展的十年，是成就的十年，是攀登另一个高峰的十年。

殷胜超

平凡的老郝

郝广允，江苏俊知集团的党委副书记兼工会主席。出生在上世纪60年代的他，敦厚朴实、待人温和，但第一次见他，我却深深地被他眼神中闪烁出的刚毅所吸引。这也是之后的无数日子里，老郝最令我敬佩的精神。

老郝1986年入的党，党龄已有三十余年。作为公司的党委副书记，郝广允深知自己的一举一动都会直接或间接地影响到身边同志，因此，在日常工作和生活中，老郝都时刻要求自己按照党章的规定履行义务，严格遵守党的纪律，树立了良好的榜样。

2016年7月初，宜兴遭遇了有气象记录以来最严重的汛情，连续的暴雨让新街街道水北村和潼渚村之间的东埝圩近千亩良田受淹，积水最深处超1.5米。灾情就是命令，为响应环科园党工委的号召，老郝立即组织并带领部分年轻优秀党员参与到抗洪救灾中。连续几天，他都身先士卒、冲锋在前，带领俊知集团的党员先锋抢险队，积极投身抗洪救灾。虽然抢险队成员多是80、90后的小伙子，但年过半百的老郝却特别打眼。铲土、装袋、运送沙袋，老郝动作迅速、麻利，丝毫不输给年轻人。他和大家一样，顶风冒雨地战斗在防汛抢险的现场，不喊苦、不喊累，始终如一地保持着高度的责任心和使命感。"老郝，这么大的雨，你都连续抗洪那么多天了，身体哪吃得消？"每每有人这样问，老郝总会笑着说道："当过兵的人，这点苦怕什么？"

老郝常说："没有当过兵的人，永远无法理解军人的情感。"在汗水磨砺下形成的战友之情，是最为真挚的，也是最为牢固的。这种情感没有丝毫的利益掺杂，却是人与人间最纯粹的友情。老郝一直把战友情看作他在部队生活的一大收获。他曾说："哪怕到了现在的企业工作，我也依然秉承着当兵时的待人处事原则，希望用自己的真诚收获更多的友情，也希望用自己的行动获得更多同事的支持和理解。"

在公司里，每一位员工都知道郝广允的电话。不光在 8 小时之内，在 8 小时之外，员工遇到特别的难处，也可以随时打他的电话。"郝书记，我家女儿下半年就要上幼儿园，怎么报名啊？""老郝啊，我的户口还在安徽，怎么才能迁过来啊？""郝书记，这个暂住证办理的流程是什么啊？"……只要员工遇到烦心事，找到老郝，都能一一解决。渐渐地，"老郝老郝，什么都好"这个顺口溜就被大家传开了。

平凡的事业、平凡的岗位、平凡的人，不平凡的却是一颗奉献的心。这一桩桩一件件的小事，像一串串晶莹剔透的珍珠，闪耀出老郝鲜活的人格魅力。老郝用自己的行动，感动着一批人，在平凡的岗位也能做出不平凡的事，平凡中创造着美丽人生。

吴辰超

目光更远天地宽

谭盾和一位黑人琴手在商业银行前卖艺赚钱，但谭盾赚了足够的钱后有了更长远的打算及更高的追求，他把所赚的钱全部用在了自己的音乐事业上，最终成为一名有实力的演奏家。而十年后，那名黑人琴手依然在那里卖艺。看完这个故事，我觉得未来属于有长远目光的人。

只有有着长远打算的人，他才会干脆地舍弃眼前的利益，追求另一片天地。

钱学森放弃了在美国优越的生活和完美的研究设备，义无反顾地回到祖国，为祖国的建设和科学研究做出了巨大贡献。

范蠡在帮助越王勾践完成复仇和霸业后，没有着眼于大功臣的高官俸禄，而是辞官去了他向往已久的鲁国，在经商上获得了巨大成就，闻名四海，更是收获了爱情。与之同时的文种则被勾践赐死。

无论是钱学森的为国付出从而收获学术界的一致高度赞扬，还是范蠡放弃勾践给予的丰厚回报最后收获一生的成功而名垂青史，都展现了他们对于未来的长远打算。只有对未来有更长远打算和更高追求的人，才会比别人更成功，更令人钦佩。

由此，想到了我们俊知集团董事局主席钱利荣。他不安于现在通信 RF 缆在行业占有的一席之地，将目光投向正处于高速发展期的 FTTH、三网融合和物联网产业，凭借在 3G 市场形成的产业链驾驭能力，以"俊知"为品牌，打造特色园中园——俊知工业园，形成以"移动通信、光通信、传感、智慧工业"四大板块为主的产业链。利用上市公司来收购、兼并相关业务的企业，具备条件的逐个培育上市，实现企业形象、核心竞争力和产业规模的提升；同时为客户研发更多个性化、高品质和自主知识产权的产品；依托国际化经营战略，从全球角度出发，吸收国际经营人才，打造国际品牌。这就是一个有着更远眼光的人，是一个值得敬佩的人。

像他们这样有更高目标、更远打算的人或许不是寥寥几笔能说完的，但只看眼前利益的人，终究只能庸庸碌碌。

陈后主骄奢亡国；隋炀帝天天沉迷于酒色之中，兵临城下却还在行乐；南宋时期的宋高宗面对金兵的入侵，一味只想求和，取得暂时的安逸，以至于南宋灭亡。这些君王取得一些政绩后，就贪图安逸，不求长远发展，最终葬送了江山。

只有放眼未来，目光远大，勇于挑战新的高度，才会天地更宽。

黄红艳

希望

　　光阴荏苒，十年弹指一挥间。十年间，俊知集团正如一颗冉冉升起的新星，带着希望势如破竹，一路披荆斩棘，冲破各种阻力，快速成长发展。虽然我没能赶上她的诞生，却有幸见证了她的辉煌。

　　2007年3月15日公司成立，随后仅仅花了四年时间，公司便成功上市，并努力做大做强，在产业链完整和多领域发展方向下又培育了多个分公司，行业地位及影响力与日俱增，集团面貌日新月异，领导员工士气如虹。十年时间里，在集团领导的带领下，紧抓机遇，坚持不懈，战胜了各种挑战与考验，取得了一次又一次的成功。

　　2011年，我有幸加入俊知，感谢公司领导对我的信任与栽培，感恩公司同仁对我的理解与支持。在这近六年时间里，我们一起共同经历了风风雨雨，特别是近几年来经济持续下行，给公司经营带来了更多的困难和挑战，行业不景气、加工价格持续下滑，同时海外市场竞争日趋激烈、产品质量要求不断提高。在此困难之际，俊知努力寻找突破口，领导多措并举，一方面通过加强质量过程控制来提高产品质量，适应市场要求，另一方面积极采取人员调整及细化内部管理措施，全力应对多方困境。不到半年，形势便出现了新的转机，一举打破了产销量持续停滞不前、生产成本居高不下的僵持局面，各项成本得到了有效控制，公司效益明显改善，员工的计件工资相应提高，人员更加稳定，有助于质量控制和交货期保证，成本连创新低，多项数据刷新了公司纪录，各方面都形成了良性循环。更重要的是领导干部和广大员工都树立了信心，提升了士气，让大家看到了希望。我有幸能加入这么一个领导决策英明果断、员工斗志昂扬的大家庭，让我更有勇气和信心去解决工作和生活中遇到的各种问题和困难，诚如大家所说的"不经历风雨，怎能见彩虹"，希望公司迎来更加美好的未来。

公司的今天来之不易，十年间我们经历了许多坎坷和挫折才迎来了他的辉煌。2017 年的今天，是我们公司的盛会，他饱含激情地走过了这十年，收获满满。但十年又是另一个起点，迎面而来的是另一个崭新的十年，我们必须整理行囊，再次出发。

张玲

陪伴是最长情的告白

徘徊在酉鸡年立春,俊知十周年,心里总感觉有很多话想对她一吐为快。思绪万千后流露在心头的是对她那一份割舍不下的爱,那是一颗种子对泥土的渴望,那是一条鱼对河水的迷恋,那更是一个青春少年对窈窕淑女的执着追求。

陪伴是最长情的告白

他,带着一颗种子,来到这片荒芜的草地上轻轻洒下。从此日月星辉为伴,风霜雨露为邻,一批又一批青春少年为了见证、呵护她的成长相继来到她的身边,与他一起用青春去浇灌,用汗水去施肥,用真情去陪伴,看着她露出嫩芽,长出躯体。他们用陪伴在向她告白,长大吧姑娘,苍穹下那眨眼的星星在呼唤你的成长,池塘边那婆娑的杨柳也在等待你歌唱。

相守是最温暖的承诺

她,沐浴在阳光下,成长在欢声里,出落得亭亭玉立。从此全国各地都有了她的脚步和歌声,所到之处一片欢呼,见过之人满堂喝彩,她用自己的努力和成果去报答那些孜孜不倦地陪伴着她的亲人们。她告诉他,她感谢他;她告诉他,正是因为她拥有他,所以她现在仍拥有着他们。如果他是烟,她愿意做他的火柴,用瞬间和温度去与温暖他,与他相守。

微笑是最美好的回忆

从此,山川给她让路,河流给她开道,不羁的人生注定了她一身的辉煌,她在四处播种,也在丰收的季节收获累累硕果。一心向着自己目标前进的人,全世界都会给他让路。她跋山涉水远赴香江,授人以渔,开花结果,衣锦还乡。她和他坐在一起，心怀感激，聆听她的倾诉；他看着她，满心喜悦，如果世间还有一种表情能让他为自己的付出无怨无悔地坚持，那是她在讲述她一路走来的辛酸历程时那满是幸福的微笑，挂满脸庞。

时光是我给你的答案。

她说，我的天空多么的清晰，透明得都能看到过去的空气。

他说，你是我夜空中最亮的那个星。

她说，我十岁了。

他说，我为你骄傲。

她说，最浪漫的事是与你同行。

他说，最美最美的时光，与你最美最美的相遇。

他说，你还不知道自己的名字吧，俊知！

……

我悄悄打开窗户，外面传来一首歌，十年之前，我不认识你，你不属于我……十年之后，我们是朋友……

周志军

我与公司同成长

作为第一批进入公司的老兵，我加入公司十年整了。往事历历在目，我见证了公司业务不断壮大，管理不断规范完善，公司也见证了我人生路上重要的一步步，从刚开始给予我工作机会，到一路来悉心培养和支持，我感到这是一份实现自我价值的工作。

我原本在同轴车间工作，后来因为工作需要调到光电公司。其间，我见证了光电的成长与壮大，车间规模越来越大，人员也越来越多，先扩增了七车间，后扩增的九车间现在也已经正式全部运转生产了。车间的生产设备新增的不计其数，人员规模从之前的几十人壮大到了今天的三百多人。作为光电公司的一员，有幸亲身经历了多种光电产品的技术更新和新产品的生产制造，从最初生产的普通光缆、带缆到光电复合缆再到出口泰国的"8"字形自承式通信室外光缆，公司通过工艺创新，不断地降低生产成本，提高生产效率，使公司更具有市场竞争力。

十年来，我们俊知在不断发展壮大的同时，也在逐年提高员工的福利待遇，十年工资翻了三倍。公司还帮我们缴纳五险一金，免费供应工作餐，且品种丰富、营养搭配均衡。十年来，俊知高层领导在不断加强自身发展的同时还不忘社会慈善事业。在积极缴纳国家税务外还多次到养老院，看望孤寡老人，送钱、送物、打扫卫生。每年组织开展丰富多彩的活动，如拔河比赛、乒乓球比赛、象棋比赛、篮球比赛、足球比赛等，丰富了职工业余生活，增强员工对公司的感情和对公司发展的信心。

我们要时刻保持高度的责任感，始终要求自己时刻要想到我能为公司做些什么，将自己和公司的发展紧紧捆绑在一起，只有这样，我们才能最终和公司共同发展，共同进步，共同获益。展望未来，目标是明确的，工作是艰辛的。在下一个五年中，我们的目标是把俊知集团建成国内领先、综合实力最强、国际著名的线缆供应商。我相信，在未来的日子里，只要我们俊知人坚定信心，务实诚信，团结创新，开拓进取，定能开创我们俊知更加辉煌、灿烂的明天。

杨华平

七年"知"痒

许久不提笔写下一篇文字，没有那个时间，没有那个空闲，没有那个可以提笔的契机。

现在儿子依偎在旁边酣睡，老公坐在旁边激情游戏，婚姻的三年之"通"，工作的七年"知"痒，就这么凑巧地一起来了……

大学一毕业就上俊知报到了，人事部说先要去车间三班倒实习。从学生转换到员工，从学校踏入到社会，满满的都是新鲜感和兴奋劲，三班倒算什么，不过是站8小时的早中晚三班的工作而已，任何事都抵挡不住我那颗"拼命三娘"的心。

第一个周期夜班，我就彻底蔫了，这世上怎么还会有这种行当？连从不长痘的脸也开始抗议，"三娘"的心顿时凉了一半。电视里的行当都是丰满的，现实中的工作太骨感了。可是，如果连这个"夜班"和"站8小时"的困难都克服不了，我又怎么面对"社会"两个字呢？360行，我连第一个行当都不努力坚持下去，那其他的359行，我也没资格去尝试！而事实就是，9个月的三班倒生活让我很成功地从学生过渡到员工，不再怕吃苦，更学会感恩、知恩，明白父母的不易、同事的努力和自己的毅力。感谢父母给了我前面23年无忧的生活，感谢同事对我这个初出茅庐的新人的帮助和指导，感谢俊知给了我融入社会的机会。

9个月三班倒时间，说长不长说短不短，却足以能改变一个人的人生观、世界观和价值观。学生时期的我，最不缺的就是时间，没有计划没有规划，一切由家长和学校安排。可是上班，就意味着独立的人生正式拉开序幕。前面23年所挥霍的也就是你在工作后最想拥有的。所以之后我在公司图书馆的工作，让我倍感珍惜。

从三班倒变成长白班，我内心雀跃无比，可又很担心，作为全宜兴"开天辟地的企业图书馆",公司第一代图书管理员该如何做好选书购书工作?我一筹莫展,庆幸在公司领导的安排、同事的帮助、图书馆老师的指导下,图书馆一步步建立,借书制度也随之完善。图书馆开放,看着络绎不绝的借书人,感觉我投入的百分百汗水得到了百分百回馈。去南京选书购书,回公司编书排书的辛苦也一扫而光。一切都值!

图书馆面向的是全公司,随着俊知的不断壮大,业务的需要,我从图书管理员,变成面对整个社会市场服务的营销管理后勤,接的电话是全国销售热线,服务的是市场营销员。不说比图书管理员的工作更有意义,最起码是俊知对外的窗口和形象,是能为俊知做更多贡献的岗位。

七年的时间里,我收获的不仅是工作的充实,还有自己的婚姻,没有同事的介绍,也许此刻身边就不会有激情游戏的老公、酣睡的儿子。感谢俊知,感谢同事,感谢这七年的付出让我在踏入而立之年时没有感觉"七年之痒"。在公司"十年之约"之际,祝愿俊知在行业再创辉煌,我们一起庆祝以后的每一个十年。

李婧

我的十年

十年，在历史的长河中仅仅是弹指的瞬间；十年，在宇宙万物进化中更是显得微不足道。沧海桑田，历史变迁，又有谁真的在意这匆匆而过的十年呢？然而，对于一个不断进取、勇攀高峰的企业来说，十年足以发生翻天覆地的变化。

曾几何时，我无数次梦想着自己的未来，在心中谱写人生中最美的那束光环；曾几何时，我无数次感叹自己的人生，在人世苍茫谁主沉浮中苦寻自己的目标。在面对人生道路延伸的方向，带着青春的激情，带着对未来的憧憬，2009 年夏天，我有幸进入了俊知集团这个大家庭。

虽然，我的岗位可能微不足道，从事的工作也平凡而普通，但只要我是爱岗敬业的，是勤勉有为的，就是无怨无悔的。我一直坚定地认为，我们每个人走出的一小步，就是累积出俊知跨越的一大步；我们添的每一块砖和瓦，就能成就俊知发展的一座又一座里程碑。

进入俊知集团，我的收获是不断的。在俊知这个团结协作、诚信友爱、充满活力的大家庭里，我无时无刻不在感受着开拓创新、求真务实的企业精神；时时恪守着老老实实做人、实实在在做事的理念。铭记使命，坚持历练、痴心和执着，用精彩去演绎未来。

春节休息，闲来看看电视，被湖南台的《真正男子汉》吸引，它的主要内容是一群明星被节目组带到军营里去参加真正的士兵训练，体会真正的军营生活，成为一个真正的兵。里面居然还有女兵，想着女明星放下光环来到辛苦的兵营是否能坚持下去呢？还是做做样子而已？我抱着看笑话的心态看下去，没想到看完真的是自惭形秽，觉得自己真的很多地方不如她们。从节目开始的体能测试每个人都不合格，到后来每个人都成为优秀的士兵。在这个过程中，每次在遇到不可能完成的项目任务时，他们每个人都是不抛弃不放弃，用自己的行动一次一次尝试，总结经验，寻找方法，最终那些我们看来他们都不可能完成的任务，他们都做到了。在整个节目体验中，每个人都进行了一次"蜕变"，并且从节目中我也看到了我国军人的坚毅、勇敢、拼搏。结合我们的工作，当我们每次在遇到困难或者难题的时候，我们有没有不抛弃不放弃的精神？是不停地剖析现状，抱怨埋怨，直接放弃，还是努力寻找解决方案？我想这是需要我们去反思的，也是需要我们去努力改变的。

军人以服从命令为天职，这应该是在部队中出现最多的一句话了。很多人可能都不理解，我想说，即使一个团体都朝着一个错误的方向去做，结果不一定是最差的，但是如果不朝着一个方向去做，结果一定好不了。只要严格按照战术进行一次进攻，完成长官命令就是成功。

仅仅通过这个节目，我已经充分感受到了军人的拼搏精神、军人的不抛弃不放弃精神、军人的服从精神，这似乎也是我们俊知人的真实写照。

荣誉承载过去，开拓旨在未来。过去的十年只是一个逗号，在以后的日子里我一定恪尽职守，为俊知明天的宏伟蓝图添一份色，加一份彩。我们一定再接再厉，奋发向上，绝不辜负公司对我们的信任与期望。"海阔凭鱼跃，天高任鸟飞"，我们相信，只要我们立足优势，创新发展，就一定能开拓出一个更为广阔的新天地！

十年风雨坎坷，十年传承跨越，十年创新奋斗成就了俊知集团的今天。十年，对于那些已经成功的企业来说，算不了什么。面对着他们几十年甚至上百年的企业发展史，过去的十年，只不过是短短的一瞬间。然而，对于我们公司来说，却是一部充满机遇与挑战、拼搏与奉献的创业史。

十年征程，十年收获，在公司成立十周年之际，我衷心祝福公司：繁花似锦，蒸蒸日上！

下一个十年，我们不见不散！

张艳艳

俊知

狼烟起
豪雨如注
烟散烬微
不及卅里

信使行
路遥峰险
驿马嘶嘶
舟疲人乏

线缆架
翻山过海
纵横交错
瞬息万里

俊知立
集俊以知
乘风破浪
和谐共荣

胡玥

集蓬勃之俊　创共荣以知

　　若生命是长河，我们的奉献就是那河中的激流；若生命是霓灯，我们的拼搏就是那穿过灯丝的电流。朋友们，让我们一起努力吧，用心奔向每个绚丽的明天，让生命的长河奔涌不停，让生命的霓灯绽放光芒。让我们一起努力吧，为我们的事业填写一份份新的历史，为未来的每一份发展谱写一首首华美的乐章！

　　三年前，我加入了俊知技术，做过一线人员，也为公司出谋划策，现在做到了销售人员。这一路走来都充满着回忆与成长。

　　在接触这个行业之前，觉得那是一个不那么困难的工作。但是当真正接触之后发现并没有那么简单，无论是专业知识还是素养的要求，或是责任心与耐心的培养，都是对我的提升和锻炼。除了自身的提升，整个环境也带给我很深的影响。从陌生到熟悉，在俊知的这段日子里，它带给我的不仅仅是温暖，还有忠诚、包容、坦诚和尊重。这些无形的财富也让我获得了成长。

　　爱这份职业，和爱这个团队是分不开的，"奉献精神"是一种爱，是对自己事业的不求回报的爱和全身心的付出。对个人而言，我们就是要在这份爱的召唤之下，把本职工作当成一项事业来热爱和完成，从点点滴滴中寻找乐趣；努力做好每一件事，认真善待每一个人。作为一个平凡的人，我想只要拥有一种对企业执着的热爱，就能坚持别人坚持不了的事情，就能做到别人做不到的事情，就能达到很多能力超群的人所企及不了的高度。我们不要小瞧自己潜在的能量，更不要小瞧自己热爱一份事业的能量！

　　三年前，刚进入俊知技术的时候，多多少少会有些生涩与不习惯。而在一个崭新的环境里，服务时候的态度和具体的操作模式，许多工作时候思考的问题还要结合不同的情景来灵活应变，对于我来说是一个不小的挑战。在进入这个公司之后，我将所学到的专业知识，结合目前的工作性质和工作内容，逐步运用到日常的任务当中。例如，在销售的岗位上，就融合销售方面的专业知识，拿出销售该有的专业服务素养。在此之前，我偶尔还会因为业务的不熟练，被大家提出各种各样的建议，包括领导都对我进行了"教育"。我渐渐明白了"销售服务"的重要性，也慢慢地适应了工作的环境。这些变化，都离不开大家的帮助。作为年轻人，我有着十足的活力和激情，但或许是急于求成，我在许多时候都有些无法按捺自己的情绪。每到这样的时候，总是有很多稍微年长的员工教会我更多的人生经验，公司也愿意给予我们年轻员工更多施展的平台。由此，我觉得年轻人都应该向前辈学习，去学习那份踏实肯干的精神，去学习那份坚持的信念。

或许在外人看来，这样的快节奏工作会十分单调，但对于我来说，我认为这就是青春所需要的经历。正是这段经历让我领悟到青春就应该更努力地拼搏，在拼搏中才能实现青春的意义和价值。也正是这种信念，一直支撑着我，让我奋勇向前，克服一切困难。

一切的成绩终属于过去，明日东方又将有一轮崭新的红日升起，"路漫漫其修远兮，吾将上下而求索"，我深知我们年轻人是祖国未来的脊梁，承担着民族明天的希望。而我也不会辜负这一份责任，将我年轻炽热的心，投入到未来这一片广阔的天空中。让它作为太阳照亮前行道路，让它作为星芒指引短暂迷惘。在未来的征程中，我也会更加努力地学习、工作，因为将自己全身心地投入"奉献"是我不懈的追求。

让我们一起来创造下一个十年的辉煌！

徐卫华

一直在路上

当我们背上行囊，踏上远行的征途，心中是否怀有梦想？当我们进入俊知，穿上蓝色的工装，我们心在何方？经过多年的努力与奋斗以后，我们是否达成了当年的理想？

梦想就像是尖塔上的明珠，虽然看起来那么的遥远、不可触及，但是只要我们踏上了通向它的阶梯，并坚持不懈地向上攀登，最终它将被我们收入囊中。俊知就是那不断向上延伸的阶梯，是我们实现梦想的载体，只要我们为之不懈奋斗，最终都能实现梦想。

俊知集团是一个能助我们实现理想的优秀平台。她有优秀的发展基础、公平的竞争氛围、良好的工作环境和科学的管理机构。从成立之日起就不甘平庸，立下了成为世界级卓越企业，同时造福人民、回馈社会的雄心壮志。这些年，先后通过了三大体系认证，获得了"江苏省质量信得过企业""国际质量信用 AAA 级企业""外商投资先进技术企业"等 100 多项荣誉，并于 2012 年在香港挂牌上市。目前，已形成以"移动通信、光通信、传感技术和智慧工业"为产业链的工业园。

俊知集团重视人才培养，在这里，每一个员工都能得到有效的职业培训和公平的发展平台。单位还关注员工的精神生活，在工作之余组织足球赛、篮球赛、拔河及趣味比赛等娱乐活动。丰富了我们的业余生活，为更好地工作储备能量。

俊知集团重视环境保护和安全生产，原材料均为环境无污染品质，工作环境清洁安静。所有员工都经过生产安全培训合格后才分配工作岗位，安保人员每天定时巡查，清除安全隐患。

俊知集团重视企业的发展，紧跟行业发展趋势，走自主创新的道路。坚持新产品的研发工作，取得了发明、实用新型专利 111 项。

俊知集团重视企业的社会效应，积极参加社会公益活动，抢险救灾、扶贫助困等公益事业都有她的身影。如 2016 年洪灾，公司组织员工轮番抗洪，河北洪灾积极捐献物资等。

俊知集团立志成为一个人民放心、社会认可的优质企业，而我们一直在俊知这艘巨轮上破风乘浪，终将抵达胜利的彼岸。"俊知"号巨轮已经起航，我们在路上。

夏建军

十年创业不寻常

2017年3月15日，是俊知成立第一个十年的纪念日。对于这个重要节点，不禁感慨万千。回想一路走来的坎坷，从单一产品到多元化发展，产值销量不断攀升，职工文化生活日渐丰富，工资待遇逐年提高，一项项荣誉捷报频传，公司各项事业蒸蒸日上。作为俊知这个大家庭中的一员，此时此刻，我倍感骄傲与自豪！

个人篇：十年风雨，十年磨砺

回想公司一路走来，励精图治，创造了一段十年辉煌的历史。历史对于许多人来说，只是过去的故事，而对于我来说，却能深深体会到当中的酸甜苦辣和喜悦感伤。

就拿当初的我来说，习惯了以往的自由散漫，对自身要求不严，工作上不够细致。记得当年分管公司营销条线的时候，由于对下属管理不善，自由散漫的不良习惯终酿成了苦果。直到后来带领整个管理团队的时候，松松垮垮的毛病仍然存在，对各条线、各部门的管理不够严谨，自身严于律己的意识不强，进取心不足，有时安于现状，满足眼前的"一亩三分地"，前些年公司发展进程缓慢，过程中出现一些问题没有得到有效解决，与我本人不无关系。

作为一名企业的带头人，深知自身责任重大，在集团领导和俊知企业文化的影响下，我清醒地认识到作为一名企业负责人必须具备与时俱进的精神，更需要通过学习弥补自身短板来满足公司日益发展所需要具备的综合能力。于是，我在思想上，积极转变观念，克服困难，摒弃种种不良习惯，逐步养成了深思熟虑、大胆有为的工作风格。在工作中，凡事做到以身作则、公私分明、立场坚定，哪怕是上下班外出也要以一名普通员工身份自居，从我做起，不搞例外。不仅对各条线严格要求，更充分尊重其意见，深入研究讨论，把道理讲清，原因讲明，成则成，不成则不成，付诸实践敢于承担责任，敢于面对公司面临的各种挑战和风险。

十年磨一剑，十年间，深感自身的思维和涵养发生了质的飞跃，我相信在集团领导和俊知企业文化的影响下，定能带好管理团队再创佳绩，不忘初心，勇往直前，相约俊知下一个精彩十年！

公司篇：十年发展，十年辉煌

公司起步之初，产品结构单一，成了阻碍公司快速发展的拦路虎和绊脚石。

但是，我们始终坚信"办法总比困难多"，在公司的正确指导下，重新划分组织架构和管理体系，落实定员定编和岗位责任，让每一个人清晰地知道自己的岗位责任、工作内容、工作权限、工作条件、必备的岗位技能以及与相关岗位的汇报与负责关系。从这时起，公司的人事组织架构在真正意义上初步形成，也彻底完成了从"只有老板与员工"向"只有领导与被领导"认识上的根本转变。

没有规矩，不成方圆。随着集团制度建设工作的不断推进，结合公司实际情况，出台了一系列管理制度和措施，无论公司层面还是各个部门，从上到下每一个环节都有了对应的管理和约束，保证了开展各项工作的公正性、严肃性，从那时起"有章可循，违章必究"不再是嘴上功夫、常言道。

十年间，秉承自强不息、追求卓越的精神，克服了一个又一个困难，创造了一个又一个骄人业绩。我们坚信，在集团的正确引领下，全体俊知人继续努力拼搏，一定会在下一个十年创造出新的、更大的辉煌！

荣华

用坚定信念把困难踩在脚下

江苏俊知技术有限公司 2007 年 3 月 15 日在宜兴环科园成立，至今已有十载。十年征程，十年收获。在探索的道路上有过艰辛，我们用坚定的信念把困难踩在脚下，不断地向更高更远的目标靠近。

回望十年前的今天，俊知的厂区地还是一片杂草丛生的荒地，看着这一片坑坑洼洼的土地，心里感慨万分，这就是我们创业的根基。当年 5 月破土动工，本着"规划好、建设好、管理好"的方针，从而确保各项工程的效率、质量。当年 8 月底和 10 月初分别完成器件、同轴车间厂房主体，交付生产安装设备。当年底完成了厂区内所有建筑主体的交付；器件车间顺利产出了第一批产品，实现了当年投资、当年基建、当年投产的"俊知速度"。

2008 年对于俊知技术来说是发展壮大的一年。年初大雪灾席卷祖国的大江南北，袭击了我们新建的车间，压得屋顶吱嘎吱嘎地响，也压得我们的心咯嘣咯嘣。为保住我们自己的心血成果，我们带上铁锹，爬上屋顶，不分昼夜地进行抗雪救灾。我们手握消防枪喷洒热水来融雪，手烫脚冻、脸冷心热，真是冰火两重天。经过三天三夜的连续作战，终于战胜了雪灾，保护了车间。当年着重完成了同轴电缆十多种型号规格的开发调试和生产的扩能工作。奥地利罗森泰公司派来调试进口车的老外，在调试超柔 50-5、50-9 规格时，耗时一个多月调试没有成功，抱着遗憾回了国。之后我们组织了自己的技术队伍，针对老外调试的各种方案进行分析对比，在一个月之内调试成功了超柔 50-5、50-9 规格的性能，填补了市场的空缺。

到 2012 年第一个五年计划完成，产品供不应求，主要目标是扩能增产，满足市场需求。相继完成了三车间、五车间同轴产品的扩能增产、新增软电缆车间的开拓。第二个五年计划主要目标是技改优化，满足节支降本，改进了同轴电缆的轧纹方式，淘汰了齿轮轧纹结构，采用了刀片偏心轧纹的结构，降低了轧纹成本，提高了产品的性能指标，提高了生产效率。

21 世纪是开放的时代，是国际化的时代。这是一个很好的平台，我们企业也会借这个舞台好好地展现自我风采与核心竞争力。站在这个舞台上，将面临巨大的挑战。相信通过我们不放弃不胆怯的前进，刻苦的钻研，俊知会在世界舞台上越来越光彩夺目。

十年风雨坎坷，十年传承跨越，十年的并肩携手成就了公司的今天。十年磨砺，成就十年辉煌，这只是万里长征走的第一步，以后的路还很长……

范洪兵

南洋"偷渡"记

　　以前福建、广东沿海一带的老百姓，为了改变个人的命运，用偷渡的方式到南洋谋生，进而实现理想。十年前，我也有一次"偷渡"南洋的经历，也改变了我的命运。如今想起来，此景仿佛就在昨天。

　　2007年1月，从原单位辞职的一批人成了俊知的第一批员工。经过缜密的论证，决定成立一家馈线生产厂家。1月26日下午两点半，第一批员工在宜兴大酒店召开了会议。会上，公司领导给我们分析了当时的形势和我们的优势，描绘了一幅宏伟的远景，给我们打气，消除了大家的恐慌心理；同时给每个人作了明确的分工，布置了任务，使得大家都有事情可做。就在那天的会上，我和蒋新洪、吴健真、于函领下了采购进口设备的艰巨任务。

　　大家都知道，物理发泡生产线和氩弧焊生产线是生产馈线最关键的设备。当时，奥地利罗森泰公司是全世界最好的物理发泡生产线设备制造商，氩弧焊生产线在全世界也只有两家能做，其中一家是罗森泰，另外一家是美国的华特信。经过讨论，我们决定向罗森泰订购两条物理发泡生产线和一条氩弧焊生产线。

　　经与奥地利罗森泰公司联系，对方告知他们在大中华区有一个独家代理，叫香港某公司，奥地利总部让我们直接与香港代理联系。其实这家香港公司我们非常熟悉，老板是大陆人，也是通信行业出去的，而且还是我们之前服务过的公司的第三大股东，原所在公司的设备就是向他买的。鉴于此，我们分析直接向香港代理采购，也许不是最佳方案，最终我们决定由新加坡出资方在新加坡采购后作为设备出资投资到国内。

　　于是，我们以新加坡出资方的名义，联系上了罗森泰公司奥地利本部的销售员，约定在新加坡见面。为了确保会谈顺利成功，同时为争分夺秒抢时间，我们严格保密会议行程，在做了充分的准备后，2007年2月13日（腊月廿六），我和吴健真、于函三人，连对家人、同事都没说目的地，就悄悄去了新加坡。为了尽量避免抛头露面，出发前我们就向下榻的酒店订了一间会议室用于第二天的会谈。

2月14日，情人节，本该是一个与爱人在一起浪漫缠绵的日子。然而，新加坡出资方首席代表吴小姐、罗森泰公司销售经理 Bo 先生也放弃了这个甜蜜时光，和我们一起迈进了新加坡滨华酒店6楼的会议室，开始了一整天艰难的谈判。

透过会议室的落地玻璃一眼望去，春意盎然，新达城的五座办公大楼象征着五根手指头，宛如一只朝天张开的手掌，寓意团结合作的精神。然而，会议室内的谈判气氛却似"三九严寒"。谈判一开始，Bo 先生就对我们的身份进行了质疑和猜测。他认为我们不可能是新加坡人，肯定是中国某家馈线生产企业的人。因为设备一旦卖给中国公司，就违反了罗森泰总部与香港代理的协议。吴小姐马上跟他解释，自己是新加坡商人，我们三个是吴小姐从中国同行处找来的员工。新加坡投资方计划在东南亚如泰国等地寻找合适的地方设立工厂生产馈线。由于工厂最终落地在哪里尚未确定，为了不影响进程，新加坡投资方决定用设备出资，设备发货前再通知罗森泰最终到货目的地。但是 Bo 先生起初并不相信我们的话，我们劝他目前不需要考虑太多，先谈合同。

谈判开始了，首先确定我们要购买的生产线配置。吴健真按照事先准备好的文件在白板上写明两条发泡线和一条氩弧焊的所有配置构件，包括挤出机、发泡机、牵引轮、轧纹头等配置，但是我们不要收、放线架。Bo 先生一看，我们是拆开来买的，不是整条购买的，他的价格就上不去。于是，他不停地游说我们，要整条买，这样设备的一致性和协调性、同步性才会有保证，否则他没办法保证。我们说，中国制造的收、放线架不比罗森泰的差，同样能够保证性能。一开始，就给 Bo 先生泼了一头冷水，他很不开心地和我们逐一核对配置，并和我们介绍每一构件的功能和特点，又磨磨蹭蹭地花了很长时间计算总价，在白板上写下了 352.7 万欧元。我们马上就回复他目标价格为 180 万欧元。Bo 先生对这个价格表示很震惊，做出了自杀的手势，表示这个价格是不可能的。于是我们做出了让步，把价格提高到 190 万欧元，同时要求他也把价格降下来。当时我做了一个双方迈前一步伸出右手握手的姿势。他理解了，把价格降到 335.1 万欧元。接着，双方继续讨价还价，当遇到不能接受对方报出的价格时，大家要么默不出声，要么天南海北聊聊别的话题，缓和一下气氛，看看时间拖得长了，也分别做出了一些让步。就这样，随着时间的流逝，大家的心理价也越来越接近。Bo 先生把价格降了几次，已经到了 259.8 万欧元；而我们也提高了几次价格，开价到 225 万欧元。最后 Bo 先生把价格降到 250 万欧元，说这个价格是最低价，一分钱都不能再少了。我们提出是否可以以 228 万欧元成交，Bo 先生突然站起身来，把所有的资料都整理打包好，一脸严肃地说："这个价格你们要就成交，不要的话我就回酒店了。"并起身准备离开，谈判一下子陷入了僵局。

吴小姐见状马上起身倒了一杯水给 Bo 先生，并拿了几颗糖果给 Bo 先生，和他拉起了家常。大家都谈到了自己的家庭和孩子，气氛慢慢变得轻松起来，也融洽了。你一句，我一句，两人聊得很投机。最后吴小姐看看时机差不多了，于是和他说，新加坡投资方也是第一次投资生产型企业，而且投资金额也比较大，所以能否请 Bo 先生把价格再降低一些。Bo 先生表示，这个价格已是最低价了，绝对不可能再便宜了。我们告诉他，我们中国人不喜欢 250 这个数字，最喜欢数字 8，这时 Bo 先生起身在白板上面写了 248.8 万欧元，当我们又试图把价格谈到 228.8 万欧元时，Bo 先生怎么都不肯同意，并且再次准备离开。无奈，我们在现场电话与国内的领导做了汇报，他们商量后认为这个价格的确比较便宜了，所以同意我们马上签下来。

于是我们放下电话高兴地告诉 Bo 先生今晚就签署合同，Bo 先生很高兴，并约我们第二天（15 日）中午一起吃饭，同时签署合同。我们告诉他，我们三个人明天必须赶回去了，因为 18 日就是大年初一了，我们要回家过年了。Bo 先生听了马上用生硬的中文说了一句"恭喜发财"，引得大家哈哈大笑。吴小姐推荐说，这家酒店一楼的餐厅不错，我们不妨在那边共进晚餐。Bo 先生说好的，同时又说合同页数很多，酒店打印价格很贵，还不如他马上去外面买一台打印机拿回他下榻的房间打印。大家约了晚餐时间后分手了。

出席晚餐时，吴小姐盛装打扮，穿了一身得体的蓝色金丝绒旗袍，洒了香水，光彩照人。Bo 先生也换了笔挺的西服，打了领带，神采奕奕。两人在餐厅包厢里现场签了两份上百页的合同，并握手照相。吴小姐送了一盒巧克力给 Bo 先生，Bo 先生给我们每人送了一个印有罗森泰公司标志的 2G 红色 U 盘。我记得很清楚，当时国内 2G 的 U 盘还是稀罕物，所以我们拿到后都觉得很珍贵。最后 Bo 先生请大家高高兴兴地吃了一顿正宗的法国大餐。我记得很清楚，那是我第一次吃法国餐，吴小姐还教了我们很多用餐礼仪，比方说如何拿勺子喝汤等等。第二天天还没亮，我们又悄悄地赶到樟宜机场，乘坐 8 点多钟的航班离开新加坡，"偷渡"回国。

尽管那次已经是我第十七次去新加坡，但是在我的记忆中，比我第一次出国的印象还要深刻。每次回忆这次经历，我都感觉当初我们几个人像是"地下工作者"，虽然做的是光明磊落的事情，但是为了不引起竞争对手的猜疑，不过早地暴露我们的进程，我们不得不采取这样低调的方式去采购设备。2008 年春节前一两天，设备顺利地运到国内，年后开始安装调试。

后来我们又向 Bo 先生采购了几次设备，但这一次的经历最令人难忘。我清楚地记得那时我们连名片都没有（因为公司还没有拿到营业执照），还是用吴小姐自己的新加坡公司的名义在新加坡加急印制的名片，直到今天我还特意珍藏了一张，以作纪念。

时光荏苒，白驹过隙。不知不觉，一眨眼十年时间就过去了，我也早生华发了，但是十年前"偷渡"南洋订购设备的事仍然记忆犹新。

夏杰

风雨十载　铸就辉煌

时光荏苒，2007 年 3 月 15 日，江苏俊知技术有限公司成立。公司领导带领 31 位开拓者，在宜兴大地上开启了江苏俊知的新纪元。

2007 年底完成公司一期建设，并实现了产品下线，当年投资、当年投产，俊知人做到了；2008 年，公司正式组建面向全国市场的销售队伍，当年底公司就取得了销售业绩，俊知人做到了；2009 年，国家发展 3G 通信，江苏俊知产品一举入围三大通信运营商采购目录，俊知人做到了；2010 年，迎合国家宽带发展策略，成立江苏俊知光电通信有限公司，专业制造光缆相关产品，俊知人做到了；2011 年，俊知光缆产品入围三大通信运营商，俊知人做到了；2012 年，俊知集团在香港主板成功挂牌上市……目前，以"俊知"为品牌打造的特色园中园——俊知工业园，已形成以"移动通信、光通信、传感、智慧工业"四大板块为主的产品链。从零开始，一路乘风破浪，成为行业领军者。俊知人正在用自己的智慧和汗水完成着一个又一个奇迹。

俊知始终坚持创新转型，集聚了一支由行业领军专家、高校优秀毕业生组成的创新团队，先后参与、主持制订了 75% 以上的通信天馈系统国家及行业标准，取得发明、实用新型专利 111 项。目前，公司的移动通信馈线产品已连续七年位居全国第一。

近年来，国家大力发展新一代信息技术、三网融合、物联网等产业，这些都为俊知发展带来了难得的机遇。俊知加快培育和发展新的产业链，依托资本经营战略，收购、兼并相关业务的企业，具备条件的逐个培育上市，实现企业形象、核心竞争力和产业规模的提升；依托人才和研发战略，建立以行业技术权威为主的领导团队，建立以院校高才生为主的执行团队，形成俊知的人才团队，为俊知的发展提供人才保障，从而加快自主创新，努力形成横向一体化和纵向一体化的产品链，为客户研发更多个性化、高品质和自主知识产权的产品；依托国际化经营战略，从全球角度出发，合理部署海外分支机构，吸收国际经营人才，打造国际品牌。

俊知一手抓发展，一手抓管理。先后取得了 ISO9001 质量管理体系、ISO14001 环境管理体系、GB/T28001 职业健康安全管理体系认证、中国国家强制性产品认证（CCC）和俄罗斯 GOST-R 认证。俊知技术以其高效的管理、扎实的服务，赢得社会的普遍认可，先后获得"2009—2010 中国通信设备技术供应商 50 强""2009—2010 中国通信产业用户满意企业第一名"等荣誉称号。俊知技术始终以"人才为根本，市场为重点，创新为依托"，紧跟行业发展趋势，坚持走自主创新之路，源源不断地向市场提供更新、更好、拥有自主知识产权和高附加值的产品，从而在行业内树立高品质的品牌形象，力创世界级卓越企业。

回首俊知发展这不寻常的十年，有多少感动，有多少梦想，有多少光荣，铭记在俊知人的心里，写进了俊知发展的画卷中。我们深深地感受到，领导集体坚定沉着、统揽全局，能够驾驭各种困难和复杂局面，能够克服各种艰难险阻。我们深深地感受到，努力工作、开拓创新是俊知发展的必由之路。回首十年，江苏俊知以一往无前的进取精神和波澜壮阔的创新实践，谱写了俊知人自强不息、顽强奋进的壮丽史诗，江苏俊知正发生着历史性的变化，令俊知人倍感自豪，全体员工发自内心地赞叹：俊知好，俊知的未来更美好。

邵益军

十年逐梦

"十年"是个沧桑的词。一段人生不过数个十年，回忆过去，展望未来，穿花拂柳的是指尖翻转飞驰的光阴，你却因为年少轻狂不去留意；而斜阳花影下，闭上眼睛听到岁月的声音，你又是否能安定下张狂的心，黯然垂眸，细数蹉跎？

俊知十年，摸爬滚打在这段人生不惑的岁月里，无怨无悔；带着感恩的心，认真地对待工作，享受工作。但在逐渐成长时，我却也慢慢懂得时光的残酷。

因为时光终究会带走身边的人——不论是咫尺天涯还是天人永隔。

因为时光终究会磨碎一个人的棱角，让他由懵懂无知变得老练圆滑。

但你不能怨谁，因为世上有许多东西一旦失去就再也找不回来。像掉在地上的嫩豆腐，像碎成一片片的镜子，像流逝的青春岁月，以及那么多岁月带走的东西。十年太短暂，如一片云霞、一滴露珠，如捧在手心的月光；然而它又有那么大的影响力，将世界发展得更美好，也将粲然星光磨砺成冰冷刀光。

难忘匆匆的新加坡之行、美丽的七彩云南，和在俊知、富威这些年经过的人和事。天行健，君子以自强不息。正是这种破釜沉舟、背水一战的勇气，带来了我们第一次创业的辉煌。如今的每一天，耳朵里充塞着罩式炉的风机声、清洗线刷箱的咔咔声以及轧机齿轮箱发出的巨大声响，这是厂区生产的声音，还有庞大的货运车辆碾压路面的隆隆声，以及忙碌的人们穿梭往来的喧闹声，但我心宁静，我要感激生命，感激人生中的这十年。

梦想起航是我来到俊知后所经历的第一个十年，那么接下来我更该发展与创新，该为年少仰望云端的心情奋斗。当一个个十年所沉淀下来时，当一切尘埃落定时，我才能抚着积灰的沙漏静默，拾取曾经那些依稀沉浮的光影，遥想当年如何如何。

漫漫时光会将所有欢乐和痛苦凝结成阳光，温柔地照拂我们的生命，它会将曾经年轻动人的眉眼镌刻成星辰，静存天空。而我们要在意的，应该是如何编织这一个个十年。

我想我在这漫漫时光长河中会遇到更多艰难的困境，忍受更多流言蜚语，又要牢记什么样的真挚友谊，珍藏怎样的人生风景？十年狂澜暗潮汹涌，但我心怀信念，所以不曾畏惧。

你可以独自一人走一条陌路，你可以为一次失败号啕大哭，你可以在沙发枯坐着想一夜前途，但年轻已不在，只求十年落幕后无悔——你可以站在万人聚焦的舞台上拍着胸脯朗声说，你，不后悔。

十年之前，你一无所有无所畏惧，这很好。

十年之后，你有所收获宠辱不惊，也不错。

但每一个十年之中，却是一番你想要的人生风景，你该努力。

吴健真

放眼未来把握未来

十年弹指一挥，但对俊知人而言却意义非凡。俊知的十年是发展的十年，是奋斗的十年，同时也是不平凡的十年！历经十年风霜，俊知人以顽强拼搏、不畏困难的精神和敏锐的市场洞察力，以敢为天下先的勇气，抓住机遇，锐意进取，在市场经济大潮中奋勇搏击，用勤劳的双手和聪明的智慧书写了俊知的历史，创造了属于自己的辉煌！

2007年底，第一次参观公司时，看到整个厂区都是现代化的厂房和气派的办公大楼，还有设计人性化的住宿环境。那时候我就想能在俊知上班是多么荣幸和幸福的事情。有幸，我成为俊知的一员。进公司时我还是个二十出头的小姑娘，现在已过了而立之年，也是两个孩子的妈妈了。记得刚进公司时，领导叫我去办公室谈话，说你们还小，出来工作要学会先做人后做事，这句话深深地刻在我的脑海里，这些年的工作生活都以诚信做人、老实做事为准则。想起这些都好似昨日重现。十年下来，收获很多。刚进公司那会儿的懵懵懂懂，在俊知工作十年，俊知给我提供了很好的工作平台，同时也通过自己不断的努力和同事们的相互帮助，拥有了自己的房子和车子，还把乡下的父母也接到城里和我们一起生活，感恩俊知给予的一切。

十年艰苦创业，十年励精图治；十年风雨坎坷，十年硕果辉煌。成绩的背后浸满了我们辛勤的汗水，荣誉里面是我们努力的结晶。但在取得无数荣誉的同时，我们更要多做一些自我批判和反思，在发展历程中总结经验教训，放眼未来，站在未来，把握未来，确保公司的核心竞争力越来越强。展望新的十年，我们的企业将面临新的机遇和挑战，在市场竞争日趋激烈的局势下，如何打造企业品牌参与市场竞争，扩大企业经营规模，给我们提出了更高的要求。所以，我们要内外并举，走品牌发展之路。尤其要有强烈的危机意识，清醒地感知周围世界的变化，进一步提升可持续发展力，不因短期目标而牺牲长期目标，多为客户创造超越期望的价值。

十年时间，是一次总结，同时又是一个起点。这个十年过去了，另一个崭新的十年迎面而来，整整行囊，再次出发。我们还有更远大的目标要实现，还有更远的路要走。今天说是为俊知集团祝贺十周年诞辰，更不如说是祝贺我们企业新阶段的诞生。回顾过去，我们深感荣幸，感恩同事们的同舟共济、社会各界的携手共进；展望未来，我们豪情壮志，乘风破浪搏沧海激流。未来在我们手中，没有不可企及的高度，没有无法实现的梦想。让我们以十年的历史与积淀、十年的坚持与不悔、十年的诚挚与热情，携手奋斗，勇往直前。

祖章丽

与俊知共成长

十年前，我带着梦想和期待，来到了这里。从一开始感觉陌生，到慢慢欣赏俊知创业团队的优秀；从一个人忙忙碌碌地工作，到有同事朋友的相聚相伴；从一个外聘工程师，到如今成长为一名合格的中层管理者。我见证了俊知的每次成长历程，俊知集团吸引着我、温暖着我，更激励着我。

记得成为俊知人的第一次上班，我就被俊知办公室那种务实、敬业、创新的工作氛围所吸引，随着深入的了解和接触，我更能感受到这是一个充满激情和凝聚力的战斗集体，俊知一定会成为一个优秀的现代化企业。从那时起，我一直在心里暗暗地告诫自己：深深扎根在这里吧，俊知是如此的优秀！

于是，我伸开双臂开始拥抱我的事业。白天，我用自己的知识和技术不断开发新的工装模具，为公司的发展兢兢业业、扎实工作；夜晚，我挑灯夜读，刻苦钻研行业新知识、新技术，为技术创新积累更多的知识储备。无论是建厂初期为争取早日投产，创造"当年引进、当年建成、当年产出"的俊知"新速度"，还是2008年大雪后的抗雪救灾现场，以及正常生产后为开发新产品、提高生产效率、降低生产成本等进行的一系列创新活动，面对一个个技术难题所进行的攻坚会战，都留下我和同事们忙碌的身影。俊知设备部的工作，忙碌而又充实。在这十年中，俊知的发展见证着我的成长。我在设备部主要负责公司工装模具设计及管理、设备技术改造、新产品开发所涉及的工装模具设计等工作，是公司发展中比较重要的一个环节。"每天进步一点点，和俊知一起创造不一样的明天"，坚定的信念和积极的氛围，让我一直孜孜不倦地工作，使我和同事们攻克了一道道技术难题，让公司的产品质量、技术、设备有了质的飞跃。从进入公司一直到现在，我先后荣获2项发明专利和6项实用新型专利，多次获得公司"优秀员工"称号。为俊知的发展贡献了自己的绵薄之力，这种成长让我倍感荣幸。虽然工作比较艰辛，但经过千辛万苦得到的收获让我倍感珍惜，我为自己的成长感到高兴，更为公司的辉煌感到自豪。

十年来，公司依靠独到的市场眼光、雄厚的研发能力、大胆的创新举措、人性化的管理制度，以及一批富有激情和凝聚力的创业团队，在市场经济的大潮中一路乘风破浪，取得了辉煌的成绩。公司自成立以来先后荣获"国家 3G 建设与创新成就奖""无线通信十大馈线厂商""江苏省优秀民营企业"等多项荣誉，使公司通过短短的几年努力就成为通信行业的标杆。成绩代表过去，奋斗成就未来，公司在保持对移动通信领域专注的同时已高瞻远瞩地布局未来，相继成立了江苏俊知光电通信有限公司、江苏俊知传感技术有限公司、江苏俊知智慧工业有限公司等几家公司，使公司的产品由移动通信行业延伸到光通信、传感、智慧工业等领域，创立了一个完善的高新产业园——俊知工业园，为公司未来的发展打下了坚实基础。

国家"十三五"规划对于通信行业有着重大的意义，清晰地勾勒出未来发展走向的总体思路，新一代信息技术、智能制造、宽带中国、物联网等产业，正是公司近几年来一直努力发展的方向，这将使公司再一次成为新技术的领跑者。钱利荣董事长曾经说过："我们能不断抢占行业制高点，关键有领先一步的技术。"相信俊知在下一个"十年"会进入一个全新的发展阶段，创造更辉煌的成绩。

一个外在美丽的公司，或许可以靠建筑工人、园林工人的巧手装扮；而一个内在积极向上的公司，则需要我们每一个人用积极、健康的心态去营造。让我感到无比激动的是，俊知集团，这个优秀的公司正走在蓬勃发展的路上。

"关山初度尘未洗，策马扬鞭再奋蹄"，让我们拧成一股绳，用一股股坚韧不拔的毅力，爱岗敬业，开拓创新，凝心聚力，收获普通却不平凡的成功，共同创造俊知更美好的未来。

张爱军

风雨十载

是谁
在耳畔私语
打破这冬日的伊始
她说
集俊以知
和谐共荣

她的话语
鼓舞人心
三巨人拔地而起
赤心如铜
铸就俊知魂

从孤寂的一车间
到彼肩的十一车间
跨过这数字十的差距
创造出俊知速度
铸就了俊知精神
恰恰是俊知的十年

从天馈系统
到光电通信
再到无源器件和 ODN

漫漫来路
亦辛苦
亦欣喜

春风潜入汔
润泽贤良
孕育着无限的生机
也孕育着俊知的希望

恍然回首
十载仿若昨日
而俊知人兢兢业业
所奋斗的今朝
将会成为明日的基石

赵廷

刘家村路的变迁

2007 年 3 月，早春还未褪去冬日的寒意，有那么一片土地，让人看到惹眼的绿，郁郁葱葱，给人们无边的憧憬，给人们无限的向往，给人们带来满怀的希望。

俊知的领头人们怀着无比的激情，站在这片田地边，心里莫名地激动，他们将在这片土地上建起俊知的家园，将在这片土地上燃起新的希望。

"刘家村路"，这条路是那样的不为大家熟悉。这里没有城市的喧闹，没有忙忙碌碌的上下班员工，没有来来回回的公交车，有的只是乡间小道的冷清，在城西的一角显得那样荒无人烟。

俊知人的到来，给这条路带来了新的活力，一辆辆工程车开足马力驶入俊知的领地。

4 月的春风暖暖地抚摸着这片大地；江南梅雨还是如约而至，雨下得连绵不绝惹人烦；夏日的骄阳如火如荼地炙烤着大地。雨季烈日没能阻挡俊知的长大，蓝色的简易基建房里俊知人忙碌着，第一期车间建成了，车间里忙碌的身影来来回回穿梭在俊知路上。

雨后的道路或许有些泥泞，烈日下的道路或许有些尘土飞扬，厂区的道路或许还有些高低不平，还有些坑坑洼洼，车间的电缆沟还没有铺平，一块木板、一块铁板连接着厂区和车间的内外……

虽然每条道路上留下了俊知人忙碌快速的脚印，可不论是谁，不管是什么时间，每次进入车间时都会在车间门口跺干净脚上的泥土，擦干净脚上的灰尘。

轰隆的基建声、车间里机器的安装声、设备的调试声、产品的制造声……走在俊知路上仿佛听着一首进行曲，如此的动听，令人振奋！

看着装满车的产品从这条路上运出，送往全国各地，"刘家村路"因为俊知的到来，赋予了她新的生命，给了她新的名字"俊知路"，她不再如往昔般寂寞，每个日日夜夜，她迎来了俊知人，迎来了俊知的四面八方客户，迎来了俊知的希望。

2009 年俊知工业园成立了，此时一眼望去，道路不再泥泞，不再坑坑洼洼，不再尘土飞扬，干净宽阔的黑色路面，清晰的白色线条勾勒出俊知的道路，俊知又迎来新的希望、新的使命。

俊知独有的黄色厂房一期又一期伫立在这片土地上，一期、二期、三期、四期、五期……馈线、连接器、跳线、软电缆、光缆、传感……那宽阔的道路从厂区的最东头跨过第一期的围墙贯通了俊知工业园，通向了软电缆，通向了光缆，通向了传感……

俊知"TRIGIANT"这个名字响彻了通讯界，创造了无数个不可能，正是因为有俊知领头人不屈不挠的精神，正是因为他们的辛勤付出，正是他们不计个人得失……带领着俊知人不断前行，在俊知路上，创建了俊知的一个个里程碑……

十年风雨行走在俊知的希望之路上，集俊以知，俊知人从俊知出发，从四面八方奔来，穿梭在通信行业各个道路上……几许艰辛，几许风雨，他们怀着俊知的梦，脚踏实地地行走在俊知路上，迎来更多的十年……

王晓益

我们的团队

一滴水很快就会干涸，只有当它投入大海的怀抱后，才能永久存在。个人只有和团队融为一体，才能获得无穷的力量。

我们的团队是十分温馨的。在每天的朝夕相处中，我切身感受到，这是一个和谐快乐、孕育着希望的团队。我们为了共同的目标一起努力。工作面前，我们严谨规范、自信执着，面对困难，我们并肩作战、坚持不懈。

刚加入时，我还是一只菜鸟，各种不懂，各种慌乱，幸亏同事们帮忙，才能勉强按时完成任务。

几天的成品检测工作下来，瘦弱的我望着检查区域内一堆还没检测的线，满身疲惫。当时，只有一个想法——离开！面对困难，我本能地选择了逃避。可是，看到同事忙碌的身影，我又觉得不该辜负他们的帮助和包容。思前想后，我决定继续握紧手中的工具，卯足劲回应他们的友善和关怀。

一个萝卜一个坑。每个人都有自己的任务，如果我撂摊子，势必要有其他人去顶替我。工作量是恒定的，一旦担起这些工作的肩膀少了，别人身上的担子势必就更重了。面对他们的友谊，我明白，我必须快速成长，成为像他们一样有担当有力量的肩膀。

现在，我想我已经做到了！

团队协作，同时也教会我要学会感恩，懂得珍惜。每一句关怀问候，每一次耐心帮助，都是生活给予我们的美好馈赠。要常怀一颗感恩之心，感恩那些关心、帮助过我们的同事，因为他们的风雨同舟，才让我们的团队汇聚更多的智慧，聚集更大的力量。

工段长是个严谨负责的人。犹记得当初因为一次测试产品的图像问题，我和他发生了争执。当时，测试图像较乱峰值多，但都未超出规定的要求范围，我抱着无所谓的心态，判定为合格。巡检时，工段长指出了我的这个错误。由于当时心气重，根本不把他的要求当回事，甚至还跟他争吵起来。最后，我只能"屈服"在他的职位下，按照他的要求判定该线缆不合格。

现在想来，已经明白了他的关照，心中不免涌起愧疚。当时，我只是因为懒散做决定，但是，如果产品发出去遭到客户投诉，不仅我要承担检测不严格的责任，俊知的形象也会因此受到影响。而他的强硬态度让我个人和公司都规避了风险。

责任，让每个人不再是孤立的个体，而是相互依赖、相互补充的利益共同体。所以，无论在哪一个岗位，都不应该轻视自己的工作，要主动担负起自己的责任来。每个人对待每件事都积极主动、认真负责，团队才会有出色的成绩。

简简单单的两件事，让我明白了很多。就是这样一个团队，从上至下的认真、严谨、友爱，让我倍加感动。我愿意为这个团队付出我的一份贡献。

我所在的团队只是俊知一个小小的缩影。整个俊知有许许多多这样的团队。他们严谨努力地工作，就像齿轮一样，环环相扣，推动俊知快速成长、稳步发展，真正做到了集俊以知、和谐共荣。

吴耀晨

一方

　　我到公司的时候是 2007 年 10 月的一个早晨，天气微寒，路边池塘里的芦苇还是青苍苍的，树叶上有的挂着露水，有的下着白霜，真正是蒹葭苍苍，白露为霜，而"在水一方"，是个食堂。

　　听说一开始公司人员还少，吃过城南的各种外卖，也蹭过创业大厦的食堂。而我入职的时候公司已经租了一个小饭馆，来解决大家的吃饭问题，这个小饭馆的名字就是"在水一方"，大家为了方便有时候就叫"一方"。"一方"位于绿园路北侧，两间门面朝南，进门就是用餐大厅，说是大厅，其实也就坐得下十来个人，大厅往里走是个稍大的包厢，放着两个圆桌，吃饭的时候不分男女不论职务，大家围桌而坐，边吃边聊。夏总揶揄着王经理的新发型，沈工和史工讨论着基建进度，王本龙已经吃完了，正准备去给保安换班。大厅右侧是打饭盛菜区，老薄正带着标志性的笑容乐呵呵地盛菜，一边盛菜一边跟人聊天，那一口正宗的吴江普通话显然很不普通，难住了刚从老家出来上班的张辰，幸好排在后面的陈惠可以帮助翻译。大厅左侧是一个小包间，一开始只有钱总一个人在里面吃，后来外面坐满后偶尔会有一两个人也坐到里面，再后来钱总打完菜发现小包间也已经挤得满满的了。慢慢地，"在水一方"已经挤不下越来越壮大的队伍。

　　于是，临时食堂搬到了二车间内，新买的饭桌比"在水一方"的舒服多了，整整齐齐排得四四方方，再也不用为没位子坐犯愁了。而送餐成了新的焦点，因为饭菜都是"在水一方"做好，再用电瓶车送到公司，因此每到吃饭时间，厨师小马师傅成了最受欢迎的人，大家会从器件车间的窗户偷瞄小马驾驶的送餐车有没有来。

　　在二车间吃了一段时间以后，公司的餐厅建好了，大家的用餐环境有了翻天覆地的变化，关于公司食堂的故事也告一个段落。题外话，第一次进公司餐厅吃饭的时候，想着这么大的餐厅，以后总不用为坐不下犯愁了吧。

十年发展气势磅，食堂变迁见真章，

回首艰辛自难忘，最是情深水一方。

孙骏

我眼中的俊知

爆竹声声，2017 年到来了。我在江苏俊知技术有限公司转眼已经四年。

我眼中的俊知，既在踏实地前行着，又在不断地强大着。一群充满智慧的俊知人，带领我们乘风破浪，在时代浪潮中崭露头角。

初到俊知，我就发现生产一线的员工，个个着装整齐干净，言行举止大方。每个员工按照规定佩戴工作卡，穿工作服，戴工作帽。生产车间的地面，被打扫得一尘不染。明媚的阳光从玻璃窗里照射到车间，整个车间非常温暖。公司行政楼前矗立着两棵参天大树，给人一种威严的感觉，却又让我们忍不住抬头仰望它们后面的那个巨人。公司的植被大多都四季常青，就像公司的生命力一样，生机勃勃、郁郁葱葱。

生产安全相关的培训，让我们切身感受到俊知对安全生产的重视。转正后，公司向每位正式员工都发放了一本员工守则，它体现了企业员工作为劳动者在公司的权利与义务。员工守则的内容，也随着国家政策的改变而改变，不断更新完善员工权利与义务的要求。古语云："没有规矩，不成方圆。"公司奖惩分明，在公司的门位宣传处经常能够看到奖惩公告。奖惩严格按照规章制度的要求进行。一方面，充分调动员工工作积极性，提高工作效率；另一方面，明确岗位职责，强化员工工作制度要求。

公司食堂为三班倒的员工按时提供可口饭菜。员工每天都在规定时间内，依次到食堂排队打饭菜。公司食堂无论是地面，还是餐桌餐椅、餐具，都非常整洁干净，夏季冬季都有空调开放，为员工提供了良好就餐环境。同时，公司提倡节约资源，倡导光盘行动，珍惜粮食，杜绝浪费。对个别发生的浪费现象，还进行了公告处罚。俊知食堂在 2015 年度还被评为无锡市餐饮服务安全 A 级单位。

要说俊知，就不得不提俊知人。最能体现俊知精神的就是他们了。公司各级领导带领着我们，一步步稳扎稳打，在充满激烈的竞争环境中前行。每个工作岗位上的领导，从组长到经理，都付出了比普通员工多出几倍的汗水。加班加点，轮岗值班，都能看到他们的身影。当然，付出总是有回报的。与俊知同行，与俊知同当，与俊知同享。每年总有一批优秀的领导干部、员工被推选出来，获得奖励。那是俊知对他们的肯定，是俊知对他们的认可。在这样的氛围中，一种叫凝聚力的东西在不断滋长，让俊知人更团结，更有担当。

我相信，这样的俊知，必能鹰击长空，翱翔千里。

姜琴琴

匠人精神

如果让我找一个词来形容俊知的精神，那一定是一种对工作、对事业筚路蓝缕、兢兢业业、如琢如磨的匠人精神。再说得朴素一些，在我看来，俊知有一种有规矩、肯努力、敢创新的匠人精神。

俊知，是一个"有规矩"的地方。因为工作的原因，我经常会带客户参观我们的工厂园区。工厂大气别致的建筑、整洁干净的车间、有序有礼的工人，常常引得客人连声称赞。在线缆产业，俊知是精于管理、严以规矩的企业。在俊知，各项制度都非常的完备，并且这些制度在俊知日常的运营中都落在实处、落在细处。每一个俊知人，不仅严格遵守这些制度，更是从内心深刻认同这些制度对于俊知的重要性，将这份"有规矩"，化为俊知内每一个岗位的职业追求：车间内每一份码得整整齐齐的线圈、园区内打扫得一尘不染的地面、食堂内擦得亮亮堂堂的桌椅、同事之间每一次有礼温和的问候。在俊知，做"有规矩"的事，成"有规矩"的人。

俊知，是一个"肯努力"的地方。俊知迅猛发展的势头、关心员工的企业氛围，吸引了很多优秀人才。逢年过节，亲朋好友聚会时，总会有人问我进入俊知工作怎么样，能不能推荐进去。此时，作为一名俊知人，我内心深感骄傲，同时也会告诉对方，每一个俊知人，都是非常努力的人。进入公司之后，你会遇到非常努力、非常优秀的师傅，他们会用心地带你，当然也会用严格的标准要求你。你需要付出非常多的努力才能达到师傅的标准。可能你无法坚持下来，但是我可以保证的是，你在俊知学到的知识、技术，可以很自如地胜任其他企业的同类型工作。而如果你在俊知坚持下来的话，那份努力与坚持，会让你的事业获益匪浅。同时，将这份努力与坚持带到人生中，会让你收获更多的惊喜。俊知人或许不善言辞，但一定是踏实勤恳的。俊知人肯努力，并且俊知人愿意努力，认同每一份勤勤恳恳的努力能够带来收获，认同每一份稳稳的幸福。

俊知，是一个"敢创新"的地方。俊知的"有规矩""肯努力"的匠人精神，给了俊知人"敢创新"的底气。俊知人习惯于脚踏实地，同时也从来不惧于仰望星空。俊知从来不故步自封，总是在想着能不能拓展新的业务，建立新的事业，创造更多的财富。每当这个时候，我们总是非常自信，因为有完备的制度、精尖的技术、努力的态度做支撑，只要这个事情我们想做，就一定能够做到，并且能够做到人无我有、人有我优。同时，这种"敢创新"的俊知精神，并不是口号化的空喊，而是落在匠人的每一处工作中：每一个想法的群策群力、每一份标书的精益求精、每一项技术的日臻完美。在创新中，那份兢兢业业的匠人精神，俨然已经融汇其中。从"中国制造"到"中国智造"，俊知带着自己的匠人精神，必将上下而求索。

周杰

企业文化篇

我的父亲

2016 年 12 月 15 日是父亲去世十四周年忌日。不知道从哪年开始，每当想起父亲，我已没了悲痛和伤心，有的只是无尽的怀念和感恩。

1936 年 12 月 28 日，父亲出生于浙江南浔谢姓人家，呱呱坠地后就过继到江苏吴江钱姓舅家。舅舅、舅妈成了他的爹妈，也就是我素未谋面的爷爷奶奶。虽然家庭条件极差，但由于爷爷奶奶自己没有生养，所以对他没有丝毫的亏待，相反还很疼爱他。爷爷常常在晚上背着他帮人家"摊风枵"（吴江七都的一种糯米锅巴），这样肚子饿了还能吃到点糯米饭碴。生活虽然清贫，但三口之家倒也过得其乐融融。可不幸的是，父亲十四岁那年爷爷去世了，失去了一位全劳力，对这个家来说几近灭顶之灾。小时候听父亲说，那时每当过年，他就约了村上另一穷人家的孩子去给人家演狮子调龙灯，可以挣到几个米团子。母亲说，这其实是近乎乞丐要饭的，只不过父亲不是很认同。不管怎样，我能想象这家境比一般人家还要差得多。

熬过了三四年，父亲十七岁那年，他毅然报名参军，在苏州木渎训练了三个月后于 1953 年奔赴抗美援朝前线。他跟着指导员当通讯员，在路过上甘岭奔赴老秃山阵地时，路边尸横遍野，一车车的伤员被往回拉，车上都是缺胳膊少腿的，有的无力呻吟着，有的剧痛难忍怒吼着，那时他没有像电影里勇敢的小战士一样镇定自若。听父亲回忆说，他当时浑身直哆嗦，连背着的枪弹匣也不知道何时掉了。所幸的是，指导员对他很好，非但没有批评他，还摸着他的头安慰他。就这样，他们的连队行军到了老秃山阵地。那时，战斗已不是很激烈，但还是打了一仗，比他大的同乡中，一位当场牺牲，咽气前还拉着他的手让他捎口信回家，一位被耳边呼啸而过的子弹吓疯了。父亲虽然不用趴在战壕里战斗，但身处前线也是危机四伏。有一次送信途中，他踩到了一颗地雷，就只能站在那里不松脚，吓得直掉眼泪，幸运的是有位其他部队的战友正好送信路过，帮他一起把地雷安全排掉了，才躲过了一劫。还有一次，因为山路很难认，他送信摸错了路，竟然送到了荷兰兵把守的山洞，还好是傍晚时分，在敌人没有发现他之前赶紧溜走了。知道父亲去打仗的奶奶，因为思念过度导致有点精神失常，经常拿了东西到家东面鼓楼港岸边喊过路的船只，要帮她给在朝鲜打仗的"富根"捎东西。后来就谈判签字了，他们中的大部分人才得以活下来。父亲好像是在第20兵团的60军，后来回国驻守在蚌埠郊区。1958年，他遵守国防部"从哪里来回哪里去"的命令，带着军功章光荣退伍回到了老家。

从部队回到老家，父亲就在村里当了村干部，后来当上了大队支部书记，期间大姐、二姐和我分别于1959年、1962年、1964年出生。到我七岁那年，父亲被调到靠近一个小集镇的胜旗大队当支部书记。由于他不得不带头杜绝"投机倒把"，加上每周只能回家一次，所以自家的自留地上不能栽可以直接变现的"营生"。再加上他所任职的大队是小集镇，他经常与拿工资的居民户口一起吃食堂，积蓄自然不会多。因此，我家的生活条件，也并没有因有了当大队书记的父亲而比别人家富裕，相反却比一般家庭还要拮据。但父亲在工作、生活上的种种往事，却一直深深地铭刻在我的脑海中，至今都历历在目。

记得小时候，有一次他逗我和堂弟，假如没有这个国防令，他现在可能已经是军长了。我跟堂弟听得津津有味，兴奋得活蹦乱跳，同时也为不能成为军长的儿子和军长的侄子深感惋惜。父亲可能为了安抚我的失望心情，对我说："小傻瓜，假如我是军长了，还在部队里，就不会认识你妈而结婚，也不可能有你了。"堂弟趁机落井下石："那我仍然是军长的侄子，但你不是军长的儿子了！哈哈！"我为此大哭了一场。

军功章、荣誉证书，是父亲用生命换来的，所以他视如珍宝，自然也成了我们姐弟最感兴趣的玩具，我们经常趁他不在时，从不带锁的大衣柜里偷出来别在胸前玩。记得有次大姐把证书上的照片撕了下来，让他发现了，从不骂我们更不打我们的父亲，那次发火打了大姐一顿。从此我们就收敛了，直到他生前领到抗美援朝津贴时还保存得好好的。

父亲是一个有独到见解的人。他虽然不搞"投机倒把"，但他内心并不仇恨"投机倒把"，有着自己的判断。记得大队里有两个做布角头生意的人，有次在上海让人抓到了，上海方面要公社证明这批货不是"投机倒把"才肯放行，否则就要没收。于是他们找到了父亲，父亲批评教育了他们几句后，就答应帮忙找公社书记出证明，从而解了他们的燃眉之急。

父亲是一个实事求是的人。当年在"造反派"掌权时，他作为当权派也短暂"靠边站"过，后来运动结束了，他"官"复原职后，也不允许受到冲击的干部对曾整他们的人进行打击报复。

父亲是一个大公无私的人。记得 1976 年预防大地震时，他在所任职的大队组织抗震救灾，却无暇顾及家里的女人和孩子。我羡慕玩伴们有父亲有兄长在一起分好工；一旦地震时，谁负责什么，谁拿什么，井然有序。而我家，连母亲这个大人也轮到在生产队养蚕不能回家。那段整天惊慌失措、担惊受怕的防震日子，我怪透了父亲为什么不能回来，直到懂事后才明白他是个顾全大局的人，是顾大家舍小家的好支书。

父亲是一个廉洁自律的好干部。记忆中从没人来家里送过礼，只有每年春天的某个星期天，他所在大队的团支部书记会来帮我家养水酱瓣头（长在河面上的草，给羊吃的），这也是因为父亲、母亲都是旱鸭子无法完成这河面上的活儿，这是我印象中唯一因父亲职务而给家庭带来的便利。

父亲的工作能力强，责任心强，把七都公社最复杂最不团结的胜旗大队管理得井井有条，成为全县远近闻名的样板大队。听说当时开全县现场会时，路边插满了红旗，那份荣誉应该属于不服输的他。由于成绩显著，他后来当上了镇上仅有的两家工厂之一农机厂的厂长。拿工资了，家里条件稍微有所改善，但两位姐姐出嫁的时候，他为了撑面子，还是在为她们置办嫁妆时欠下了一些债。有一次，他已经退休了，在与表姐夫闲聊时，我无意中嗔怪他年轻时过日子不精打细算、没有经济头脑，听着听着他的眼眶湿润了……这是我记忆中唯一一次看到父亲掉眼泪，我为此已经忏悔过无数回。现在想想，正是他的正直无私、廉洁自律，赢得了全镇的好口碑，才有了我们子女的今天。

他心地善良，小时候除夕那天，上午烧猪头时，总会有乞丐来要饭吃，他不但会给他们饭吃，还要把他们留下来与我们一起吃肉。在他的感染下，我们也一点儿都不嫌弃乞丐。他还要与他们聊淮河水灾，聊蚌埠，这可能正是他对曾经的军旅生涯的一种留恋。

他喜欢与我们聊天、聊工作。星期天总盼望大家能聚到一起，有时甚至能聊到凌晨。我从宜兴回老家，他总要我听他诉说村上的事，同时要求我把工作情况说给他听，虽然他有时会反对我的观点，但当我把理由一一解释给他听时，他就会赞成我。他是一个爱管事的人，又是一个通情达理的人。

中等身材的父亲，年轻时很英俊，特别是穿上军装的他更帅。他是位孝子慈父，也是个热心人，难得回家，对村上要他代笔写信的人几乎没有回绝过，总是供纸供笔供时间。他要我们坚持读书学知识，辍学一年的大姐在他的坚持下还是重新回了学校。作为男人、家里的"顶梁柱"，他有取有舍、言传身教，潜移默化地影响了我们姐弟三人。

父亲享年六十六岁，离开得太早了。上海长海医院在医治了数月后确诊无法治愈而回绝我们的时候，我舅舅不得不把实情告诉了他，在边上的我悲痛欲绝，那种无助无力只有亲身经历了才能体会得到。可是看到父亲在得知治疗无望后的镇定、理解与配合，我深深地佩服这位曾经的军人。他从长海医院转至浙江南浔人民医院后的三天，是他交代后事的三天。这三天里，他开始嘱咐我们，并趁我们轮流照顾时或单独叮嘱，或共同叮嘱，他已经意识到留给他的时日不多，当他把所要叮嘱的事情都交代清楚之后，他就提出要回家了，我们同意了他的要求。到家后的当天傍晚，也就是2002年12月15日19时，他看到子女亲戚都在，安详而又干净地离开了我们。

随着时间的推移，对父亲的爱已化成了一种追忆。但他临终前面对面的叮嘱，叮嘱我们团结，仿如昨日，就在眼前；我们却失信于他，在这十几年中我已无数次地忏悔。父亲，在这里我只能为此向您说一声"对不起"，请原谅作为弱者的儿子吧！

吾心思念，愿您安息！

钱利荣

春

一年四季，独爱春。

儿时的纯真，最爱有雪的冬天，可以堆雪人、打雪仗，一地的银白，素裹妖娆。或许年龄再大一点，会更爱秋，朴实无华，成熟而有内涵。但是现在这个年纪，只爱春。

清明节后，春风送暖，万物苏醒，一切又都开始焕发勃勃生机。且不说"天街小雨润如酥，草色遥看近却无"的春雨，也不说"碧玉妆成一树高，万条垂下绿丝绦"的新柳，更不要提"残红尚有三千树，不及初开一朵鲜"的桃花，还有那"云想衣裳花想容，春风拂面露化浓"的春风，还有"日出江花红胜火，春来江水绿如蓝"的春水……太多太多的美，都孕育在了这个春天里。

春天是开始。经过慵懒的冬季，似乎浑身都充满了力量，等待着春的刺激，等待再一次的觉醒。

首先醒来的是小草？喏，漫山遍野，到处都是它们的影子，甚至缝缝隙隙里也钻出了身子，探出它们的小脑袋，最先目睹了春色。

最先醒来的是河流？"五九河开，六九燕来。"看，河开比燕来得还要早，走在河边，乍看河开，有没有看到"春风春雨花经眼，江北江南水拍天"？

最先醒来的春风春雨？如果没有这"沾衣欲湿杏花雨，吹面不寒杨柳风"，哪里会有小草探头和春水河开？

春天是希望，春天是梦想。在这个美丽的春季，可以任你插上梦想的翅膀，自由自在地飞翔；在这个"等闲识得东风面，万紫千红总是春"的季节，满眼的景致，满眼的幻想。大姑娘、小伙子，也像那些虫儿、鸟儿一样，迫不及待地脱掉厚重的棉衣，换上崭新的春装，憧憬着新的机遇，期待着新的幸运……

　　春天，每一处都是精致，闪耀着你的眼。春天的眼睛不够用，春天的心灵不够用，歌颂春天的语言不够用……

　　春，绝对是一幅饱蘸着生命繁华的画卷。

刘欣

纪念我的记者生涯

2012 年 4 月到 2016 年 4 月，是我的四年记者生涯。四年后，我做了一个"逃兵"。现在我写下这段文字，以此纪念我的记者生涯。

我发现世界已改变：智能手机代替了摄像机、单反和录音笔；全媒体记者代替了摄影摄像记者和文字记者；让我感到更重要的是，记者证的含金量越来越低，因为在这个自媒体时代，每个人都能成为记者。

来自转型的焦虑和荣誉感的丧失使得传统、官方的媒体记者感到痛苦。那么，在这个人人都是记者的时代，职业记者还有存在的必要吗？我的回答是，有必要！

我曾经在一篇自媒体的微信公众号的文章结尾，看到了这样的注脚：本文未有数据分析，纯属作者个人臆断，如对当事人造成影响，概不负责，谢谢！这篇文章我们就不多说了，而这位作者还能靠"臆断"写出一篇文章来？真是让人哭笑不得。

自媒体产生了大量的优质文章，让很多高高在上的东西接了地气；但同样产生了大量垃圾——标题党、虚假新闻、软文广告，而文中的病句、用词错误、错别字也是数不胜数。相对而言，传统媒体——特别是报刊的文字记者，尽管面临着很大的生存压力，但其作品仍然很经得起推敲。精美的文字、凝练的主题、严密的逻辑，绝对不输于当年纸媒鼎盛时期。

为什么？因为这个就叫职业。好记者都是经过严格训练的，大多数传统媒体的记者都是科班出身。会做饭的人很多，但顶级的厨师还是集中在大的酒店里面，他们做的菜就是比家庭主妇做得好吃。这就是职业存在的必要性。

互联网给我们带来了什么？首先，这个平台极大地提升了流通的效率，不管是信息还是金融；其次，可以说这个平台极大地降低了产品质量，特别是在信息平台上。然而，职业记者靠着其多年训练的专业素养，支撑着互联网大环境中信息的品质。这就如同一个大水池，有人拼命往里面灌污水，如果没有人同步灌净水，这池子会越来越脏。最后，每个人都会远离这个池子，池子也会变成一池死水。做一个网络信息质量的守护者，这已然成了职业记者存在的重要意义之一。

对，你可以分析中国女排和俄罗斯女排谁更强大，却无法直播中国女排重新登上世界冠军宝座的一刻。我们不难发现，其实大多数自媒体集中于IT、娱乐、股票、教育、健康等服务领域，军事、国际等资讯类的自媒体相对较少，而专注于时政、社会等领域的公众号更少。此外，自媒体更多是解读、分析、盘点或者综述，很少会有独家新闻或者一手报道。

这就是自媒体与机构媒体的差别，也是自媒体作者与职业记者的差别。我有报道资源，而你没有。作为一个职业记者，我们应该为此感到骄傲。

不得不说的是做记者时培养的那种工作方式——比如对细节的观察、对原因的追问、对重要性的判断，以及严密的逻辑，包括与人沟通的技巧……这些给我现在的生活和工作带来诸多便利。

这就是我认知的职业记者的意义，自媒体无可替代。不必回头，大胆前行。现在我回头再看我的记者生涯，我依然心存感激——这如同我的爱人，必定影响我的一生。

吴辰超

一句话的力量

"难道你真的以为生活能把我逼到死角，把我压成一张薄饼吗？只要我的心脏还在跳动，就没有什么能使我离开党。只有死亡才能使我离队。"

这是《钢铁是怎样炼成的》中的一句平平常常的话，但始终让我难以忘怀。

这句话出自故事主人公保尔·柯察金的口中。他出生贫苦工人家庭，从小疾恶如仇，倔强而坚强。十二岁时与神父不合被赶出学校，当了名小工。十月革命爆发后，保尔因解救朱赫来而被关入狱内，不久被错放出来。后来，保尔参加红军，英勇作战，头部受重伤，眼睛也出了问题。因为对党的坚持他断绝了与儿时挚友冬妮亚的感情，甚至牺牲了对丽达的爱。之后保尔因肺炎住进医院，体质越来越差，在被迫疗养时认识了达雅，引导她加入苏维埃并与她结婚。三年后，保尔完全瘫痪，继而双目失明，但他不肯放弃努力与坚持，最终完成了他的自传体长篇小说《在暴风雨中诞生》。

保尔用自己的一生诠释着生命的坚韧与顽强，对党的执着与热爱，对正义的渴望与向往。他身残志坚，具有敢于向一切困难挑战的英雄气概和如钢铁一般的大无畏精神。

每当看到这里，我的脑海里就不由得浮现出另一句话："人不是生来被打败的，人可以被毁灭，但不可以被打败。"

说这句话的是 20 世纪最伟大的小说家——海明威先生。

他十四岁走进拳击场，满脸鲜血，可他不肯倒下；十九岁走上战场，200 多块弹片嵌入他的身体，也没能让他倒下；写作上的无数艰辛，无数次的退稿，无数次的失败，还是无法打倒他；直到晚年，连续两次飞机失事，他都从大火中站立起来……这就是硬汉欧内斯特·米勒尔·海明威，《老人与海》的作者。

他的一生都在奋斗，他的故事就像一首荡气回肠的诗。海明威，他是一名英雄。保尔也是。他们同样坚强，同样无畏，在烈焰里重生，在风雪中绽放。他们在如此境况中都未放弃，我能做到吗？不，我没有他们坚强，但我会向他们学习。

人生，可以说是一段曲折而坎坷不平的路。在人生的旅途中，你会遇到重重的困难，要去面对失败的打击和不被人理解的痛苦，等等。但是，这一切都是短暂的。在突破障碍、战胜困难后，回顾走过的道路，我们就会领悟到，那是磨炼人生的火焰。多少英雄、伟人，都是在熊熊燃烧的火焰中锻炼出来的，正如人们常说的："宝剑锋从磨砺出，梅花香自苦寒来。"与保尔相比，我们在工作和生活中遇到的困难实在是微不足道的，我们有什么理由唉声叹气、裹足不前呢？

"只要我的心脏还在跳动，就没有什么能使我离开党。"这就是一句话的力量。这句话给我力量，震撼我的心灵。

范燕

寻访磬山崇恩寺

一天，陪好友到竹海，不经意间，勾出几年前便有的寻访古寺的念想。听闻一旁宜兴同事提及乾隆都去过该寺院的说辞，更让我萌发出今天一定要完成这个藏在心里很久的愿望。

送友人进了竹海，我立即电话联系本地熟人，很快了解了行车线路。我又听说陈阁老以前在寺里出家，乾隆曾到此三次寻父未果留下驮龙湾地名和"天下第一祖庭"御赐墨宝，这些掌故对我来说，不仅仅带来兴奋和神秘，还有一股强大的吸引力。我满怀期待，无暇顾及路边的风景，一路驱车前行，隐约间感觉要到了，便放慢了车速，道路右侧一个高大的牌坊跃入眼帘，牌坊上面金光灿灿的"天下第一祖庭"御迹极为醒目。步入其间，右侧是久负盛名的"西施洞"旅游景点，不知是何缘故，景点早已停止对外开放，大门两侧的徽派建筑在杂草之中显得荒凉破败，洞前的台阶已年久失修，长年冲积的碎石几乎堵住了洞口，清冽的地下水从侧面山体里流出又注入洞内……带着些许惆怅离开了西施洞，前方农家小院前迎面而来的两棵红枫格外引人注目，像一团烈焰，美得让人窒息。树荫下，一位老者品茗之余，举着紫砂壶，正在与一个小孩围绕竹椅追逐嬉戏，小男孩开心地跑啊、跳啊、叫啊、笑啊……我连忙打开手机，拍下这温馨一刻，心情也一下子好转。再前行二十余米，山林间，一池碧玉平如镜面，清透见底，清风徐来，心旷神怡。河边农家篱笆墙内，两位老奶奶坐在二层小院前，围着竹筐，好像在挑着豆子。两人晒着太阳，唠着家常，一只小花狗睡眼惺忪，懒洋洋地躺在脚旁。不远处的竹林边井沿旁，一老汉劈柴发出的声音是否会惊扰一旁垂钓的爷爷？这里的人，生活像水一样简单而惬意、淳朴而安乐，我体会到了逐水而居的意境，伴竹而居而带来的文雅和祥和。

拐过弯，漫山遍野的翠竹随风摇摆，山野的气息带来无比的清爽，沿一条新修的水泥路上行，才下午四点，两侧挺拔的竹子已经将大半光线遮住，有几分"横柯上蔽、在昼犹昏"的感觉，还有几分的丝丝凉意。再步行五十米，左侧竹林里大理石牌坊及其后面几十个错落有致的石塔一下子赚足了我的眼球，心中生发出一种深厚的凝重感。石塔造型典雅：塔身呈六方形，其上刻有文字，记录着塔主的经历和功德，并配有图案，或莲蓬，或仙鹤，或玉竹，或云纹；塔顶为传统的飞檐结构，足以遮挡风雨，侧视又似一朵朵盛开的莲花，美丽而又大方；塔基由三层六边形基石组成，十分坚固。经岁月的冲刷，石塔或有残缺，或有脱落，斑驳的青苔总掩盖不住崇恩禅寺绵延不绝的历史和曾经发生过的很多故事。时光荏苒，岁月沧桑，塔林里长眠着的历代高僧，不仅庇护着崇恩禅寺，也荫及你我。驻足仰望，"磬山塔院"石牌坊正面凿刻的"磬室宗风扬千秋，临济禅灯照万古"似乎向世人告诫着什么，看着，想着，一股敬畏之情油然而生。

不远处，一块巨石横亘在路边，上面"乾隆古道"四个红色大字格外夺目。古道用碎石块铺成，横着向竹林深处延伸，曲径幽深，一眼望不到头。与乾隆有关的驮龙湾应该就在这条路上，看着来时新修的水泥路，我敢肯定驮龙湾就在水泥路的另一侧。转身走过一块不大的水泥平台，隐约间听到了潺潺的流水声，再穿过一小片长满野草的稀疏竹林，就已经站到了石桥中央。山涧不宽，约十米，清澈的水流还未没过涧底的石块，桥面长满了杂草。在好奇心的驱使下，我小心地爬到涧底，再一次看到石桥时，一下子惊呆了：这是一座石拱桥，整个石桥用不规则的大小山石垒成，大小和形状不一的缝隙裸露着，没有任何水泥和石灰，山石经几百年雨水的洗刷，已经磨去了棱角，每一块好像都有呼之欲出的样子，让人感觉石桥随时都可能倒塌。我战战兢兢钻过桥洞，更惊讶的是石桥另一侧已经塌掉三分之一，摇摇欲坠。再一次钻入桥洞，桥面已经开了两个手掌大小的"天窗"，显然是原来的山石脱落所留下的，不免有些害怕，两大步逃离桥洞，开始为刚才站在桥顶的冒失而后悔。看着这座名为清凉桥的石桥，我开始对古人精湛的造桥技术发出由衷的感慨，为我们有如此智慧的先民感到无上的骄傲，是一个古代版"高手在民间"的真实写照。

时间渐晚，我无暇寻找"驮龙湾"，但可以肯定，"驮龙湾"就在附近，或在桥对面沿涧而下的竹林中，或在乾隆古道与石拱桥间，只是因为修了路，才找不到她所留下的一点痕迹。

起身离开石拱桥，径直向古寺走去，一眼就看到鲜红的"慈"字刻在巨石上，遒劲有力。巨石约 3 米许，左边是放生池，几条锦鲤在水里不停游弋，池塘对面竹林里，一行曲曲折折的廊桥就着地势起起伏伏，与池塘四周玲珑剔透、体态嶙峋的太湖石一起，构成一个极美的江南山水图。再向左边，一股清水从深不可测的峡谷中哗哗流出，经过驮龙桥，注入山涧中。

转过身来，举目仰望，顿时觉得豁然开朗。傲居两百多级朝山台阶之上的天王殿，背靠青山，格外的金碧辉煌、气势恢宏！天王殿有两层，下层黄色外墙有三个拱形大门，上层是一列古朴的木窗，重檐屋顶，飞龙翘角，金黄的琉璃瓦在夕阳的余晖下熠熠发光。大门两侧高大的汉白玉门当和台阶尽头仰立的两只石狮，威武壮观，竭尽了庄严与肃穆。台阶两侧，秋叶掩映，色彩缤纷……刚好有僧人从旁经过，问及台阶中央为何留着一块深褐色的巨石，老僧双手合十，含笑答曰："我们寺院端坐在一座大象身上，巨石就是象王的鼻孔。"不禁愈加肃然起敬。

告别僧人，拾级登上天王殿前广场，我惊奇地发现天王殿两侧居然还各有一个三层小殿。除了同样的黄色外墙和飞龙翘角的重檐琉璃瓦屋顶外，在古朴的木窗前还多了一圈汉白玉护栏，三个楼殿由外墙连在一起，一字高筑在超半百个台阶之上，殿堂更是庄严宏伟、气宇非凡。主殿中间大门上方，写有"磐山崇恩禅寺"，左、右大门分别是"药师佛大道场"和"天下第一祖庭"，绿底黄字，是寺院与周边环境和谐统一的真实写照。

古寺内外，袅袅香烟，隐隐传来低沉的诵经和敲击木鱼的声音，此时寺门已闭，目之所及，无一个香客，我听到的是寂静，看到的是清净。面对崇恩禅寺，我的心由刚才的激动，不觉间已静若止水。时间渐晚，方知佛门清静，再不能相扰。环顾四周，远处崇山叠嶂、涵云蓄雾，宛如一朵盛开的莲花；周围密林修竹、谷幽涧隐，好一个静乐世界！此刻，我才想起我已经站在象王身上。

时间过得飞快，不知不觉间，太阳即将收起最后一缕余晖，天色渐暗，归心似箭。告别崇恩禅寺，踏上归程，路边微风轻拂，竹林飘摇，目之所及的黛青色山峦，在薄雾轻霭中，若隐若现。回首远看，路旁竹林和农家小院的轮廓已安静地在渐次模糊的视线中沉没下去，心灵变得平静下来。

城市的喧嚣和生活的浮躁都成为过眼云烟，真的好想放一段自己喜欢的曲子，呷一口农家绿茶，愿将来的每一寸时光都很清静。虽然这次探访未尽淋漓，但体味过程本来就是一种收获、一种享受、一种感悟。一串足迹，就是一次心情的旅行，一次融入自然、享受自然的体验。不是名山，却可驻足，不是名水，仍可凭栏，重要的是应有出尘之胸襟、济胜之肢体、闲暇之岁月。

磐山崇恩禅寺，我还会再来！

丁伟林

"爱"与私欲

——观电影《但丁密码》有感

作为《达·芬奇密码》《天使与魔鬼》的同系列影片，《但丁密码》延续了富含艺术底蕴的烧脑套路——电影男主角兰登教授再次借助他的博学多才拯救了世界。与前两部不同的是，《但丁密码》对故事进行了升级，这次的危机若爆发将直接影响全世界：科学家佐布里斯特研制出一种生物病毒，并设置了定时传播装置；病毒一旦传播出去，上亿人的生命将受到威胁。佐布里斯特将病毒的线索藏匿在了与但丁相关的艺术作品中，兰登教授通过对线索的解读，最终找到了病毒并将病毒交由世界卫生组织及时保护了起来。当然，兰登教授解密之旅也不是一帆风顺的，有人想杀他灭口，有人想挟持他找到病毒，高价出售给其他国家，有人想借助他先一步找到并释放病毒……

影片开头兰登教授受到了枪伤，失去了近两天的所有记忆。但是时间不等人，他必须在躲避杀手的同时解开所有谜团，而对一路上遇到的人他也必须保持警惕，每个人接近他的目的都不单纯。在《但丁密码》中，兰登教授有着一如既往的灵活头脑和惊人的记忆力，这是典型的美国个人英雄主义电影情节。

让我觉得好奇的是影片中大反派科学家佐布里斯特。深入剖析他的心理，一定会是个很好的课题。现实中这样极端的人是存在的，这种有一技之长的疯子往往是最可怕的。他的理念是通过瘟疫减少人口从而拯救世界，这是错误的，而他疯狂、极端到要牺牲上亿人口来实现他口中的"拯救世界"的目标，把自己当作造物主一般伟大，可见其自负。片中，他认为不断增长的人口是一切问题的来源，解决问题的唯一办法就是通过他制造的病毒清除掉一部分人。对此，他举办公开演讲，向他的追随者宣扬他的理念；

为了逃避世界卫生组织对他的监控，他雇用了"教务长"领导的"财团"，从而一心研究病毒；他选择了把线索隐藏在桑德罗·波提切利的《地狱图》中，让他的追随者（确切地说是他的女友西恩娜）找到病毒并确保病毒的释放。从佐布里斯特的种种行为可以看出，他是一个走火入魔的自我推销者。他喜欢聚光灯，喜欢受到关注。但他怀疑一切，甚至对他最亲密的女友，也没有完全相信，只是在自己遭遇不测时给她留下了线索。他也是执着的：他发表演讲，通过网络传播他的理念；他试着用自己的理念说服世界卫生组织干事辛斯基，结果给自己招来了世卫的监控；于是他花大代价想办法消失，并将理念付诸实践。同时，他是非常有魅力的：他的女友西恩娜为他着迷，为了实现他的遗愿，不惜以身犯险，一路伪装和兰登同行，最终因失败而死去；另外他还拥有一批忠实的追随者，愿意帮助他完成任务。很多电影里的大反派都有这些特性：聪明、自负、执着、缺乏信任又富有人格魅力等等。这样的人原本可以成为这世界的财富，但终究敌不过内心的魔鬼，一心只为了满足私欲。果然，天才与疯子之间只有一线之隔。

在影片最后，佐布里斯特的行动终究还是失败了。以爱的名义做出恶行，这不是爱，这是私欲。就像兰登在和西恩娜对话时说的那样："扼杀上亿人来拯救生命，这是暴君的逻辑……你可以站出来呼吁、提出改革、引领大家……人类历史上的极恶暴行都是借爱的名义，没人会将这一举动视作是爱……"

夏润

择一事终一生

——《我在故宫修文物》影评

宁静而堂皇的殿堂，见证中华五千年的文化，纵观长江六千公里的流淌，坐镇千万平方公里的辽阔土地。故宫，这座富丽恢宏的古建筑群，随着时光流淌，渐渐沉淀。而深居故宫的匠人们，日复一日地用他们的双手，洗涤时光的刻痕，修复着这些稀世珍宝。

"大历史，小工匠，择一事，终一生。"这便是那些深居简出的绝世匠人们一生的箴言。在这部影片里，我们看到了他们坚毅的神情、珍爱的摩挲、细致的勾勒。看到了他们对工作的热爱，不辞辛劳、日复一日地修补着这些珍稀的文物。做一行，爱一行；爱一行，敬一行。这便是对他们最好的诠释。

故宫里那些青铜器、宫廷钟表、陶瓷的污渍一层一层地堆叠，原本光鲜亮丽的色彩渐渐褪去，细小的裂纹伴着微微的残缺，经过时光的洗礼，它们渐渐地蒙上了灰尘。而那些木器、漆器、织绣，更是在时间的长河里渐渐地被侵蚀，变得黯淡而残缺。故宫里的书画作品，画心上的瑰丽画面、铿锵字句都渐渐变得模糊不清，画心的装裱也变得污损脱落。所幸有这样一批最好最神秘的中国顶级文物修复团队，在每天洒下第一道晨光之时，推开故宫的大门，在游客们到来之前，清洗、修复、填补这些文物。这些匠人们，用他们精巧的手艺、极致的耐心、坚定的意志，仔细擦拭着蒙尘的文物，为残缺的文物进行修补，对书画作品进行重新装裱，对失去原本色泽的文物，他们耐心地一笔一笔勾勒，经过千百次的尝试，调出原本的颜色，再用毛笔进行描绘修补。

是怎样鬼斧神工的技巧，让这些破损的文物又恢复如新？又是怎样日复一日的毅力，让他们在故宫里深居简出了一生？

　　这样一种敬业爱业的精神，支持着他们在故宫里几十年如一日地劳作修补，从青丝到白发，从懵懂摸索到驾轻就熟。他们为故宫的文物奉献了他们的一生，他们每天与故宫里的文物相伴，这些文物见证了时代变迁、王朝兴衰，见证了中华五千年上下的文明。每一位来故宫观赏的游客，都在惊叹中华文化博大精深，中华建筑恢宏壮阔，文物瑰丽精妙。可又有谁知道这些文物背后的他们，这些将自己生命与故宫融为一体的匠人们呢？

　　还有那些故宫里的学徒们，怀着同样的热情和希冀，传承着中华代代流传的修补技艺。他们勤勉而虚心，向师傅们请教着各种技巧，面对难以解决的破损或是污渍，不擅自乱动，而是耐心请教学习。而那些老匠人们，也认真地手把手教他们如何修补文物。故宫里的生活，也是书香满溢，情意深重，其乐融融。每一件文物，都见证了中华五千年的历史。每一笔勾勒，都映射匠人们坚毅的神情。每一天清晨，都有他们推开故宫的大门。

　　敬业、爱业，对产品精雕细琢、精益求精、要求更完美的精神理念，这便是工匠精神。工匠精神的目标是打造本行业最优质的产品，其他同行无法匹敌的卓越产品。

　　企业更需要工匠精神，才能在长期的竞争中获得成功。愿这种精神也能在文化长河里洗涤沉淀，并与俊知集团一路同行。

潘峰

欧洲大陆的琐碎

英国人讲起 Europe 这个词一般都不包括自己，而是指欧洲大陆。欧洲大陆面积不大，但不管用北欧、南欧、西欧、东欧、南欧分，还是用亚平宁、斯堪的纳维亚、伊比利亚、巴尔干分，或者用维京人、罗马人、日耳曼人分，欧洲大陆都是复杂多姿的。从地中海到波罗的海，从阿尔卑斯山脉到比利牛斯山脉，从伏尔加河到多瑙河，鲜有不讨喜的地方，那就顺着个人偏好，说说几个尤其喜欢的欧洲地方。

罗马与巴黎的万种风情

如果问我最爱哪个城市，一定是那句奥黛丽·赫本的台词："Rome！By all means，Rome！"罗马散发的优越感是肆无忌惮的，这种优越感来自于走几步就有一个举世闻名的古迹，斗兽场的悲壮和西班牙广场的悠然相得益彰，不刻意不经意地告诉你这座城的不凡。可以闭上眼轻抚古罗马建筑听听历史流动的声音，也可以去城中之国梵蒂冈看看最虔诚的信仰之心和最绮丽的穿顶壁画，或者骑上自行车寻着《罗马假日》的路经过许愿池再到真理之口来一场朝圣，就算只在万神殿附近私心以为全世界最好喝的咖啡店 Caffè Sant' Eustachio 和罗马人一起站着喝一杯咖啡都滋味非凡。永恒之城罗马，时代更迭，罗马永远是罗马的样子。

巴黎对我来说算第二眼美女，第一次去巴黎觉得和想象中的浪漫之都有点差距。再去才理解巴黎的浪漫不在于埃菲尔铁塔和凡尔赛宫，在于细枝末节的讲究和优雅。在巴黎盛装打扮后找一间 Alain Ducasse 的米其林餐厅，把味蕾完全托付给大厨，仪式般用三个小时品尝一道又一道精美菜肴。入座、上菜、倒酒都是女士优先，这就是巴黎人的浪漫。法餐总是奢侈的，选择在塞纳河左岸随便走进一家不起眼的餐厅也不错，或许碰巧就坐在了海明威和菲茨杰拉德曾坐过的位子上。我喜欢的《天使爱美丽》，就是一部完美诠释了巴黎生活的电影，不管全世界如何臆想巴黎，巴黎人只是用自己的节奏过着自己的生活。

被眷恋的普罗旺斯和蔚蓝海岸

普罗旺斯因为薰衣草为中国人熟知，如果你在 7、8 月来到这里，能亲眼见到明信片和婚纱照上常见的薰衣草修道院，或者去索村附近，零零落落的薰衣草花田像拼布般精致可爱。若是想要看一望无垠的薰衣草花海，就要去瓦朗索高原，在漫山遍野的浓郁紫色中一路行驶，如梦似幻。在这里，不用担心游客扎堆，大可感受独享美景的喜悦。

薰衣草固然美，但普罗旺斯的美显然不只这一瞬即逝的紫色。马蒂斯形容普罗旺斯"温和而柔软，却不失宏伟华丽"。普罗旺斯的温和柔软来自梵·高、塞尚、雷诺阿、毕加索、尼采们，来自《马赛曲》《基督山伯爵》《山居岁月》。即使是现在，阿维尼翁艺术节和戛纳电影节都是世界顶级的艺术盛宴。南法灿烂的阳光、独特的气候和质朴热情的人，孕育了最好的鲜花、水果和美酒。从戛纳到尼斯再到迷你小国摩纳哥，是集时髦、悠闲、奢华为一身的迷人蔚蓝海岸线，躺在海滩上晒出南法肤色是欧美人向往的奢侈。普罗旺斯也是宏伟华丽的，这里有阿维尼翁教皇宫、圣贝内泽断桥、加尔桥等世界文化遗产，还有韦尔东峡谷、吕贝隆山脉、阿尔卑斯的险峻巍峨。最不可错过的是石头城戈尔德，这里的建筑与街道是从 16 世纪开始用石头堆砌而成的。带着"世界最美小镇""法国十大小镇"的光环伫立在平原中的孤峰，我以为见到了宫崎骏的天空之城。

瑞士阿尔卑斯仙境

如果说南法的普罗旺斯和蔚蓝海岸地区是世外桃源，那么瑞士的阿尔卑斯山区就是人间仙境。日内瓦、洛桑、卢塞恩、苏黎世这些城市很美，只是阿尔卑斯山间才是瑞士的精华所在。如果时间够多也恰好喜欢火车，不妨登上冰川快线，坐在全景天窗的车厢里，穿梭在冰川与峭壁间。从采尔马特开始横穿 291 座桥梁，通过 91 个隧道，翻越 2033 米海拔到达圣莫里茨。如果觉得冰川快线的七个半小时太久，乘坐伯尔尼纳快车从圣莫里茨到意大利提拉诺的一路也是美不胜收。既然来到了阿尔卑斯山，怎么能不去徒步呢？即使没有经验的人，也能从按难度分级的徒步线路中找到适合自己的。试过一个人去找马特洪峰的最佳拍摄角度，一个人在阿尔卑斯的大山中行走，这种恐惧且自由的感觉永生难忘。

怡然自得的布达佩斯和萨尔茨堡

多瑙河河西为布达，河东为佩斯，两个城市合并成了布达佩斯。关于这个城市最有趣的典故莫过于人民艺术家陈强为了纪念在布达佩斯的演出，索性给两个儿子取名陈布达和陈佩斯。布达佩斯不如欧洲大多地方那么发达，导致服务业的管理不规范。比如出租车宰游客的现象很常见，但是这些也不能掩盖布达佩斯的美丽。布达是古老闲适的，庄严的王宫、明艳的马加什教堂、别致的渔人堡都在布达，于是佩斯就负责繁华现代的一面。连接布达与佩斯的是横跨多瑙河的9座大桥，每一座都特点鲜明，最著名的链子桥已经成为布达佩斯的象征。多瑙河流经十个国家，布达佩斯的这一段多瑙河是我见过最美丽的蓝色多瑙河。

萨尔茨堡是《音乐之声》的拍摄地，也是莫扎特的诞生地，所以这个城市也像音乐一般美妙。萨尔茨堡最特别的莫过于米白色的建筑上那醉人的蓝绿色巴洛克圆顶，我叫他萨尔茨堡蓝绿，在其他地方很少见到这么"少女心"的配色。《音乐之声》这部电影已经成为一代人的情怀，在萨尔茨堡你能看到电影中的花园、草地、城堡、教堂，每个场景都能勾起回忆，耳边还会响起片中那些脍炙人口的曲子。

欧洲后花园克罗地亚

巴尔干半岛的纷乱容易让人忘记这个地方的美景，去克罗地亚前我对他的了解仅限于足球，契机是看了某旅游节目被杜布罗夫尼克吸引。克罗地亚拥有狭长的版图和曲折的海岸线，有无数美丽岛屿，在欧洲人心中一直是度假胜地。普利特维采湖国家公园位于克罗地亚中部，有众多湖泊，所以又名十六湖公园。它有个中国名号叫"欧洲九寨沟"，因为两者形成相似，且都色彩绚丽、植被丰富、珍禽异兽遍地。可惜我没有去过九寨沟，无从对比，不过可以很肯定地说，十六湖动人心魄的美不会令人失望。克罗地亚还有个小城叫扎达尔，这里有全世界独一无二的海风琴。海边的石阶里面装了一些管子，每当海浪拍打石阶，就会发出风琴一样的音节，演奏动听的自然乐章，曲调跟随潮起潮落变幻。坐在石阶上，面对着湛蓝的亚得里亚海，听着海风琴的演奏，时间也可以停滞吧。克罗地亚最美的城市要数杜布罗夫尼克。这座古城的中世纪风貌，受到很多奇幻影视剧的青睐，比如《红猪》《权利的游戏》。海面上古城墙完整包围的城，城内建筑都是灰黄外墙配红色砖顶，用两个小时就能在城墙上漫步一圈。石阶、小巷、爬山虎、娇艳的花朵，没有车马，遗世而独立。

托斯卡纳艳阳下

佛罗伦萨这个城市有与生俱来的华丽感，美第奇家族、达·芬奇、米开朗琪罗、拉斐尔、波提切利、但丁、伽利略，数不尽的伟大名字造就了这个城市。个人更喜欢徐志摩给这个城市的译名"翡冷翠"，更符合意大利语发音也更符合"百花之城"的气质。这里是文艺复兴的起源地，那个史诗般的年代太令人神往，现今走在佛罗伦萨街头，仍然能感受到这份大气磅礴。那些只在书上见过的名画在乌菲齐美术馆就随意地摆放在近前，还有米开朗基罗的大卫像，人们排一整条街道的长队只为了看一眼这位少年的健与美。在佛罗伦萨以南，托斯卡纳美丽的田园风光中，有一座"冷门"小城，说它冷门是因为锡耶纳几乎不会出现在旅游团的线路中，当然它在欧洲并不默默无闻。锡耶纳是一座完整的哥特式城市，这里的人对哥特式建筑很是执着，他们反抗佛罗伦萨的控制才保留了自己的城市风格。走在锡耶纳幽暗的小巷中，就像进入了吸血鬼电影的场景一样。这里还是意式代表甜品提拉米苏的诞生地，可以和好友坐在田园广场边，尝一下最地道的提拉米苏和托斯卡纳本地葡萄酒。在看过了很多教堂后，仍然觉得锡耶纳的大教堂是最美的，即使它不如米兰大教堂、圣母百花大教堂有名。这座罗马、哥特混合式建筑，正面整面墙铺满雕塑，繁复华美、金碧辉煌。如果来到托斯卡纳，在感受佛罗伦萨文艺复兴的波澜壮阔之余，也记得来锡耶纳感受一下哥特式的另类浮夸和颓废。

布拉格的忧郁与梦幻

其实布拉格没有一个所谓的"布拉格广场"，也没有"许愿池"。布拉格的广场叫老城广场，是一个关住卡夫卡一生的小小圆圈，老城广场的哥特式教堂、钟楼和天文钟都带着这个城市特有的神秘色彩。卡夫卡临终前最后一句话是："我的生命和灵感全部来自于伟大的查理大桥。"伴着《我的祖国》第二乐章《伏尔塔瓦河》的悠扬悲壮，走过查理大桥，桥上30尊圣者雕像的凝视直慑人心。布拉格的命运多舛，令这座童话般梦幻的城市透着忧郁的气质。斯美塔那说伏尔塔瓦河的激流撞击查理大桥的声音是捷克人心中的呼唤："两条小溪流过寒冷呼啸的森林，汇合起来成为伏尔塔瓦河，向远方流去。它流过响着猎人号角回音的森林，穿过丰收的田野，欢乐的农村婚礼的声音传到它的岸边。在月光下水仙女们唱着蛊惑人心的歌曲，在它的波浪上嬉游。伏尔塔瓦河从斯维特扬峡谷的激流中冲出，在岸边轰响并掀起浪花飞沫。在美丽的布拉格的近旁，它的河床更加宽阔，带着涛涛的波浪从古老的维谢格拉德的旁边流过。"

欧洲大陆的琐碎说不完，游遍欧洲也只是梦想而已。在旅游网站看到过一个问题："几天够游览巴黎？"有一个回答是："一个月都不够啊。"即使去过这些地方，也离读懂她们的源远流长很远。与其跟着"欧洲十天十国旅行团"走马观花，不如青睐一座小城，细细品味，这里有酒也有故事。

钱熙文

幸福是什么

我幸福吗？我过去经常这样问自己，可遗憾的是，我从来都无法给出一个确切的答案，因为我不知道幸福是什么。

我甚至一度觉得这个问题是没有答案的，首先幸福的定义太过于宽泛，太过于因人而异；其次，幸福的概念对于一个具体的人来说也在随着时间的推移不断发生着变化。普通人难免会受到欲望的蛊惑，一旦陷入欲望这个无底洞，幸福便无从谈起。但是话说回来，出家人无欲无求，似乎更符合条件，可是我真的没办法将幸福和他们联系在一起。甚至在很长的一段时间里，我自己将"是否幸福"的定义简单归结于"钱的多少"，因为身边很多人不开心的原因似乎都是钱不够用，而那些受到众人羡慕的往往也都是家里钱比较多的主。

现在看来，这个有关"幸福"的问题似乎是找到答案了，是这样吗？当然不是！

前些天网上看新闻，一则"小女孩寒风中裹着棉被，边写作业边乞讨"的新闻让我下意识点了进去，大意是山东临沂突然降温至 10 摄氏度，寒风中，网友拍到一个名叫季红红的小女孩跟随父亲在人行道上裹着棉被边写作业边乞讨。图片有好几张，能看到小姑娘在很认真地整理书包，很认真地吃着好心市民送来的炸鸡腿，很认真地在写作业，她微笑着，没有一丝勉强，也没有丝毫的做作。说实话，看完这篇新闻后我由衷地佩服这个小姑娘，佩服她藏在心底的坚强，佩服她始终对生活抱有希望。

有那么一刻，我甚至觉得小女孩是幸福的，她的父母虽然没有能力给她安逸的生活，却把唯一的一床御寒的棉被披在她身上；好心的市民会给她送来文具和鸡腿；网友的新闻评论里也是清一色的关心和祝福，很真诚，这在现如今这个人人爱吐槽、爱抨击的网络大环境下也是难得一见的。最重要的是，小女孩自己始终大方地对生活报以微笑，没有因为残酷的现实而自暴自弃，也没有因为贫困的现状而扭扭捏捏，寒风中裹着棉被看书既不显突兀也没有作秀感。我们看到的就是一个单纯想要通过读书改变命运的小女孩，此时此刻，命运的方向盘被这个小女孩紧紧抓在了手中。

其实，幸福与否是完全可以由我们自己来决定的。幸福的意义在于，你可以通过自己的努力来实现自己的愿望，从而达到一种升华的满足感。

很多人觉得只有得到了想要的结果才会幸福，所以对努力的过程望而却步，其实不然，幸福的感觉从你将努力付诸行动的那一刻就有了，只不过一开始感觉并不明显。此时的感受更类似于满足和踏实，越接近尾声幸福感就越强烈，随着最终结果的出现，达到目的的快感和努力过程中积累的满足感融为一体，最终升华为一种完整的幸福感，并持续较长的时间。说白了，幸福就是你心中有目标并且通过自己的努力最后将目标实现的整个过程，就好像歌里唱的"幸福其实是很简单的东西"。

现在我可以回答自己提出的问题了，你呢？

代庸

新年新气象

当我们还在忙碌工作的时候，新的一年竟然已经悄悄来临，街边孩子开始燃起了烟花，家家户户开始了过年的准备，打扫、洗衣、擦窗……忙得不亦乐乎，而我回顾这即将结束的一年，却有些茫然，不知所措。

过去的一年里，感觉自己似乎做了很多的事情，但仔细想想又似乎什么都没有做。工作上确实比去年更加勤奋努力，断断续续得到了不少嘉奖，也误打误撞做了不少好事。但是得到嘉奖也好，做了好事也罢，终究与自己当时定的年度计划有一定的差距。

近段时间来，我很少静静回忆当初的计划，工作忙碌可能是一个很好的借口，但是我知道这不是主要的原因。起初有了计划，就有了目标，自然压力和动力也就随之而来，平时做事做人就有了束缚，虽然自己可能是个无关紧要的角色，却依然挡不住那个想要奋发向上的内心。一旦感觉自己的内心松懈，那所作所为也就对不起当初那个积极向上的自己，所以也就不怎么敢使自己松懈下来。

说到底，我不过是在人生路上偶遇挫折，与真正跟艰难险阻做斗争的朋友们相比，简直就是无病呻吟。再者如今也算家庭美满，工作顺利，若说不满，实在是难以开口。但是在建造我们心目中的避风港时，该搬的砖、该下的力，是一分一毫都不能少的，要不然粗制滥造的辉煌，最后依然会伤害到自己。而既然无论如何都需要去搬运、去经营，那剩下的关键就是用什么心态去继续。在这个过程中，我们若是有了急功近利之心，做事也会变得急躁。而越急躁，内心就越不满，最后就像现在的我一样，将自己搞得筋疲力尽。

回想以往，我们或许都是带着功利心来做任何事。在当初毕业时就彻底显现出来，毕业之后的归宿到底在哪里？毕业后的未来到底会怎样？总也忍不住地去想，去规划。如今，毕业设想的将来与现在的发展依然是千差万别。环境的因素也会影响到我们的行动，身边的人们都在讨论未来，若是自己没有参加进去，倒是显得与他人格格不入了。

最近也感觉自己变得琐碎起来，或许是自己一直呆头呆脑，又或许是寂寞久了。想起之前看过的报道，一个人生活久了，整个人就变得对小事斤斤计较，对琐事格外上心，相反对自己变得认不清，气质也逐渐变得猥琐起来。我一直引以为戒，很害怕变成这种目光短浅的人。

临近年尾，总是公司上下忙着总结，媒体内外忙着盘点，有人欢喜，有人忧愁，而所有人过去的时光里都会多了一个 2016。放下对过去的怀念，大多数人的年初计划应该也已经提上日程，而去年的年初计划大家又完成了多少呢？新的一年锻炼了多久身体？看了几本书？减肥成功没？学到了什么新技术？工作上得到了什么提升？对自己喜欢的人成功表白了没？看到一连串的问题，有人可能会唉声叹气，有人可能会愤愤不平，也有人可能会喜上眉梢，但终归还是大多数人的年初计划被突如其来的变化给搅黄了。

之前的每年，电视上总有记者询问大家的新年愿望，网上也大多是对未来的企盼，新年的计划也由此应运而生。但是今年我并不想对新年许愿，因为如今的我感觉这些没有被定量的愿望，充其量只能算是个美好的愿望，并不能真的为我带来实质性的改变。真正有意义的事，不正是那些逐渐使愿望变成现实的过程吗？

努力工作、积极锻炼、勤奋学习这些语句，看起来很励志，做起来却很模糊。起初这样会给我们短暂的进步，但却是缺乏了实际性的目标，不能随时复查成果，就很容易像之前我每次的计划一样，起初信心满满，随后自己很快就懈怠，最后就忘记了自己的雄心壮志，效果也就如同烧香拜佛，纯凭运气。所以，将自己的新年计划定下量化标准，比如每天看多长时间的书，做多长时间的运动，每月学会多少知识，进行多少活动，一年赚多少钱，去旅游几次，与家人相处多久……如此，定下目标后，我们就可以随时在新的一年里检视自己，发现问题，而愿望也真正为我们带来了前行的动力。

再见了，2016，我忘不了你的过往；你好，2017，欢迎你的到来。

沈聪

随感

　　我不喜欢刮风的夜晚，就像今天。不管是从窗外掠过的风，或是楼下废弃的篮球场边那凄冷的夜灯，总有一人在那独自抽烟。我总忍不住去看外面呼啸的不安的黑色。最深的黑色里有人鼓瑟吹笙，也有唏嘘抑或是欢笑。我身体里久已沉睡的精灵总要醒来，它挣扎着要摆脱那个凡俗的躯壳去舞蹈，没有什么能够阻挡，它舞蹈着、舞蹈着，游荡进风里，只留下一个独自抽烟的背影。

　　是的，我不喜欢这样的夜晚。

　　既然秋风起，何惧萧瑟来。我站在公园的尽头，没有阳光，人来人往。朋友说这生我养我的江南水乡，一边是杨柳岸晓风残月，一边是斜晖脉脉水悠悠。但我总觉得这座小城的节奏也在变快，连人们走路都变得更快了，只是我慢了下来，却又很难真正慢下来，或者说不好意思。当我这么做的时候，更像是迷失在小城角落里的一个盲流。

　　莫名的在我手机上，搜到张信哲的歌，在深夜里放起他的《白月光》。我并不是很喜欢他的歌，因为纤细而脆弱，总觉得充满了求而不得的凄苦和絮絮叨叨的幽怨。这刮风的夜晚却使我有恍然大悟的感觉。

　　依恋这东西，总让人脆弱，这便是我的结论。我想起父亲小时候教导我说，爱你的亲人是一个至上的不可动摇的原则，纵然你叱咤风云，纵横万里，也需要一个有归属感的温软的地方。也许盖世英雄的心底也总会有一个破绽，你敲打他别的地方，坚如钢铁，这里却脆如琉璃。

　　那么我想要的是什么呢？

　　让我想想，在我想要的那片天空会有怎样的纯真……

　　我相信爱情。相信即使这个世界都是泥黑色的，但是你最深爱的那个女孩会爱你，虽然也许你们不能在一起，抑或她爱上了你的朋友并为他死去，但是至少她不会为了银子去傍一个满脸淫笑的老胖子。

我相信朋友。相信他即使弃你而去，心里也有过犹豫、痛苦和挣扎。相信你永远还有下一个机会和他一起战斗，只要不是在他拔出刀剑的时候，你就不要绝望地咆哮说你为什么要背叛我。

我从不承认自己过分矫情，至多是有些理想化罢了。或许有些事情的发生在催化自我本质暴露的进程，由此不仅可以推断出纯真的重要性，又彻底翻转了日式三段进化论。依旧记得那句，成熟而富有责任心的人将最终体现出宅男的优越性，而我的那些朋友们，依旧无法摆脱。

前方总是未知，又充满希望，大到能够让我们张开翅膀翱翔。即便忐忑不安，即便前路坎坷，依旧有冲上云霄的勇气和热情。

一切，拭目以待。

陈宇渊

匠心与愿景

前一阵子，与公司几位同事无意间聊起匠心，大家首先想起的便是著名的银饰品牌之父高桥吾郎。

高桥 16 岁起从事工艺品的制作，终其一生没有放弃，为了挚爱的事业穷尽一切努力。高桥说："我永远都不会对自己制作出来的银器作品感到满意，因为这样才能够让我在制作下一件作品时更加努力。如果有朝一日我对我的作品感到满意的话，那时候品牌就要宣布结束。"

去年参加培训时的导师教条地给我们讲述道，所谓"工匠精神"主要有四点：敬业、专注、严谨、精进。高桥讲的更简单："作品重点不在工艺，而在于作者的心。"所以，相比"工匠精神"，我更加愿意称之为匠心。"无论过几百年几千年，银器都能保存下来，就算我死了，我做的东西还是能保存在这个世界上，这是多么奇妙的事情。"

以品牌的欢迎程度来看，高桥成功了。人们趋之若鹜地一掷千金，疯狂追求高桥的饰品，帅气的偶像们经意或不经意间露出老爷子品牌的饰品，吸引了多少粉丝的尖叫。人们疯狂地追捧，绝对是对高桥品牌的巨大肯定。但是，和老爷子终其一生讲求内心平静、追求完美的执念似乎又不是很搭。

"坚持、重复、执着……匠人们长年累月地做着看似一样的事情，但是他们对所做的事情和生产的产品精益求精、精雕细琢，要求一次比一次高。而真正的匠心，很少在意外界，更注重自我的境界。"人们说，用手工作的是劳工，用脑工作的是创造者，而用心工作的是有信仰的人。

匠心要坚守孤独，能给予匠心支撑的，那便是愿景。在培训中，导师曾和大家分享了两则故事：

第一则故事，两个好朋友同时创业，几年后其中一个人的公司已经小有名气并日益壮大，另外一家则还是举步维艰。于是，后面这家公司的老板就问他的朋友："我们是同时创业，条件和机会差不多，为什么你发展那么快，我现在却还是那么艰难呢？"他的朋友并没有做正面回答，反问他三个问题：一、你的公司有没有足以令员工激动并愿意与你共进退的发展目标？二、你有没有将你的思路与价值观与员工分享？三、你有没有经常刻意去创造一种让员工充满激情的工作氛围？用一个词记之，便是愿景，愿景是领导力，愿景是驱动力。

第二则故事，有一回，颜回和子路侍立在孔子的身边，孔子问他们："何不各自说说你们的志向呢？"于是子路说："想要与朋友们共同分享车马衣服，就算这些东西破旧了也毫不遗憾。"颜回说："希望自己不要夸耀长处，不表白功劳。"子路又问孔子："想听一下先生的志向呢。"孔子说："希望自己活着能让所有年老的人过得安适，让所有的朋友信任，让年轻的人怀念。"孔子毕竟老练，且不论他是领导式的总结发言，还是在徒弟面前显摆自己的大气魄，至少他有愿景，成就了自己的一套理论，流传了千年。

马丁·路德·金的愿景是黑人和白人的小孩在一起读书；约翰·肯尼迪的愿景是去月球上；比尔·盖茨的愿景是所有电脑都用上微软的系统软件。马云也说，人总是要有理想的，万一实现了呢？这便是愿景的力量。

钱晨辉

童年的年忆

申猴辞旧岁，酉鸡迎新年。2017 年到来的钟声响起，我也已到了"三十而立"的年纪。这一年一年过着，不知不觉已为人父，而小时候日盼夜盼的过年，如今却再也没有了儿时的味道。

小时候一放寒假，值得期待的事情就是过年，因为过年我们可以去买新衣。过年前几天，爸爸妈妈就会带着我去城里商场买衣服，而他们会陪着我一起挑选直至我满意为止。小时候一身新衣加上新鞋等等，在商场买其实还是比较贵的，但是父母宁愿自己少买甚至不买，也要把钱省下来给我买。有时问他们，过年你们怎么不买新衣服？爸妈的回答总是，去年买的衣服只在过年的时候穿了几次，还新着呢，今年就不买了，还能穿。小时候的自己也是一个"哦"字就过去了，如今的自己却已经能体会他们的辛苦与恩情。

等到除夕那天，全家早早吃完团圆饭，大家在床上打开电视机观看春节联欢晚会。那个时候陈佩斯、朱时茂的小品无一不是经典，哪怕后来赵本山的小品也是脍炙人口，一家看看笑笑，其乐融融。而如今，春节晚会年年有，却已经有好几年没有看过了，再也没有小时候的精彩、热闹，不知是我们长大了还是因为春晚倒退了。

如果不看春晚，那肯定就是和小朋友们在一起放鞭炮或者烟花。拿着已经忘记是几块钱的长杆烟花，对着天空数烟花数响数，完了如果和烟花提示的响数不一致，大家会一起痛斥厂家的无良。犹记得那时在外务工的爸爸回家过年给我带了一盒各种各样的玩具和烟花，其中有一把"响子手枪"，引来了村上小朋友们羡慕的目光。

我常常想和大家一起守岁到天明，但是能坚持的时候却不多。一觉醒来，看见床尾早已准备好的新衣新鞋，不顾天气有多冷，我总是一个鲤鱼打挺就起来了。穿上新衣，顾不得没有吃早饭，就跑到爷爷奶奶家给他们拜年，他们总是会一人一份压岁钱递过来，笑眯眯地请我吃各种好吃的。其实我哪有心情吃东西，怀揣着压岁钱就去找小朋友们一起玩了。大家比比谁的衣服鞋子好看，谁的压岁钱多，但那比较很单纯，一点也没有功利之心。

年初二开始，全家就要去外公外婆家拜年吃饭，舅舅们都对我这个唯一的外甥格外疼爱，也会给我一份压岁钱。到了晚上，父母总会把我所得的压岁钱收起来，美其名曰来年给你交学费，而自己总是心不甘情不愿地交了上去，心里要多难过就有多难过，可能这个就是过年中唯一一件令人不开心的事情。

在兄弟姐妹们一起玩耍的过程中，一个新年就这样过去了，直到正月十五，我们都会牵出外公给我们几个表兄妹准备的花灯，我还记得我的是一个很漂亮的兔子，因为我是属兔子的。这个灯笼兔子伴随了我好几年，现在应该还在老家哪个犄角旮旯，而外公已经去世快十五年了。

小时候的过年总是这么快，不知不觉就要上学了，正如现在不知不觉又要上班了。上班之后，大家就都忙着工作，没有多少时间去陪陪父母、爷爷奶奶那些长辈。在此奉劝各位，有时间多回家看看长辈，别总是忙着工作，因为你才是他们一生永远的牵挂。你的成长是他们最珍贵的回忆，他们也有可能是你永远的回忆。

李夏杰

梦想的翅膀

有梦，就像有花朵，能芬芳香郁；有梦，就像有山水，能美化环境；有梦，就像有油盐，能增加百味；有梦，就像有阳光，能照古鉴今。梦想就像黑暗中的一盏明灯，照亮着我们的路途；梦想就像大海上的一个浮标，指引着我们的方向。

每个人，都会有一个梦。在孩子眼里，梦想是每天都有美味的巧克力和激情的游乐场；在老人眼里，梦想着自己的孩子工作有成就、有孝心、生活幸福；在年轻人眼里，梦想着孩子茁壮成长、老人身体健康、夫妻相敬如宾、自己工作顺利……梦想是坚持心中永不服输的信念。人，因为一颗心而活着，心因为有方向而执着，方向因为有梦而飞翔。

每个人都有一个梦。袁隆平"干到九十岁，亩产一千公斤的杂交水稻"是梦想；高原上的小姑娘热爱跳舞，长大想登台表演，这也是梦想。创造财富是梦想，用手中的财富回馈给世界是梦想……有梦想，才会有伟大的成功者。正因为马云当初对梦想的坚持，才造就了现在网络电商的所向披靡；正因为李彦宏对梦想的执着，才成就了百度在搜索引擎领域的霸主地位。而我的梦想，就是在我们俊知这个温暖的大家庭里贡献我的微薄之力，在这个大舞台上提升自己的专业素养。

人生因梦想而高飞，人性因梦想而伟大。

张颖

多因未在恰当时

踏着清晨的薄雾，你向我缓缓走来

来到我这片净土，开始演绎属于你我的精彩

挥洒你的热血，书写你的青春

日子静谧如流水，而你步伐豪迈

然而，碧水也总会有微澜，激情也总会消退

清规戒律束缚着你的行为，绑架你的自由

热情鼓励撩拨着你的心弦，激荡你的血脉

于是，你开始摇摆

喧嚣是机器的，更是你内心的

如潮水般汹涌，似海浪般澎湃

你纠结，你彷徨，你在想围墙之外是否更精彩

我自信，我淡定，我希望你能与我一起开创未来

几多徘徊，几多等待

是转身而去，沉默消失

如交叉之后的直线，从此失联，天涯陌路

还是与我并肩，风雨同舟

如雄鹰般搏击长空，谱写诗篇，继往开来

最后的最后，你选择了离开

自然，你有你的锦绣前程，我有我的美好期待

你我如同恋人般相遇，相遇又分开

多因未在恰当时

但我感谢你给予我的人生历练

更祝福你创造属于你的时代

陈英

长征精神

2016 年是红军长征胜利 80 周年。1935 年 10 月，中国工农红军进行了艰苦卓绝的两万五千里长征，并取得伟大胜利。长征的胜利，不仅使中国革命转危为安，而且为国家的独立、民族的解放奠定了基础。

长征这一人类历史上的伟大壮举，留给我们最宝贵的精神财富就是中国共产党人和红军将士用生命和热血铸就的伟大长征精神。我觉得长征精神就是不怕牺牲、勇往直前、不畏艰险、不屈不挠、积极进取、自力更生、艰苦奋斗的精神。没有这种精神，就没有长征的胜利，就没有中国革命的胜利，就没有新中国的诞生。

我读过一本叫《长征故事》的书，里面向我们叙述了一个又一个英勇的革命故事。我看完这本书时已是热泪盈眶，因为我被那英勇无畏的长征精神所感动，他们那种挺身而出、英勇抗敌、为国捐躯、抛头颅、洒热血的精神令我敬佩，更值得我们去发扬和传颂。战士们的日子是苦的，但虽艰苦，心中仍只有坚定的信念。爬雪山、过草地，那艰苦的日子是无法用文字去描绘的。长征的精神如涓涓小溪边生长的无名的野花，零星的、散落的，但却是芳香的、天然的、浓郁的、悠长的。红军循着雪山与草地，以钢铁般的毅力实现了人类历史上一个伟大的壮举——长征。

枪声已远，马蹄依稀，历史渐行渐远，但历史是不断向前的，中国工农红军长征精神的那面旗帜永远巍然屹立于中华大地，飘扬在中国上空，驻扎在每个中国人的心灵深处。追寻革命的足迹，追寻长征精神。历史已悄然远去，而它留给人们最多的不是耻辱，不是落后，不是软弱，而是回忆，是纪念，是困境中的崛起，是奋斗中的执着，是革命精神的化身。历史是过去最好的见证，也是未来前进的强大动力。

2007 年 3 月 15 日，俊知技术在宜兴环科园注册成立，历经十年风雨，俊知一直不畏困难，积极进取，不断创新，不断发展壮大，在党的领导下，集团领导带领我们创造了一个个优异的成绩。俊知的精神就是长征精神的延伸，是长征精神在新时代的发展。学习长征精神，我们和俊知一起准备迎接之后的所有挑战，不断进取创新，一定会有更好的发展。

长征精神是一首歌，永唱不衰。我们要忆长征，纪念长征，更要弘扬长征精神。在 21 世纪的今天，中国正在发生着翻天覆地的变化，让中华民族巍然屹立在世界东方的光荣任务就落在我们这一代人的肩上。我们作为新时代的主人，应该发扬长征精神，勇往直前，不畏艰险，不屈不挠，积极进取，自力更生，勇于创新，克服工作生活中的种种困难，报效祖国，为我们中华民族的复兴做贡献。

马亮

麦田里的守望者

眼前满是大片大片的金黄色稻穗，在夕阳的斜晖下静默无语，一阵晚秋的风吹过，撩拨起了一阵细碎心灵的和弦，一个单薄的身影缓缓地走过丰满稻穗的田埂。他仰起有着小麦色泽的面孔，贪婪地享受着阳光给予的恩赐，满是幸福的表情。对，这就是我眼中"守望者"的定义，一幕神圣的画面，一曲和美的基调。我希冀着这是一本充满爱的书，可事实并非如此，它给了我沉重的打击。

一个满口污言秽语的小子对周边事物诸多不满，对，他就是故事的主人公——霍尔顿。说真的，我并不否认，刚开始的霍尔顿让我反感，我觉得我的心理道德底线是无法接受这样的家伙的。可随着故事的发展，情节的推进，我好像有些明白了他对生活的态度，也可以理解他那些不雅的口头禅了。

文中，霍尔顿几乎看不惯周围的一切，在他看来，除了他以外，一切都是那样的"假模假式"。他烦透了同学间恶劣的行为习惯，对女友爱慕虚荣的表现厌恶极了，在第四次被学校开除后怕父母责怪，带着"小金库"里的钱在酒吧里厮混，满是纸醉金迷……最终决定离家出走，去一个没人打扰的地方，一系列乱七八糟的经历接踵而至，似乎要进一步加深他对周遭的厌恶，就像人不小心落入沼泽地，越想逃脱，便陷得越深，那是一种孤独无援而又绝望透顶的悲怆。

于是他疾恶如仇，痛恨那些"假模假式"的社交。感人至深的是，他与妹妹关于这些虚伪的争吵，当被赤裸裸地指责痛恨一切时，霍尔顿依旧那么坚定又那么深情地说出了自己守望者的梦想。

"我老是在想象有那么一群小孩子在一大片麦田里做游戏，几千几万个小孩子。附近没有一个人——没有一个大人，我是说——除了我。我呢，就站在那混账的悬崖边。我的职务是在那儿守望。要是哪个孩子往悬崖边来，我就把他们捉住——我是说孩子们都在狂奔，也不知道自己是在往哪儿跑，我得从什么地方出来，把他们捉住，我整天就干这样的事，我只想当个麦田的守望者。"

这就是青年霍尔顿的梦，平淡无奇，却又惊天动地。

他痛恨的是悬崖下的冷酷阴暗，更痛恨无辜的孩子们在潮流的引领下坠入悬崖。其实他饱含热情，热爱宁静、平和的麦田，忠诚于守望事业。

"一个人成熟的标志，在于他为了某种事业英勇地死去；一个人成熟的标志，在于他为了某种事业卑贱地活着。"霍尔顿说过很多次"很高兴见到你"之类的话，配合许多自以为是的人卖弄，尽管活得卑贱，活得"假模假式"，但是他平淡无奇的梦想，引领着多少追梦青年，为了自身事业与梦想，一往无前。

最后一幕里，霍尔顿在大雨中看着小菲比玩旋转木马，就这样静静地看着天真坦率的妹妹，静静地做个守望者——受雨水之洗礼，守望着妹妹的天性，守望着亲人的安全，守望一切美和善。而我只愿这一美好片段就此反复上演，愿时光就此停止。

文章最后提到霍尔顿离家出走失败，又去了一个新的学校，继续面对更多的"假模假式"。文章如此通透，更加真实地将我们所处的社会描写出来。人与人之间的相处确实是一门大学问，不可过分逾界，也不可不去相处，要拿捏好这个度确实挺难的，以前的老人常会说："事事都满分，唯独一件事有些不尽人意，那么你在别人眼里就不是一个好人。"但这就是现实，而我们能做的是在"假模假式"中别丢掉了热忱淳朴的初心。

"过春分十里，尽荞麦青青。"我们能做的，是守望这一片属于我们自己的财产，保留自己的初心。

蒋繁蓉

迷人的成语

成语，是我们祖国语言文化中的一块瑰宝，是汉语中经过长期演化而形成的固定短语。积累成语，体味成语的迷人魅力，对于提高文学素养，尤其对提高写作能力大有益处。中华成语浩如烟海，如何积累成语呢？

着眼文本，迸射智慧火花

《陈情表》一文中有一系列成语：孤苦伶仃、茕茕孑立、形影相吊、日薄西山、气息奄奄、朝不虑夕、乌鸟私情；接着在专用的成语积累本上抄上成语，抄出相关的例句，并注明出处；然后利用工具书，查出这个成语的意思；最后准确理解这个成语在文中的运用，体会它的妙处，并写出自己的见解和看法。

叶圣陶先生也曾指出：教材无非是个例子，凭这个例子要使学生能够举一反三。

倡导主动参与、乐于探究、勤于动手，培养搜集和处理信息的能力。富有气息的新鲜内容，产生联想，积累成语，用好成语，用成语丰富自己的语言。

成语积累活动，锻炼了思维能力，达到了积累、理解、运用成语的目的，更体验到了成语的无穷魅力。

放眼课外，拓宽丰美之地

俗话说得好："秀才不怕衣衫破，就怕肚里没有货。"丰厚的积累是说话、写文章的基础。正如鲁迅先生所说："必须如蜜蜂一样，采过许多花，这才能酿出蜜来。倘若叮在一处，所得就非常有限，枯燥了。"

追溯成语的来源，有的来自神话寓言，有的来自历史故事，有的来自诗词曲赋，有的来自民间俗语。神话寓言一直深受喜爱，其中有许多成语广泛流传。如精卫填海、夸父追日、削足适履、东施效颦、嗟来之食、火中取栗等；历史故事方面，提到吕不韦，就想起"一字千金"，提到张良，就想起"运筹帷幄"，说及刘邦，就想起"明修栈道，暗度陈仓"；诗词曲赋追溯成语方面，如"侯门一入深似海，从此萧郎是路人"——侯门似海，"今宵酒醒何处，杨柳岸、晓风残月"——晓风残月。

积累成语，对丰富语言、陶冶情操会起到很好的作用。只有这样不断地进行积累，才能丰富成语仓库，才能不断地培养创新精神，提高文学素养。"读书破万卷，下笔如有神"，积累多了，说话也就能出口成章了。

持之以恒，培养良好习惯

唐朝诗人李贺"锦囊出珍品"的美谈：为了搜集素材，李贺骑着毛驴背着锦囊外出游历，观察生活，一有灵感便记在纸上，放于锦囊中。短短的一生留下了几百首诗篇。他的成功在于积累。

厚积才能薄发，没有充足量的积累，就不可能有质的飞跃，就不可能在借鉴的基础上有所创新。但是成语数量多、涉及范围广，给积累带来了很大的困难。要丰富成语积累，必须培养好习惯，必须持之以恒，经年累月，一竿子插到底，天天要求，天天检查，不养成习惯不放松。

滴水穿石。积累成语不就和这水滴一样吗？只有一点一滴地积累，只有平时养成好的习惯，才能打下丰厚的基础。聚沙成塔、集腋成裘不正是古人对积累的最好阐释吗？

姚文讯

窗台一角

近来，我喜欢上了多肉植物，把它们摆放在办公桌前的窗台上，小巧又美观。这些多肉植物中，有犹如一朵盛开着的绿色莲花的玉蝶，有绿色叶子会呈现边沿红色的红边月影，有叶片表面覆盖着灰白或淡蓝色粉末的雪莲，有叶边缘略微红色、略带白粉的月亮仙子，等等，都非常好看。

多肉植物就像它的名字一样，叶子很厚，里边有许多汁水，看起来肉肉的胖胖的，而且体积都是小小的，很可爱。多肉植物的品种繁多，全世界约有一万余种，在其分类上隶属几十个科。常见的多肉植物不仅包括仙人掌科，还有景天科、番杏科、百合科……每个科又分为好多个属，每个属中又有着许多各种各样的植物。由于多肉植物生长在干旱地区，耐干旱不耐寒冷，喜温暖、干燥，对土壤要求也不高。在室内养植的话，一般情况下7至10天浇水一次就可以了。当然了，不同的多肉植物有着不同的栽培方法。

我最喜欢多肉植物中的月亮仙子了。喜欢月亮仙子不仅因为它有一个好听的名字，还因为它的形状好看。它是属于景天科多肉植物，出状态时颜色很仙，叶边缘微呈红色，略带白粉，大多时候保持绿油油的状态。月亮仙子很容易爆芽，还是比较好养的，很适合像我这样的新手。正因为这样，一开始养护我挺给力的，但中间有段时间偷懒疏于照顾，眼见着入手时肥硕饱满的植物一天比一天消瘦，便下定决心，一盆一物，好好养育。几天后，我看到叶子渐渐饱满圆润起来，心里对这样的"小肉肉"更加敬佩与喜爱。

每当工作累了或者心烦时，站起来摆弄一下这一盆盆的"小肉肉"，给它们浇点水，就能转换一下心情。多肉植物摆放在办公桌窗前，不仅美化点缀了窗口，也会让人心情开阔明朗，而且多肉植物绿油油的样子颇有护眼的功效，还有防辐射的作用，对于我们这些上班族来说真是益处多多。

多肉植物还能调节办公室内的空气，可以增加空气中的氧离子浓度，吸收甲醛、二氧化碳等有害气体。

　　真的很喜欢多肉植物，它们原本长在干旱的荒原，无人欣赏，现在却成为我们扮靓桌面、窗台，并让人观赏的一道风景。

毛丽萍

丙申年微信五则

一、惊蛰前夜致故人

L兄如晤。年初老兄特地绕道探视在下，不意你我一别经年，竟在他乡相见。足下高谊，五内铭感。惜乎短短半日，不得畅叙；而阳羡风景名胜，只在宜园一带而过。今日晚饭后独步宜园，自与老兄在此分袂，未曾踏入。宜园有江南园林曲折幽美之致，又临远接广阔太湖之团氿，确是散步好场所。园中有苏轼"桥园"二字刻石，当日曾指给老兄看过。我每次路过，常默念东坡《楚颂帖》，"吾来阳羡，船入荆溪，意思豁然，如惬平生之欲。逝将归老，殆是前缘……"此话深获我心。坡公生长于蜀地眉州，说来是你我同乡，却愿终老阳羡，则彼时此地宜居魅力，可想而知。千年之后，魅力依然，老兄该当为我有幸在宜兴愉快工作、生活而高兴。

进园时还是晚霞流金，行程过半，湖岸高楼已是灯火分明。不时见人用手机拍照，多半是外地游人。昨日午餐听人说到，近年苏、宁等地人士，周末来此度假旅游已成风尚。

虽是早春，风从团氿湖面吹来，和煦浩荡。一看手机，气温21℃，明日是惊蛰节气了。

记得是2000年吧，冬去春来的一天。在纷纷飞舞的雪花中，我由公司S副总工程师陪同，考察江南某地一家设备厂。午后对方派车送我们去上海。一路或大雪初霁，银妆弥望；或雪落无声，车行稀少。快进入上海地面，已是暮色四合。蓦然，一阵阵沉闷的声音从半空滚滚而来。我一惊，不明就里。S君在旁轻声说："打雷了，今天惊蛰。"稍停又补充，雷声来自崇明岛方向。

S君，老兄曾在蓉城见过几次。"文革"后电子科大第一批本科生，父母均为华西坝名西医。其父解放之初，曾专程前往山城为刘帅看过眼疾。

上世纪 50 年代，独臂将军贺炳炎曾不请自来，登门拜访 S 医生，可惜主人不在。彼时 S 君还是小学生，和姐姐一起，落落大方接待来客。将军含笑和小姐弟俩攀谈，谈话内容，S 君至今不忘——而我最佩服 S 君之处，正是其记忆力为我生平仅见，而智商、情商又极高。此君闲暇喜读《辞海》以为消遣，每次工余和他聊天，在我均是难得的享受。他喝酒从不需人劝，酒至酣处，每每忘情自斟自饮。我最喜聆其把酒肆谈。听他津津有味地讲各地风土人情、历史沿革，讲藏传佛教，你会奇怪他怎么知道那么多，记得那么清，而且是在酒后。但凡你感兴趣的历史、地理、宗教、风俗等等，只要问到，都能为你娓娓道来。大侠"醉拳"，差可比拟。

说件让我震惊的事吧，一次我刚从东京出差归来，提到前一晚日本××电线老板银座宴请，S 君竟把神座附近地理环境说了一遍，连饭店附近有何标志建筑都门清。其实他并未去过日本，原来他与老兄一样，也有收藏、细看地图的爱好。这是一个乐观重情之人，前妻罹患乳腺癌多年却仍玩命工作，家务事由他一手打理，从来不出怨声。其前妻遗言：这辈子活得幸福，只是有欠于他。

至于说到工作，以其专业知识渊博而又洞明人情，自然业务娴熟，善于化解各种难题。和我配合十多年，不因年长而倨傲，彼此尊重始终如一。

在下何其幸运，竟"领导过"（确切说是"受教于"）如此人杰！这几年我很少在成都，和他见面机会稀少，但他逢年过节必主动致意，关切之情不曾稍减，每次都听出期待彼此相见。可惜今年春节返蓉未能见上，当我电话中告诉他已让他当年助手安排国庆聚会，他听罢竟激动不已。

我心底清楚，我曾得到很多人无私帮助，欠了若干情，但我可能已无缘偿还，甚至可能已失去表达心意的机会。我在微信里说过："怀念虽好，相见更欢。"其实当时脑子里还出现一句套话："相见不如怀念。"两句都是真心话，不过因人因时而异；但对同窗、故友情谊，未曾忘怀。

老兄前日命我将 ×× 同学拉入群内，我从其几年前发表论文查到联系方式，而他今日此刻仍未回我短信。下午电话打去学院座机，也无人接听，只看是否读到我邮件了。我在春节微信中写到，也许我已进入"告别的年代"，或主动，或被动，内心某些地方逐渐沉寂。那么，真的会和 ×× 同学就此告别？

不过 S 君永远不会在我的告别之列。就算年华慢慢老去，我相信他偶尔也会想起我。因为，在他 2007 年退休时，我曾送他新版《辞海》，以及一套久已绝版的《姜嘉锵古典诗词演唱集》，上有我的签名留念。前者是他最爱；后者他一听之下，惊为天籁，其中东坡"一蓑烟雨任平生"，深深打动他心，其后多次向我说起。

古人喟叹"独有宦游人，偏惊物候新"，我来阳羡三年，却从无同感，今晚倒是个例外。等待惊蛰，等待春雷"唤醒沉睡的心灵"，等待和老兄、S 君等老友再次重逢。

代康，2016 年 3 月 4 日，惊蛰前夕

二、生日之夜致大学同学

半百之年，倏忽而至；月缺星隐，我心澄澈。谨向各位同学致以 50 岁生日祝福，不论你我是否有缘同月同日生。今年之后年届 50 者，提前祝你 50 岁生日快乐；今年之前年逾 50 者，所欠祝福待你百岁高寿补上——立此为据，但愿彼此都有机会。别后萍散寄而蓬飘，素玉初心未改；从兹日西斜而路遥，枫林霜叶绚美。晚安，我的同学们。

代康，公元 2016 年 × 月 × 日生日风雨之夜，兀坐阳羡危楼书屋

三、江南初雪致儿子

代祺你好。我现在常州武进开会，预计周五下午返回宜兴。这几日江南开始大面积降温，今早出门，空中飘飞雪花，树上点缀积雪。这是我今年遇到的第一场雪。吉林早已漫天雪白、江河冰封了吧？你要注意保暖，不要感冒。

开会驻地虽寒风刺骨，间有细雨，晚饭后仍陪一位业界前贤散步。这位老专家不管天气如何变化，常年坚持每天步行两小时。单是这份毅力，就值得我们学习。

回到所住 2 号楼房间，本想在等同事电话之余，回你昨日微信。但一则想到明日下午上会报告，个别之处还未敲定；二则想到今晚散步交流内容，一时难以静下心来。只说后件事吧。前不久我们公司已通过国家级企业技术中心申报评审，明日为公示期的最后一天，相信不会发生意外。之前我们没有对外宣扬，今后当然也不会自矜自夸。不想这位有些隔行的外省专家居然主动和我谈起此事，祝贺我们公司一次即通过评审。据他说来，以往绝大多数企业都是多次进京赶考，每每功亏一篑，不得不炒"回锅肉"，因此他对我们公司能力深表佩服。我谢过他的美意后，趁机向他了解他所在公司国家级企业技术中心运作情况。这种送上门来的学习机会，当然不能轻易放过。

其实在得知公司通过评审后，我的心情可谓喜忧参半。欣喜自不消说，但更感压力巨大。所谓国家级企业技术中心，并不单是荣誉，更多的是表明国家将带动国内某行业、某领域技术进步的重任交给了企业，企业从此进了国家队，必须主动参与全球该领域的技术竞争，做出国际水平的创新成果。鲤鱼一跃而登龙门，固然说明自身已有足够实力；但如从此只沉湎于身价百倍而不再"鼓足干劲、力争上游"，迟早会被打回原形。

一念及此，就想再次外出吹吹冷风，清醒下头脑。走到底楼，随手翻翻门厅摆放的书籍，大抵是介绍当地旅游、美食一类，夹杂几本文学书。找出人民文学出版社出版的《孙犁散文》，不觉沉浸其中，站着读完其中写人的篇章，忘了出门。写得真好，尤其写亡妻一文，纯是白描手法，看似平淡无奇，一清如水，细品则深情款款，暖我心脾。

我初中时接触孙犁作品，就已明白那是极好的文字，朴素明净。还买过几本他写的小说，有《铁木前传》和《风云初记》吧。他的小说可当成诗歌来读，既写出了战争残酷的一面，也写出了战争中人性的光辉，包括纯美的爱情。你可以将他的小说和峻青的《黎明的河边》作个比较，我小学看到这本书时（"文革"结束前）它还是禁书，我是从我家大院门口中药店一位店员那里借来看过的，他那里有很多"文革"前出版的小说，包括《风云初记》。他晚上守店，一人住在店里，我经常从后门溜进去，先是还书，再听他给我一人"说书"，临走又借走一本。龙潭晚上停电是常态，在昏黄的煤油灯下，听他绘声绘色讲《黎明的河边》，竟让我回家之后吓得睡不着觉。如果我没弄错，这位老哥后来成了作家，上世纪80年代初写了《公路从门前经过》，还曾得过全国优秀短篇小说奖。可惜后来我再也没见过他了。

我到今天为止，大量阅读文学作品的时期也就是小学和初中，而且几乎都是借来看。一个人一生之中能毫无顾忌地读闲书，这样的时期实在不多。在我小学时期（1973—1978），没有考试和升学的压力，上午两节课，下午没啥正课，反而让自己有大把时间任性地或玩耍或读书。只是能看的书很少，为了借到一本书，可以在别人家里"旋"上半天（"旋"读"悬"，当地土话，类似东北话"泡蘑菇"。我猜想"旋"出自"周旋"或"悬挂"，有些古意）。初中时期迎来改革开放，打破了文化禁锢，出版业复苏，但似乎还没出版过《孙犁散文》，我也是参加工作后才看到，买的几本现在还放在温江家里，但不记得收有我在文学期刊上读过的他和贾某某间的通信了——贾某某出道之初，文字颇有孙犁风格，后来写的长篇小说《××》一时洛阳纸贵，却是专在脐下三分卖力，我想孙公应因此与他绝交了。我已彻底忘了当时读到的孙犁散文内容了，"散"即散矣。当时倒是加深了对他写作风格的认识，可惜我学不来。这么多年文字一直不见长进，这和自己天分不够以及经历、个性有关，也是无法可想之事。

其实从大学毕业后，我就很少再读文学作品了。偶尔翻翻，也是漫不经心，浑不在意。生活、工作压力逐年增加，哪容得你有些许闲情逸致。对你来说，你现在到明年 7 月毕业间，正是读书的黄金时期。既不考研，不留学，课程考试压力不大，学校又不可能提供多少资源供你们深入开展本科毕业设计，你可以毫无功利心，读些自己喜爱的人文作品，包括小说。只要用心，日久必然发酵，到时你会体会到年轻时读书、思考的益处。只是要以阅读经典著作为主，少看，甚至不看流行时尚作品。我上面已经给你举了正反两方面的例子，无意再给你开列书目，况且读书本来就是个人的隐秘私事。

想起 1983-1987 年期间，你二爸常从上海机械学院写信到西安交大，文字走的正是孙氏一路。他初中三年，一直兼任学校图书馆义务馆员，借书自然方便，我也因此沾了不少光。虽然我中学作文得分一直比他高，但我明白其实他的文字比我好，只是他所写内容常不合时宜，且文字清淡，欠缺少年激情，因此不受老师待见。我历来是有自知之明的，知道字不如他，见识和文字也不如他；既然自愧不如，也就很少回他信了，但他依旧一封封寄来。

国庆期间回到温江家里，无意中找出好些当年他的来信。你寒假回家不妨读读，看他笔下上海高校情况，可知上世纪 80 年代大学生爱国热情不比你们这代人少；看他谈美国乡村和摇滚音乐带给他的感受——受他影响，那几年我狂热收集英文歌词，须知那时没有互联网，找到一首歌词的快乐是你现在难以想象的；当然也可从中了解他那时的文字功夫，我现在仍为此骄傲。我想你看后会同意，我们那时虽然没有手机、电脑、互联网，但学习、生活照样精彩、充实。毛主席说："世界是你们的，也是我们的，但归根结底是你们的。"你明年就要工作了，难免接受我们这代人的领导。你不要只认老人家前后两句话，中间那句对你来说更加重要。我不担心你和同辈关系处理不好，倒担心你个性太强，受不了委屈，因此错过向前辈学习的机会。即使有的前辈对你指手画脚，颐指气使，你都不要气急败坏，或沮丧不已，而要反求诸己，多学习别人的长处，但不要学到不良习惯。

当然，更重要的是你从二爸信中可体会到同胞兄弟情深。亲情总是需要以某种方式表达出来的，即使相隔千里，也可借助文字，现在当然更方便了。

这就是我为何看到你昨日微信时非常激动的原因。你大学快四年了，这几年给我的短信、微信加起来没有超过 400 字吧，平均每月 10 字以内。但昨日一下写了近 100 字，其中"大家都不容易"一句很使我感动。我昨晚把你这话说给 Z 老师听，她很是惊奇，说她手下 11 位学生，还没有哪个有如此感悟。但我想只不过是她带学生素来要求严格，学生对她敬畏有加、不敢亲近罢了。

我在这里没有丝毫怪你惜字如金之意。我大学时期也不爱写家书，只在收到父母寄来的钱时回个电报。有时不想排队拍电报，连续几月都懒得回，你姑爹甚至因此利用出差机会，绕道西安来看我是否出事。在同学、朋友面前我可以放言无忌，但在家人面前心防森严，这就是我当时的真实状态。"有其父必有其子"，我对你还能说啥呢？其实你爷爷奶奶从不问我学业、思想和人际交往，每次来信只说家里情况。我这几年也只关心你身体是否健康，其他事你不愿说，我也从来没问过啊。

但是看了你昨日微信，还是忍不住唠叨。第一，希望你不要在意一时得失，更不可自卑。眼见周围同学要么出国留学，要么考研，其他人找的工作单位中也不乏名头响亮的大牌公司或单位，你难免有些失落。但我以为，你要对自己的选择有信心，把学历等虚名看淡些，踏实工作积累经验，今后成才之路多的是。这个题目太大，希望以后我们还能深入交流。

其次是希望你要提高文字水平。现在也算不错，但有提高空间。你小学三年级以后，我就再没看到过你写的作文，自然也无从给你建议。我虽然自己写作能力不高，但自信鉴别能力不算太差。建议你以后不用网络语言，少用华丽辞藻，通畅晓达即可——这其实已经是最高要求了。切不要被一味煽情的"鸡汤"文字迷惑，也不要被浅薄虚伪、没有内涵的所谓"美文"吸引。文字如此，"江湖"也作如是观。社会上有太多华而不实、浮夸虚假的东西，可能一时光鲜，但只会落得速朽。还要建议你的是，少看，甚至不看别人转发的微信，不要把自己的知识体系、把自己对社会的理解建立在一鳞半爪的微信上，认知的碎片化会潜移默化间让你养成浅尝辄止的毛病。

第三是希望你珍惜同窗情和亲情。同学即将各奔前程，现在开始分化，甚至因作息时间参差不齐而难免有些小小摩擦，你虽然置身事外，却因此郁闷，但我劝你不要心生罅隙。很多事现在觉得不得了，今后，甚至现在看来也不过是鸡虫小事，不足挂齿。同窗情是最真挚的，没有掺杂任何利益考量。你和小高交往多吗？他爸爸几次提过愿陪我到你们学校来，我想一则你不会愿意，二则高叔叔自己也忙得很，身不由己，因此我只谢过他的好意。但我希望，我和高叔叔的同窗情能延续到你们这一代。

亲情本来无须多说。我相信你和我年轻时一样，内心是有亲情的，只不过不愿对亲人敞开心扉。但如果对亲人一味言语生硬、拒人千里，也难免令人扫兴，这是我年长之后常常懊悔的地方。今年春节期间我在家时，你见到我到场，往往避而远之，不是怕我，无非嫌我说教。我多年来一直警惕自己有好为人师的毛病，但看到至亲后代犯傻而不自知，难免心里着急，因此想抓住我们难得的见面时间，聊聊而已；你大可从谏如流，即使不同意，也不必拂袖而去。

第四，当然是借题发挥，对你今后找你的另一半提点建议。你当然会想到老爸今晚所看之书不会仅是《孙犁散文》，而且单单提出他写亡妻一文也并非无话找话。虽然有些影视、小说描绘的爱情确实感人，但多数离生活太远。我建议你多读些世纪老人的回忆文字，看他们将夫妻如何从相识、相爱到相濡以沫如实道来，或者说爱情怎样转化、升华为亲情，其中自有爱的真谛。你周围也有这样的家庭，只不过你"只道太寻常"，视若无睹——我这里没有自我鼓吹的意思喔。其实平凡的生活，如果用文字朴实记录下来，往往更能打动人心，这就是文字的力量。

就写这些。明天傍晚再发给你吧，以免你太晚看了睡不着，或者早上看了影响一天的情绪，但我疑心这是多余的担心。因为文字又是苍白的，我的文字更是如此，我不敢期待几则微信就能影响你。不过请你放心，今天和你说的这些，我之后见到你也不会再提，除非你自己愿意心平气和讨论，因此我希望你明晚自习前能耐心看完。

祝身心健康！

父字，2016 年 11 月 23 日

四、冬至之夜致侨居海外发小

年来至憾之事，莫过于国庆期间，足下难得翩然返渝小住，我本该专程前来一聚，然适值家严身体欠安，不忍骤离，只得拜托强兄深致歉意。所幸足下终不我弃也。晨起翻看微信，看到足下冬至问候，顿觉暖意融融。足证浮云一别，暌违卅载，然邻里同窗之谊，历久弥醇。夜色阑珊，足下又以丰盛晚宴图片相传，不知意欲饱我胃口，还是让我心生嫉妒？逐幅看去，当数羊肉串最为吸睛，一望而知香辣无比，令人不由食指大动。"虽不能至，心向往之。"无论足下初衷如何，在此谢过。

因念足下去国日久，或已忘了龙潭乡党素来不喜羊肉，嫌其燥热膻味。1987 年我始定居成都，一年也就是冬至时节，吃上一顿。川西一带美其名曰"冬至大补，上山打虎"，不知多少绵羊当季因此惨遭毒手。然细察周遭男士，冬至前后并不因此而稍添一分阳刚之气，耳朵依旧是个"𤆵"字了得。

犹记 1998 年至 2012 年间，每逢冬至总要放同事下午半天假，无非一起品茗吹牛、搓麻卡拉，我则五点左右赶去会合。蓉城市区小关庙一带，羊肉店最为集中，名声响亮，每年冬至生意火爆，一席难求，几年前一斤羊肉就已上百元，现在不知又风涨了几多。我们素来远赴双流黄甲，据说新中国成立前该镇即以羊肉成名，价格因此不见便宜，我只是喜欢那里的清静。向晚时分，窗外冬云低垂，寒风渐起，一派萧条冷寂；室内则一大锅羊肉羊杂端上桌来，热气腾腾，浓香四溢，佐以鲜红剁椒、青葱香菜，正可大快朵颐。席间纵酒欢谑，雄谈快聆，酒酣耳热之际，一年来同事间纵有诸般心结，至此也豁然开解。

前尘往事，杳不可及。昔年同游之人，于今雨打风吹去矣。聚散之缘，冥冥之中自有天定，殆非人力刻意可为；聚则万般珍惜，散则断然放手，何必萦怀。但我此刻，衷心祝愿成都旧雨，今日依旧热热闹闹过个冬至。

至于区区今日，淹留阳羡，独处一室，竟然忘了外出喝上一碗羊肉汤，"无肉无酒过冬至"，更无花香盈鼻。冬至于我，已索然而无半分滋味矣。"世味年来薄似纱，谁令骑马客京华"，我倒毫无陆放翁的感伤寂寞，反倒觉得目下这种生活"得其所哉"，正是我之所愿。年少时读到宋人的《虞美人》："少年听雨歌楼上，红烛昏罗帐。壮年听雨客舟中，江阔云低，断雁叫西风。而今听雨僧庐下，鬓已星星也。悲欢离合总无情。一任阶前，点滴到天明。"悚然心惊于人生篇什一翻而过，回首却又变幻无常，心底竟涌起无边凄怆悲凉。今我行过酉州，行过山城，行过西安，行过蓉城，终于走到了江南。再读蒋氏《听雨》，却已心如止水，波澜不惊。无他，虽然人生戏剧充满枝蔓，最后能留下几出折子戏已是不易，喜也由它，悲也由它。少年扬鞭长安，偶有"曾因酒醉鞭名马，生怕情多误美人"，至今想来可笑；壮岁击楫中流，远眺海上仙山，只管奋力向前；暮年返归林下，坐看夕阳西沉，但得发妻相伴，必定怡然自足，不知老之将至。又想起谁写过《山阴道中》。也曾春日呼朋唤友，穿行于山阴道上，山花烂漫，目不暇接，我却担心错过最美花朵，不知不觉已入歧途；现在则秋日独行于幽谷崎岖山路，但见秋实累累，满径落英缤纷，我已不再流连观赏，左顾右盼，更不会空叹秋日寂寥。我就好似洋人笔下的信使加西亚，向着望不见的谷口，心无旁骛，拼命赶路，不问何时眼前豁然开朗。

承蒙关心，几次垂询我做何营生，所在单位怎样。不久前已将公司名称和网址发你，故此不再赘言。至于我自己，在我儿子四岁的时候，我带他到我上班工厂，指着厂里到处堆积的电缆盘告诉他，我就是个推电缆盘的人。现在把这话说给你听，并非纯是玩笑。你应还记得我们小时候大街上贴的宣传画，传颂贫农王大爷的"穷棒子"精神，上书"小车不倒只管推"。

32 岁之后，每想起此言，心有戚戚焉。好在盘子是圆的，不会倒下，只看自己有无力气推得动，有没有推错方向，能否选准最佳路线。我在 2013 年初来到现在的公司。我来之前，公司同仁筚路蓝缕，以启山林，至此不懈打拼几近十年，终有今日之宏大格局，敢以行业标杆自相期许；但我半道加入，至今寸功未建，自然压力巨大，责任山重，唯有素位直行，埋首潜心芸田，庶几不负际遇之隆。

然而前行路上，有时也会怀念旧时月色，特别难忘童年故乡一轮明月——说要放手，谈何容易？

因此，我要感谢 ×× 同学给我发来你们国庆欢聚影集，让我重回龙潭青葱岁月，好似我们又一起蹒跚学步于 107 地质队大院；一晃几年，我们又同在秋千上，同在课桌旁。彼时黄毛丫头，垂髫稚郎，天真烂漫，心智未开。慈航教女宽严相济，待后生小子则关爱有加，至今想来，温暖沁心。

也要谢你屡屡殷殷俯眷，今日又"画羊"飨我。足下多年滞留 × 国，当地穆斯林不在少数，可能一年四季都盛行吃羊肉吧？窃以为梁园四季温暖，羊肉烧烤后热性大增，多吃难免上火，不利美容，还是炖吃为佳。但从照片看去，足下碧梧修竹，芝光粲然，必有过人养生美颜之道，何劳潘鬓未染但日见萧疏、沈腰年增而步伐渐沉之区区隔空说教？数十载风吹雨打，畴昔青梅竹马，今番已形同两代人；异日香车青笠偶然相逢，足下定不复识陌上衰翁矣。云树万重，书此聊发足下千里一展笑颜。

长夜何其漫漫，冬至珍重万千。

五、丙申年年尾致发小

强兄如晤。昨晚（实为今日零点四十分）飞机落地后打开手机，看到老兄微信，问我何以对张 × 之病大为悲观。老兄远在塞外，节前事务繁忙，犹自念兹在兹，足证同窗情深，令人感佩。但时夜过半，而我当时更无心绪回复你。现在解释，本已多余。是的，张君昨晚已归道山。想到你我春节期间未必能够见上一面，谨此稍做说明，以慰足下殷殷垂念。

我也是在 21 日早起后从微信群中得知张君 20 日因脑出血住进 ICU。众人纷纷询问与他同在一校任教的潘君详情如何，而潘始终语焉不详，支吾搪塞。昨日下午我在前往南京机场途中，忍不住给潘打去电话。一听之下，回家喜悦之情荡然无存。潘称因张君手机在其家人手中，故此他不便在群中详答。实情是，张君20日上午返校与同事商议下学期开学事宜，完事已过中午，简单用过点心后即陪妻子上街购年货。后又几次上楼下楼，将年货分送双方老人家，前后马不停蹄忙了三个多小时。返家途中路过公园，自言头痛欲呕，妻子怀疑是脑溢血征兆，当即要送他就医。他却道不必，坐下休息一会就好。孰料此言甫毕即偏倒在公园长椅上，很快昏迷过去。及至送往县医院照过CT，发现颅内大面积出血，急急推入ICU抢救。须臾，院方即声言无力回天，建议转往重庆大医院。但刚抬上救护车，发现病人大事不好，不得已放弃转院。从发病到院方正式宣布其脑死亡，不过三小时。

然而家人无法接受这一残酷事实，仍冀望其苏醒过来；后又希望至少能让外地亲人赶回见上最后一面。院方只得将其留置ICU，靠设备和不断加大药物剂量，维持其越来越微弱的生命体征。其间老潘等同学赶到，劝慰张君家人接受现实。在我与老潘通话前几分钟，张君家人泣血同意，若当晚十二时仍无奇迹发生，则彻底放弃治疗。

今早我得知，就在我所乘航班即将出发，而我发出预警微信之际，医生正将一床白布单，覆盖在张君身上。那一刻，晚上十点十分。

呜呼张×！他终于没能看到鸡年第一缕阳光！尤其令人唏嘘的是，他还是我班同学杨××的姐夫。杨比我们还小两岁，大学毕业后留校任教。二人一为重点高中名师，一为名牌大学教授，却都是在寒冬之夜猝然辞世，连句遗言都未曾留下。杨教学、科研任务繁重，加之家务无论大小，一力承担，也是在四年前的年初，某晚七点过就说太累要早些休息，结果刚坐下洗脚，即从凳子上滑了下去，再也没有醒来，医生判定死于心力衰竭。当时正是张×前往山城善后，说服杨家放弃解剖遗体，不要追究校方责任和迁怒杨妻。不意刚过四年，他却紧步妻弟兼同学后尘而去。老潘还说，张君近年体检尚称健康，发病如此迅猛，同事皆觉意外。

昨晚我所乘航班延误两个半小时，起飞后我虽疲累已极，却难以小睡，脑海里不断闪回高中同窗两年的点点滴滴。我依稀看到，阳春三月，朝露日晞，一个蓝衣蓝裤、挺拔清瘦的少年，独立校园侧畔酉水之滨，放声背诵英文。见我经过，只是淡然一笑致意，继续他的晨课。那叽里咕噜的英文，竟是我唯一记得的他的声音了。我已记不清高中时期和他的交谈内容，现在也不敢谬托知己。1983 年高中毕业后，我只在 2010 年春节见过他一次。在欢声笑语不绝于耳的活动室内，只他安详地端坐一隅，始终微笑着，看着他的二三十位同学重发"少年狂"，一如他高中时期的沉稳寡言。我很好奇以他个性，怎么管教中学生？但终未顾上问他。刻下想起，追悔莫及。望着飞机舷窗外无尽的暗夜，我在心中默诵唐人的怀旧诗，为他，也为在他之前羽化的另外三位同学送行：

> 西风渺渺月连天，同醉兰舟未十年。
> 鹏鸟赋成人已没，嘉鱼诗在世空传。
> 荣枯尽寄浮云外，哀乐犹惊逝水前。
> 日暮长堤更回首，一声邻笛旧山川。

我在许浑的最后两句诗中，心情开始平静。人世伤往，山形依旧，徒悲何益，明天我们还得继续直面人生，活在当下。且细思起来，我之伤悲，更多的是伤逝——为我们不得再见、渐行渐远的同窗，为我们清纯、飞扬的少年时代，为时常梦中行遍，却已面目全非的校园、故里。这一切，我们再也回不去了。

今早梦中被电话唤醒，躺在床上，逐一私信或电话联系在蓉同学，凑齐奠金发给老潘，托他转致张君未亡人。所能做的，仅此而已。起床后顾不上吃饭，赶往内子所在医院看望前来就诊的业界前辈，顺便请教专家，估计张君是脑血管畸形，因当日劳累和气温陡降，血管破裂而不可收拾。

别的不多说了，总之，张君之死是对我们的警示。生命何等脆弱，切不可忽视身体健康。同班同学大都肖马，年逾五十。古人悲叹"人生不满百，常怀千岁忧"，如此算来，我们早已进入生命的下半程。"五十而知天命"，我理解古之所谓"天命"，今之所谓"客观规律"也；而首当其冲者，无过于人类对生命个体生老病死的大彻大悟。

人生几何，来日苦短，我们虽然对社会、对未来还抱有希望，但不再不着边际地幻想憧憬，而是领悟到"有所为有所不为"实乃人生大智慧，理当珍惜余下光阴，做好自己分内之事，不作非分之想。我们即如东坡居士笔下孤鸿，终会鸿飞天外，但希望后世之人，偶尔会在虚拟世界的雪泥上，瞥见我们留下的零星爪印。老兄可能笑话我竟有如此奢望，但我以为，既然来到人世，岂可空掷一生？"东隅已逝，桑榆非晚。"你我生逢中华民族伟大复兴的不世际遇，该当有此信心。

值此辞旧迎新、举国喜迎新春佳节即将来临之际，张君事发突然，悲也憾也。我因此给老兄写来如此沉重的文字，端的不合时宜。只因今晚餐叙之人，并无深切私谊，我只能强作欢颜，频频举杯；满腹心事，只字不提。此刻说与你听，叨在你我总角之交，相契四十余载，老兄当不罪我怪我也。"华枝春满，天心月圆"，就此永诀了，我们亲爱的张 × 同学！

末了说点高兴事吧。今早出门已嘱儿子将《林则徐旧藏饲鹤图题跋录》奉寄老兄府上。此书由日本京都艺文书院限量制作，收录清代 65 位当朝显贵、学者名流为林父所绘《饲鹤图》敬书的题跋手迹和全部原大印鉴。承蒙文忠公后人慨然相赠，但我不通书艺，留在我手实为浪费。转赠老兄，或于老兄习书不无裨益。老兄去年国庆餐叙宣布从此开始练字，依你豁达大气、厚重之中又不失神思飞越的个性，期以三年，作品必有可观之处；而我生性迂阔无趣，自思无论怎样下苦功学书，终究脱不了一个"呆"字。且以此书相赠，别有一番心意在焉。老兄一贯自律甚严，必能功德圆满，但我期待老兄境界更上层楼，以林公"苟利国家生死以，岂因祸福避趋之"相自砺。鹅毛之献，拳拳之心，望老兄一并笑纳。

随附民乐 CD 一张，内有《草原晨曲》一首。异日老兄驱车西北大草原，正可与此欢快激扬音乐为伴。这是 1958 年前的老歌了。余生也晚，但知道，建国初期八年，正是我们伟大祖国朝气蓬勃、人民心情舒畅的黄金时期。我只记得歌曲开头两句："我们像双翼的神马，飞驰在草原上。"农历鸡年正向我们迎面撞来。雄鸡唱晓，且让你我这两匹老马，在未来一年里，"不待扬鞭自奋蹄"吧。过年好！

代康

年味

春节，即是农历正月初一。这是我国最隆重、最珍视、最热闹、最重要，也是最令人期盼的传统节日。

年年岁岁花相似，岁岁年年人不同。虽然，从小到大都在过年，但有些习俗和过年的感觉却大不相同了，虽然现在人们的生活都比以前富足了，但小时候过年的记忆却更让人怀念。

"过了腊八就是年"，喝了腊八粥，年味就近了。小时候最盼望的就是过年，过了腊八节，这股企盼劲就更旺盛了，恨不得早早考完试，连上学的劲头都足了，即使是鹅毛大雪也阻挡不了一颗火热的心。

小时候，快过年了，除了那浓浓的年味，还有那田野里的银装素裹、冰面上的肆意奔跑、雪地里的摸爬滚打，面对冰冷的世界，我却有一颗火热的心。

临近春节的期末考试总是让人期盼，不仅仅是对即将到来的春节的企盼，还有父母对拿到奖状的允诺，额外的奖赏总是令人期待万分。当然，随着年纪的长大，更多的希望是看到父母满意的微笑。

寒假一到，就意味着小年要到了。腊月二十三，正是我们那里过小年的日子，家家户户祭灶王，家里也会好好准备一顿午餐，一家人好好吃顿饭。过了小年，年味就更浓了。

"腊月二十四，掸尘扫房子"，小年这几天，是人们"扫尘"的日子，我们那方言叫"打扬尘"。父亲会找一些翠绿的竹枝、竹叶，绑在竹竿的一端成一团，然后清扫天花板四角，意味着扫除旧的、不好的事物，以全新的环境迎来新的一年。每每这天，我也会很忙，和哥哥帮着父亲拿着薄膜盖住房间里的物件，防止灰尘扫落后落在上面，这一天，就是全家总动员一起大扫除的日子，天虽然很冷，但是大家都干得热火朝天。

　　小年一过，忙完"扫尘"，也到了准备年货的时候。年货包括鸡鸭鱼肉、烟酒茶果、礼品炒货，应有尽有，分量十足。那时候，村子里家家户户都养猪，有条件的就会杀"年猪"，这一天村子里会很热闹，我也会加入围观的人群中，看大人们和猪搏斗，在一片惊呼和欢呼中，猪的惨嚎格外刺耳。等一切忙完，主人会做一顿"猪菜宴"感谢帮忙的乡里乡亲。"猪儿猪儿你别怪，你是人间的一道菜"，猪肉作为春节必不可少的一部分，确实为新年增加了很多滋味。

　　准备年货的期间，一家人会上街买上一套崭新的衣服，"过新年，穿新衣"，所以上街买新衣服，也是一件让我期待的事情之一。除此之外，父母也会满足一些平时不会轻易答应的要求，比如：买一把玩具枪、买一些"划炮"等等。于是，整个村子成为我和小伙伴的战场，噼里啪啦、枪声阵阵、炮火连天，厚厚的积雪、光滑的冰面都不能阻挡我们冲锋的步伐。

　　在过年前还有一件事必须要做，那就是"理发"，寓意理去不好的晦气，新年发大财，这也让过年的人们显得格外利索，以一个崭新的精神面貌去迎接新年的到来。

　　大年二十九，或是大年三十，不管怎么样，"大年"来了，这天也叫作"除夕"。大年这一天，毫无疑问是热闹而又忙碌的一天。父母会早早地起来，打扫卫生，屋里屋外都要清扫得干干净净。很多地方过年会在夜晚过，但在我们那里却是在中午过，因此，整个上午都在为"过年"做准备。父亲会准备好一些祭祖的物事，母亲则忙着准备中午的一顿大餐。

　　祭祖的时候要给祖宗磕头和祈福，希望来年事事顺利，心想事成，在一片鞭炮声中祭祖结束。鞭炮也有寓意，鞭炮声越大、越密集，整挂鞭炮放的时间越短、越完整意味着来年运道越旺，鞭炮是中国庆贺很多传统节日中必不可少的一部分。然后，我和哥哥在不情愿中，被母亲督促着站在大门下吃完一大块刚用来祭祖的熟肉，寓意长得和门一样高。现在看来，父母多年来的良苦用心和祖宗的保佑都帮不了我，真是无地自容啊。

　　祭完祖，就要享用母亲精心准备的一顿大餐了，一家人围在一起，会先说一些祝福的话。父亲总会唆使我和哥哥喝点酒，小的时候还是很不习惯的。到年纪大一些，也会主动陪父亲喝几杯了。不管怎么样，这一顿饭会吃得格外开心和满足。

吃完"过年"饭，母亲也要开始准备一些春节需要用到的食物，比如：炒瓜子、炒花生、炸年糕、包饺子等等，往往要忙到下午。天快黑的时候，我和哥哥会帮着父亲贴春联、贴门神，看似简单，却总让我有些不情愿，因为村里的小伙伴在等着我玩。到如今，贴春联的活已经被我和哥哥承包了。

吃完夜饭，很多地方叫"年夜饭"，不同的年龄段有不同的活动。小时候，我和哥哥会迫不及待地出门，然后和小伙伴们汇合，满村子都会响起小孩的呼喝声，还有时不时响起的鞭炮声，直到玩累了，才会拖着疲惫的身躯回家，洗澡，然后睡觉。大人们则会聚在一起打牌、聊天。说起洗澡，这一天家里人都是必须洗澡的，然后从里到外换上新衣服，寓意洗去旧年的晦气，以全新的自己迎接新年的到来。这一夜，父亲会"守岁"到第二天，长大后，我和哥哥也加入了这个行列。

"一夜连双岁，五更分二年"，这说的便是"守岁"，即"除夕"之夜，在我们家乡这里称作"接年"。这一夜，家里会打开所有的灯，象征着把一切邪瘟病疫照走。这一夜，母亲会给我和哥哥很多压岁钱，方言叫"压腰"，寓意新的一年发大财，但第二天就会收走，小时候还有点耿耿于怀，现在想来小时候"身怀巨款"还是很不靠谱的。一家人会围坐在一起看晚会、打牌，直到午夜十二点（小时候因为太小，熬不住，总会早早睡去），在一片鞭炮声中迎接新年的到来。这个时候，母亲会煮一些之前刚包好的饺子来吃，依稀记得在我的一片不情愿声中，父亲或母亲端来一碗饺子硬要我吃下去的情景。

接了年，新的一年也就到来了，即正月初一，也就是"春节"。这一天，一家人都会早早起床，吃完早饭（必须是饺子）后，从里到外、从上到下穿上崭新漂亮的衣服，然后给长辈、乡里乡亲拜年。说起拜年，现在还有些愧疚，小时候只顾向父母要压岁钱了，一直忽略了起床后给最先见到的父母拜年。等给村子里的长辈拜完年后，就该给亲戚拜年了，依稀记得一家四口踩着厚厚的积雪、迎着冷风，在一片白茫茫中，走了十几里路去给外祖父母拜年的情景，一家人走走歇歇，丝毫不觉得累和寒冷。

上面说了那么多，都是儿时对过年的记忆，寒冷而不失温暖、穷苦而不失"富裕"，虽然条件相比于现在有些艰苦，却有一种发自内心的喜悦和满足。到如今，哥哥也成家了，祖父母和外祖父也只存在记忆和睡梦中，自从高中后，我每年在家的日子也就寒暑假了，上班后更是鲜有机会回家，每次过年，感受的只有拥堵、仓促，虽然依旧很开心，却真的少了很多过年的味道。

那时候人们的行为真是印证了一句话："有钱没钱，回家过年。"在外打工和工作的人们，无论如何都是要回家过年的，即使是在除夕当天深夜赶回，也是觉得值得的。到如今，有很多年纪大点的人都觉得过年回不回家不重要了，只是托人带些钱给年迈的父母。甚至于，很多人觉得过年是一种负担，因为有很多的事要处理，所以会觉得很麻烦，更多的是一种无奈吧。于是，更多的人选择在外地过年，村子里的人口虽然越来越多，却也越来越冷清了，年味也淡了很多。即使是回去，人们也是仓促而归，仓促而去。令我无奈的是，我也在仓促中挥一挥衣袖，不带走一丝年味。

记忆中的年味要消失了吗？看到村里小朋友充满喜悦的笑容，听到电话那头小侄子对新年礼物的期望，以及父母对我们回家过年的期盼，我发现，也许只是因为我变了、长大了，或许记忆中的年味并没有消减，只是完成了转化和传承。

宋德兴

爱，一如灯塔

——读《灯塔里的陌生女孩》之感言

最初阅读《灯塔里的陌生女孩》，是在我读大三的时候，在我儿时玩伴的强烈推荐下阅读的。那个时候晚自习结束，总喜欢早早洗漱完窝在被窝，在夜深人静的时候开始阅读这个温暖而又湿润的故事。面对人生的选择，我们并不知道哪条道路将通向光明的顶点。选择没有对与错，这就是人生。每个选择都会有精彩的一面，也会有难以预料的一页。而灯塔，就像是掉落到地球上的一颗星星，无论发生什么，它始终在那里，始终会发出亮光。无论是夏天还是冬天，无论是在暴风雨中还是在晴空下，我们都可以依赖它。阅读期间数度落泪，那段在他乡求学的生涯，真心感谢有它的陪伴，也真切地被这个故事中对于人性真善恶的描述所打动。

时隔多年，如今随着年纪的增长，而立之年重拾这本书籍，身为母亲的我更加思绪万千。更能体会出女主角伊奇当时的复杂心理。我想这个世界上本没有绝对的善与恶，有的只是一些自私的念头和奢望，有时候个人夙愿的实现是要建立在别人愿望被破灭的基础之上的，这不能不说是一种伤害，却也是一种无奈。故事中的女主角伊奇，是那么善良单纯的一个女孩，她虽没有参与过战争，却饱受战争的折磨，因为战争，她失去了自己至亲的两个哥哥；由于战争，她目睹年迈的父母陷入极度悲痛中久久不能释怀。这种失去亲人的痛和没有办法排解亲人痛苦的痛，像夹板一样把她牢牢夹在中间，令她窒息。但是她凭自己的意志力渐渐地走出了战争的阴霾，继而变得开朗而率真，单纯而快乐，在属于自己的安静的小镇上跟随父母一起生活。

而男主角汤姆的出现，才是这个故事真正的开始。他们的相遇算不得有什么新奇，更不能说是一见钟情。对汤姆来说，爱情是一种奢望，婚姻更是一个梦境。他经历过战争的洗礼，在战场上杀过人，他目睹了太多死亡，承受了太多死亡带来的冲击，能四肢健全地活着回来似乎不应该，但是他终究活下来了，却留下了一段不愿回首的过去。现在的他，在历经了四年战争的痛苦，回到了澳大利亚，在杰纳斯礁石，开始了他作为灯塔看守人的工作。这个孤岛一年内鲜有船只往来，而他也只想在这个渺无人烟的岛上独自数着星星过完余生。他不敢去爱人，更不敢奢望被人爱，因为他给不了任何女人她们想要的生活，他能给的，只有一颗经历过战争后千疮百孔但仍旧善良的心。时间慢慢地过去，在杰纳斯纯净的空气中，伊奇的出现打乱了他的生活。她在经历了战争那些事之后，却依然能开怀大笑，依然对周围的世界充满好奇，依然愿意去尝试一切。受到伊奇的影响，那些往日梦魇渐渐离汤姆远去。命中注定般的，他们相爱了，结合了，成了一对极其普通而又不平凡的夫妻。汤姆终于敢去想以后的生活，去想他这些年从来不敢想的事情。

如果没有后来的剧情，这个故事顶多也就是一个大难后遇见爱情的唯美小说，但爱情终究是短暂而脆弱的，它常常经不起时间和现实的考验就露出原本属于它的面目。汤姆和伊奇无疑深爱着彼此，但这种爱终究因为孩子而演变为伤害。已经经历了两次流产的伊奇再一次胎死腹中，埋葬孩子一周后，伤心欲绝的她在风中听见了婴儿的哭泣，一条船被冲上岛，船上载着一个死去的男人还有一个活着的婴儿。当她看见那艘漂泊的船的时候，她的母性和本能暴露无遗，那一刻，她只是一个盼望孩子的母亲，央求丈夫收养这个小孩，而汤姆又怎么忍心让他深爱的伊奇从梦中醒来？如果可以，他愿意用自己的一切去换回伊奇曾经的笑脸。然而伊奇现在需要的，只有那个孩子，即使这违背了汤姆正直的灯塔守护人的职业操守（记录灯塔上或灯塔附近的每一起重大事件，包括过往船只、天气以及设备情况）和道德底线，他依然选择实现妻子的愿望，默许了伊奇的行为，给了伊奇活下去的勇气，把不安和愧疚埋在心底，他们决定收养这个女孩，并取名叫露西。但随着时间一点点流逝，伊奇越来越离不开露西，她对露西的爱越多，放手的可能性就越小，汤姆的负罪感也就越深。当这个孩子两岁的时候，汤姆和伊奇回到了阔别已久的内陆。但当他们带着女儿回到小镇时，意外地遇见了疯狂寻找孩子的亲生母亲。汤姆无法面对孩子的亲生母亲，更无法假装不知道这个可怜人的孩子还活着而不告诉她。他只是想给伊奇一个活下去的理由，但这个理由注定会成为另一个人悲剧的开始。他要怎么做才能不让这两个都深爱着这孩子的女人同时受伤？他困惑迷茫。我想那一刻他宁可自己牺牲在战场上，也不愿亲手揭开这层"幸福面纱"。但是该发生的还是发生了，孩子最终回到了自己的母亲身边，汤姆最终遭遇了审判。他默默承担一切，只求伊奇的理解和原谅。但是失去孩子的母亲就如同失去同伴的猛兽，敏感尖锐，疯狂脆弱，她无法原谅丈夫对自己的背叛，甚至怀疑丈夫对自己的爱。夫妻间原有的信任荡然无存，随之而来的是猜忌和怨恨。因为怨恨，伊奇不愿给汤姆作证；因为怨恨，汤姆将有可能被指控谋杀了自己的孩子。这个充满爱的故事看到这里着实让我捏了一把冷汗：只差一步，我们的女主角就要将深爱她的丈夫永远送进监狱；只差一步，他们对彼此所有的爱就将沦为无止境的恨……

然而结局终究是值得期待的，在经历了强烈的思想挣扎后，伊奇终于做出了正确的决定，放弃原有的执念和心中的怨恨，承担自己应该承担的一切，而汤姆则始终陪在她的身边，相依相偎，直至终老……当我合上这本书的时候已是深夜，夜深人静，卧床难眠，深夜的村庄出奇的宁静，这份宁静与安详像极了书中的故事发生地——帕特吉乌斯，澳大利亚西南角的一个小镇，那里的人们过着平静而安详的生活。而在它沉默的背后，也许也暗藏着许多温暖而感人的故事，它们发生过也被记住过，却终究将流进时间的长河一去不返。但它带给人的触动是真实而深刻的，它教会我们去爱，去恨，去原谅，去放下，去体味收获的喜悦，去咀嚼失去的痛苦，而爱，一如灯塔，始终指引我们前进的方向。

钱叶

这如画的四季

生活中的美无处不在，就像春夏秋冬这一年的四季，各有各的美丽，各有各的独特之处。

一年四季就像是四个性格迥异的女子。春天像一个略显羞涩的小姑娘，第一个出场，她满眼笑意，脚步轻盈，走到哪里，就把温暖的春风带到哪里；夏天像一个火辣奔放的姑娘，她跳着一支拉丁舞，给我们带来活力和激情；秋天则像一个成熟内敛的姑娘，不经意间，就把自己的魅力带给辽阔的大地；冬天像一个庄重严肃的姑娘，她跳着优雅的芭蕾，举手投足间，把片片的雪花撒向四面八方。

"不知细叶谁裁出，二月春风似剪刀。"当和煦的春风吹满西北大地，万物复苏，一切都显得那么的生机勃勃。你看，那两株山杏就那么浓艳地开了。周围荆棘遍布乱石重叠，是什么力量诱使它独占一枝春呢？是一面西坡，山形微凹，山杏就生长在凹处，略得山风吹拂；东面是开阔的空地，梯田层递，毫无遮挡，每天早晨山杏最先迎接朝霞的灿烂。这可能是她早开的原因吧。当然，还有更多的花儿，那桃花一丛丛、一簇簇地在枝头上对着你粲然一笑，洋溢着春天的情意；那白色的梨花则像纯洁无瑕的少女，含羞带怯地看着这烂漫的春景。再看那地里的麦苗，在寒冷的冬天蜷缩着的麦苗终于感受到了来自春风的暖意，那稚嫩的身体终于伸展了四肢，它们从大地中冒出了头，给大地铺上了一层绿油油的地毯。

"接天莲叶无穷碧，映日荷花别样红。"夏天的脚步近了，也带来炽热的空气，人们有的摇起蒲扇，有的打开空调，想方设法抵挡着不断袭来的热浪。小孩子好像都不怕热。你看，他们钻进游泳池，打起了水仗，玩得不亦乐乎。盛夏的天，就像小孩子的脸，说变就变。刚才还是艳阳高照，转眼间又变成大雨倾盆，可即便如此，也很难给人凉爽的感觉，依然是那么的闷热。虽然炎热，但大地上依然绿意盎然、生命不断。你看那池中的莲花，远远望去，像一把把打开的伞，尤其是当下过一场突如其来的大雨时，上面一个个可爱的小水滴，反射着阳光，连蜻蜓也被吸引而来，怪不得诗人诗兴大发，吟出"小荷才露尖尖角，早有蜻蜓立上头"的清新诗句。

"树树皆秋色，山山唯落晖。"秋天给诗人的感觉有太多的时候是萧索的，秋雨淅淅沥沥，总是连绵不断，在天空中挂起了一层迷蒙的雨帘。树上的叶儿也在秋风中渐渐落了下来，"落红不是无情物，化作春泥更护花"，诗人这样来形容片片的落叶。其实，秋天是收获的季节，且不说那满山的红叶，红得是那么火热，给人一种生机勃勃之感，更不用说田野里那等待收割的粮食。这时候，农民伯伯脸上的笑容是灿烂的，一分耕耘，一分收获，春种一粒粟，秋收万颗子。他们曾经在这片土地上挥汗如雨。如今，土地也没有亏待他们，他们的汗水化成了土地献上的丰厚的礼物，化作了人们盘中粒粒的粮食。

"不知庭霰今朝落，疑是林花昨夜开。"当凛冽的寒风无情地吹动着树上枯黄的落叶，当人们纷纷裹紧自己的衣服，形色匆匆地行走在大街上时，冬天，迈着沉重的脚步到了。冬天没有了往日的生机与活力，大多数人的心里会不由自主地生出一种怅然失落之感。其实，冬天也是美丽的，你看，那漫天的雪花布满天空，整个世界都成了银白色，好像冰雕玉砌一般。房子、树、大地都穿上了一层白纱，显得那么纯洁，那么唯美。小伙伴也打起了雪仗，有的躲在树后，有的在雪地躲闪，即使这样，也经常被雪球打中，他们顾不得疼痛，而是抓紧拿起雪球扔去。"岸容待腊将舒柳，山意冲寒欲放梅。"我们其实应该想到，冬天不仅带来了萧条与荒凉，也孕育着生的希望，孕育着春天。面对着冬日的严酷，我们应该抖擞精神，继续让自己保持一种火热的激情才对。

四季如画。每个季节都有不同的特色，都那么地让人着迷。有时候，我们不妨放慢奔波的脚步，停下来欣赏下这如画的四季，也许，你将有另外的收获呢？

熊梅

"精英教育"何以带走童真?

前些日子看了一档节目,大致是讲一群小学生为了进入世界名校而展开激烈竞争。既然是世界名校,那么理所当然他们必须全程使用英文作答,才能获取名校评审们的青睐。正式进入竞争前,孩子们会抽取他们的命题,但只有一天的时间来准备。节目组设了层层关卡考验孩子们的词汇描述能力、应变能力与沟通能力,只有通全关的孩子才能得到录取通知书。紧张的倒计时、压抑的灯光渲染、无法预知的突发情景模拟贯穿着整个闯关过程。看着孩子们的表现,我被震撼了,即使是受过高等教育的成年人也难有这样的机敏沉着和博学多才,也许这就是当下追崇的"精英教育"吧。然而,这些十一二岁孩子的惊人成果,是通过多少人花了多少时间和精力才取得的呢?这样的高强度教育对孩子们来说真的好吗?

绝大部分家长都相信"精英教育"能使孩子在残酷的社会竞争中脱颖而出,所以无视个体差异,对这样的教育模式趋之若鹜。古有"孟母三迁",今有为孩子买千万"学区房"。早教班、补习班和"没有兴趣"的兴趣班"偷"走了孩子们的课余时间,更有甚者一周给孩子安排 14 小时课外班。谈何玩乐?连休息都是奢侈的。

"精英教育"下的孩子们拥有无懈可击的成熟与自信,却也无法避免与年纪不符的世故与圆滑。而我们这一代人的童年,是在田间奔跑嬉戏,是跳皮筋、踢毽子、丢沙包,是与小伙伴的"恶作剧"和"大冒险"。那时的我们,没有所谓的"兴趣班",有的是一时兴起的"小疯狂";那时的我们,没有赛场的明争暗斗,只有属于我们的天真烂漫。每当回忆起童年,嘴角会忍不住微微上扬,那是一生中最无忧无虑的时光啊!精英教育仿佛是一剂激素,注入孩子的心中,将他们提前催化成熟,也将他们的童真敲打得支离破碎。

我于国外留学和旅行中，所见到的西方教育和我们的"填鸭式"教育大相径庭。小学生几乎只上半天课，课余没有任何作业，甚至连书包都不用带回家。孩子们的时间用在运动、旅游、社会活动上，而不是戴着小眼镜埋头玩平板电脑。这样的孩子做起数学题来无法和中国孩子比，但是能自由做喜欢的事，也能更专注地发展特长。人生来天赋各异，哪来那么多全才精英？

著名心理学家武志红在《巨婴国》上写道，我们发展了很复杂的行为，对权利、名声、成就与物质等的需求可以涨到很高的地步，但它们常常是一种防御，是两种在婴儿时期没被满足的原始的简单愿望转化出来的。一个愿望是：抱抱我；一个愿望是：看看我。无法得到满足的童年，很有可能催生出一个个高智商的"巨婴"。

我始终认为，成熟的社会是不以学历论成就的，大家各司其职、不分贵贱。就像有些在中国工资微薄的职业，在一些国家可能薪酬丰厚，不同的特长都可以有平等的机会。"花有重开日，人无再少年。"童年只有一次，我们是否应该还孩子一个纯真童年？

钱丽雯

感悟人生

　　徐徐微风吹来，窗边一树金桂指向了中秋时节。亲友大婚，家人携我同去，宴是好宴，景也是甜蜜美满的好景致，宾客陆续到来，便下筷开始了。

　　台上一对新人重复着流程，我对此无甚兴趣，便专注于眼前一桌菜品，道道不同，色泽诱人，勾起了我肚里无数馋虫。我便取来一一品尝，味道浓郁，舌头仿佛沉浸在了甜、酸、辣、鲜里，好生惬意！渐渐肚儿也半饱，腹内满满酱汁，舌头的敏锐也渐渐消失，仿佛辣中带着咸，咸末又夹着甜。一句话说，便是菜品太过浓郁，倒成了种杂糅。

　　新人含羞带怯敬了酒，婚礼进入尾声，我百无聊赖，只坐等回家。这时，压轴菜品呈了上来，倒让我眼前一亮——素净的瓷盅里盛了乳白鱼汤，每位一盅。白瓷光润，好似美人儿眼波流转，自有一段浑然天成。我舀一勺细细尝了，顿时笑逐颜开，鱼汤淡极又鲜极，熨帖了舌尖上的每一个味蕾，恍若重获新生。先前浓郁的交集，倒让这"无味"的汤，变得"有味"起来。

　　想起去年秋天去一位老先生家中拜访，老先生住在山中，过着半隐居的生活。晚餐时给我们熬了一锅粥，这粥无甚特别，只是加了些许苦菊，米的甜味被苦菊覆盖，竟是一点味儿也没有。那时我尚不明白，今时今日忽然知晓：这寡淡正与老先生恬淡无争的心境相吻合，一切大开大合之后，万事终会归于淡然。那便又问：是否从头淡然，便是最高境界？并不是这样，人生只有经历了青年的勃发、壮年的雄志，才能品出守得云开的淡然。如同让你一开始便喝这鱼汤而错过浓郁的菜品，你是要嫌它寡淡无味了。

　　鱼汤入口，短短瞬间，竟想通了诸多关节。只有每一刻都"活在当下"，才能获得从容、淡然的心境！

胡倩

人生就像一盒巧克力

——读《阿甘正传》有感

　　最近重温了一部经典电影——《阿甘正传》，里面有句台词是："人生就像一盒各式各样的巧克力，你永远不知道下一块将会是哪种。"这是《阿甘正传》里阿甘他妈妈对阿甘说的话。在国外，装在盒子里销售的巧克力有很多种口味，如果你不一一打开品尝的话，就永远也不可能知道这一个是什么口味的：黑巧克力、白巧克力、酒心的、干果味的……有的巧克力外表看起来很漂亮，似乎很好吃的样子，其实很可能不符合你的口味。生活中，每个人不同的选择都有可能导致自己命运的不同走向。就像你不知道下一个巧克力是否好吃一样，也没有一个人可以预知自己的未来是怎样的（美好抑或悲哀，圆满抑或遗憾……）。未来是无法预测的，只要我们认认真真地做好每件事情，快快乐乐地过好每一天，生活就是美好的。阿甘，正是听着这样的教诲，一步一个脚印地踩出了属于自己的生活奇迹。从智商只有75分而不得不进入特殊学校，到成为橄榄球健将、越战英雄、虾船船长，到跑遍美国，阿甘以先天缺陷的身躯，达到了许多智力健全的人也许终其一生也难以企及的高度。

　　其实现实生活中大部分人都是很普通的，很普通的智商，很普通的家境，很普通的工作，但是我们不能对我们的生活失去信心。大多数时候，我们也许都被时代的潮流裹挟着，只能随波逐流，这种飘浮没有具体的方向，平淡到令人厌倦。可是，一个腾挪一个转身，总还是可以由自己控制的，你只需尽力将它做得完满，不要计较你究竟得到了多少。那么，你就可以越飞越高。你会发现，越往高处，越接近天堂。所以我相信阿甘的成功并不是偶然。阿甘并没有远大的理想，他失去的也很多，他很少有朋友，他总是被聪明人嘲笑，他最爱的母亲和珍妮先后离开了他……但他并没有因此而沉沦，爱还在延续，他还有自己的孩子，一个聪明的小阿甘，他的人生还在继续。他不聪明，但他永远知道如何让生命充满希望。所以他也就赢得了荣誉、财富和爱这些常人可能永远不能兼得的东西。

你不得不承认，其实很多事情的成功是有其偶然因素的，你并不会因为处心积虑而更接近终点，但上苍会在你不经意的时候，给你的努力以一个最恰当的褒赏。记得高中时候有一次春游，我们去苏州乐园玩，到了公园门口，所有人约好下午三点集合返程后，就各自四散去玩了。我记得那天天很热，我和几个同学玩了几个项目，又排队排了几个项目，中途放弃了，找了地方吃东西，沿着欧风街散步，坐在路边吃冰淇淋，很快就到了集合时间了。全班集合之后，同学间互相聊天才知道其他同学去玩了高空滑翔伞、过山车、高空弹跳等等好多我都没见过的项目，去了园区好多我都不知道的地方。当时的心情，怎么说呢？就是震惊于在同一个游乐场，同样的时间，为什么我们过得完全不一样？从此以后，人生对于我就变成了一个定时要关门的游乐场，芸芸游客那么多，谁也没有特权。我拿着和所有人一样的门票，用和所有人一样的时间，我想要赚回这张入场券，我想珍惜这再也不能重来的旅游，我要争分夺秒，去尽可能多地看看那些我所不知道的角落。当我们年华老去，回首来路，如果你可以对昨天的一切无悔，那么你已经拥有了非常成功的一生。

请永远记住这句话："人生就像一盒巧克力，打开之前你无法知道会吃到什么味道。"这只是一句台词，却说出了一种信念，对待生活永远要保有一种期待，一种美好的期待。巧克力味道复杂，若你心中是苦的，巧克力也是苦的，若你心中是甜的，巧克力也是甜的。你对生活充满希望，生活也会对你微笑。真正懂得品味生活的人，生活对他而言是多姿多味、充满精彩的。

朱盛

三思

　　春节的清晨，老早就被鞭炮声吵醒，吃过了汤团，索性带上孩子去湖边走走。风不是很大，吹着湖水拍打着栈道下的木桩。在湖堤上一边散步一边问两个小子冷不冷，回答都说一点都不冷。确实，记忆中的北风还要狂，今年的冬天确实不太冷。突然想带他们去北方感受一下那里的冬天，学学滑冰，看看冰凌子。于是，我们在大年初三踏上了北上的列车。

　　没想到火车刚开出，天就下起了小雨，淅淅沥沥下在车玻璃上。两小子倒是开心了，玩着在车窗上哈气写字的游戏，不亦乐乎。火车快到南京的时候，雨下得大了些，打在车窗上发出滴滴答答的声音，煞是好听。这让我想起了宋代阳羡词人蒋捷的《虞美人·听雨》，词中从三个不同时空听雨的角度，写出了不同阶段对人生的感悟。

　　　　少年听雨歌楼上。红烛昏罗帐。壮年听雨客舟中。江阔云低、断雁叫西风。

　　　　而今听雨僧庐下。鬓已星星也。悲欢离合总无情。一任阶前、点滴到天明。

　　少年不识愁滋味，听雨歌楼上，看看两小子，童真稚气，欢声笑语，的确如此。壮年听雨客舟中，蒋捷在他乡客舟之上冒雨前行，无非也是奔波和求索，与我们无异。

　　其实，每个人的人生都是一场上下求索的过程。在求所得时，自然是神清气爽、豪气云天，在艳阳高照下仰天一笑、快意平生；而求不得时，难免会颓废沮丧、意气消沉，借潇潇雨歇时纾解愁情、聊以慰藉。

　　人生也是一场自我挑战的过程。面对困难的阻碍，不同的人会做出不同的选择，不同的性格也将注定不同的命运。或自我放弃，从此消极怠世漠对人生；或自我宽慰，怡然自乐之中另行图谋；或自我勉励，选择积极进取更上层楼。

人生更是各种偶然使然，就像蒋捷寒窗苦读，考取功名，春风得意，官袍加身，怎奈当国破朝亡，从此颠沛流离，四方漂泊是偶然；而我本来可能正在晒着太阳听着歌，却因为被鞭炮吵醒而开始了一场突如其来、说走就走的旅行，这也是偶然；而在这雨中的列车上想起这首词更是偶然中的偶然。

文学意境上来说显然词作中更佳，但我在列车上听雨大体说来跟他的客舟中听雨也算是异曲同工，不过心境却又是不尽相同了。蒋捷追忆当年，也曾奔波劳碌而终究碌碌无为，心情很是滞闷，难免感受到的是江阔云低、断雁叫西风的凄清之调。一生际遇之下，东奔西走直至晚年，适逢听雨僧庐下，感伤故国、落寞愁苦，剩下的自然也就是自我麻木和无可奈何了。

试想如若是从后堵前追、近乎绝境之困中，穿刀林箭雨扭转局势，携忠勇将士建立功业。历尽艰辛，尝遍甘苦，当荣誉章勋歌舞升平之时，回想当年金戈铁马扬刀天下之快意，感怀最初坚定不移誓死追随之决心，纵有从容之度，怎奈胸中沟壑万千，持平和之态已属不易，拭潸然之泪亦非不勇。此情形下若能云淡风轻，如词中所述一任阶前点滴到天明，则虽其形一致而内心已是天壤之别了，其历尽世事后的坦然处之远非蒋捷无可奈何下的听之任之所能相媲。果真如此，这下阙也是另作新解，其气势和意境也就不可同日而语了。

孙骏

成长是会呼吸的痛

蚕蛹破茧成蝶，经历了万般痛苦；蝉在地下沉睡了十七年，只为了唱响一个夏天；雄鹰多少次跌落折断翅膀，只为了翱翔苍穹。成长，都是要付出代价的。成长，是会呼吸的痛。

曾几何时，年幼无知的自己想要长大，以为长大了就可以做自己想做的事，得到自己想要的东西，于是怀揣着一个个不知天高地厚的梦想，跌跌撞撞着长大，直到自己真的长大了，梦想也弄丢了。那些不能修剪的青春，光芒万丈，难以逼视——我被成长吓了一跳。

大学时光，告别了中学时的繁忙课程和紧张情绪，没有了老师在旁边停不下来的唠叨，没有了每天挑灯夜读的艰苦，也没有了周周测月月考的锤炼，我就好像自己是那个跃入了大海的鱼，感到自己拥有了新的世界！初入大学的我，心怀着很多的憧憬，我憧憬着在这个殿堂里收获一个新的自己。我憧憬着：今天，在阳光下的操场，背靠着球门，坐在草地上看着天上的云卷云舒；明天，在落针可闻的图书馆，双手捧着自己喜欢的书，在柔软的沙发上，嗅着那油墨的清香；后天，在热热闹闹的课堂上，听着慈眉善目的教授给我答疑解惑，眉头舒展。这些都是属于我的精彩。后来，大学的生活一天天过去，我憧憬中的今天、明天、后天却不是我现实中的自己。操场上的风轻云淡，其实只有偶尔路过的过眼匆匆；图书馆的字里行间，其实只有考试前的临阵磨枪；至于课堂上的师生和谐，更被心不在焉的我抛到了九霄云外。在大学我收获到了一个新的我，一个在课堂上失去了灵魂的我，一个在每年期末考挣扎在及格线的我，一个在人来人往的大校园里找不到方向的我。那个我，并不是那个我憧憬中的新的我。

顺其自然，我通过了毕业答辩，顺利毕业，找到了自己的工作。初入职场，我决定要一改之前的颓废，做一个拼搏进取积极向上的好员工。然而，随着时间的推移，元气满满的我渐渐感到身心疲惫。每天的早出晚归，有时候并没有预想中的收获，压力也随之而来，每天枯燥而单调的日子，让自己没有了力量去面对下一个明天。设想中每天下班看书提升自己，但是疲惫让我失去了学习的心了。我好像离我的梦想越来越远了。

我一直很羡慕那些职场达人们，一口流利的语言，对于专业知识手到擒来，简洁干练的着装。为了这个，我决定"转身"，去从事最锻炼人的职业——销售。满怀着激情与动力，投身于工作当中，虽没有传说中的人心叵测、尔虞我诈的惊心动魄，也算经历了人生没经历过的很多无奈，但是感觉自己是在为梦想而动，为梦想而奋斗的人是最开心的。"晨兴理荒秽，戴月荷锄归"，"衣沾不足惜，但使愿无违"，我仿佛看到，父母洋溢在脸上的满满笑意与欣慰。

有人说，成长的过程就是一个不断经历的过程，因为有了经历，才有了经验。有人说，成长是一个受伤的过程，因为伤口才是最好的证明。而经历了懵懂无知，受过了风吹雨打，我更觉得成长就是一种会呼吸的痛，因为它就像呼吸对于每个人来说一样的重要，会一直伴随我们，是每个人必不可少的。而且伴随着它的，总有我们不希望有的痛苦，但是这才是成长的味道呀！就像一杯可乐，它总是伴随着气泡，当它没有气泡的时候，那么它也就乏然无味了。

当由牙牙学语的磕磕绊绊，成长到亭亭玉立，经历了很多痛苦，也收获了很多。那中学到现在步入社会经历的痛苦也是成长。我经历了迷茫的痛苦，但正是这段迷茫期，让我学会如何在一片黑暗中去寻找自己的道路；工作中经历的各种压力的痛苦，更是让我学到了很多很多的经验和知识，让自己在不知不觉间成为一个真正的男人。经历会呼吸的痛，潜移默化地影响我，让我变得更加稳重；接受会呼吸的痛，不断转化成我的垫脚石，在人生的道路上越走越远；享受会呼吸的痛，正如分岔路口的指引牌，让我越来越成竹在胸。

恰青春，风华正茂。恰当下，意气风发。恰赤壁之周公瑾，雄姿英发，羽扇纶巾。恰湘江之毛泽东，指点江山，挥斥方遒。挣扎着褪掉所有的青涩与丑陋，成长，在阳光下抖动着晶莹的翅膀，微微地、幸福地颤抖。

冯伟

龙眼

龙眼，又名桂圆。可口多汁，为人喜爱。然，我不忍食之，每每瞧见，总会忍不住想起一位逝去的长者、一段尘封的往事，不免黯然神伤。

太奶奶是我记忆中为数不多的一位太字辈长者。多年前，她与我的爷爷奶奶同住，我与她相见不多，只是偶尔周末时随父母前往拜会。懵懂的我唯一记得的，就是她和蔼的样子，常常戴着深蓝色的布帽，包不住的银丝根根絮絮地裹在两侧、覆住耳朵。佝偻的身躯上穿着满是补丁的衣裤，旧时代留下的小脚，使她的行动迟缓无比。

那天，我步上台阶，她像是用尽力气般叫住我，然后走向床边，从枕下取出一包藏了许久的干龙眼，塞在我稚嫩的小手上，她说那是她去烧香拜佛带来的龙眼。至今，我都记得被她握住手的感觉，那双历经沧桑如沟壑般的双手，就像干瘪的龙眼，满是岁月的痕迹。

对于那时的我来说，吃龙眼是件快乐却又费力的事情。一方面是因为稀少而难得一尝；另一方面，则因为用力过大使果壳粉碎，粉末落在黏性果肉之上又实难处理。后来发生的一件事，让我只要想起太奶奶、想起龙眼就不禁痛心。

那天，我从睡梦中醒来，感到饿了，便小跑下楼想找奶奶要些吃食。刚要踏步台阶，便隐约听到一阵对话，不曾听清或已记不得，只仿佛带些责备，然而，接下来那一幕却让我终生难忘。就在太奶奶用极其慢的步伐从厨房走出时，一只盛满团子和汤汁的碗砸向了她的头。在一句"我让你吃！"之后，那个碗瞬间四分五裂，些许糯米汤汁和团子黏在了太奶奶那褪色的帽子上。碗落地的声音尖锐无比，犹如四五把刀片割在我幼小的心上。我无法形容那时的心情，只有那责备的声音在脑中回荡——那怎么会是我奶奶的声音啊？记忆中慈爱的奶奶却涨红了脸，满是怒意，看向迟缓走去的太奶奶。

那是我对太奶奶最后一点记忆，不久之后，我便听闻她的死讯——服毒自杀。在脑海中无数次根据大人所说想象太奶奶临终的场景，坐在咯吱作响的老床上，是犹豫或果断地服下那一瓶农药。后来的多年，我还能在老家看到太奶奶安详的照片，不知何时已被人取下，如今快三十年未见，许多愁丝与感慨在不经意间泛上心头。

一到静僻的地方，孤独的时候，最是夜间，感念之余，借笔之力，一诉衷肠，也叫人长叹一声。如今，城中果店繁多，随手可买到壳薄多汁的龙眼，已无当年食之烦扰，却不复当年欣喜，不愿再去一品那人生滋味。

顾小锋

家和万事兴

家庭是和谐社会的基础，家庭的和谐与否可以直接决定人的幸福感。

在如今的社会，有一种人，将幸福寄托于金钱，以经济论人生；还有一种人将一切物质的东西都摒除在外，追求虚幻的幸福感。其实，我们可以批判追名逐利带来的负面影响，但是不能全盘否认，成功的事业必定带来不错的经济基础。而成功的事业，能够一定程度上促进家庭的和谐。经济不是最重要的，但它的确很重要。

家庭、事业，是否可以两全？

我的职业是一位销售员，营销是一个将个人发展置于家庭与事业矛盾体之中的职业，营销人是一个类于"游牧民族"的群体，注定了漂泊。营销人注定将自己置于事业、家庭之间的矛盾之中，我们必须学会平衡两者之间的关系。

记得刚找到工作的时候，一个已婚的朋友告诉我，做业务就暂时不要结婚，假如结婚了不要生孩子，如果生也要生个女儿。刚开始很困惑，后来朋友跟我解释说，常年出差在外，照顾不到家庭，生孩子会给家人增添负担；而如果生了儿子的话，男孩因为缺少与父亲的接触，过多接触母亲，长大后会缺少阳刚之气，多了几分女孩腔。后来，我结了婚，也有了孩子，是个男孩，孩子被爱人教育得懂事而聪明，被爱人打扮得帅气而天真，只是我真的感觉到，儿子对爱人过于依赖，常常女孩子般的撒娇，我也多了几分对他们母子的愧疚。

自古以来老人们一直遵循"先成家后立业"。记得当初找工作时，有一家企业的招聘启事上特别注明"已婚"的要求，因为那家企业认为男人只有结了婚才具有责任心，才能够把手头的工作做得更好，才真正具备"立业"的先决条件。反过来，当前更多的年轻人则倾向于"先立业后结婚"，因为这些人更为现实，他们知道婚姻也是需要物质基础的，尤其是在快节奏的大环境下，一个男人，事业无成，找到真心爱人是很困难的，即便是找到了，最后也多半会因为生活的负担而最后走向破裂。这里面有太多真实的例子，不是因为人太现实，而是因为现实的生活太残酷。我们先不用说爱人会不会陪着自己去省吃俭用、不和别人攀比，我们更多的应该想到我们是否忍心带着自己心爱的人生活在债务中。

家之重要，并不在于房子的构造，而是其中的人。家人，是我们最爱的人，他们，能最强烈地影响我们的情绪。听着爷爷奶奶讲过去的故事，孙儿便对那些岁月充满好奇；看到父母和谐恩爱，儿女会内心欢乐；听到子女无忧无虑的笑声，爸妈脸上也会不由得浮上笑容……家庭成员的心情是互相影响的。家庭和谐，才能保持每天的心情舒畅，也才有心思去追求理想，拼搏事业。否则，每天深陷家长里短，奔波于"婆媳关系""孩子教育"等之间，只有眉头深锁的份。

上天是公平的，在你得到一些的时候，往往也会失去很多。我们在享受富裕奢华的时候，往往会失去对平淡生活的感悟；我们在取得事业发展的时候，也往往给家庭带来更多的亏欠。其实，我们需要的是家庭、事业的平衡。

做销售的人，在工作中对"平衡营销"用得如鱼得水，但是在生活中却往往忘记利用或利用得不够。我们把太多的时间留给了市场，我们把太多的忙碌置于工作，而往往忽略了对家人的照顾；我们把太多的时间用于个人的发展与事业的提升，而忽视了家庭的和谐与幸福。

也许你没有忽略家人在你心目中的位置，你每月外出数十日，用在个人身上或应酬上的开销，与在家庭待上几天用在家人身上的开销是一样的，但这只能说明你做了生活中"平衡营销"的皮毛而已；没有你的关怀以及因为你的"忙碌"，你对家人的"冷落"又岂能是金钱所能弥补的？

我们应该学会"换位思考"，对自己带给家人的那份亏欠表示歉意，向家人致以真诚的道歉，更希望我们能够得到他们的真心理解，因为我们希望做得更好，无论是事业还是家庭。以营造"家和"达到"万事兴"，以"万事兴"促进"家和"，做到真正的"家和万事兴"，必须平衡好家庭与事业这杆秤。

王乙

踏雪寻梅

古往今来，文人墨客、迁客骚人对于梅花的溢美之词数不胜数。"不经一番寒彻骨，哪得梅花扑鼻香""墙角数枝梅，凌寒独自开""梅须逊雪三分白，雪却输梅一缕香"……踏雪寻梅、吟诗作对，是古人最爱的风雅逸事，"吾诗思在灞桥风雪中驴背上"，性情开阔的孟浩然，常骑一毛驴冒着风雪吹打，寻找怒放的寒梅，苦苦求思诗情画意。去年在老家后院中与梅花的一次偶然邂逅，不仅让我为梅花斗霜傲雪的气质和高洁不屈的风骨所折服，更让我对梅花恬淡自持、超然物外的处世态度有了一番新的认识。

去年春节，我和老婆孩子一起回老家过年。兄弟姊妹们一年见不上几次面，趁着春节放假大家好好聚聚。中午吃饭的时候，大家推杯换盏、觥筹交错，喝得酩酊大醉，醒来时已是大雪初停，月上山头，晓风轻寒，白窗上树影横斜。酒醒了辗转反侧难以入眠，于是乎披上大衣，我独自一人去找住在屋后的老李——多年不见的老朋友谈谈心、说说话。绕过屋后，一缕梅香飘然而至、沁人心脾，深深地吸引着我，于是我突发奇想，效仿古人风雅一回，来一次踏雪寻梅。

循着梅香，沿着大青石板铺就的小路漫步，月朗星稀，月辉轻轻洒满一路，夜风清寒夹杂淡淡的梅香，吹散了自己残存的睡意，顿觉神清气爽。走过故乡的老石桥，河水在清朗的夜空下低低哼唱，老亭子朱漆斑驳、飞檐残缺、铁马叮铃，池塘一湾碧水映着明月，宛如深邃而柔情的眼眸，池边角落里小时候不知谁栽种下的两株梅树依旧蓬勃生长。几十年的风风雨雨过去，都说物是人非，此刻我感慨的不是人世沧桑的变迁，而是梅树傲霜斗雪的顽强生命力。"香中别有韵，清极不知寒"，梅花在风雪中坚强不屈的品格早已被世人道尽说穷，而梅树几经寒暑，花开花落便是几十个春秋，这种任世事变迁而仍旧坚守的力量却往往被忽略。过去它的坚贞不屈的品格曾经鼓励过我，如今多少年过去，我又从它的身上读出另一番人生的思考。在想起梅花不畏严寒的高贵品质的时候，请永远不要忘记梅树几十年如一日的默默坚守，因为在物欲横流的社会，不忘初心，默默坚守比那种轰轰烈烈、只争朝夕的一枝独秀更难能可贵！

　　冰雪覆盖的枝头，寒梅怒放，正迎着月光，在寒夜中烈烈生长，仿佛要一夜间探究尽天宇的高度。月光下依稀可见一株白梅、一株红梅，根生一处，枝开两头，枝丫与花蕊夹杂在一起，浑然天成，不仔细瞧，还真以为只一株梅树。这让我想起了唐明皇和梅妃江采萍的一段凄婉的爱情故事。梅妃爱一个人就是这般的轰轰烈烈，生前惊鸿绝舞、楼东遗赋，最后因为唐玄宗落难逃荒而被弃之于不顾，于是白绫裹身，投井自尽。其为爱痴狂的一生不禁令人扼腕叹息。世人都叹杨贵妃，又有谁记得为爱而生、因缘而尽的梅妃江采萍呢？我怀着好奇的心情走上前去，只见枝丫横斜错落地生长，幽暗的清香如甘甜的美酒，浸润着每一个匆匆而过的路人，纤薄的花蕊正安静地享受着无边月色的光华，我又怎么忍心去打破她们美丽的梦？梅花并不因为风寒凛冽而气馁，也不祈求温暖和煦的阳光，只要一湾碧水、一抹月色，便能超然物外，恬淡自持。我们的人生是不是也应该多一点梅花的淡然，闲看庭前花开花落，任留天外云卷云舒。

　　"玉楼金阙慵归去，且插梅花醉洛阳"，让我沉醉在梅花香阵中，邂逅一段与梅妃的爱情故事……

蒋燕华

唯美与写实

——沈从文小说《边城》赏析

空闲时重温了沈从文先生的《边城》，再次被感动。沈先生离开我们已有28年了，但他于1933年冬创作的《边城》表现出的"唯美、自然、和谐"的生活形式依旧光芒闪烁。沈先生以小说的体裁写作《边城》，把散文的心灵感应融入其中，作品中有美景、有真情、有实物，情景交融、景物交错、情物互换，摄人心魄，形成独特的散文体小说风格。《边城》刻画的湘西印象，描绘了一处桃花源式的"无私助人，快乐生活"边境茶峒小城，给现代都市文明中迷茫的人生指出一条清晰的灵魂皈依之路。

《边城》描述了一个情节简单的爱情故事，在川湘两省交界的小城茶峒附近，有一条小溪、一座白塔，旁边有一个风景优美的渡口。这里有户人家，爷爷老船夫和孙女翠翠两个人，还有一只黄狗，以渡船为生计悠然度日。老船夫年逾古稀，少女翠翠情窦初开。茶峒城里有位船总名顺顺，膝下有天保和傩送两个儿子，同时爱上了翠翠，兄长天保先一步托人提亲，老船夫满心欢喜，可翠翠不答应。翠翠对傩送动了情，兄弟俩没有按照湘西风俗决斗，约定采用唱歌的方式求婚。傩送唱一手好歌，天保自知不是弟弟对手，心灰意冷，驾船远行，闯滩落水而死。顺顺忘不了儿子的死因，对老船夫异常冷淡。傩送也因老船夫为人曲折，家人逼他与富有的团总女儿成婚，且得不到翠翠的理会而远行。风雨之夜，渡船被冲走，白塔冲塌，老船夫在误会中郁闷致病，在雷声将息时逝去了，留下翠翠孤独地守候在古渡头，一日复一日地等待着心上人归来……故事结局凄凉婉转。通过翠翠与傩送的爱情悲剧，反映出湘西的年轻人在爱情面前未能把握命运的垂爱，重复着凄凉的人生，寄托了在抉择"爱情"与"财物"不可兼得的隐痛，以及爱满人间的美好社会。

人性之美，是文学创作永恒的主题。沈先生采用朴实的文字、写实的手法、唯美的笔触，把茶峒社会的男情女爱、风土人情、民俗特征生动地展示在读者面前，作品折射出人类灵魂深处那些最为自然温馨的情感世界。人间自有真情在，作品中的人物拥有纯洁自然的亲情、友情、爱情，流露出人类最自然最原始的本性。以真情流露，让读者感触到人类淳朴、自然的情怀。

《边城》语言文字简练如诗，添一字则多，减一字则少，惜墨如金。

"由四川过湖南去，靠东有一条官路。"

"这官路将近湘西边境到了一个地方名为'茶峒'的小山城时，有一小溪，溪边有座白色小塔，塔下住了一户单独的人家。这人家只一个老人，一个女孩子，一只黄狗。"

小说的开篇采用诗意的语言展开了故事的背景，短短数十字即把故事发生的地点、主要人物、生活场景、创作伏笔全部融合进去。

《边城》景物描绘似画，淡淡的风景，清新的文字，却似一幅幅水墨画般的清晰入目，展现这方水土的洁净美好，如烟似梦。

"小溪流下去，绕山岨流，约三里便汇入茶峒的大河。溪流如弓背，山路如弓弦，故远近有了小小差异。雨落个不止，溪面一起烟。两山多篁竹，翠色逼人而来，触目为青山绿水。"

"天快夜了，别的雀子似乎都在休息了，只杜鹃叫个不息。石头泥土为白日晒了一整天，草木为白日晒了一整天，到这时节皆放散一种热气。空气中有泥土气味，有草木气味，且有甲虫类气味。翠翠看着天上的红云，听着渡口飘乡生意人的杂乱声音，心中有些儿薄薄的凄凉。"

小说的景物描写就是一幅幅诗意的画卷，诗中有画、画中有诗，语言平淡、句式简洁，体现了沈先生高超的文学语言技巧。

《边城》是一首歌，准确的语言，精确的表达，极具匠心的刻画，呈现在读者感观里的是一句句无韵的颂歌。

"黄昏时天气十分郁闷，溪面各处飞着红蜻蜓。天上已起了云，热风把两山竹篁吹得声音极大，看样子到晚上必落大雨。"

"月光极其柔和，溪面浮着一层薄薄白雾，这时节对溪若有人唱歌，隔溪应和，实在太美丽了。"

小说采用写实的手法，把人、景、物不加修饰地表露出来，使读者有身临其境的感觉。

描写爷爷老船夫："渡头为公家所有，故过渡人不必出钱。有人心中不安，抓了一把钱掷到船板上时，管渡船的必为一一拾起，依然塞到那人手心里去，俨然吵嘴时的认真神气：'我有了口量，三斗米，七百钱，够了。谁要这个！'"

描写孙女翠翠："在风日里长养着，把皮肤变得黑黑的，触目为青山绿水，一对眸子清明如水晶。自然既长养她且教育她，为人天真活泼，处处俨然如一只小兽物。"

描写船总顺顺："但这个大方洒脱的人，事业虽十分顺手，却因欢喜交朋结友，慷慨而又能济人之急，便不能同贩油商人一样大大发作起来。"

描写天保傩送兄弟俩："两个年轻人皆结实如小公牛，能驾船，能泅水，能走长路。凡从小乡城里出身的年轻人所能够做的事，他们无一不做，作去无一不精。"

写景片段极具特色，同一景色描绘各不相同。平淡的语言，说不出的滋味，和人物淡淡的气氛相得益彰，简洁而富有艺术感染力。

描写黄昏："黄昏来时翠翠坐在家中屋后白塔下，看天空为夕阳烘成桃花色的薄云。"

"黄昏照样的温柔、美丽、平静。但一个人若体念到这个当前一切时，也就照样地在这黄昏中会有点儿薄薄的凄凉。"

"落日向上游翠翠家中那一方落去，黄昏把河面装饰了一层薄雾。"

描写月光："月光极其柔和，溪面浮着一层薄薄白雾，这时节对溪若有人唱歌，隔溪应和，实在太美丽了。"

"月光如银子，无处不可照及，山上篁竹在月光下皆成为黑色。身边草丛中虫声繁密如落雨。间或不知道从什么地方，忽然会有一只草莺'落落落落嘘！'啭着它的喉咙，不久之间，这小鸟儿又好像明白这是半夜，不应当那么吵闹，便仍然闭着那小小眼儿安睡了。"这段文字把夜晚乡村中月光、竹子、虫子、草莺描绘得栩栩如生，灵活地表现了月夜的宁静。

景物描写与人物活动处处对应，以景铺垫人物的活动场所，以景折射人物的心理活动，以景衬托人物的内心世界，以景烘染人物的情感变化，达到以景喻情、情景交融的艺术效果。

"水中游鱼来去，全如浮在空气里。两岸多高山，山中多可以造纸的细竹，长年作深翠颜色，逼人眼目。近水人家多在桃杏花里，春天时只需注意，凡有桃花处必有人家，凡有人家处必可沽酒。夏天则晒晾在日光下耀目的紫花布衣裤，可以作为人家所在的旗帜。秋冬来时，房屋在悬崖上的，滨水的，无不朗然入目。黄泥的墙，乌黑的瓦，位置则永远那么妥帖，且与四围环境极其调和，使人迎面得到的印象，实在非常愉快。"这段文字描绘了河滨的四季风光，春日桃花、夏日紫衣、秋日黄墙、冬日黑瓦、游鱼竹林、桃花杏林、秀丽山水等历历在目，展现了一个平和美好的乡村环境。

"风日清和的天气，无人过渡，镇日长闲，祖父同翠翠便坐在门前大岩石上晒太阳。或把一段木头从高处向水中抛去，嗾使身边黄狗自岩石高处跃下，把木头衔回来。或翠翠与黄狗皆张着耳朵，听祖父说些城中多年以前的战争故事。或祖父同翠翠两人，各把小竹做成的竖笛，逗在嘴边吹着迎亲送女的曲子。"这段文字极自然地勾画出翠翠与祖父闲适的平常生活，使人不知不觉地跟着文字悄悄地走进作品中祖孙俩恬然平淡的乡村生活中，不忍打扰。

作品中的哲理性语句和经典片段久经赏析，回味无穷，引人深思。正如在他墓碑上镌刻着他自己的手迹，其文曰："照我思索，能理解我；照我思索，可认识人。"

"每一只船总要有个码头，每一只雀儿得有个巢。"翠翠长大成人，面对大老的提亲，老船夫心中异常温暖柔和，想起女儿的死，终于替女儿把外孙女养大，却要面对嫁掉外孙女后的孤独和凄苦，心中的一点隐痛，只能勉强地笑着，细腻地呈现了老船夫的内心世界。

"火是各处可烧的，水是各处可流的，日月是各处可照的，爱情是各处可到的。"表现了茶峒人在对待爱情这件事上简洁明了，并不与世俗的门户、财物、家庭联系在一起。富有的船总家的两个儿子同时爱上了那个穷苦的撑渡船的外孙女翠翠，这件事在茶峒并不稀奇。

作品的神态描写惟妙惟肖，情节安排紧凑，语言、动作、表达又到了一个新的高度，体现了沈先生极为高超的艺术表现技巧。

《边城》是约5万字的中篇小说，是一曲湘西生活的乡村牧歌，是一首用散文形式小说体写成的无韵之诗，是一幅用通俗的文字绘就的五彩之画。沈先生以朴实的语言、高超的创作技巧把20世纪30年代中国官、匪、绅、商、兵、民以及水手、娼妓混迹的边远小城，谱写成极富美感的乡村牧歌，处处闪耀着语言的艺术、文字的光辉和文学的魅力。

《边城》奠定了在中国文学史上最具特色的充满乡土情怀的现代优秀小说的丰碑，是沈从文先生的巅峰作品之一。以兼具抒情诗和散文的优美格调，描绘了"湘西印象"特有的原始古朴的风土人情；凭借翠翠与傩送的爱情悲剧，凸显了人性的善良与心灵的澄澈。那幽碧的青山、矗立的白塔、黛绿的竹篁、纯朴的边民和这边远的小城所发生的那段爱与守候的故事，寄托着沈先生追求理想纯净的"唯美"的作品美学风格，将永远在读者心目中闪耀着美好的人性光辉。它以独特的艺术魅力、生动的乡土风情吸引了海内外的读者，也给沈先生的家乡古城——凤凰，带来了蜂拥而至的游客。

郭志宏

有些路，终究要自己走

张爱玲曾经写过这样一篇小文章，她说自己年轻的时候想走一条路，可妈妈却告诉她说这条路特别难走，她不信，固执地认为自己的选择是正确的，妈妈说自己就是从这条路上走过来的，张爱玲说既然你能够走过来，为什么我就不能？母亲说不想让你重复走我的弯路，但她还是固执地走了。

在生命的旅程中，搜索着自己的记忆。自己又何尝不是那个站在路口的孩子。走过那么多的路，遇见了那么多的坎坷。当我有一天真正了解了这个社会的时候，我开始相信大人们曾经告诉自己的那些话。偶尔看着别人在大人们的指导下走得一帆风顺，自己也会偷偷羡慕。只不过却从未后悔自己也是那样一个执拗的孩子，选择了一条属于自己的路。因为这一切让我懂得了，人生在世，有些路非要自己走不可，不摔跟头，不碰壁，不撞个头破血流，自己永远也长不大。

还记得之前在和朋友聊天的时候，说起过这样的一个话题：如果用自己最美好的青春，换一个并不一定能够成功的梦想，到底值不值得？也许是因为年轻的我们都曾经有过这样的迷茫吧，所以没有人能够说出一个准确的答案。跌跌撞撞的青春，在曲曲折折中成长，我们曾经许下过很多的梦想，却一点点地湮灭在了这个钢筋混凝土的森林里。我们曾经在交上一张张简历后，栖栖遑遑地等待着一个企业可以收留自己。我们曾经在一层层面试中，努力让自己做到最好，只期望可以脱颖而出。我们在这个城市繁华的大街小巷穿梭，我们在灯火闪烁的霓虹灯前流连。我们期待着这个我们所生活的城市就是自己的舞台。可有些努力，终究没有换来鲜花和掌声。

于是有些人失落了，怨天尤人地觉得生活对自己太不公平。于是有些人胆怯了，放弃了自己的梦想，随波逐流。可依旧有那样的一群人，就像是固执的孩子一样，决定在自己选择的那一条路上勇敢前进。

　　陌上红尘，花开花落，屈指年华，过眼成风。踩过泥泞的旅程，当我们再一次回头的时候，蓦然发现原来以为特别难走的路，也就那么走过来了。原来以为那么难以实现的梦想，也早已经近在咫尺。刻在我们的生命中，有些远方，不是我们的人到不了，而是我们的心到不了。就像是刘同曾经说过的："当别人看着我们脸上风轻云淡的微笑，只有我们自己知道彼此的牙关咬得多紧。别人看着我们翩翩起舞，只有我们自己知道膝盖上仍然有曾摔伤的瘀青。别人看着我们笑得没心没肺，只有我们自己知道彼此哭起来只能无声落泪。"也许这就是生活，要让人觉得毫不费力，只能背后极其努力。也许这就是青春，要想轻舞飞扬，只能在无言的背后一次次刻苦锻炼。

　　生活，无论我们选择了什么样的路，它都不会是一个美丽的童话。它关于梦想、关于勇气、关于坚韧、关于执着，关于我们在一路的泥泞中坚强地走过，关于我们在最落寞的时候对梦想的那份偏执。就像我自己吧，有时候总以为自己就是这个时代的幸运儿，当我决定为梦想而努力拼搏的时候，有江苏俊知这样一个广阔的舞台。但我同样也知道，这个舞台上故事是否精彩，还需要自己的努力、自己的拼搏。因为你不低头，世界看你的时候永远都是昂首挺胸。你不认输，谁都无法判定你的结局。你不自己走下舞台，谁也无法给你拉上大幕。这就是自己的舞台，是匆匆演出、匆匆谢幕，还是一点点地品尝泪水欢笑，一点点享受着素有的嘲笑和掌声？选择的权力其实都在我们自己的手中。

　　龙应台在《目送》中曾经写给儿子这样的一句话：在这个世界上，总有一些事，只能一个人做。总有一些关，只能一个人闯。总有一段路，只能一个人走。时光清浅，岁月静美，一指素心，半生浮沉。做一个勇敢走自己路的人，不要管这路上有多少的崎岖坎坷。守一份自己最初的梦想，付出我们所有的努力。总有一天，当回头看看的时候，我们就会发现，原来只有那条属于自己的路上，才有最动人的风景，仅仅属于我们自己的风景。

奚康

过年

又是一年春节，今年的春节似乎格外的新鲜，连弥漫的空气也透露着那么一股子喜庆，也许年纪越大，年味儿越淡了，但是每年到这个时候，总还是忍不住回想一下，那个梳着扭扭辫子、拿着小红灯笼的小闺女的春节。

年三十照常吃年夜饭，似乎这是代表一年结束的标志事项，也可能是大家最为团圆的一顿饭。以前读书的时候，一年有好几个月是待在家里的，对于年夜饭，感触并不大，而如今离乡背井在外地打工，回家的次数屈指可数。坐在圆桌旁，看着每年都一样的菜肴，但是随着心境的变化，这些菜色给人的感觉似乎也在变化着。

临进春节，我爱的就是打扫房子。老家打扫房子的时候，柜子啊，沙发啊都是要搬到外面的，因为屋里的天花板啊、灯啊，都要擦。南方的灰尘虽然没有北方严重，但是爸爸妈妈平常工作很繁忙，就算打扫卫生，估摸着也是象征性的，只有在过年的时候，才会仔仔细细、认认真真地打扫干净。平常打扫卫生的时候，我总觉得枯燥无聊，而过年时候的大扫除，是一家人齐心地在打扫，可能年纪还不大，总觉得事情大家一起做会特别开心，手上干着活，嘴里唠着嗑，嘻嘻哈哈，别提多起劲了。

再来就是年货了，能买的就不说了吧，瓜子、花生、糖是一定要的，更重要的是妈妈亲自煮的那些，那个真是香，煮肉、做年糕，做素团子、肉团子，好几大锅，满屋子飘着那股香味，熟了以后，随便吃，那感觉，当时就想，这辈子有这一次足够了。

记得小时候在老家过春节，是撒欢儿一样的年味，"闺女要灯笼，小子要炮"，每年的过年，手上的灯笼是少不了的。我和哥哥两个人，不管年纪大小，总要缠着爸爸买灯笼和烟花，这样才显得喜庆。我还记得小时候买到灯笼后，就等着天黑，家家户户拎着灯笼到处串门。然后和小伙伴们比比，谁的灯笼最亮、最漂亮。这日子别提多美了。

还有，小时候的年味最开心的就是穿新衣服，每次都是睡前就把新衣服放在床头，天蒙蒙亮就穿起来，美美地去街上晃，那开心哦！哦，还有，口袋里还有满满一口袋瓜子，街上碰到小伙伴儿时，还要交换一下口味儿呢。妈妈那时候最常说的就是："新衣服不要弄脏了啊，等明后天去外婆家还要穿呢。"我们听着笑着，听是听到了，可是做的时候就不一定了啊。小孩子贪玩起来，别说衣服了，脸上头发上都满是灰尘呢。每次玩耍回来，总免不了妈妈被一通啰唆。

初三、初四，我们会选一天去外婆家，那时候孩子怎么就那么多呢？而且那时候多得怎么一点都不乱呢？去外婆家也是美的，早上穿上美美的衣服，带上一点点心，那点心说是给外婆准备的，其实大部分都是孩子们吃的。到了外婆家门口，外婆和外公早就在家门口等了，那个叫得亲哦。外婆外公顺手接过那点儿年货，然后就赶紧上屋里坐，说"外面冷啊"。可是谁怕冷啊，我们才不怕，屋里根本待不住，早就一窝蜂地跑到街上拿着刚拿到的压岁钱去买零食了呢，满足了以后回来，妈妈又要说了："这个不是有吗？又乱买！"可是我们出去的时候你明明没有告诉我们有嘛……

年就这样过了，一年一年也这样过了，过年的形式越来越不一样，大街上或者户外公共场所还依稀能找到点年味，不管哪种形式的年，总是一个好的开始。每天都是新鲜的，生活也越来越好！

汤敏燕

一种纪念，一种反思

——《湄公河行动》观后感

《湄公河行动》是根据 2011 年"10·5 金三角中国船员遇害事件"真实案件改编而成的电影，向我们讲述了一群毒枭为了报复而策划实施的一场袭击。毒枭们残忍地杀害了 13 名无辜的中国船员，并且诬陷中国船员运毒。此事件一出，由当时的国家领导人亲自督察，中国公安第一时间组织精英力量成立专案小组，前往边境，进行跨国追凶。在茂密的金三角丛林中，专案小组成员追踪到了幕后黑手糯康，并将之押送回国进行审批，为中国船员洗刷了冤屈。

电影的主角高刚和方新武，几乎具备了中国公安干警的所有优秀品质，勇猛、果敢、无私、无畏，在只身面对庞大的贩毒组织的时候，依旧冷静从容，无所畏惧，并用自己的智慧和勇气，成功将贩毒的巢穴捣毁，并抓捕了幕后黑手。

电影情节虽然看起来简单明了，一场中国公安跨国追凶的戏码，然而其中的很多细节都值得我们深思。

影片中 13 名船员的死亡，作为整部电影的导火索，引发了敌我矛盾，使得中国公安不惜面对危险也要深入金三角缉凶，这体现了中国人对生命的尊重，对主权的尊重，这也是在向世人宣示，中国不容许任何人、任何国家抹黑，中国有能力保护本国公民的生命与财产安全。回首这几年，南海裁决案，哪怕对方有某些大国的支持，中国依旧据理力争，态度坚决，用各种资料证明南海归属于中国，还曾出动海军，表明了坚定的立场。并且不断提高我国的军事装备水平，种种迹象都显示了中国的强大。

可能在平时的生活中，我们能看见的只有中国公安干警帅气的一面，然而在前线，有无数人民警察都像影片中的高刚和方新武一样，天天在刀尖上舔血。缉毒警作为风险最高的警种，他们时刻都要保持警惕，尤其那些打入毒窝的卧底，更要善于伪装和保护自己，又要不忘肩负的使命。他们中也许有人也像方新武那样，因为女朋友沾染毒品而自杀，从而一心投身缉毒事业；也许也有像高刚那样经过千锤百炼的英雄。或许真像影片表现的那样，缉毒犬死后可以立碑，而缉毒警们却不能，他们生前必须隐藏自己的真实身份，死后仍然必须隐藏身份，不能被公开祭拜，只能做一群无声的英雄。所以我们一定要记住，我们现在生活的安定美好，都是因为有一个个像方新武、高刚这样的无声英雄帮我们把黑暗和混乱挡在了外面，我们应该对每位人民警察都抱有感恩的态度。

最后再说一下电影导演林超贤。林超贤最为擅长的就是警匪片和枪战片，同时擅长刻画人物内心。在《湄公河行动》中，让人印象深刻的场景离不开那些激烈的枪战、残忍的屠杀，还有就是爆炸，导演用他的林式暴力美学向我们展示了现场的激烈，给我们以不断的视觉冲击。为了完整重现案件，林超贤花费三年时间去收集资料，只是为了更准确地还原事件、还原现场，在细节上丝毫不马虎，精益求精。虽然是一部商业电影，却没有那么浮夸，在这电影国庆长假档中，成了一股清流。没有爱情，没有青春，没有特效，用一个个硬汉向我们展示了一个令人记忆深刻的故事，赢得了良好的口碑。

《湄公河行动》，是一种纪念、一种反思，国家在为我们每个公民努力创造着安定的环境，警察们用生命在努力对抗着恶势力，而这些电影人也用自身的努力向我们展示了缉毒斗争的艰险。因而，我们又有什么理由懈怠呢？唯有更加努力，才有资格享受现在的美好。

陈静

回忆我的母亲

我的母亲，一位很朴实的农村妇女。因为父亲做卤菜生意，每天早上5点就要准时起床，把事先准备好的食材一样一样地洗干净并分类，接下来就是放铁锅里煮了。由于煮菜的铁锅又大又重，有时单凭母亲一人之力根本无法端起，只能等待父亲从菜市场回来，集两人之力完成。

母亲的那双手由于常年清洗食材，与水打交道，显得十分干燥、粗大，且布满了一道道裂纹，好像纵横交错的河流一般。母亲不仅患有支气管炎，心脏也不大好。但母亲性子要强，刀子嘴豆腐心，常常"口是心非"。在我念初中时，母亲每天起早的第一件事就是为我做早餐，送出门时总不忘叮嘱一句："上学好好的，不要跟人打架，上课认真听讲。"这句话年复一年、日复一日，不知说了多少遍。2001年的夏天对我而言是黑色的，就在中考成绩出来的那天晚上，原本一家子人在一起有说有笑的，但得知我的中考分数后，顿时一片宁静，父亲母亲的责备也顿时让我傻眼了，居然比普高录取线还差5分。接下来就是全家人商量着我的未来将何去何从。那一夜，我无法入眠，思绪混乱，因为即将面临人生的第一次重大选择：是继续读书，还是接手父母的卤菜生意。正当我思绪万千时，母亲独自走进我的房间，十分坚定地对我说："儿子，我跟你爸说好了，决定还是让你继续读书，人只有多读书才能有更好的前程，人生才有更多的选择。但是这次你一定要好好努力，不为我们，只为你自己的将来。"听到这段话，我哽咽了，我知道父母为儿子付出的太多了，可我却未能给予他们想要的回报。

大学毕业后，我在宜兴参加了工作。父母就想着要在宜兴帮我买套住房，为此，母亲开口向亲戚们借钱，她跟父亲生活十分节俭，甚至有点小毛小病也不舍得去医院，真可谓可怜天下父母心！

　　可正当我工作慢慢步入正轨，完全可以不让父母为我操心时，一个噩耗当头袭来，母亲因突发心脏病永远离我们而去了。此时我开始痛恨自己，我后悔当初没有多帮母亲做些家务；后悔当初总是嫌母亲唠唠叨叨，没有陪她好好说说话；后悔当初做了许多错事，让她为我忧、为我愁。母亲是那么的无私，那么的和蔼可亲。我要感谢母亲，因为她当初的坚持，才让我在人生旅途上有了扬帆起航的机会。

　　母亲，一个既平凡又伟大的人，她是我一生中最值得感谢的人。愿母亲在地下安息！

梁亮

钱塘听雨

夜色弥漫的钱塘江边，沿着堤岸来回着三三两两的年轻男女，年轻得仿佛雨天也能春光明媚，所以热闹是他们的。而岁月已经爬上我的眼尾，所以孤独是我的。

开着车窗，听一场雨。这雨声远去了柳七的三秋桂子和十里桃花，远去了飞扬的硝烟和黑色的马蹄声。是谁在钓那一尾雪白的江鱼，让失去的和得到的都如一声长叹，被填进了青灰色的词里，词意又弥漫进听雨人的心里，反反复复，而最先想起的那个人，下落不明。

我今已三十，忙忙碌碌，终日不可停息，衣食住行无一事无一时不需操心。在每一个加班的灯下顾影自怜，在每一个酒肉聚会后扶墙而行。人情世故，飞短流长，似一把无形利刃，伤人伤心，而牢骚抱怨、倦怠失意，又如檐角的一张蛛网逐日深厚，深陷不得脱。

喜欢李宗盛《最近比较烦》，他唱道："我只是心烦却还没有混乱，你们的关心让我温暖，家是我最甘心的负担。"而我最甘心的负担便是一个小丫头，即日将满两岁半，整日奔走不息，嘻嘻哈哈，就算做梦也在挥拳踢腿，精力无限。偶尔跌倒哭泣，一个玩偶、一个棒棒糖，转眼就是一张花猫笑脸。她是我心里最柔软的部分，怕她磕磕碰碰，怕她生病，怕她孤单，怕她喊我没有得到回应，我的情绪都随着她的情绪，她的喜怒哀乐都是我的喜怒哀乐。以前只觉付出良多，今日但觉命运予我亦良多，是谓知足。

年关将近，今年又是一暖年，小憩以瞧风景，雨不可多淋，为家人保重身体，关窗发车隔日即可到家。人生路漫漫，力所能及，唯先顾好身边事，顾好身边人。

胡承秀

人与世界应如何相处

——《孤独六讲》读后感

之前听了蒋勋老师的红楼梦系列，非常喜欢他，对他也很好奇，所以又找来了他的《孤独六讲》。我喜欢连续地阅读一个作家的书，这样才能完整地了解这个作者的风格和思想，自己的阅读结构也比较有体系。

《独孤六讲》严格地来说只能算是一本启蒙读物。在文中，蒋勋列举的案例，比如鲁迅、秋瑾、《西厢记》等几乎都是大家耳熟能详的作者或著作。蒋勋在这本书里，对儒家孔孟之道、老子的天人合一思想乃至部分西方先贤的思想都做了阐释。

讲孤独的书很多，但不是每一本都讲得好；讲浅了是庸俗，讲深入了容易陷入虚无主义的漩涡。这本书所讲的孤独非常清晰可辨，书的内容更像是对自我本身、自我与他人的亲密关系甚至是自我与整个社会和世界关系的探讨。本书所讲的六种孤独，情欲孤独、语言孤独、革命孤独、暴力孤独、思维和伦理孤独，我相信每个人都深有体会，只是可能从来没有细细地深入想过这种孤独。

我觉得语言孤独可以和思维孤独一起理解。蒋勋讲语言孤独的时候将儒道两家的语言观进行了对比，认为前者更注重语言的诗意性，后者更讲究语言的准确性；还列举了自然环境中的动物语言。其实我觉得，语言孤独更像是一种沟通无效的孤独。对于人类而言，有效传达本身是很难的，这就是为什么说知音难觅、伯牙绝弦了，因为如果意义不能被语言传达，那对于个体来说就是纯粹的孤独。思维孤独我觉得很好理解，首先，思维的过程本身是孤独的、不能沟通的，蒋勋讲到了黑格尔，讲到了辩证法，正与反的对立，注定双方都是孤独的；其次，对于思维的主体人来说，思考的过程是独立的；思维是怀疑，是推翻，是因为独一无二、与他人完全不一样而产生的孤独。

革命孤独，我觉得更像是一个人要改变世界而不能的那种孤独，这是人和世界的矛盾。无论是林觉民写下《与妻诀别书》，离开家人独赴刑场，秋瑾抛却荣华富贵，热血报国，还是岳飞的母亲在他后背刻下"精忠报国"四个字，这些都体现了革命者普爱众生的伟大，但是这种爱注定是孤独的，是以一人之力改变世界。

暴力孤独、伦理孤独更像是对人性的拷问。蒋勋在文中提到了性本善还是性本恶的讨论，主张性本善和性本恶的这两派其实分别代表了中国古典哲学中孔孟和荀子的思想主张，这样的争论和西方哲学所提出的"道德困境"类似。看过哈佛大学《公正》课的同学就知道，在第一节课里Michael J. Sandel就提出了一个道德困境，怎样做才是最好的，最符合伦理的，最后经过课堂讨论发现，事情并不是这么简单，无论怎样都不能达成最为公正的结果。

具体分析伦理孤独，它更像是因为人类无法冲破本身设定的道德范围，从古埃及的婚姻制度，到中国古代的君君臣臣、父权掌控以及崇尚的愚忠、愚孝，都是一种难以冲破的孤独。我们生活在一个人情社会，难以摆脱人类世俗的牢笼，就像你可以选择你的朋友，但是却无法选择自己的父母，不能选择血缘。道德和伦理是一个非常奇怪的东西，它可能并不具体，但却是人身上的隐形枷锁，让你无法冲破。

以上就是我对《孤独六讲》的理解，希望大家还有更好的看法提出来一起讨论。

宗良

追寻"清欢"的真谛

"雪沫乳花浮午盏，蓼茸蒿笋试春盘，人间有味是清欢。"这是宋朝文学家苏轼《浣溪沙·细雨斜风作晓寒》中的句子，大诗人在清茶野餐中找到了清欢。而我们现代人知道何为清欢吗？如何享受清欢呢？

对现代人而言，清欢不过是在阳光充足的一个冬日午后，泡上一杯热茶，坐在房间的椅子上，手中捧着一本书静静地读着，没有任何人、任何噪音打扰你，仅此而已。如今，连在小路上散个步都充满了嘈杂。家乡小道上原有的那种鸟语花香已然不在。地方还是老地方，为何感受就不一样了？

于是乎，我觉得，乡间更容易找到一份静谧美、一份恬静。老家靠着竹林，门前有个小池塘，过往的人不多，在院子内，倚着门槛，手捧一本书，几只鸡安闲地来往。从清晨坐到晚上，当彩霞将天边染上一种无可挑剔的美时，你同样也会看到它给乡野的那些古老的房屋镀上一层金边。那时，你会看到缕缕炊烟从乡野每户人家的屋顶上袅袅升起，如同无数仙子缓缓地飞上属于它的天空，渐渐地变成了透明，与蓝天融为一体……在这美景之下，有谁不动心？也许，这只能算是静谧。

要说清欢，还是山中更容易找到。但并不是每座山，更不是风景名胜，反而是一些不起眼的，却依旧能与之媲美的山。我曾去过武夷山、华山，当登上山顶，本以为可以有"一览纵山小"的感受，到头来却只能默默地赏"人头"，心情顿时一落千丈。但在登上一些不知名的山时，却有意想不到的收获，虽说登山者远远不及华山的十分之一，但站在山腰，雾气缭绕，恍惚人间仙境；站在山顶，看白云在自己脚下飘。这时，在大石头上铺开随身带的茶具，边欣赏风景边啜茶，任凭清风拂过脸庞。半日时光，几人交谈不过三四句，我想，这便是清欢，一种无法言说的清欢。

何为清欢？清欢来自哪里？我想，清欢并不是对山珍海味和繁华城市的向往，而是对俭朴生活的热爱和追求。

冯玲芳

痕迹

斑斓的翅膀划破天际，流下了一道道无形的痕迹……

我驻足震撼于这动人心魄的舞姿。

翅膀的一伸一展、一张一弛，无不展现出它们曼妙的身姿。此时广阔的天地便是它们的舞台，它们便是这世界的顶级舞者，便是世界的中心，在夕阳余晖的掩映下显得如此耀眼，如此夺目。

你瞧，它们舞得多么精彩！

若刚才是柔，现在则为刚。翅膀显得如此有力，它们挥舞着翅膀，挥洒着蝶粉，在天空这块蓝宝石上留下了不可磨灭的痕迹。仿佛，它们是用生命在舞蹈。这痕迹无形似有形，深深地刻进了我的心里。

一舞终了，它们显得如此疲惫，但他们却仍然坚持着完成最后的仪式。它们从我面前飞过，从大树旁飞过，从夕阳边飞过，最终消失在我的视线里，不知最终飞往何处。但它们证明了自己，证明过自己的存在，证明了即使再卑微、再渺小的生命，也能散发出金子般耀眼的光芒，也会有它存在的价值。望着它们消失在天边的痕迹，我由衷向它们致敬。

我无法想象它们沉睡在茧中的孤独，也难以想象它们破茧而出时的痛苦，更难以想象它们成功化蝶后的激动和喜悦。但我知道它的生命虽然渺小却不失伟大，固然脆弱却不失坚强，纵然短暂却不失永恒。或许这便是生命的力量、生命的魅力、生命的真谛。

它们在我脑海中留下的不仅是那美丽的身影，更在我心中刻下了永不磨灭的痕迹。如此渺小的生命尚且知道追寻世间的美好，我们又怎能不努力拼搏，追求那些未完成的梦想呢？

年少的我们对未来充满了各种美好的憧憬，每次总是兴致勃勃地说自己将来要成为老师、医生等。然而越长大越孤单，越长大越迷惘，不知不觉中，我们的棱角就被时间和现实磨平了，走在身不由己的道路上。这真的是我们想要的结果吗？很多人都说被现实打败了，又曾有几人真正与现实搏斗过？

人的一生就应该为理想而执着奋斗，最可怕的就是人们在生活中不知不觉地默认、顺从，理所当然地接受那些所谓的现实，没有觉醒的意识，更没有反抗的精神，有的只是被周围无声无息地传染和同化。若那些蝴蝶也像这样，那它们或许永远不会破茧而出化身为这魅力自由的存在，只会安安静静待在茧里直到生命的终结。

口口声声说这社会太现实，明明又知道这现实太病态，却为什么还是放弃了自己求知多年换来的思想武器，在这没有硝烟的战争里选择投降呢？一个人的力量可能不能改变这世界，但只要聚集起来，坚持下去，总有一天我们会发现这世间会变得越来越美好。

人定胜天，事在人为。社会是由一群人聚集起来而形成的，社会性其实也是人的本质属性，我们每个人都应当努力适应这社会却又不失自己的本性。我们应当坚持本心，不要顺从而是改造这现实，在历史长河中留下我们自己独一无二的痕迹。纵然这痕迹渺小又何妨？至少我们率性而为之，与天斗其乐无穷。

陈鑫

因为合作所以共赢

毛主席曾说过："人是要有帮助的。荷花虽好，也要绿叶扶持。一个篱笆打三个桩，一个好汉要有三个帮。"这便是合作的意义。"合作"看似简单，意义却不平凡，就像各部门之间的相互合作、人与人之间的相互帮助一样。

拿业务部来说，合作能够帮助它加强与其他部门之间的沟通，拓展信息面，加大业务量，帮助业务部更好更快地发展，让部门在工作上、业务上攻坚克难。只有建立好了信息之间的相互沟通和利用，才能够形成齐抓共管的局面，这就是合作的意义。

同样，合作表现在人与人之间、同事与同事之间。"合作"可以提高工作的效率，可以帮助个人更好地管理好自身，从而在工作中展开思路，进一步推进日常工作的顺利进行。我们常常会说"帮别人就是帮自己"，这就表示在帮助别人的同时相当于帮助了自己，这是一种积极的心态，这也是另一种意义上的合作。因为合作，所以才可能共赢；因为合作，所以才会创新；因为合作，所以才能够奋发有为。

比如，我们销售在日常工作中的任务和目标会有各种信息的捕捉，筛选攻关，分析潜在问题，发展新战略，并针对各种问题制定出不同方案和手法，这样的流程交给一个人是绝不可能完成好的，只有合作的力量才能够使信息最大化，让行为完善，让计划完美。所以，帮助他人便是帮助自己。帮助他人既是沟通，那么合作即是力量，就是因为彼此之间互相帮助、相互支持，才会诞生出"合作"，才能够磨炼出献身工作的理念、追求卓越的信念、团结协作的默契、勇于担当的魄力、敢于吃苦的狠心和善于反思的心态。

"合作"的另一层含义便是"不找理由找原因"。理由实际上就是"借口"，是一种工作上消极的表现，它常常表现为为了某种原因而让自己开脱，从而导致事情本末倒置，也会导致"合作"在一瞬间崩溃。而"原因"代表的是一种好的工作心态，它能够让我们找到事情的原因，追究其根源，从而更好地解决问题。同样的，只有找到原因，才能够更好地合作，找理由只会失去信任，所以更好的合作方式就是不找理由找原因。

不找理由找原因，落实在工作上，它能够帮助我们进一步转变工作作风，从而在根本上不断加强自身的团结意识、奉献意识与合作意识。当指责别人的时候少了，自我批评多了，那么自然而然的团队意识也就上去了，合作就会循序渐进地开展。

"合作"一词教给我们的深刻意义，不仅仅让人明白要在工作中"不找理由找原因"和"多帮他人助自己"，而且能够让人更加深刻地明白，只有时时的合作精神，才能够孕育出团队精神，才能够催生出前进的步伐。这样的精神是需要我们去追寻的。这几点落实在我们的岗位上，那么执行对于我们来说就是一种制度，需要我们去遵守，而执行力却是一种态度，需要我们在工作的时候做到敬业、有责任心、诚信至上，这不仅是为了工作，也是为了自己的人生态度。

吴仲伟

匠心一条道走到黑

一则制片人方励跪求影院排片的新闻，将《百鸟朝凤》这部电影推到了舆论的风口浪尖。有人说这一跪道出了艺术电影的心酸，也有人说这无异于道德绑架。太多的舆论嘈杂，人们反而忽略了片子的本身。

一支唢呐，一曲《百鸟朝凤》，一段薪火相承。没有跌宕起伏的情节，甚至从开头就可以猜到结尾，可是依然让人感动。文艺片总是会让人和"情怀"二字扯上关系，老实话，大概是因为这些年打着"情怀"幌子招摇撞骗的人太多，反而让人生出些许反感。

所以，比起"情怀"我更喜欢"匠心"两字。焦三爷说："唢呐是个匠活。"

而能做好匠活的人必须得有颗匠心。"唢呐不是吹给别人听的，是吹给自己听的。"我是在看完这部片子后才知道方老跪求排片的新闻，不太能接受，却又万分理解。买票的时候就发现影院排片实在过少，场次亦是，不是早上九点就是晚上十点。"这部电影是中国人的电影，讲的是中国人自己的文化，二百多人的志愿团队干了八个多月，辗转两年才上映，却只有百分之一的排片。"方老的话里尽是心酸。

这席话让我想起了电影里游天明鼓足劲吹响唢呐，和洋乐队较劲的场景。方老这一跪，又何尝不是在商业化的时代里文艺电影与商业电影的一场较劲？无关尊严，只是一种对艺术的执着。因为热爱所以执着，这又何尝不是一颗匠心？

影院不排片是认为当下电影观众的主体年轻人对纯文艺片和传统文化类的影片不感兴趣，就像当年冯小刚花了很大精力拍了一部《1942》，结果票房却不理想，也打击了导演拍文艺电影或文化类影片的信心，所以这是一个恶性循环，越没人看，以后看到的机会就越小。其实喜欢的一直都在看。

有时我一直想，比较纯粹的文艺电影固然可贵，但是不是文艺与商业的结合才是真正的发展方向？如果真正的艺术只属于少数人，那这个结果就应该早被预料。唢呐当然是我们的文化，应被传承，但如果支持者的支持只是一种同情或别扭，就一定是我们的观念和认识或者什么环节出了什么问题。既卖座又良心的影片可以做到，最大的问题应该是传统文化教育的断层和变革时代新式文化的涌入。

晚上十点多去看了影院唯一一个场次，就那么十几个人，还有好几个都是老人。有的时候我就在想，是不是老者才更懂得传承的意义？越来越多的人，在快节奏的时代里慌了步伐，于是匠人身上，那种近乎执拗的坚持与传承更显得弥足珍贵。

秉着一颗死磕的心，一辈子只做一件事，这是我所理解的匠心。

"你怎么就非要一条道走到黑呢？"这个世界总是需要那么几个一条道走到黑的人，不是吗？

周璐

梦想如风

梦想如风。

好一个亘古的比喻。你也许感慨于它的来也匆匆、去也匆匆，不着一丝痕迹。我却跋山涉水，在时空里淘尽沙砾，找到了这个比喻的真谛。

唯有风，可以穿越荆棘。

狄金森把人生比喻成篱笆的内外，我们一层又一层地爬过。事实上，这层层篱笆里缀满荆棘。我们通过时，往往遍体鳞伤，身心俱疲。这时，你看到，风在墙外千萦百折，不屈不挠地呼啸而过，空气中凝结下壮观的痕迹。

我们趋行在追梦这个亘古的旅途，在坎坷中奔跑，在挫折里涅槃，忧愁缠满全身，痛苦飘洒一地。我们累，却无从止歇；我们苦，却无从回避。烈日暴雨来过，飞沙走石来过，我们布满伤痕，却还要面对一片片荆棘的丛林。

梭罗说："这儿可以听到河流的喧声，那失去名字的远古的风，飒飒吹过我们的树林。"或许回首远古，才能把梦想如风的真谛领悟。

苏轼看见了风，这个曾经辉煌的文人，因黄州诗案开始落魄，流落四方，辗转难安。在赤壁的月夜，他心灰意冷，看"江上之清风，山间之明月"，做他那个神鹤翩跹而舞的梦。面对如江水般深沉的失意，他看见风在山顶呼啸、盘旋，然后带着撕身裂骨的阵痛穿越荆棘。刹那间，他心中郁结的块垒、缠绕的苦痛随风而散。挫折、痛苦，唯有忘记。

顿悟。

于是他逍遥红尘，寄情山水，最终名垂千古。只是那夜的风，已遗落于岁月，无人见得了。

梵高看见了风。他在向日葵田地中懒散地躺着纠结于一个难解的疑问与痛苦：耗尽心血的画作，竟一幅也无人理解，一幅也无人买去。对于一个把艺术当生命的人来说，无人欣赏自己的艺术好比无人重视自己的生命。这是一种被轻视、被鄙弃的巨大痛苦，这是一个人生命中最大的挫折。

幸而他看见了一阵风穿越向日葵田地。那阵风被阻挡了，发出愤怒的吼叫，然后它们向前、向前，全然不顾被招摇的枝干划破身躯。它们成功了。

于是，他也成功了。

《向日葵》等画作，至今仍是价值连城的稀世珍品。

……

关于风的故事太多。

在风呼啸着穿过一片又一片沉默的荆棘林时，相信很多睿智的眼睛已经看到它在昭示着什么。

唯有风，可以穿越荆棘。

唯有梦想，可以如同风一般。

陆婷婷

感恩与珍惜

春日里，温暖和煦的阳光照耀着大地，站在客厅的橱窗前，一面俊知成立"创业之星"的奖牌映入我的眼帘，于是，思绪便像脱缰的野马，纷至沓来。

是啊，十年了，不经意间，来到新的单位已有十年了。人生有多少十年？而这十年恰好是我生命中最重要的十年。这十年，让我从三十而立到了四十不惑，让我从一个冲动莽撞青年蜕变成了成熟稳重的中年，让我学会了感恩，懂得了珍惜。

如果说成长的道路，走过的是回忆，前面的是现实与未来，而我们始终在这条道路上不断前行，永远不会停留，一直到生命的终点。在这过程中，我们不断地在往前追求着什么，经历着一些人、一些事。我们需要一颗感恩的心。

来到一个新的单位，里面有许多的老同事、老上司、老客户关系，同时，我也结识了更多的新同事、新朋友。人的一生总会遇到由相识到相处最后到相知的那些人，经历过那些事，我们会有疑惑和困惑，这是定格，更是生活的常态。感谢曾给予我安慰与鼓励的人，没有你们的那一两句真话，或许就没有今天的我，让我对未来充满了希望，让我能够继续努力下去。成长的道路多少会犯些错误，而这些都是让我更为成熟的动力，让我有勇气去试错，更有勇气去承受与面对不美好的这一切。

十年前，怀揣着梦想与追求，我来到了新的单位，开始了新的生活，面对新的考验。流逝的年华中，时光的长廊为我们记录下了许多值得珍惜的回忆素材，有欢笑，有泪水，有成功，也有失败，在这些欢笑和泪水之间，成功与失败中，我们收获了成长，告别了青春的酸涩，迎来了成熟与稳重，拥有了事业，知晓了责任。人生的每一分每一秒都值得我们珍惜，因为其中包含了太多太多。珍惜所有的一切吧，时间不会让我们遗忘历史，人生的道路充满了新的挑战，等着我们去开拓，开拓新的人生境界。

　　记忆的岁月见证了潮起潮落的青春时光，我依旧在成长的道路上前行，那些喜怒哀乐始终都在演绎，困惑、彷徨、挣扎、挫折都不会缺席，而我们要以什么样的方式迎接这些？拥有一颗感恩的心，自会有温暖的阳光照进我们的心中，掌控自己的内心，带着新的追求与梦想，一路向前，且行且珍惜！

庄键

愿你对这个世界温柔以待

如果你越来越冷漠，你以为你成长了，但其实没有。长大应该是变温柔，对全世界都温柔。因为当你温柔对待这个世界的时候，这个世界也将温柔待你。正如尼采曾说过，凝视深渊过久，深渊将回以凝视。

听过太多冷漠的故事，老人摔倒后冷眼旁观，因为害怕得不到感谢反被讹上一笔。遇见发传单的人看都不看一眼，不会收下那薄薄的一张纸，甚至会不耐烦地赶走他们，仅仅是因为觉得手里多一张废纸很麻烦。看见乞讨者会远远地走开，顺带和同伴说道："这些都是骗人的。"

这种冷漠，是因为人们的明哲保身、事不关己。而我还一直记得高中时候的同桌。那一天，班级里面来了一个老奶奶，是聋哑人，她慢慢地走着，手里提着一个小篮子，里面是一些布娃娃，老奶奶比着手势，说这些是她自己做的，十块钱一个。一些调皮的男孩子在老奶奶身后拍手，发出各种响声，大声说这个老奶奶是骗人的，她不是聋哑人。而我的同桌却走过去，掏出十块钱买了一个布娃娃，那个老奶奶一直对着她"咿咿呀呀"，然后走出了班级。班级里像炸开了锅，围着我同桌各种嘲笑，说她被骗了，姑娘被说得委屈极了，却哑着嗓子和我说："我只是觉得能帮一下就帮一下，或许就是真的呢？就算是假的，至少我也拿到了一个娃娃呀。"之后，我和同桌并没有更多的联系，她只是存在于我微信朋友圈的一个"老同学"。某一天，我看见她的朋友圈更新了一条状态："昨天真的是很倒霉却又超级幸运的一天！在车站包被偷了，身无分文连饭都吃不了，硬着头皮上前问一个姑娘借了一点钱，说等回家了有了手机就转账给她，她二话不说就把钱借给我了！当然回家后我也很自觉地给她转钱啦！"真是一个幸运的姑娘，我就突然想到多年前她买下了那个布娃娃，我想，或许就是因为她这样温柔地对待他人，他人才会这样温柔地对待她吧。不会觉得她在讹人，而是觉得她真的需要帮助。

　　而我现在也会在看见乞讨者的时候蹲下来放进一些零钱，会在别人给我递来传单时伸手拿下说一声"谢谢"，会在公交车上给老奶奶老爷爷让座，会在接到客服电话时耐心地听他们讲完。因为我想，或许哪一天，我也老了，会有善良的年轻人给我让座。或许哪一天我也去发传单去当客服了，会有人温柔地收下我的传单，静静地听我说完，不会不耐烦地推开我，不会不耐烦地挂断我的电话。

　　有些事，其实是举手之劳。而有些事，即使会付出成本，但是也愿你能尽力去做。没有人是讨厌的，只要你拿出你的善意，而我相信，不久后，你将得到同等的甚至更多的善意。

　　新的一年，愿你对这个世界温柔以待，也愿你被这个世界温柔以待。

张淑东

父亲

父亲老了，今年71岁了。爷爷在父亲20多岁时就去世了，奶奶身体虚弱需要看病吃药，还要抚养我和两个妹妹，家里的重担压在了父亲和母亲年轻的肩头。记得那时候还是挣工分的年代，父亲和母亲天天去生产队干活，年底的时候生产队鱼塘抽干了要分鱼了，养大的猪杀了要分肉了，我开心地跑回家，对着父亲喊："阿爸，分鱼了，分肉了，我们快去领。"父亲说："我们不用去，我们是'透支户'。"年少的我很迷糊，什么是"透支户"啊？为什么我家不能去分鱼分肉呢？父亲默默整理了一下渔网，去家门前的小河里捕鱼，捕回来一些小鲫鱼小杂鱼，让我们也吃到了鱼。

小时候，没有现在这么多的娱乐，能去街上或者去临村看部电影已经是非常高的奢望了。在模糊的印象中，父亲会背着我走几公里地去看电影，等电影放完，背着已经熟睡的我踏着月光回家。有一次跟着父亲上街买东西，我看到边上的人站起来走了，以为是父亲就跟着走了，走了一会才发现跟错了人，哭着往回走，可这时候父亲发现我不见了，也去找我了，当父亲找到我的时候，我扑进父亲的怀中紧紧地抱着他，父亲嘴里说着："总算找着了，总算找着了……"

上世纪80年代，土地承包到户，附近开了家砖瓦厂，父亲跟着村里的人在分到的土地上制作砖坯，晒干后卖给砖瓦厂。父亲挖土，母亲浇水踩泥，十多岁的我放学后也会站在泥土中用力踩，等泥土踩好后放进一个木框模具中，刮平后拿出来就是一个砖坯了。当下雨的时候，父亲母亲用薄膜盖在砖坯上，我则在上面压上碎砖头以防被风吹开，这一块块的砖坯是父亲母亲一份沉甸甸的辛劳。

念初一的那年冬天放寒假后，我第一次随着父亲和邻居去卖大葱，撑着竹篙摇着撸，一条载着希望载着丰收的小木船沿着运河几十公里到达一个小镇，在镇上河边的小街上，摆上了大葱，对着行人问一句："要买大葱吗？"到了腊月二十八，父亲看着还有大半船舱的大葱，皱着眉头说："明天我们一定要开船了，不然来不及回家过年了。"第二天吃过午饭，把没卖完的葱放在街边，让需要的人随便拿，然后就开船回家了。卖不完的葱放不长久，时间长了都要烂掉的。回来的路上要穿过一个湖，风大浪急，我躲在船舱中看着父亲稳稳地把着橹，担惊受怕的心情得到了平静。

父亲为人热心，以前建房上楼板是最重的活，有村里人家建房上楼板时第一个就叫上他。父亲还做得一手好菜，村里面有谁家摆酒席都会来请父亲去做菜，父亲都会去帮忙，回来带上一些人家给的剩菜，想想那时候的剩菜也是一种美味。

生活慢慢好起来后，父亲还是没有改变，耕田种地、养鱼、养鸡鸭，我们经常跟他说："您年轻的时候干活太累透支了身体，现在年龄大了，没多大的力气了，累的活就不要干了。"但他说："现在外面卖的粮食卖的菜不好，自己种的好吃还安全，而且不干活了做什么好？"这么多年来，我们吃的一直都是父亲种的粮食、蔬菜和养的鸡鸭。

父亲喜欢热闹，随着工作的繁忙，只有下班后和星期天才能见到父亲，我们早上起来时他早就出去干活了。偶尔有点病痛他也不会跟我们说，只看到病历的时候才知道之前他去看过病了，问他怎么生病也不跟我们说，他说你们工作忙，小毛病不要紧的，让你妈陪我去就行了，现在都好了。

快过年了，看着父亲苍老瘦小不再挺拔的身躯，我对父亲说："阿爸，放假了，我带你们上街去。"

江南

谈"书"

天地苍茫，混沌未央。仓颉造字，文明曙光。自此起源，薪火传扬。人类与动物最大的区别是什么？有人说是使用工具，有人说是智慧，我以为，正确的答案是文明。人类拥有文明，才从钻木取火，到了现在科技变迁。地、风、水、火，皆可掌握，实现了从神话到现实的转变。而文字、书籍就是贯穿始终的重要载体。

书籍有多重要，也许对于已经参加工作多年的你来说，是件无足轻重的事，那么我们往前看，自打开智启蒙以来，就有九年制义务教育。八九岁的你一定对那些"我扑在书上就像饥饿的人扑在面包上"不陌生，拿手的诗句就是"书山有路勤为径，学海无涯苦作舟"。再往后，看起了金庸武侠，《九阴真经》《九阳神功》一定是无数男生童年的梦。到了初中读起了历史，你知道了华夏文明的璀璨，全拜仓颉造字后的记载，百家争鸣的辉煌，被秦始皇付之一炬叫作焚书坑儒，数千年前的先祖至今依旧影响着我们。因材施教、有教无类的孔圣人修订了《诗》《书》《礼》《乐》《易》《春秋》，教育了无数人。张仲景的《伤寒杂病论》、孙思邈的《千金方》救治了无数人。

假如你觉得上述的这些古籍已经过时，不足以让你觉得书的重要，那么中国的四大发明中，造纸术与印刷术就占了其中的两项，到如今依旧影响着我们。哪怕电子产品盛行的今天，应运而生的电子书依旧不落下风。著名的作家，过去的有鲁迅、老舍等人，至今都是我们学习的榜样；现在的韩寒、郭敬明写书写出了成功的人生。

书是知识、历史、科技，是古人眼中的黄金屋、颜如玉，是我俊知金积玉砌的里程碑。俊知十周年，放一场烟花不过片刻的绚烂，留下的无非是些二氧化碳。开一场晚会传出的不过是短暂的热闹，留下的不过是更多的平淡。修订一本好书，记载了俊知的岁月，记载了你我他。有熟悉的同事在书中倾诉工作中的妙法良方、生活中的酸甜苦辣，就仿佛过去的红皮笔记本、搪瓷大茶缸，是记忆中最宝贵的收藏。我仿佛看到一群老人退休后，带着老花镜，还手捧着这本书，边聊家长里短，边忆岁月流长。

徐晨

生命有限，事业无限

——读《乔布斯传》有感

从前，虽然我是苹果品牌的追随者，但对乔布斯这位伟人没有太多的认识，自从读了《乔布斯传》，我对他产生了浓浓的钦佩和敬仰之情。乔布斯的执着、创新精神以及他的完美主义、永不服输精神深深地打动了我。

《乔布斯传》这本书站在一个很客观的角度描述了乔布斯的一生，作者一点一滴描绘出一个生动的乔布斯，不管是他对世界的积极影响还是其阴暗的一面。乔布斯是一个天才，他有着改变世界的勇气并为此乐此不疲，他和朋友创建了苹果公司，先后研发、推出了麦金塔计算机、iMac、iPod、iPhone 等风靡全球的电子产品，改变了现代人沟通交流的方式，让电子产品变得更加快捷化、平民化。在众多苹果粉心目中，乔布斯是个神话，大家送给他一个"苹果教父"的昵称，来表达对他的敬仰。

人们都说乔布斯是一位精明的商人、一个智商超群的科技工作者，我却从书中读到了一个更为立体的乔布斯。正是源于对事业的热爱，他把自己的产品当作艺术品来打造，从而造就了他辉煌的苹果王国。

乔布斯有着伟大的梦想，并且努力去实现。改变世界，可能很多人会觉得这样的梦想很可笑，拥有这样梦想的人很自不量力，但是乔布斯并没有在意别人的眼光，他凭着自己的努力和汗水，不断吸收知识充实自己，让自己的实力不断强大，最终完成了自己的梦想。反观我们自身，也许有时候工作目标看似难以完成，但是我们不能气馁，得对自己充满信心，不断地挖掘自我潜能，去接近目标。

乔布斯曾经说过："一生中要做的事很多，而现在我们选择了这一件事，那就让我们把它做成经典。"乔布斯的成功很大程度上源于他的坚持。凡事贵在坚持，坚持是我们使用很频繁的一个词语，但是真正能够做到的人却很少，就如同长跑，终点就在眼前，就看你能否坚持跑下去。途中你会喘不上气，但是只要咬牙坚持，也就冲过了终点线，这就是坚持的意义。在工作中也是如此，也许很多时候努力了都得不到自己想要的结果，也许很多时候也想过半途而废，但也许咬咬牙，熬过了困难期，就能够等到成功的那一天。古人曾说"天将降大任于斯人也，必先苦其心志，劳其筋骨，饿其体肤"，可见坚持的重要性。只要渡过了困难期，就能够获得成功，就像我们的工作，坚持不懈才能将工作做到有始有终，尽善尽美。

乔布斯非常懂得包容。包容是中华民族的传统美德，每个人都有自己的优缺点，我们要学着吸取别人的长处，同时以人为镜改正自己的缺点。在工作中，当别人犯了错误时，我们要尽自己所能去主动提供帮助，同时还应该提醒同事以后如何避免同类型的错误。包容是一门艺术，每个人都有不同的理解。包容能够使你与他人融洽相处，创造出一个和谐的氛围，更有利于工作与生活。

乔布斯就是因为敢于创新，想别人不敢想的东西，才为研发出风靡全球的电子产品打下了良好的基础，改变了人类的通讯方式。在工作当中我们也要勇于创新，不能墨守成规。只要能够提高工作效率，就要敢于向旧的思维模式挑战。当然，创新的同时也要遵循公司的规章制度。员工拥有创新精神，企业才会充满活力和竞争力，才能在市场上立得住脚；我们保持创新精神，才能在工作中充满激情，才能为企业创造出最大的经济效益。

乔布斯的生命是短暂的，但他已经最大限度地放射出自己的光芒。我们或许不能像乔布斯那样去改变世界，但我们可以像他一样去追求卓越。所以，不要让生活等同于活着，而要让生活成为一种艺术；不要被别人的思想左右，而要坚持追求心中至纯至美的境界；更不要因为现实的重压而胆小懦弱以至于碌碌无为，而要用理想的炽热驱散生活的寒流，让自己的生命散发出艺术的光芒。

潘亚娟

让希望成为一种习惯

——观电影《叫我第一名》有感

　　这部影片讲述了一个残疾少年面对人生中的怀疑、唾弃，始终不屈不挠不放弃，通过自己的努力最终实现梦想的故事。

　　他叫布拉德，从小就患有一种罕见的遗传性疾病——妥瑞氏症，这是种严重的痉挛疾病，导致他无法控制地扭动脖子和发出奇怪的声音。无论他走到哪里，都会因为这种怪异的行为而"备受关注"，从小就不能过上一个正常人的生活。所以他已经习惯了那些轻蔑的眼神，他也习惯了被人喊"怪胎"。在学校里老师经常批评他，同学们都对他冷嘲热讽，父亲也是对他失望透顶。只有他的母亲一直是他的坚强后盾，母亲的坚持与鼓励，让他能够在正常人的生活里坚强前行。

　　有一天，他所在小学的校长请他出席学校的音乐会，并在无奈地被他破坏了整场音乐会气氛后，将他请上台，他向所有人解释自己的身体状况。他胆战心惊地说道："如果你们可以像正常人一样看待我，我的症状反而会缓和一些。"于是同学们掌声四起，理解万岁，布拉德充满幸福地走下台。我想，正是这次掌声给了他一生追求教师梦的勇气。

　　那之后，他不再自卑，不再堕落，并学会了正视困难，学会了坚强面对，追逐自己的梦想。

　　他一次又一次地去各大小学面试，一次又一次地期待着回音，却一次又一次落空。他的教师梦总是在世俗的既定观念里被冷酷地打碎。只能去从来都不看好他的父亲那里，在工地当临时工讨生活。但是，他始终不放弃。终于，在一次机智幽默的面谈后，布拉德获得了一个在小学的任教机会。那份激动，让荧幕前的我都一起欢呼雀跃。

　　尽管付出了艰苦的努力，流下了无数的泪水，尽管他的心已经千疮百孔，但他还是以自己顽强的毅力坚定地迈向成功。他的一句话让我很有感触："别让任何事情挡住你前进的脚步。"话虽简单，道理却很深刻。他的乐观激励着我，电影在整个过程中随处可以看到布拉德自信的笑，即使是在伤心绝望的痛苦之后。他说希望对他来说是一种难以磨灭的习惯。说得真好，希望已经成为他的一种习惯，换句话说，他的生命中永远没有绝望。他没有抱怨老天的不公，没有对生活失去希望，更没有自怨自艾地堕落下去，而是坦然接受一切，他可以坦坦荡荡地说一句："妥瑞氏症是我最好的老师！"他的精神燃烧着我。布拉德身上始终有一种品质支撑着他——执着。没有执着，他不会顶着一次次失败继续前行；没有执着，他不会在父母苦口婆心的劝说下还是选择奋斗；没有执着，他更不会找到自己的工作，迈向人生的成功。

从布拉德身上我确实学到了很多——乐观、自信、执着、善良，每一个品质都如璀璨的珍宝闪着金光。作为怀揣梦想的我们，每个人都应该有这些品质。真心地希望每个人都能在这些品质的带领下走向成功。

徐霜

顺其自然

人的心情实在复杂

犹如天气时好时坏时阴时晴

不能预测，难以把握

心情好的时候，看花花开，看天天蓝

心情不好的时候，看柳柳不绿，看云云不白

正所谓：物随心转，境由心生

其实，事物没有改变，变化的是我们的心态

有一种心境，叫顺其自然

我以为

就是"随遇而安"

就是"知足常乐"

就是"活在当下"

就是"恬淡安宁"

人的内心可以广袤高远

能容乾坤万物，能纳吉凶祸福

能装高山流水，能载喜乐哀愁

人的内心可以狭小低俗

只容一己私利，只纳阿谀逢迎

只装功名利禄，只载酒绿灯红

心境不同，境界自然不同

所谓猛兽易伏，人心难降；沟壑易填，人心难满

人生在世谁无欲望？

或为名利，或为温饱

或为自己，或为家人

不足为怪

关键是我们得到这些的方式手段

以及我们面对这些欲望时的心态

人生苦短，岁月无情

人过留名，雁过留声

我们都想在平凡的日子里做出非凡的业绩

于是，我们常常会被名利所累

于是，我们常常会为富贵劳心

于是，我们常常会面容憔悴身心疲惫

得意时忘形，失意时烦忧

见不得别人好，看不得自己差

静坐常思人过，闲谈必论人非

生在虚伪中，活在梦幻里

怎一个"累"字了得！

人性泯灭殆尽，真情不见踪影

然，人有七情六欲，物有百转轮回

我非消极避世，更无厌倦红尘

青春勃发，就该建功立业

志向高远，就当奋发图强

世事变迁不改凌云壮志

岁月流逝不变英雄本色

为人诚恳宽容，处事不走极端

累了，将心靠岸

倦了，及时调整

成功来临，淡然对待

面对失败，处之泰然

把握现在，活在当下

不以物喜，不以己悲

闲看花开花落，静观云卷云舒

顺其自然，随遇而安

杨旭

游武当

趁着在湖北十堰休假之际，来到了著名的仙山"武当山"。

为能看到云海，我们一大早就往武当山上进发。乘索道上金顶，放眼望去，底下是万丈峡谷，静寂而荒僻。还有那些深青色的砖墙，从刀削似的崖石上直升上去的老红墙壁以及立于崖畔的苍松，色调可能沉重了些，但唯有这样才显现武当山的分量。

终于上到金顶，映入眼帘的是太和宫。太和宫是金顶第一座宫殿，山上凉风阵阵，风声中的太和宫很寂寥，但却更显庄严肃穆。往前就是南天门，可惜没有守门的四大天王，过了南天门，风越来越大，手拉铁索攀缘而上，登九连磴到崇台，抬头一望，就是举世闻名的金顶。全殿铜铸鎏金，立于极顶，蔚为壮观。

太阳已经出来了，山风还很大。殿后有一棵古树，上面挂满了红色的武当山护身符飘带，红带飘飘，分外妖娆。金锁的锁链上挂满了铜锁，规模可比华山的金锁关，如此多天长地久的誓言，不知天柱山能否承受这生命之重？

买两把铜锁，将它们锁在武当山之巅。人生易老心难老，天知否？

金殿的香火很旺。天柱峰守望着方圆几百里山头，不知是骄傲还是黯然。或者，不思善不思恶，包容一切才是这擎天一柱的风采。阳光穿过狭隘的山道射在石阶上，云母石便闪耀着点点磷光。从道人们的炼丹石到凌空而起的悬崖，都是这样银光闪闪。猛一抬头，金殿正顶着一轮红日踞在山巅与天幕之间。奇迹就在眼前：万丈光芒从金殿的尖顶上放射出来，像道道利剑刺向周遭的空间并幻化成奇异的七彩圆弧。面对这奇异的景象，我们唯有沉默。

途径南岩，南岩是武当山三十六岩中风景最美的一岩，素有"路入南岩景更幽"之誉。人在山中走，如在画中行。此去南岩宫，鸟鸣林翠，栏长路幽，云雾缭绕，如入仙境。

南岩宫位于紫霄峰南岩下，由于当年供奉玉皇大帝的大殿被一道士撞倒油灯烧毁，现在只留下一个仿制的玉皇大帝像享受人间烟火。绕过玉皇大帝，就见前方已是悬崖峭壁，云雾缭绕，深不见底。左边往南岩宫，右边去飞升崖。

飞升崖是真武大帝得道之处，在此可听到飞流泻瀑，鸣水如雷。沿着悬崖凿开的路走到二仪殿，穿过二仪殿，就到了"天乙真庆万寿宫"。此宫建在悬崖峭壁之上，就像镶嵌在千仞峭壁之间，上接云天，下临绝渊，与南岩浑然一体，真是鬼斧神工。殿内有三清塑像，殿门正对着大名鼎鼎的"龙头香"，一石雕龙头昂然翘首，伸出悬壁，龙头上立有一香炉，据说走到龙头烧龙头香许愿很灵验。

下山，一直来到紫霄宫。紫霄宫是道教建筑的主体，武当山道教协会的所在地。绕过灵观进入宫中，一路走到正殿前，正殿供奉着武当山之神——真武大帝。游客渐渐多起来，还有一些道士在行走，但都很轻、很静、很空灵，空气中弥漫着一种宗教的气息，清澈、寂淡、虚空。钟声响起，清脆而具有穿透力，越过时空，直达天际。

潘乐平

小谈"西风东移"

那天与朋友发信息，最后朋友发了条："圣诞节快乐！"想了想才明白，原来第二天是圣诞节。

不知不觉，西方的节日渐渐融入了我们的生活，像圣诞节、情人节、愚人节、万圣节等节日开始盛行。情人节时超市里满眼都是心形巧克力，卖玫瑰花的随处可见；圣诞节时大街小巷的圣诞标志、圣诞树、圣诞老人已经是司空见惯了。"西风东移"这一现象在如今成为理所当然，愈演愈烈不断升温。

有人认为"西风东移"与国情不合，而且还容易在思想意识、文化娱乐等方面带来负面影响。我认为这种观点虽然有可取之处，但也并不尽然。其实"西风东移"是一把双刃剑，有弊端，也有可取之处。

首先讲讲"西风东移"的弊端。众所周知，中国有着五千年的灿烂文明。但改革开放以来，在我们接受外来先进文明的同时，不可否认我们祖先的许多宝贵财富都流失了。我们当代的青年开始接受西方文化，而对自己民族的悠久历史文化置之不理。现在的年轻人迷恋的都是西方传来的网络文化，听的也都是流行歌曲、街头饶舌，跳的是街舞，装扮的是嘻哈一族……很难想象现在的年轻人去听戏曲。不仅如此，学生时代，每当背诵古文厌倦时，我们常常可以听到"背这个有什么用""又不能用来赚钱"之类的话。西方的文化在侵蚀着一些传统的文化，这是不争的事实。

如今连西方的万圣节都特别受青睐，幼儿园的小朋友们都要特地举办派对来庆祝一番，微信朋友圈里被各种装扮成妖魔鬼怪的朋友们刷着屏幕，但我们却不会特地庆祝重阳节、劳动节、植树节等等。西方人为什么可以将自己的文化传遍全世界，而我们却不能将自己的文化发扬光大？这是我们值得反思的地方。

　　虽然有弊端，但"西风东移"同样有它的价值。浅层次地来讲，曾经的中国教育是填鸭式教育，在课堂上是老师的个人表演，而现在老师和学生的关系则是亦师亦友，师生间的交流越来越多，寓教于乐。有一个词在生活的各个角落多了起来——"民主"。西方自由开放民主的观念也开始在含蓄的中国人心中植根。除此以外，如果没有"西风东移"，我们也无法认识到海明威《老人与海》的西方式坚强品质，也无法认识到海伦·凯勒的勇敢形象……当我们对西方资本主义人剥削人的本质批判的同时，比尔·盖茨为社会福利事业捐献了几百亿美元，并声称要在有生之年捐光财产的消息，难道也不能诠释西方文化中个人奋斗以及回报社会的伟大的精神品质吗？

　　"西风东移"是一个长期的过程，我们不应该排斥外来的文化，不管西方文化还是东方文化，都是地球的文化。我们应该选取好的文化，除去不好的。或许在不久的将来，孙悟空能像圣诞老人一样红遍全球；西方人和东方人可以在愚人节一起搞怪，也可以一起在新年佳节庆祝新春……

钱丽倩

认真做好每一个细节

——《大国工匠》观后感

"实干兴邦"这四个字近几年较为流行，实干，尤其是制造业对一个国家有着不可估量的重要作用。国庆期间，央视频道播放了八集纪录片《大国工匠》，我认为这是一部有关制造业的纪录片，于是花时间把这八集纪录片从头到尾看了一遍，感触良多。

纪录片分为八个部分："大勇不惧""大术无极""大巧破难""大艺法古""大工传世""大技贵精""大道无疆""大任担当"。每个部分都选取了一个行业内的顶级匠人的故事，有川藏铁路的隧道爆破师彭祥华，隧道爆破需要有天大的胆才能打开一个个前进的通道；有固体火箭发动机药柱雕刻师徐立平，要把药柱的表面精度误差控制在 0.5 毫米内，切削的每一个动作、每把刀具的选择和角度摆放都要符合规范操作细则；有 LNG 船焊接工人张冬伟，要对 0.7 毫米厚度的殷瓦钢进行焊接，保证不能出现一点缝隙，否则一艘 LNG 船就会成为一枚巨大的炸弹；有连云港田湾核电站管道焊接工朱晓明，整个核电站主体管道的焊接必须保证没有丝毫瑕疵，否则后果就是核泄漏；有木船制造师傅张兴华；有 FAST 超大无线电发射镜安装工程师周永和，负责拼接整整 40 万块反射面板，误差必须控制在 2 毫米以内，但工程周期却只有一年不到；有捞宣纸的毛胜利，晒宣纸要精确掌握需要晒的纸张的定位，每一个晒制的动作操作必须在可控范围内；有錾刻艺人孟剑峰，必须在 0.6 毫米的薄薄银片上把錾刻误差控制在百万分之一以内；有火箭惯性加速度仪制造工人李峰，尽管做的加速度仪零件符合 5 微米的公差要求，但他追求误差无限接近于零，否则就重新返工做；有水电站电机制造工程师裴永斌，靠双手测量误差，测量精度堪比专业的测试设备，仅存在百分之一的误差；歼 15 舰载机的零件加工钳工方文墨，靠一把锉子锉出一个个高精度零件；火箭发动机焊接技工高凤林，1600 米的焊接长度，0.16mm 的焊缝，一小点焊接瑕疵就会导致火箭发射灾难。以上这些工匠们都是各自行业内的翘楚，代表着一个行业匠人的最高水平，虽然这些人不能代表整个中国制造业界的工匠们，但是从这些人身上已经可以学到太多太多。

我们总认为，中国的制造业赶不上欧美日，尤其是德国和日本的制造水平，众多机械设备特别是高精度数控机床还需要从这些国家进口，我们总是羡慕德国的高水平精密制造，我们总是夸赞日本人的工匠精神，我们总是认为我们这个国家的制造业还处在很低端的水平，甚至一部纪录片《寿司之神》都可以让我们无比惊叹。我们总是羡慕别人，我们总是高喊着要学习别人，却不知其实我们国内的制造业界也有这样的高手存在，我们国人也有所谓的工匠精神。《大国工匠》里的徐立平严格制定并且遵守安全守则，操作心态上始终把自己放在新手的位置上，正是这种严谨的精神才让徐立平在 29 年的工作时间内没有出过一起安全事故。故宫里的那位古钟表修复师王津师傅始终坚持扎扎实实干活，做到问心无愧，这不是工匠精神是什么？那位造火箭惯性加速度仪的李峰师傅说，虽然误差不可能达到绝对零，但也要无限追求和接近零，不能老停留在边缘，宁可拿回去返工，用心做。制造业的从业者追求的不就是这种无限要求自己的精神么？这些工匠们也是平凡人，却在各自行业里堪称神一般的工匠。

可以发现，这些工匠不是一开始就能把手里的活做得如此完美的，高超的技艺是靠岁月的积累沉淀得来的。但也应该注意，不是简单的积累就能练就这般手艺，不用心的积累只是在做简单的重复。《大国工匠》里的很多师傅从事的工作都关乎国之大事或者都有极高的危险性，看纪录片可以感觉到这些师傅是怀着极高的责任心在做，极度地要求自身，追求完美。能想象得出那位中国坦克的焊接师傅每天下班后独自留下再焊接 50 根焊条的不易；能想象得出方文墨为了让歼 15 用上高精度的零件而不断练习用坏 60 把锉子的画面；能想象得出那位造木船的张兴华师傅在造船的时候始终想着让渔民能够安全用上一艘船，始终严格对自己所造船的每一个缝隙进行检测的不易；能想象得出裴永斌究竟是私下练了多少回，才能让自己的一双手堪比专业测量设备，还不断进取突破各种工艺限制去钻研数控机床……

其实我们身边并不缺乏这样的人，只是我们从古代起就看不起工匠。我们总是高喊着要学习先进国家的制造技术，其实我们真正要学习的是《大国工匠》里的这些中国工匠。目前我们的制造业还达不到世界最好的水平，但有《大国工匠》里的这些工匠在，我相信别的国家能做到的，我们同样也可以做到，而且会做得比他们还好。我们要做的就是要发挥好这些大国工匠们的工匠精神。

作为制造业的一员，我也深深地被这些大国工匠所感动，感动于他们的自我要求和严谨负责的精神。虽然看上去很简单，但我深知做到是多么的不易。成功的背后流的是汗水，成为一名真正的制造业工匠付出的汗水要多于常人。从端正自己的态度开始，从严谨要求自身开始，从用心开始，认真做好每一个细节，相信有一天我们的国家终会成为制造强国！

俞俊

伞花

伴随着新年的脚步，冬季的绵绵细雨洗去了空气中的尘埃。我呼吸着清晨新鲜的甜甜的空气来到公司。今天的公司洋溢着快乐的气氛。

由于下雨的原因，这个时候公司门口出现了一种独特的景象：五彩缤纷的"伞花"。远远望去，每把雨伞颜色各异，有红色的，有黄色的，有蓝色的，真是美丽呀！这些各式各样的雨伞造型各异，有的像蘑菇，有的像荷叶，还有的像刚刚盛开的鲜花。随着伞下每人步伐的不同，从高处望去，这些伞形成了流动的丝带。

看到各种各样的伞，我不禁会去猜测每把伞下是怎样的一个人。看：这边，一位年轻的姑娘打扮入时，独自撑着一把粉色的带有印象派画像的伞，从大门口款款走过，身后留下一股好闻的香水的味道。那边，一位年纪稍大一点的男同志，步伐稳健，微笑着若有所思，撑着一把蓝色自动雨伞经过我的身边。远处，几个好朋友一起走过来了，各自撑着黄色、绿色和红色的伞，边说边笑，空中洋溢着她们银铃般的笑声。呼吸着新鲜的空气，看着这流动的伞花，我仿佛醉了。满眼的伞花，满眼的一张张充满着希望和兴奋的脸。

是什么事情使我们这些俊知员工那么兴奋？原来是因为到了发年终奖的时候了。

三年前，我慕名来到宜兴俊知集团应聘，成为俊知集团公司的普通一员。我见证了这三年来俊知员工工资逐年提升，公司规模逐步扩大，公司名声逐渐流传。今年，俊知公司成立十周年了。十年，在历史的长河里也许就是一滴水，但是在俊知人的眼里，是奋斗的十年。自2007年建厂的初出茅庐，到2012年在香港上市，再到2016年被评为"2015年度江苏省五星级数字企业"，这十年可谓是快速地发展创新，这些成绩离不开俊知领导的奋斗。

俊知员工中像我一样慕名而来这里上班的人很多，因为俊知发展得很好，更重要的是看中俊知越来越好的福利待遇。

每个员工都撑着一把伞，从各个方向汇聚到公司门口，又从公司门口分散到各个车间，开始投入到新一天的工作当中。

在这绵绵细雨的清晨，我迈着轻快的步伐撑着一把红色的伞，走进俊知，成为伞花中的一员，也成为这些自信的员工中的一员。

谢敬文

简静包容　润泽初心

小时候，夏夜时分，躺在露天的竹床上，饱墩墩地望着满天眨眼的星星，微微吹来一股夹杂着蛙声的泥土味，凉爽啊！恍然间一颗流星划过，赶紧许愿，直到它黯然消失。回想起来，那便是生活的精彩。如今，已然不会在意那时的许愿，回想从前，只是回忆。但那一刻充满了神奇的魔力，让人魂牵梦绕！

时光飞逝。回忆十年前，经面试后踏进这家工厂，一片碧绿，好似草原。那位严肃得脸都没敢看的面试官，也没敢记录任何表情。当时只有一个心愿，成为这家公司的一员，努力工作，多学技能，让父母安心。那一刻的想法很实在，只想和村里的"上班族"一样，天天上下班，拿了工资上交家里，看到母亲的笑容，就是最大的幸福。如同孩提时的感受，回家才是最好的生活，简单、宁静、无忧。

世界喧嚣。工作的经历，也好似一个新兵到老战士的历程，锻炼、磨炼、历练，经过、经历、经验。随着时间的流逝，如今已然只有一种平静，很少再去回味细节。曾几何时，想想这种感觉，其实内心的纯净才是生活的理想状态。生活的本意，乃至人生的本意，都在于美好地生活。就如冬天的早锻炼，看着呼出的热气，远处火红的太阳逐渐升起，就会感觉人内心的能量被逐渐唤起，心和身就静得愉悦。这一刻，也理解了一段话：把生活嚼得有滋有味，把生活过得活色生香，往往靠的不只是嘴巴，还要有一颗浸透人间烟火的心。

用心感知，凝神静听，才能领会从万叶复苏到硕果累累到白雪皑皑间无法描述的生活至美。生活就是发现身边人或物中蕴藏的智慧。我们的工作也是如此，生活的理想就是找到宁静的港湾，让心安放。希望俊知的港湾能够容纳更多的初心，实现集俊以知、建设和谐共荣的现代优质企业这一目标。

沈小鹏

幸福就在咫尺间

2010 年 12 月，我和另外三名同事一起去印度首都新德里，参加 Indian Telecom 通信展会，并拜访当地的几位客户。

一天下午，我们拜访完当地一位客户，对方邀请我们参加他的家庭晚宴。客户的家在别墅区内，是新德里中产阶级聚集的地区。

这位客户是一家公司的主席，当天是他和他的妻子结婚五十周年的纪念日，除了我们以外，其他参加聚会的都是他们的家人和朋友，足足有二三十人。院子里有一个小舞台，还有一个大屏幕。晚宴开始后，主持人讲述了他们夫妇相识、结婚、生子期间发生的很多感人故事，大屏幕上则播放着他们从年轻一起走到今天的照片和录像。台下不时发出掌声和口哨声，很多人流下了感动的泪水。

在台下看着这些照片，听着他们的故事，我的感触很深。我被他们几十年如一日相濡以沫的感情所感动。人生如果能像他们这样，有一个知己般的伴侣相伴左右，事业有成，有能力给家人和子女提供优越的生活条件，同时也懂得享受生活，真是人生赢家。当然，成为他们这样的企业家，毕竟只有少数人，但是，钱不是衡量幸福指数的标准，只要我们能在工作中尽力而为，在家庭中尽心尽责，做到问心无愧，我们最终也能实现自我价值，成为人生中的胜者。但是有多少人在匆忙的工作中忽略了家庭的责任，错过了多少本应和家人一起度过的时光？

幸福不是钱能买到的，它就像小狗的尾巴。当你不停追逐它的时候，它其实一直跟在你的身后。我们缺乏的是一颗享受生活、发现幸福的心。用心去感受，幸福就在咫尺间。

于函

过年随想

日子在不经意间悄然滑过，转眼间又要过年了。不由想起一句耳熟能详的诗："年年岁岁花相似，岁岁年年人不同。"

原本十分浓重、充满喜庆、代表东方文明特色的节日，在平淡中迎面走来，我们除了以淡然的心态去接受外，并没有儿时那种热切的期盼，一切都显得那么平静。

除了非常亲的亲人在一起吃团圆饭外，大部分的人过着淡如平日的关门闭户的年三十。也许人们生活过于富裕，平日里的吃喝都如过年期间的大鱼大肉，人们对于过年期间的大餐已觉乏味，所以，过年也就显得平淡了。

随着生活的提高，一切都好像在慢慢发生着变化，年的味道也逐渐变淡。

儿时过年还历历在目。辞旧迎新的除夕夜上大家围坐在一起，享受山珍海味的佳肴。一家人其乐融融，有说有笑地欣赏春节联欢晚会。记忆中的春节联欢晚会是那么精彩，我们连一秒钟都不舍得离开电视机。到了零点，父亲将准备好的鞭炮点燃，就这样我们在"噼里啪啦"的爆竹声中迎来了新年的第一天。

可是，如今过年悲喜交加。喜的是新的希望将在新的一年开始，悲的是我要强颜欢笑熬过这个无聊的春节。依然是辞旧迎新的除夕夜，一家人却和平日一样，吃完饭各自走进属于自己的天地，丝毫看不到除夕夜的气息，唯有窗外的声声鞭炮验证了今晚的存在。年复一年的春节联欢晚会已不再是我们的期待，老套的小品、老套的歌曲，毫无新意。没有庙会，没有人群，初一的大街冷清得如一个不属于人类的世界。从初二开始，我们进行忙碌的拜年。其实质就是吃喝。恭喜发财、新年快乐、大吉大利之类的陈词滥调，说得心里别扭，却又不得不一遍遍反复念叨。形形色色的饮料、酒水挤满了窄小的胃；道道色彩艳丽的菜肴麻痹着欲哭无泪的舌尖。

如此不堪重负的节日，我们还要强作儿时的兴奋，观看彻夜循环的晚会。听着属于别人的笑声，感受的却是自己困乏的双眼、无欲的胃、失望的情绪。

时光如此匆匆，不知不觉岁月已经悄悄地在我们的身上心上留下了抹不掉的痕迹。一年又一年过去了，年，又来了，但一年又一年毕竟是不同的，时间在走，年龄在长，每一天有每一天的故事与心情，每一年有每一年的打算和收获，无奈与心酸，幸福与感恩。于是在经历后开始明白，慢慢成熟，对人生对自己又有了更新的认识，轻语岁月，淡看流年。

丁胜超

一部述说人生无奈的笑面悲剧
——读《围城》

　　《围城》是钱锺书先生一生中唯一的一部长篇小说，它是一部以看似超然的调侃语调述说人生无奈的笑面悲剧。这本书描述了主角方鸿渐与四位女性（鲍小姐、苏文纨、唐晓芙、孙柔嘉）的情感纠纷，痛苦、可笑、感伤、窘迫、狂妄、尴尬、快乐，但都以失败告终。在《围城》人物的身上，我们可以感受到人生太多的事情是矛盾的。细心一点，还会体会到那种彼此间的相互抵触、难以理解，脆弱而不可自拔的沉沦，隐藏在心灵深处的吊诡，甚至最细微的瞬间的颤动。

　　贯穿在小说中的那种广泛的社会批评和文明批评，是以主角方鸿渐的恋爱求职为中轴线的，这种角度的贯穿，触及人性的深沉。《围城》的主题内涵是：围在城里的想逃出去，城外的人想冲进去。对婚姻也罢，职业也罢，人生的愿望大多如此。探讨人的孤独和彼此间的无法沟通，把"围城"之感作为人内心里的普遍想象。

　　人物之中，给我留下深刻印象的是中国留学生方鸿渐，说他留过洋，或许说游过洋更为贴切些。四年中换了三所大学，从生活学系转哲学系，最后转入中国文学系；随便听几门功课，兴趣颇广，心得全无，生活尤其懒散。作者用回顾的方法，插叙方鸿渐的身世，为了招架父亲和岳父，客串了一番克莱登大学博士生的尴尬知识分子，特别是他"智斗"外国文化贩子买博士文凭的过程，其中的虚伪与荒谬，也许是为了让我们认清留学西方的所谓"精英"吧。

　　书中方鸿渐与苏文纨、唐晓芙、孙柔嘉都产生了感情纠葛，每每因自己的怯懦、不敢多言、言亦不由衷，一步步陷入工于心计的孙柔嘉的婚姻陷阱之中，最后自食婚姻苦果。这座感情围城，曾经令方鸿渐向往，之后又无奈于城中的无聊。而在三闾大学着实是一座事业的围城，这里面充斥着尔虞我诈、明争暗斗，时刻让人感到压抑，令本性善良却怯懦的方鸿渐不堪忍受。但是，他离开那里后，面对的却是一个集父母的封建思想、家庭的责任、事业的衰败多层混杂的社会大围城，让他更加觉得无所适从，似乎所有的一切都被一只无情的大手掌控着。本就无才的方鸿渐也只会牢牢地屈服于这只手，逆来顺受地承受朋友的施舍，义无反顾地踏入爱情陷阱、事业低谷。整本书中，除了他对唐小姐的追求尚显些他试图征服命运的思想外，其余的，只是方鸿渐徒劳的思想斗争和软弱的行为罢了。所以也就有了如此悲凉的结局。

文中作者把人性的虚荣讽刺得淋漓尽致。对于大学教授，他们借着兵灾来吹嘘：汪处厚得意地宣扬他南京的房子，陆子潇流露出战前有两三个女人抢着嫁他，李梅亭在上海补筑洋房，方鸿渐也把故乡老宅放大了好几倍……"日本人烧了许多空中楼阁的房子，占领了许多乌托邦的产业，破坏了许多单相思的姻缘。"对于方鸿渐的两个弟媳，则是开了自己嫁妆的虚账，调查孙柔嘉的陪嫁。人物形象是那么鲜明。

文中主人公方鸿渐被三个圈"围"着，那种带着玩世的态度处世又有点良心的知识分子形象构成了他一生的第一圈，他希望做个大人物，这样的性格，似乎就决定了他的一生。方鸿渐的第二圈"围城"就是给他带来多灾多难的假学位。方鸿渐到底是个知识分子，在买假文凭之前，他也问问良心，他为自己起了最好的借口："父亲是科举中人，要看报条，丈人是商人，要看契据。"以他自己的口气，就是："说了谎话，还要讲良心。"说谎就说谎嘛，讲了良心这谎话就变得不伦不类了。既然讲良心，就干脆别买学位了。既然都不讲良心了，就干脆把学位发扬光大吧，害得自己当个副教授忍气吞声的，两头不着岸。

方鸿渐一生的第三圈"围城"是他在处理感情问题时候的玩世态度。也许从第一圈"围城"建立时，就决定了会有第二圈围城和第三圈围城了。在那个到处是"小人物"的时代，做个大人物并不是每个人都有能耐的。可是他还是希望做个大人物，买文凭时，希望自己能够使家翁感觉光耀门楣；买了文凭，又觉得有损道德。要知道，社会上只有两种人能够混得好。

一种是真正大写的人，他们有他们独特的才能，他们有他们高尚的情操。

他们是因为他们近乎模范的举止，才赢得别人的尊重。而另一种，则是完全相反的。他们用旁门左道，说谎时，能够把自己都骗过来。他们深有城府，他们的行为举止有时真是没有良心可言。而社会上更多的，是后者，从古到今都是如此。袁世凯用了多少手段才当上大总统，乾隆是如何登上皇位的，就连现在的企业在商场上竞争，也用尽手段，不是你死就是我亡。

其实，我们生活中的"围城"随处可见。不仅仅是恋爱婚姻、工作事业，还有学习生活、交友处世，无一不有一个"城"把我们"围"着。

钱锺书用幽默的语言、深刻的哲理、巧妙的比喻，站在一定高度俯瞰人生，批判了人性的丑恶、虚荣。比如："一个人的缺点正像猴子的尾巴，猴子蹲在地面的时候尾巴是看不见的，直到他向树上爬，就把后部供大众瞻仰，可是这红臀长尾巴本来就有，并非地位爬高了的新标识。"先生的许多语句给我留下了非常深刻的印象，时而让人忍俊不禁，时而又想象着作者所描述的情景，给人深深的同感，仿佛身临其境，如见其人。

当我读完全文后，有一种怅然若失的感觉，感到意犹未尽，故事戛然而止了。是啊，一切就这样"结束"了吗？对于主人公的故事，对于整个《围城》，值得让人去细细地思索、静静地品味、慢慢地鉴赏。全文最后一句话是："这个时间落伍的计时机无意中包含对人生的讽刺和感伤，深于一切语言、一切啼笑。"这种时间上的巧合不正是反映了世事的苍凉与变迁吗？

蒋程

哀郢

我的故乡在安徽淮南，姜夔的名句"淮南皓月冷千山，冥冥归去无人管"里的那座淮南。就连并不欣赏姜词的王国维也不得不赞叹："白石之词，余所最爱者，亦仅二语。"

渺千山层云之间，冷月残照，美人如花隔云端，不觉黯然销魂。小时候，我从来不知道我的故乡何处有这一弯残月。

我出生的地方叫寿县，古称寿州，又称寿春。《史记·楚世家》中有记载：楚考烈王二十二年，楚东徙，都寿春，命曰郢，是为"寿郢"。它是楚国的最后一个都城。自此，先后有四位帝王想要把这里当作他们永恒的家。

印象中的寿县是一片被一圈井然有序的青色城墙攥着的土地，土地上歇着几丛房屋，房屋外远山含黛，麦田碎金，我们的土地被拦腰围了一条白河，缀几丛疏疏落落的芦苇，粗朴而温情。

我离故乡已久矣，故乡离我亦已远矣。想说的太多，在这里我只想放弃概括，保留感性，留下影响我最深的这四个"一"。

一圈城墙

寿县现存的城墙是楚都寿郢城门在南宋时被修复的一小部分。城墙分"靖淮""定湖""通淝""宾阳"四门。

白天登上城楼，三三两两的游人依偎前行，城墙之内是焕然一新的楼群，城墙之外是流淌千年不息的淮河水，其中城东的宾阳门外曾经有投鞭断流的故事。城墙携河山之势，依稀道出帝都曾经的宏伟和如今的沧桑。

月亮终于升起来了，眼前的老城墙更加巍然怆然。那些湮灭的王朝的背影交叠在一起，谁的形象也看不真切。这时候，寿州古城在幢幢灯影里活了。

寿州的城墙是孤独的，亲手创造它的那些老伙计们，早已灰飞烟灭了。然而它又是执拗的，每每淮河大水，它总能凭一己之力为城中的数十万居民抵挡洪水。即便洪水快要没上女墙，城内却安然无恙，城内的水依然可以通过古代匠人精心设计的机关排出城外。这也是寿州城墙区别于其他城墙之所在。

一座山

八公山是寿州城北淝水与淮河之间的一片丘陵。虽不高峻，但茂林修竹，郁郁青青，颇有仙灵雅致。

西汉淮南王刘安曾与门客在此创作出道家经典著作《淮南子》，"塞翁失马，焉知非福""一人得道，鸡犬升天"等许多典故皆出自于此。这些求道者，除了八公山，他们并不需要更多。一座茅屋，一块瓜田，数尾白鹤，一篱菊花。茶清酒洌，气定神闲，在风雨如晦的日子里，也能与天地同语。

公元前 122 年刘安谋反之事败露，汉武帝下诏逮捕，刘安闻讯后自杀，除八公一人侥幸逃脱外，皆遭屠戮。

大道坦坦，去身不远，求之近者，往而复返。一个朝代的兴盛免不了总是金戈铁马的威武雄姿，当它的内部开始腐朽，背负这些伤痕的却常常是一个个文质彬彬的凄怨灵魂。

一条河

淝水，又作肥水，出寿县向西北而入淮河，往东南则注入巢湖。

八公山上风声鹤唳、草木皆兵。谢玄曾败苻坚于淝水。这就是历史上声名显赫的以弱胜强的战役——淝水之战。

"安公玄帅。"

如果说谢玄是东晋立马横刀身先士卒的一员猛将，那他的叔叔谢安才是真正坐镇军中决胜千里之外的帅才。

"安石不肯出，将如苍生何！"

初次听到这句话或许都会误以为是在说北宋名相王安石，其实典故的主人公正是这位"江左风流宰相"谢安。

谢安，字安石，他的"谢"是"旧时王谢堂前燕"的江南望族，"安"是他让天下安。

大战之前，东山再起的谢安顶住了桓温的压力，拒绝为他"加九锡"。桓温去世后，趁着桓氏一时无主，又与桓温之弟桓冲联手，统帅八万兵力打败了号称百万的前秦苻坚大帝的军队，为东晋赢得了几十年的安宁太平日子。

淝水胜利的意义绝不仅仅只限于东晋王朝的胜利。彼时北方已沦入胡人之手，南方也并未彻底汉化。汉民族和汉文化的退守江东，血脉已岌岌可危。因此，谢氏的胜利，不但挽救了东晋王朝，更挽救了华夏文明。

天下苍生望谢安。

看到这里，你一定以为故事是这样一个皆大欢喜的结局。然而后话却是，淝水胜利之后，谢安很快被"荣誉退休"。待他去世之后，谢玄失去了朝中的拥护者，被朝廷以明升实降的方式夺走了北府重兵的控制权。第二年便去世了，享年四十六岁。美人迟暮，英雄已死。

飞鸟尽，良弓藏。

一座水利工程

安丰塘古称芍陂（音 què bēi），是淮河流域重要的水利工程。2600 多年前，楚庄王慧眼识人，命孙叔敖为楚国令尹，由他主持修建。这是中国古代最早的灌溉蓄水工程，比都江堰、郑国渠还早 300 多年，并被称为古代四大水利工程之一。《水经注》记载："淝水流经白芍亭，积水成湖，所以叫作芍陂。"

孙叔敖者，楚之处士也。他当政以后，根据当时外患内忧、连年混乱、令典荒废、百业待兴的状况，把息兵安民、除患兴利、发展生产、致富国民当作治国之策上书楚庄王。孙叔敖在辅佐楚庄王的较短时间内，上下和合，世俗盛美，吏无奸邪盗贼不起，三军严肃，百姓无扰，使楚国一跃而为春秋诸侯中的军事大国。孙叔敖清风惠政，节衣缩食，理国安民，励精图治，尤其是修造芍陂，竭尽其力，并耗尽了自己的家业。

功施当时，泽及后世。两千多年来，芍陂一直在造福于人民。

民为贵，社稷次之，君为轻。社稷安民的大事，从来都不是孤胆英雄靠单枪匹马可以做成。君主纵有惊世之才，若无贤臣良将相伴左右仍难成大业。

诸葛亮曾评价说："昔孙叔敖乘马三年，不知牝牡，称其贤也。"

穿过历史的迷雾，在稼穑桑麻、犁锄镰磨和粥饭茶酒之外，我的故乡曾经也被历代文人与帝王倾注了太多的情愫。寿，意味着长久。当初为他命名"寿"的那位帝王，一定是对这座城和他的王朝埋藏了与天地同寿的期冀。如今日月轮换，几度夕阳。但寿州的青山碧水仍在，古城墙、八公山、淝水和安丰塘仍旧守护着他的子民。我想，寿州，这个与世无争的默默垂钓着的老人，之所以历经千年而楚都的精魂不败，正在于他的不争。不争，而天下莫能与之争。因不争而寿。

周泊霏

做一个温暖的人

——观《夏目友人帐》有感

　　《夏目友人帐》是我非常喜欢的一部治愈系日本动漫。主要讲述了主人公夏目贵志从外祖母夏目玲子的遗物中得到了与妖怪们的契约书所做成的"友人帐"，他决定将友人帐中妖怪们的名字一一归还。在归还的过程中，夏目经历了一个个或奇异或悲伤或温暖的故事，逐渐学会了与人类、妖怪友好相处。

　　童年时的夏目由于能看到妖怪，经常被吓到，周围的人也都无法理解他，甚至嫌弃、排斥他，夏目被迫辗转奔波于各个亲戚家。但是即使被人猜忌排斥，也丝毫没有动摇他内心深处的温柔与善良。印象最深的是"水底之燕"篇，这篇中的妖怪有一个特别想见的人类，所以想要附身在夏目身上，然后每时每刻跟在夏目身边，最后夏目无奈答应帮助它找到那个人类。故事中间燕如愿见到了那个人类，但是人类却看不到它，或许这样的结局，燕也是很满足的了。但夏目为了能让人类也看到燕，努力去参加游戏，赢得能让妖怪化为人形一晚的浴衣。和妖怪比起来，夏目既不够强壮又不够高，但他还是竭尽所能，最终赢得浴衣给燕。当时燕说了一句话："我喜欢温柔，也喜欢温暖，所以我喜欢人类。"我觉得夏目也是这样一个喜欢温柔、喜欢温暖，所以想要成为一个温暖的人，就算妖怪曾经伤害过他，就算因为妖怪他遭受了人类的疏离与排斥。

　　百度搜索了一下"怎么做一个温暖人心的人"，百度经验给出的方法步骤是：1.温暖的人，拥有一颗诚挚的心；2.温暖的人，拥有一种吸引力；3.温暖的人，总是会说话；4.温暖的人，总是能看到希望；5.温暖的人，总是爱笑。这些方法或许不能像解决数学题目般按步骤一步步就能得出准确的答案，但终究会给我们一些启发，只要坚守着内心的善良，总能成为一个温暖的人吧。

愿我们都能做一个如夏目般温暖的人，真诚地对待每个人，积极地面对每一天。

莫敏晖

宜兴，有我的家

宜兴，这里有我的家。

记得 2014 年初，一列火车从我的家乡驶出，便让我踏上了闻名世界的陶都——宜兴。以前，因为工作我去了很多地方，但都没有让我产生安定下来有个家的想法。来宜兴不久，就让我有了在此地长期生活的强烈愿望。这里生活环境优美，一年四季花儿常开，草木皆绿；这里治安好，不必担心会丢东西，即使你遗落了某样东西，当你回去找的时候，它依然会在那里等着你带走它。

来到这里的时候刚刚开春，并没有像家乡那么冷，暖暖的阳光、绿油油的草地、郁郁葱葱的树木……与家乡有着非常明显的差异，一下子就喜欢上了这里。

新的环境还是需要一段时间去适应的。偶然的一个机会，我来到了现在的公司上班。厂区里的环境非常好，干净笔直的道路东西南北相互交错着，橙蓝色相间的厂房一排排整齐地坐落在那里，车间里运转的设备发出欢快的声音，辛勤的员工忙碌在自己的工作岗位上。俊知公司风风雨雨走过了十个年头，我在这里也有三载了，让我有种家的感觉。因为有你，我和家人通过努力，在这里终于有了属于自己的一个家。

闲暇时间，我和家人一起去湖㳇游玩。在湖㳇，最美的景致也许就是碧绿的竹海。风吹过，波涛汹涌是竹叶的芬芳；走在竹子搭成的栈道上，在绿色中穿行……

人生就像一杯茶，不会苦一辈子，但总会苦一阵子。没有开始的苦，就没有后来的甜。苦苦甜甜就像一部交响曲，汇成我们的一生。不知不觉，心摇摇晃晃流浪到记忆的边陲，一幕幕往事就像茶叶一般，泡开，曾被风干的韵味舒展开来……

　　儿时的梦想已经不知随着岁月飘到了哪里，儿时的故乡已经变了样，小伙伴一起玩耍的欢乐留存在记忆里，我们都已不再年轻。在喧闹的城市待久了，在世俗的人际关系中疲倦了，便极想找一处僻静的地方安抚或安放自己的心灵。田园风光抑或江南水乡的那种优雅生活，天然去雕饰的诗意般的风景，都是我心中的梦与家的样子。

　　时间过得真是很快，转眼秋天来了。我喜欢宜兴的秋天。绵绵秋风绵绵雨，一阵秋雨一阵凉。瑟瑟的秋雨、雨声、雨夜、雨情，都让我心旷神怡。江南的雨，总是带着这样一份朦胧的妖娆，惹人愁丝万千，其思绪在如丝如弦的细雨中变得更加寂寥多愁。

　　小桥、流水，宜兴，有我的家。

刘彦洛

媒体记录篇

当年引进　当年开工　当年投产
俊知技术项目建设高效推进

连日来，落户环科园的江苏俊知技术有限公司组织技术力量，紧锣密鼓地推进新型电子元器件车间的设备安装，力争 9 月中旬投入试生产。在不到半年时间内，俊知技术项目建设高效推进，将顺利实现"当年引进、当年开工、当年投产"的目标，年内产出规模将达 1 亿多元，明年全面达产后年产出规模将达 6 亿多元。

俊知技术项目是我市今年引进的重大外资项目之一。该项目于今年 3 月 15 日批准注册，由新加坡俊知集团独资建设，总投资 4980 万美元，注册资本 2000 万美元，引进德、奥、美、日等国先进制造、检测设备，专业生产射频电缆、新型电子元器件及移动通信系统交换设备，产品科技含量高，市场前景广阔。为确保该项目顺利推进，环科园和市有关职能部门密切配合、通力协作，开通"绿色通道"，及时、主动地为投资方协调解决项目筹建中遇到的问题，营造良好建设环境。目前，该项目主厂房已封顶，价值 4500 多万元的主要生产设备及辅助设备已经引进，首期到位外资已达 700 多美元。

本着"真诚合作、共促发展"的宗旨，投资方争抓主动，在切实抓好厂房等土建工程的同时，瞄准"厂房一建成就能投产"的目标，迅速制订各项管理制度，建立企业质量、环境、职业健康安全管理体系，组织开展员工岗前技术培训。同时针对企业党员较多的实际，成立了企业党支部以及工会、妇联、共青团等群团组织，为打造行业一流企业提供有力的组织保障。

志文

（刊于 2007 年 8 月 30 日《宜兴日报》）

江苏俊知工业园在宜兴环科园奠基

江苏俊知工业园 6 月 18 日在宜兴环科园奠基，副省长张卫国、省政府副秘书长陈蒙蒙，市委常委、宜兴市委书记蒋洪亮，副市长方伟和市长助理倪斌等出席奠基仪式。

江苏俊知工业园由世界著名通信产业设备制造商新加坡俊知集团投资 2 亿美元建设，预计到 2012 年建成，产能规模将达到 100 亿元，成为我国 3G 产业的一大基地。张卫国希望宜兴以此重大项目为抓手，进一步加大有效投入，切实优化投资环境，提升服务企业、服务发展的质量，培育新的增长点，把俊知工业园打造成为国内一流、国际领先的通信产品研发和生产基地，成为现代化的高新技术工业园区。

元强

（刊于 2009 年 6 月 18 日《无锡日报》）

知难而进真俊杰

——记江苏俊知技术有限公司董事长、省劳模钱利荣

钱利荣，一个宜兴企业界非常熟悉的名字。十年前，他已是"亨鑫"的象征。十年后，他又成为"俊知"的代名词。

翻阅他的人生履历，人们不难发现，似乎他天生就是个知难而进、善于搏击，在奋斗中创造奇迹的人。

十年前，他把一个年亏损达 1400 万元的原江苏中邮国浩电缆有限公司奇迹般的改造成为赫赫有名的国内最大的 RF 电缆产品的生产供应企业。产品不仅填补了国内空白，还走出了国门，一举打破了国内 RF 电缆和漏洞同轴电缆市场多年来一直被国外产品垄断的局面。

十年后，一个专业生产射频同轴电缆、新型电子元器件及移动通信系统交换设备的新加坡独资企业——江苏俊知技术有限公司，在中国宜兴环保科技工业园的热土上破茧而出，它的领头人又是钱利荣。

这位睿智而精干的江苏省劳动模范，以其敏锐的目光、惊人的胆略以及知难而进的魄力，瞄准了中国通信业这个巨大的国内市场。

钱利荣，这位中国优秀民营科技企业家，深谙"科技是第一生产力"的道理，始终把企业定位在省级以上高新技术的起点上，俊知不惜重金，从奥地利罗森泰，美国哈挺、安捷伦，德国的罗森伯格和费希尔，以及日本的安立、津上等世界知名企业集团，购进各类至今在国际上均属先进的制造和检测设备。并以惊人的速度，只用短短三百多天，就实现了"当年引进、当年开工、当年投产"的目标。刷新了宜兴地区规模外资（一期总投资 4980 万美元）项目建设速度的新纪录。

2008 年，仅仅"一周岁"的俊知，便取得了应税销售 5 亿元的可喜业绩。这一年，俊知的产品服务顺利通过了 ISO9001 质量管理体系、ISO14001 环境管理体系和 OHSAS18001 职业健康安全管理体系等三项认证，同时获得

了国家实用新型专利 6 项，江苏省高新技术产品认证 2 项，产品认证 9 项。

这一年，一切从"零"开始的俊知企业喜事连连。先是在中国联通 2008 年的二次集采中取得了国内 10 家中标企业第三名的好成绩，至此，产品份额由原来的 4.07% 跃升到 19.3%，业务范围很快从 15 个省扩大到 20 个省。去年，俊知作为宜兴唯一一家入选"江苏省首批 19 家科技创业中小企业重点培育企业"行列。2008 年，名列年度中国 50 强通信设备供应商第二十二名。

俊知企业在世界声名鹊起，产品科技含量节节攀升，国际国内市场迅速扩大。这一切固然离不开俊知五百多名干部、员工的共同努力，但更离不开这位为俊知呕心沥血的掌门人——钱利荣。

作为俊知技术的董事长，他频频出击，永远都像一只不知疲倦的蜜蜂，不断采撷每一株市场信息花朵，再精心酿造"人才优势、技术优势、市场优势"之蜜。

以"人才为根本、市场为重点、创新为依托"永远是俊知企业前进的主旋律，更是俊知在短时间内获得裂变式发展的法宝，是钱利荣成竹在胸的坚强柱石。如今，俊知由 37 名成员组成的高素质营销队伍中，有 29 名是在同行中具有丰富营销经验和广阔营销网络的国内外精英，其中 5 名的英语水平达到 8 级，如此高素质的营销队伍确保了国内外市场拓展的顺利推进。

与国内知名科研院所、著名高校有的放矢地开展"产、学、研"的全面合作，借助外脑为我所用，借以构筑新的技术优势。在一年多时间里，相继开发出铝管射频电缆、功分器、耦合器等新产品达 30 多项，其中防雷保护器项目被宜兴市政府扶持列入 2008 年度新兴产业培育及优势产业计划……共申请国家专利 6 项，其中 3 项已经获得批准。

也许，钱利荣最懂被誉为"股神"和"华尔街之神"的世界第二富豪沃伦·巴菲特的一条经营秘诀，那就是："领导者的作为永远不是个人的事，团队将因此而改变。"因此，他十分重视高素质的团队建设，不仅上层和中层，即便普通员工，也绝不轻视。如今在俊知的近 500 名一线员工中，中专技校及以上学历的员工达 87% 以上。正因为拥有一支从上到下高素质的员工队伍，"俊知技术"在极短的时间内创造出令人难以置信的奇迹就不难解释了。

在俊知，钱利荣是个浑身上下充满魅力的领导者。

在他眼里，永远闪烁着智慧的光芒；从他身上，永远都感知不到失败和气馁。面对困难和压力时，他一贯从容面对、冷静分析，一旦窥探到机遇来临时便毫不犹豫地迎难而上。按理说，面对世界金融风暴，他只须率领处理好铜材采购与接单生产的关系，巧妙规避风险而不受大的冲击。然而在宏观经济形势依然趋紧的情况下，他却早就盯上了国内 3G 馈线电缆市场这块大蛋糕，果断决策，再一次提升俊知发展定位和目标。

机遇总是青睐善于思考的人。发现机遇、抓住机遇、把握机遇原本就是钱利荣的强项。于是，他迅速出击，率领他的年轻团队，争分夺秒，加大投入，今年 1—2 月份就投入 2.5 亿元，决心在国家大力建设第三代移动通信（3G）的市场竞争中抢立潮头，占领制高点。

如今他已经是江苏省信息化协会副会长，江苏省工业经济联合会、江苏省企业联合会、江苏省企业家协会副会长。2008 年 12 月 5 日，钱利荣作为全国 8 名信息产业优秀企业家之一，荣获"2008 中国信息产业年度经济人物"称号。

尽管他的身份、地位越来越高，但在俊知，在管理层，他是一位知人之明的班长，在一线员工眼里，他又是一位知疼着热的兄长。让每一位员工享受一切应该享受的权利，积极营造多方位、立体式健康向上的企业文化氛围，以此凝聚起全体员工的积极性、创造性。他一贯用拿破仑"不想当将军的士兵不是个好士兵"的名言激励所有员工，公开、公平、公正地为他们提供施展自己才华的舞台，以此缔造出俊知"天时、地利、人和"的发展环境。

中华民族自古就有"识时务者为俊杰"的至理名言。钱利荣，正是一位审时度势的高手。人们有理由相信，有这样一位睿智满盈的企业领头雁的辛勤付出，俊知技术定将在中国乃至世界通信设备市场搏击的天宇里，展翅高飞！

俊文

（刊于 2010 年 2 月 9 日《江苏工人报》）

俊知集团：从制造领先到理念领先

通信展是企业发展理念的集中体现，企业不仅仅展示产品和发展成果，还要展示发展理念和最新发展趋势。颇受关注的俊知集团展台，就展示了馈线和光通信领域的最新发展趋势。

位于 5 号馆的俊知集团，除了展示其优势产品 3G 馈线以外，还带来了特种光缆、光分路器、光传感等新产品，这些光通信新品是三网融合、FTTH、物联网推广应用的前端产品。用一位俊知高管的话说，俊知集团把在馈线电缆上的发展优势移植到了光通信上，紧紧抓住了目前光通信的发展趋势，很多产品在现在和将来都有很大市场。据悉，本次展会展示 FTTH 线缆配套、馈线系统、传感网络的厂商较少，俊知集团的及时展出，为参观者提供了很好的馈线、光通信参观平台。

展会新军

首次参加通信展，俊知集团就派出强大参展阵容，俊知集团旗下的俊知技术、俊知光电、俊知传感三家公司共同参展，参展单位多、产品覆盖面积大，显示了俊知集团产品线丰富的优势竞争力。其展品包含了射频电缆、特种光缆、光分路器 PLC 等多种产品，覆盖了 3G、FTTH 热点领域。

现场一位俊知集团参展人员告诉记者，这次所展示的光通信产品，都是三网融合、FTTH、物联网应用的前端产品，国家建设和运营商集采已经将这些产品市场打开，市场前景广阔。记者也看到，来参观和询问俊知产品的人络绎不绝。

一位俊知集团高管也向记者表示，俊知集团从建立开始就注重使用先进制造设备和工艺，这次展出的光通信产品也是，这是俊知集团技术理念的一次延伸。

其中，PLC 为代表的光通信产品充分显示了俊知集团细分市场和精益求精的技术理念，俊知集团的 PLC 产品按照不同场景使用需求，分盒式、裸纤、分支式和微型模块式四种，每种产品又具有结构设计紧凑精巧、工作波长范围宽、高可靠性、低插入损耗、低偏振相关损耗和分光均匀性好等特点，可适用于 PON 中局端和终端设备的连接，并实现光信号的分配。

理性投资

在业内，俊知集团一直是以投资发展快、产品工艺精湛而著称。从 3G 建设之初迅速进入并取得巨大发展，到现在开始涉足光网络、传感网络，俊知集团走得快但又不失稳健。

按照俊知一位高管的解释，俊知集团的投资都是循序渐进，先从网络前端产品开始，逐渐积累技术经验和制造经验，再向更深入更高端的产品发展。光通信市场近两年以来一直保持高速增长趋势，大量投资也开始进入。要让投资持续升值并避免低价产品竞争，俊知集团采取的是先入门产品，经过技术经验积累，向中高端产品演进的策略，十分理智和理性，也有助于国内光通信产业持续健康发展。

据悉，去年已经成立的俊知工业园已经为很多光通信项目建设了厂房，本次展品只是第一阶段的产品，下一步还会有利润率更高的光通信产品推出。

另一方面，进入全业务建设阶段后，运营商网络建设涉及光网络、无线网络多个建网热点，只有产品线全面、综合竞争力强的厂商才能获得更大的市场竞争优势。俊知集团从馈线领域开始，到兼顾光、电两大领域，不仅是其优秀发展理念的体现，也是有远见企业顺应市场发展规律的一种表现。

本次通信展也是企业发展理念的集中体现，企业不仅仅展示产品和发展成果，还要展示发展理念和最新发展趋势。颇受关注的俊知集团展台，就展示了馈线和光通信领域的最新发展趋势。

于尚民

（刊于 2010 年 10 月 17 日《通信产业报》）

江苏俊知技术有限公司
创先争优活动纪实

【编者按】中共中央政治局委员、中央书记处书记、中组部部长李源潮同志曾指出，创先争优活动在基层党组织和党员中开展，要充分发挥先进典型的引领带动作用，让党员、群众学有榜样、赶有方向。

为深入推进全市创先争优活动，在基层党群组织和广大党团员中形成比学赶超的浓厚氛围，进一步形成崇尚先进、争当先进、积极进取、奋发有为的良好风气，本报即日起开设"创先争优每周一星"专栏，每周推出一篇有关先进基层党群组织或优秀党团员的重点报道。这些先进典型就在我们身边，他们是"明星"，也可能是你我的朋友；是令人敬仰的楷模，也可能是各条战线上的普通一兵。我们将努力发掘这些典型的一个或多个亮点，以平实的文字呈现给大家，用这些身边事教育身边人，把我们这个时代什么是优秀、什么是先进，明明白白地告诉党员、群众，让大家看得见、摸得着、跟着做。我们希望用这些先进典型的"小盆景"，造就全市创先争优的"大花园"，进而谱写出"推动科学发展、建设幸福无锡"美丽画卷上的绚烂篇章。

有这样一家企业，筹建厂房时，就建立了党员活动室。到第一个车间投运时，支部活动已开展半年。

这家企业，每引进一条生产线，必定会择优引进几位党员技术骨干。在每个工种的关键岗位，必定能看到这些佩戴党员胸卡的骨干，一肩担双责。

还是这家企业，仅用三年多时间，就做到了国内同行业第一名，实现了裂变式发展。与此同时，当初的支部升格为总支，党员人数从21名激增至 84 名，众多员工递交了入党申请书，党建工作不断加强。

作为一家外商独资企业，紧紧依靠党组织这个战斗堡垒，充分发挥党员的先锋模范作用，党员带动广大员工，书写了创业传奇。

日前，记者探访了位于宜兴环科园的江苏俊知技术有限公司。"俊知"门前的铜官山为这家线缆产品冠军企业作证："俊知"正以"速度、活力、能量"等光芒四射的"俊知魅力"，生动演绎着企业大发展、党建大加强、群众大受益的创先争优"同轴"欢歌。

"同轴"折射发展理念——生产与党建，本质上属同频共振

"俊知"从 2007 年成立时起，就以领航第三代移动通信 3G 市场为目标。记者在车间看到，其主打产品 RF 同轴电缆，以空心铜体为芯，外裹二氧化碳发泡材料，再由环状铜导体及保护性材料包裹，这个有着共同"虚拟轴"的构造相互支撑作用，实现了通信数据的清晰传输。RF 同轴电缆在国际市场上价格远高于同行同类产品，但受青睐程度同样远高于同行。听着厂方负责人的介绍，对于"俊知"企业发展与党建工作同轴同频共振的印象，顿时在 RF 同轴电缆上得到了形象的印证。

时间对一个新兴企业来说，不仅意味着速度，甚至意味着存亡。但"俊知"对抢时间有自己的理解。在争分夺秒筹建生产车间的当口，公司一把手钱利荣却要求同时建党员活动室，正常开展支部活动。一边是尘土飞扬的工地，一边是党旗映红的活动室。这让很多员工颇感意外和不解。

很快，员工的不解就被信服所替代。2008 年初春，好大一场雪。此时的"俊知"正抢抓建设工期，车间顶篷让厚厚的大雪压着，时刻有坍塌的危险。"党员同志上！"第一批党员爬上屋顶，冒着严寒和湿滑，用热水冲雪。两个小时后，第二批党员上去了……员工们感动了，也理解了。

"党员是特殊材料做成的，越是关键时刻越能体现作用。"党群工作部部长郝广允说。"俊知"的每一个关键岗位，都设有"党员岗"。不仅是领导岗位，连新进的党员大学生普通员工要求也不一样，他们比同等级员工的工作标准要高。

"俊知"的发展速度和技术创新在业内是得到公认的，三年坐上行业头把交椅，五年产能规模将达百亿，"俊知"有何诀窍？除了超前的战略

眼光、创新的理念措施，其公开的秘密就是：以党员为核心的充满激情和凝聚力的"战斗军团"。

这个秘密正被越来越多的前来参观考察的同行所了解："俊知"每引进一条生产线，必定会引进几名党员技术骨干。公司总是想方设法把人才发展成党员，把党员培养成骨干。在"俊知"，生产线上所体现的，不仅是优质产品、一流速度，更有党员的先进性，以及企业发展与党建工作同轴同频共振的经典案例。

"同轴"营造强大气场——党员干部站在最前沿，职工群众竞相争先

只认干得怎么样，不认说得多动听。这是基层群众对党员干部最直接的认可方式。在"俊知"，员工从大事小事上检验着党员干部的"成色"，并且给出了高分。

大到像企业运作中的大决策大方向，员工们无不为管理层的胆识而振奋。企业壮大发展像火箭般蹿升，在这个干事业的优质平台上，员工有奔头、有干劲，乐于奉献力量。借助创先争优活动激发出来的活力，三年来，"俊知"的生产订单像雪片一样飞来，生产线停不下来，员工24小时轮班工作，没有怨言。有一年春节，员工们只休息了三天。

公司薪酬管理制度明文规定，员工收入要保证年增长10%，但干部增长幅度不能超过5%。如果哪年不盈利，这10%就由管理层承担，因为员工是无错的。这个承诺，"俊知"已实施了三年。

小到看似鸡毛蒜皮的细节上。公司规定，室内停车场只允许普通员工使用，党员干部的车子一律停放在露天泊位。因为干部挣的钱多，保养、维修能力强。工人买部车子不容易，要维护好。

一件很不起眼的事情，让公司出台了一条"员工廉洁自律制度"。有一次，一位车间师傅随口对一位学徒说："明天帮我带顿早饭来吃。"这话被公司领导听到了，掐指算算，学徒工试用期一个月才1000多元钱工资，一顿早饭三元五元的，如果经常这样的话，新员工怎么吃得消？对公司发展也不好。总支马上碰头开会，延伸性地出台了廉洁自律制度，管理层带头承诺平时不互相宴请，员工间"出去聚聚"也少了很多。

"同轴"揭示朴素道理——企业以人为本，员工自然爱企如家

在"俊知"，企业是我"家"的理念根本不用上墙宣传，不仅是因为这里的收入不错，而且人人能从心里面感受到公司的关怀和情感。公司负责人说："创先争优要突出群众利益至上，这一点我们不能说完全做好了，但一直朝着这个方向在做。"

与其他企业比较，这里的员工待遇真叫人羡慕。一线员工年均4万元左右，享受公积金。城区以外的员工统一住公司公寓，工作餐免费。每天只需象征性地交1元钱，就可免费使用电视、空调、棋牌室、乒乓室、24小时热水等。每年春节和休假，400多名非宜兴籍员工来回车票报销，本科以上和副经理以上员工可报销飞机票。让员工更为感动的是，买票的事全由公司包办。

职工的精神生活也是愉快而丰富的。公司的图书馆与当地新华书店联网，只要相关书籍到货，就及时购进来。图书馆每天开放到晚上10点，员工下班后有充裕的时间去看书。公司每月开展一次技能竞赛和文体活动，体现创新元素的比赛成绩与薪酬、晋升挂钩。

公司的知冷知热，员工记在心里，回报在行动上。在"俊知"，不少员工自愿放弃休假，加班工作。领导看到这一现象，明确表示："为了明天更好地工作，今天必须休息。"于是，公司推出了强制带薪休假制度，公司安排好线路买好票，员工可带家属同行。今年，已有6批120多人的先进党员、一线骨干、管理干部去日、韩等地度假。员工们在放松身心的同时，自己带着题目考察研究，为公司的未来发展提供新思路新建议。

施祖轩

（刊于 2010 年 11 月 17 日《无锡日报》）

俊知：用产业推动地方信息化

从 3G 开始

俊知集团对国内信息化的贡献，是从快速支持国内 3G 网络建设开始的。2009 年，正值运营商大力投资快速铺设 3G 网络，江苏俊知技术凭借先进的制造技术和成熟的馈线产品，一举成为中国联通和中国电信的重要供货商，很好地辅助了运营商快速实现 3G 网络。2009 年，江苏俊知技术是中国联通馈线系统集采第一名；他们也是当年中国电信集采第四名，业务分布 14 个省份。

随着国内两化融合的不断深入，俊知集团通过大力投入，在机房用软电缆，隧道、高铁用漏缆等高技术产品上获得新突破。目前，俊知技术已探索出一条结构合理、性能指标优越、研发与制造的科技创新道路，下一步，俊知技术要继续挖掘 3G 创新产品市场，巩固已有 3G 市场，开发面向 LTE 乃至 4G 的新产品。

产业贡献信息化建设

2009 年 6 月 18 日，俊知集团投资 2 亿美元，在江苏宜兴建立俊知工业园。工业园以俊知强势产品 3G 馈线为中心，逐步拓展到上下游产品和高附加值 3G 产品。工业园将在 2012 年建成，成为我国信息化产品制造的重要基地。俊知集团董事局主席兼总裁钱利荣表示，工业园是俊知集团全面支持国家信息化建设的重要一步，其 3G 产品、物联网光缆、FTTH 无源光器件，都将很好地贡献区域信息化建设乃至全国信息化建设。

充分利用区域优势

因为俊知工业园身处无锡国家物联网基地，所以其多条产品线和产品都积极服务于物联网的市场需求。比如，俊知开发的一种特种光缆，可实现各种条件下的信息传输，在不久前无锡举行的物联网产品展览中，受到广泛关注。

因为对江苏省地方信息化贡献大，目前俊知集团下属的江苏俊知技术有限公司还被纳入江苏省首批19家科技创业中小企业重点培育企业，获得外商投资先进技术企业等称号。此外，俊知集团积极倡导企业公民理念，履行企业的社会责任，投身慈善事业。

于尚民

（刊于 2011 年 1 月 23 日《通信产业报》）

环科园首个企业党委昨成立

　　昨天，环科园首个企业党委——中共江苏俊知技术有限公司委员会成立。市领导王中苏、崔荣国、朱旭峰出席成立仪式。

　　俊知技术是 2007 年 3 月在环科园成立的外商独资企业，经过短短几年发展，形成了以天馈、光通信、物联网三大版块为主的产业链，连续四年跻身"中国通信产业设备制造商 50 强"。在加快发展的同时，企业紧扣"打造和谐共荣的现代优质企业"目标，着力提升党建软实力，激活发展原动力，党建工作与企业发展实现了同频共振、互促互赢。目前，企业 800 余名职工中党员有 95 名，企业先后获得了无锡市先进基层党组织、宜兴市基层党建工作示范企业、"双强"企业等荣誉称号。

　　市委书记王中苏对该企业党委的成立表示祝贺。他说，江苏俊知技术有限公司党委的成立，是我市非公党建工作的新成果，标志着企业进入了新的发展阶段。他希望企业抓住党委成立的契机，更加注重企业党建工作，以创先争优活动为龙头，创新活动载体，丰富党建内涵，努力形成"组织创先进、党员争优秀、职工得实惠、企业大发展"的生动局面，走出一条具有俊知特色的非公党建之路，为全市非公党建工作创造经验、提供示范。要把党建优势转化为发展优势，牢牢把握"三网融合"、物联网发展的新机遇，进一步扩大市场份额、延伸产业链、拓展新兴领域、进军资本市场，加快跻身"百亿强企"，为宜兴率先基本实现现代化做出更大的贡献。

娜姿

（刊于 2012 年 1 月 1 日《宜兴日报》）

俊知集团昨日在港上市

成为我市今年首家上市企业

昨天上午 9 点 30 分，香港联合交易所传出一声清脆的锣声，俊知集团有限公司在香港成功上市。市领导张立军、朱旭峰、华学文参加仪式。

俊知集团于 2007 年在环科园成立，是我市成长最快的企业之一。企业在创立当年便创造了"当年立项、当年建设、当年投产"的"俊知速度"。2009 年，公司抓住国家建设 3G 通信网络的契机，加大投入，保增长、促发展，投资建设俊知工业园。目前，该工业园已形成了以移动通信、光通信、传感三大板块为主的产品链，实现年销售 21.3 亿元，成为全球馈线系统主力供应商，产销位居全国第一、全球第二。俊知集团股票代码为 1300，此次上市共发行 2.5 亿股，每股发行价 1.2 港元。按发行价计算，企业可募集资金约 3 亿港元。

据了解，俊知集团是今年我市首家上市企业，也是我市第 15 家在境外上市的企业。到目前为止，我市上市企业累计已达 19 家，融资总额超过 115 亿元。

冬青

（刊于 2012 年 3 月 20 日《宜兴日报》）

3G、4G 齐头并进　俊知准备就绪

3 月 19 日，走进俊知，适逢俊知的上市纪念日。虽然上市给这个公司带来资本国际化的机遇和发展新起点，但在俊知产业园却看不到任何庆典活动。在安静的产业园区，《通信产业报》（网）记者却能够感受到俊知员工对公司发展的喜悦，很多员工的喜悦溢于言表。

"非常开心"，简单的几个词语就表达了员工李华的心情。2007 年，俊知成立的那一年，他来到这里，六年的风雨，见证了俊知成长过程的酸甜苦辣。"俊知，创业之初就把目光锁定 3G 市场，并选择了馈线。2009 年，3G 正式商用，给俊知带来了绝好的市场机会，目前俊知已经成为全球馈线系统的主要供货商。"

虽然公司没有庆典，但资本市场却以自己的方式"祝贺"这个公司的进步。3 月 26 日，俊知发布了 2012 年财报，2012 年俊知集团各项财务指标呈现出良好的成长态势。

2012 年的业绩证明了俊知的前瞻性目光，六年来从"集俊以知，共赢 3G"到"集俊以知，和谐共荣"，俊知聚焦专业、审时布局，实现了稳健发展。取得这样的成绩，俊知并没有满足。面对即将到来的 4G 建设热潮，俊知已经准备就绪。

为 4G 准备就绪

"集俊以知，共赢 3G"，这是俊知成立伊始的口号，但事实上，那时 3G 还只是"山雨欲来风满楼"。正是俊知创始团队的战略眼光，在中国 3G 前夜，正式成立俊知，锁定 3G 馈线市场。3G 项目一期总投资达 7480 万美元，高起点、高水准，以创新的技术、针对性的产品和方案整合能力的服务，迅速赢得还在整合中的三大运营商的信赖。

受益于运营商大规模的 3G 网络部署，随之而来的几年中，俊知一直保持稳健高速发展态势。

技术创新是俊知切入市场的利器。2009 年全年，俊知自主研发新品 40 多种，获得了 7 项国家实用型新型专利，拥有自主知识产权的 3G 系统用 IV 型射频连接器等 4 种产品被评为省高新技术产品，天馈系统用高频信号防雷保护器被评为省重点新产品，成了企业不断叩开高端市场大门的"利器"。

这一年，俊知位列中国联通集团采购第一名，并取得了 2009 年度中国无线通信馈线供应商第一名的成绩。之后，俊知更是以 3G 领域作为企业发展的方向，积极研发和制造 3G、2G 用天馈系统及周边产品，保证了运营商 3G 快速建网的市场需求。2012 年，俊知射频同轴电缆营收已经占据公司整个营收接近 80% 的比例。

来自市场分析机构的分析表明，馈线市场是一个专业细分领域市场，能在这个市场占据主导，关键看企业的技术能力、供货能力和成本控制能力。显然，从零开始到占据主导，俊知在这个市场中证明了自己的竞争力。

与当时的 3G 十分相似，目前 4G 正"箭在弦上"，面临发牌后的规模商用。中国移动总裁李跃曾表示，2013 年年底，中国移动将建设完毕 20 万 TD-LTE 基站。在巴塞罗那全球移动通信世界大会上，中国移动更宣布了 TD-LTE"双百"计划：2013 年覆盖 100 个城市，终端采购将超过 100 万部。分析机构预计未来 TD-LTE 市场规模将达千亿。伴随移动的步伐，中国电信、中国联通 LTE 也将快马加鞭。毫无疑问，馈线又走在了一个巨大市场的前列。

机会总是留给那些有准备的人。"我们已经准备就绪"，俊知集团 CTO 刘湘荣表示。2012 年，俊知在 4G 射频电缆、连接器等相关技术加大投入研发经费，目前俊知已经完成了全系列 4G 馈线相关产品，这些产品经过了反复测试，性能良好，完全适应运营商对 4G 网络快速部署的需要。钱利荣说，在 LTE 时代，俊知要做 4G 专家。

不只是射频电缆

在很多人眼中，俊知只是一家射频电缆企业，在其他领域内似乎很难发现俊知的身影。而作为中国射频电缆领域的领军企业，面对运营商网络的需求和信息网络技术发展，俊知并没有完全局限于馈线领域，在聚焦专业的同时，以己所长审时度势地拓展新的领域，俊知正在稳健地开拓自己新的发展空间。

面对宽带中国发展机遇和物联网的发展，俊知积极布局，开始了自己的光纤光缆产业和传感技术发展。在光缆领域，相关产品已经部署在三大运营商的宽带网络中，并逐年扩大自己的市场份额，产品销量正成倍增长。

借鉴馈线市场经验，俊知在光缆领域继续以技术创新满足客户需求而快速切入市场。例如，针对国家电网采用光电混合缆以电力光纤入户推进多网融合，实现到表到户，在提供电能的同时，实现智能电网网速20Mbps。

为此，俊知通过对产品结构进行重新设计和改进提高了复合缆的阻水性能、抗压性能和稳定性、成材率以及生产速度，开发出符合智能电网用的低损耗、高压直流光电混合缆。受到电力运营商客户欢迎。

得益于无锡物联网产业群聚的优势，俊知在物联网传感器方面进行积极研发，已经取得积极成果。目前，已在物联网传感器、解决方案方面推出具体产品。俊知物联网，为俊知未来发展勾勒着新的空间。

集俊以知，走向国际

现代管理学之父彼得·德鲁克曾表示，没有一家企业可以做所有的事。即便有足够的钱，它也永远不会有足够的人才。而对正处于快速发展的俊知来说，人才更是其不断发展创新的真正基石和活力泉源。人才战略，始终是俊知发展战略的关键环节。随着企业发展，通信行业快速变革，俊知需要更多的专业人才帮助，才可以在正确的方向上不断前行。

为此，俊知这几年正不断地引进人才，开展自己的人才战略。俊知集团首席技术官刘湘荣、江苏俊知技术有限公司副总经理丁伟林、江苏俊知技术有限公司副总经理兼总工程师代康等都是在各自领域有着几十年工作经历并有所建树的人才。这些人才的引入将有效提升俊知竞争的软实力。"集俊以知"，似乎是俊知人才战略的生动写照。

走出去、国际化，是俊知走向高端的另一个重要战略。据介绍，近几年，俊知正在积极进行走出去战略，正在全球进行合作、并购的相关工作。俊知还积极参加各种国际展会、展览提升自身品牌国际知名度。

2011 年以来，俊知还与中兴、华为建立业务合作关系，正借助两家通信设备商的渠道拓展海外业务。具有国际竞争力的高性价比的俊知产品，没有理由不进入国际运营商的网络中。目前，俊知已经引进了一批国际化人才，国际化正在稳步推进。

集俊以知，和谐共荣，这是俊知是在全球信息通信技术大变革背景下的新理念，这个理念反映了对俊知的发展期望，更折射了俊知董事局主席钱利荣的产业情怀。面对信息通信产业的变革与挑战，面对 4G、宽带以及物联网的发展机会，俊知正以自己的产业布局，稳健发展。以俊知的发展促进通信产业发展，实现产业链的和谐共荣，俊知正在承载更大的产业梦想。

张海文

（刊于 2013 年 4 月 29 日《通信产业报》）

用"俊知经验"引领全省非公党建

本报讯 昨天，省委组织部常务副部长、省委教育实践活动领导小组成员兼办公室主任王奇，专程来宜调研江苏俊知技术有限公司非公企业教育实践活动开展情况。无锡市委常委、组织部部长朱劲松，我市领导王中苏、周中平、孙海东等陪同调研。

调研中，王奇一行先后深入俊知技术产品展示中心、传感车间等地，与企业主管、技术人员和基层职工进行座谈，充分了解该公司教育实践活动开展情况。成立于 2007 年的江苏俊知技术有限公司是一家科技型上市公司，共有员工 980 名，其中党员 108 名。近年来，俊知技术积极探索新形势下发挥非公企业党组织和党员作用的新途径，大力实施"创造力、凝聚力、战斗力提升工程"，将党的建设与生产经营管理高度融合，走出了一条党建工作与企业发展同频共振、互促双赢之路。特别是第二批党的群众路线教育实践活动开展以来，该公司严格落实市委部署要求，高标准做好"规定动作"、高质量创新"自选动作"，进一步发挥党员作用、提升党组织凝聚力战斗力，推动企业发展跃上了新台阶，实现了新跨越。

王奇充分肯定了俊知技术在推进教育实践活动中取得的成绩。他说，俊知技术从成立到现在短短七年时间，就取得了众多荣誉，创造了"俊知速度"，充分表明企业的发展质态高、前景好。快速发展的同时，公司党群工作基础牢、组织结构健全、开展活动有激情，创造了教育实践活动一系列的"俊知经验"。王奇指出，在非公企业中开展教育实践活动，不仅是为了促进企业自身发展，还要进一步激发企业党组织和党员的干事创业激情，增强党员的党性觉悟。作为一家民营企业，俊知技术在全省非公党建工作中具有示范典型意义。下一步，要把俊知技术党建工作的好经验、开展教育实践活动的好做法，加以分析、提炼、总结，将其作为参照标准和行动标杆，带动和引领全省非公企业党建工作的深入推进。

市委书记、市委教育实践活动领导小组组长王中苏表示，我市将以此次调研为契机，继续加大非公企业教育实践活动的推进力度。同时，他希望俊知技术把党建工作作为培育企业核心竞争力的重要抓手，以教育实践活动的开展为新的起点，围绕"广泛学习、上下联动、关爱员工、同向互促"四方面工作目标，教育和引导党员处处起到模范表率作用，成为推动企业发展的核心力量和中坚力量，进一步探索符合非公企业发展的有效路径，让教育实践活动更好地服务经济社会发展大局。

耿蕾

（刊于 2014 年 5 月 21 日《宜兴日报》）

江苏宜兴市俊知技术有限公司
真学真查即知即改

立足实际灵活学。充分利用上班前后、节假日等时间，组织党员学习中央规定必读书目，观看电影《焦裕禄》，开展"入党为什么、党员做什么、与人比什么"主题讨论。党委书记、支部书记主动到科室班组上微型党课，帮助党员员工加深对教育实践活动的认识。开展"最美俊知党员"评选活动，选树身边典型，激发大家学先进、争先进的热情。

深入一线真心问。开展"双十"谈心活动，党委班子每位成员与 10 名党员结对谈心，每名党员再与 10 名员工结对谈心，真心征求意见建议。在此基础上，通过开座谈会、发征求意见表、设总经理邮箱等方式，广泛征求每一位员工意见。经过梳理，公司党委班子共查找出"四风"方面问题 4 大类 18 个，5 名党委委员共查找出 58 个问题。其中，党委班子主要存在党内制度执行不到位、接待客人有时铺张浪费等问题；党员业主主要存在与员工联系不紧密、在党务工作上投入精力不够等问题；党委专职副书记主要存在党员教育管理偏软、联系服务员工方式方法比较传统等问题。一些普通党员也反思了自身存在的党员意识淡薄、参加活动消极被动、先锋模范作用发挥不突出等问题。

聚焦"四风"马上改。根据查摆出的问题，公司党委一件一件列出问题清单，立说立行、即知即改。制定出台《廉洁自律管理制度》，每个管理人员都公开签订廉洁自律承诺书；推行简约接待，杜绝高档烟酒，将具有宜兴地方特色的茶、陶、洞、竹文化融入接待中；倡导节约出行，公司董事长带头降低公务差旅标准，不坐头等舱、商务舱，可以当天来回的绝不在外住宿；真心关爱员工，室内停车场全部优先提供给普通员工使用，改"三班倒"为"四班倒",拉长员工作息周期,及时制定购房补助政策,严格落实带薪休假制度和"五险一金"保障,确保一线员工工资增长"旱涝保收",切实改善员工待遇。

组宣

（刊于 2014 年 8 月 12 日《党的群众路线教育实践活动》第 333 期简报）

俊知集团董事局主席钱利荣
聘为常熟理工学院客座教授

6月9日，学校在务本楼会议室举行客座教授聘任仪式，聘任江苏俊知集团董事局主席、中国优秀民营企业家、杰出校友钱利荣先生为客座教授。副校长姜建明、物理与电子工程学院的党政负责人出席仪式，聘任仪式由人事处处长徐本连主持。

聘任仪式上，校领导为钱利荣颁发了聘书并为其佩戴校徽，并希望在钱利荣的帮助下，学校将来能够充分整合俊知集团的资源，通过人才培养、企业研修、合作研发、建立"联合实验室"等多种合作方式，为常熟理工学院的应用型人才培养起到更大的作用。

钱利荣介绍了俊知集团的发展概况以及自己的创业历程。他说："作为常熟理工学院1987届毕业生，是母校培养了我严谨的、脚踏实地的工作作风，我创业的成功和母校有着紧密的联系，今天回到母校接受这份荣誉也感到非常激动。"钱利荣表示将来会与母校长期合作发展，整合企业、学校资源，让大家共同取得进步。（物理与电子工程学院）

附：专家简介

钱利荣，男，1964年生，中共党员，常熟理工学院机械专业1987届毕业生，大学学历，工学学士，高级工程师，高级经济师。2007年带队组建江苏俊知集团有限公司，任董事局主席、党委书记。俊知集团快速发展并于2012年在香港成功上市，目前正向着国际知名通信产业集团迈进。钱利荣担任中国通信学会通信线路委员会委员、江苏省信息化协会副会长、江苏省工业经济联合会副会长、江苏省企业联合会副会长、无锡国际商会副会长等社会职务。荣获中国优秀民营企业家、中国优秀民营科技企业家、2012 中国信息产业年度领袖人物、2008 中国信息产业年度经济人物、2006 年度江苏省劳动模范等荣誉称号。

春年

（刊于 2015 年 6 月 10 日《中国高校之窗》）

俊知：高端"通信大家"养成记

"就像烤鸭上的标签一样，未来我们的线缆产品会带有科技'标签'，对标签进行扫描便可知道它产自哪里，经过哪些制造流程、工艺；1000万的订单由电脑自动进行数据分析，需要多少原料、多长时间完工，将任务自动配发到各个生产车间……"

几天前的宜兴俊知集团会议室里，办公室主任沈小鹏兴致正浓地介绍公司最新谋划的"智慧蓝图"，却被一通电话打断——他必须立即赶往北京，对接"智慧转型"项目。回到宜兴的沈小鹏对于这次对接没有透露太多，只是向《无锡日报》记者抛出一句话："实现大数据收集，生产流程扁平化，这是俊知未来一段时间追求的目标。"

从落户宜兴之初就被打上"高端"印记的俊知，其实一直没有停止追求的脚步。从涉足无线通信扩大到光传感、物联网，俊知目前已成为国内同行业中拥有无线通信、光通信、传感等三大板块的综合解决方案供应商。其中，天馈系统无线通信板块已连续五年保持全国销量第一。

要速度更要效益，俊知人深知，一切都源于转型，只有起点、没有终点的转型。

设备更新不停步

发泡、绝缘、焊接……车间主任李海津介绍起整套生产流程如数家珍。

"这是世界首台罗森泰发泡机，2007年从奥地利引进。价值110多万欧元，当时听到这个数字我还换算了好一会。"李海津说，技术员拆开外包装时，脸上充满了兴奋与紧张。专业团队24小时连轴转，解决数千个技术难题，在短短数月时间内，完成自身技术与罗森泰发泡机的完美结合，建起世界上首条二氧化碳发泡生产线，开启线缆生产中的产业革新。

"之后有美国、德国等多套一流设备进入，每来一批，我们操作工就要激动好几天。"这批高端设备让企业站在了高起点，"结合实际生产，这些设备经过了上百次的大小'手术'，不是它们干不动了，而是技术升级，配合打造更优的产品。"

李海津把记者领到了发泡生产线旁，"看，这直径一米多宽的线盘，以前盘上的线都要靠人力拉，还有这拌料机，以前也是手工搅拌，现在都实现了自动化，大热天，汗也少出了不少。"以前三道工序近 30 人的工作量，现在只要 15 人。

焊接工曹利生一边盯着机器，一边将产品生产情况写到工作记录中。"这是为每个月的总结例会做准备，我们向上反映的改进措施，一旦推广应用，月度考核就可以加分。"

曹利生指了指尾端的放线处，"原本一卷铜线放完后需停车，手动对接下一盘，费时费力，向领导反映后，结合平时的经验做了些改良，现在可自动对接。"

业余充电成时尚

在企业掌舵人钱利荣眼中，人才是企业发展的造血机。

"钱总看到人才就两眼发光。"首席技术官刘湘荣笑道。2011 年，在大唐科技工作的刘湘荣年近退休，"当时找我的企业很多，但钱总爱才与谋势的胆略让我选择了俊知。"一来二去，俊知招揽到大批技术精英。

"招才简单，但会不会用才更有讲究。"刘湘荣坦言。比如研发团队，他们是公司的核心股，如何更好地激发出他们的潜能？

主任工程师谢志坚 2008 年作为一名研发人员引进，如今已是懂技术与管理的双向型人才。当时与他在同一起跑线上的有十多人，如今，这批"战友"有的是技术专家，有的是一流研发管理员，还有的是技术、管理都会的复合型人才。

"我们不用担心自己无用武之地，可以在工作中选择在适合自己的方向上攻坚晋升，让自己的能量得到最大化发挥。"谢志坚说，俊知创立了一套差别化评审制度。

研发人员高薪、高文凭，那其他员工呢？人力资源部经理王榴贤说：

"仅 132 位大专生中就有 65 位有第二学历。"从领导层到操作一线，有太多业余攻读学位的例子，更有不少读到了研究生。数控技术、财务、工商管理……员工们依照自己的岗位需求开展课外充电。

为激发员工敢学、爱学，带薪考试、攻读学位期间每人每年享受 960 元至 3600 元不等的奖励等一系列鼓励措施这几年陆续出台。操作工王鲜虽然只有高中学历，但近日已提出申请到当地的职校进修数控专业，补充专业知识。

前瞻研发先一拍

100 多个高新技术产品，制定 60 多项行业标准，拿下 100 多个专利，光通信领域就研发有上千种规格……研发总监郭志宏口中蹦出了一串数字。在与郭志宏交谈的过程中，隔间的研发一室时不时传来阵阵掌声。"在开表彰大会？""不，小分队在进行新项目进展汇报，有观点碰撞才会有新思路嘛。"

"研发中心是在公司大战略布局下的产物。"创立之初，俊知瞄准了中国通信产业发展高端，做移动通信 3G 建设。2009 年 3G 牌照发放，国家的"眷顾"让储备两年的技术尽情绽放，俊知在业内一举成名。

"当时三大运营商拿着钱在公司等货。"沈小鹏兴奋地回忆。然而，在喜悦中沉浸半分钟就会被人甩掉，"立即上马新项目"。2010 年起，俊知从 3G 通信一枝独秀，布局 4G 通信、通信传感、光纤到户、三网融合"大通信"路线。

这些年，俊知能稳坐行业龙头宝座，秘诀就在于"先人一拍"。

"做研发不仅要做技术通，更要眼观六路、耳听八方，做着最时髦的东西，技术上容不得半点落后，我们就是这样要求自己的。"郭志宏说，"为满足客户需求，设法将自己变成一个技术'大超市'，用户想找什么有什么。"

公司在每年初都要召开务虚会，根据市场大方向提前谋划,定研究项目。发展至今，研发基础越来越厚实，加上优质的产品，配上工程设计、施工等人员，俊知又有了新名字，综合解决方案供应商。"我们现在不仅卖产品，还卖服务，为客户提供设计、施工等一揽子解决方案。"

如今，企业规划图上又多了一块领域，名为"其他技术"，"其他"里都有什么？"如在未来光缆能自动感应异常、自动报警，一台冰箱能主动告知有东西即将到期，一个路灯就可成为一个基站，人们无论走在哪都能享受免费 wifi……'其他'为企业发展留下了无限发展空间。"沈小鹏回答。

蒋梦蝶

（刊于 2015 年 8 月 4 日《无锡日报》）

宜兴一企业先行"互联网＋工业"："未来一个路灯就是一个通信基站"

这家工厂不仅卖产品，还卖服务，为客户提供设计、施工等一揽子解决方案。在宜兴，江苏俊知技术有限公司成为"互联网＋工业"之路上的先行者。就在上周，江苏省推出 29 个互联网与工业融合创新示范工程项目，江苏俊知技术有限公司的智慧工厂建设与应用项目入选首批示范工程。

记者了解到，江苏俊知技术有限公司的智慧工厂建设与应用项目主要特点是，以智能技术、数字技术、信息技术为基础，通过整合工厂内的人员、机器、设备和基础设施，实施多系统之间实时的管理、协调和控制，从而提高工厂的管理效率和生产效率，这也是在（移动）互联网＋、大数据、云计算等科技不断发展的背景下，对市场、用户、产品、企业价值链乃至对整个商业生态进行重新审视的思考方式，即互联网思维。

"就在城边上，生产线缆产品的，如今是宜兴发展很好的工厂。"宜兴化工市场的刘先生，对江苏俊知技术有限公司的认识，代表了许多宜兴人的意见。记者了解到，江苏俊知技术有限公司从涉足无线通信扩大到光传感、物联网，目前已成为国内同行业中拥有无线通信、光通信、传感等三大板块的综合解决方案供应商。其中，天馈系统无线通信板块已连续五年保持全国销量第一，光通信板块进入国内同行业第一方阵，成为国内通信行业的翘楚。"如在未来光缆能自动感应异常、自动报警，一台冰箱能主动告知有东西即将到期，一个路灯就可成为一个基站，人们无论走在哪都能享受免费 wifi……"江苏俊知技术有限公司办公室主任沈小鹏对企业未来之路做出这样的描述。他表示，实现大数据收集、生产流程扁平化，这是俊知未来一段时间追求的目标。

何小兵

（刊于 2015 年 9 月 21 日《江南晚报》）

钱利荣，男，1964 年 11 月出生，中共党员，大学学历，工学学士，高级工程师，高级经济师。现任俊知集团董事局主席、党委书记。先后获得中国优秀民营企业家、中国信息产业年度经济人物、中国信息产业年度领袖人物等荣誉称号。

集俊以知　建设和谐共荣的现代优质企业
——记俊知集团有限公司董事局主席、党委书记钱利荣

钱利荣同志 1996 年来宜兴创业，接手亏损达 4000 多万元的原江苏中邮国浩电缆有限公司，组建亨鑫科技，带领企业大胆创新，成功开发的射频同轴电缆不仅填补了国内空白，还一举打破了之前被国外产品垄断的局面，推动了我国移动通信传输事业的大发展，企业也成功登陆新加坡交易所。2007 年，该同志又带领俊知集团创造了"当年立项、当年建设、当年投产"的"俊知速度"，刷新了宜兴地区规模外资项目建设速度的新纪录；公司在中国移动、联通、电信的集采招标中均位居首位，产品销量已经连续四年位居全国第一，年销售达 81.2 亿元。目前，集团已经成为中国通信设备制造商十强，香港交易所主板上市公司。

钱利荣同志还积极探索新形势下发挥非公企业党组织和党员作用的新途径，大力实施"创造力、凝聚力、战斗力提升工程"，将党的建设与生产经营管理高度融合，走出了一条党建工作与企业发展同频共振、互促双赢之路。中央第三巡回督导组、省委罗志军书记在调研俊知过程中均加以了高度赞赏。2014 年 6 月 26 日，中央党的群众路线教育实践活动领导小组办公室的《党的群众路线教育实践活动简报》第 333 期，详细介绍了俊知集团在教育实践活动中的先进经验，对取得的活动成果给予了充分肯定。此外，该同志还积极构建和谐企业，公司先后被评为"全国厂务公开民主

管理先进单位""中华全国职工书屋示范单位""江苏省和谐劳动关系模范企业"。

在创新创业的过程中，该同志还积极关注民生，积极参与各类慈善与公益事业，先后向社会捐款捐物超过 3000 万元，赢得了社会的广泛赞誉。

线缆行业奋斗 26 年

俊知技术虽然是宜兴线缆企业中的新一员，但它的领头人钱利荣在线缆行业早已享誉内外。钱利荣是现常熟理工学院 1984 级的学生，毕业后即加入线缆企业，开始了线缆行业生涯。时至今日，钱利荣已经走过了 26 年的线缆人生，无论是在线缆行业还是在江苏宜兴，钱利荣都已经取得了一系列的成绩和荣誉。

钱利荣管理线缆企业多年，有着丰富的管理和生产经验。1996 年，亨通集团收购独资企业国浩集团并组建了亨鑫科技的前身。1997 年，有着 8 年线缆生产经验的钱利荣便从亨通集团调任亨鑫，担起了发展壮大亨鑫科技的重任。组建之初的亨鑫企业条件异常艰苦，又负债累累。钱利荣一方面要应对频频讨债上门的债主，另一方面还要解决少数职工的刁难。然而，最终钱利荣凭借着他朴实、沉着、机智的性格，赢得了企业职工的信任。钱利荣与企业领导层通过调研，针对企业生产的薄弱环节进行改良，完善各种生产工艺资料，并对企业职工进行培训。最终，钱利荣用两个月的时间，使企业恢复了生产，并在当年实现 380 余万元的赢利。

钱利荣是我国 RF 同轴电缆生产的开拓人。早在 1998 年，钱利荣就预见到了市内通信电缆市场发展的停滞性。他在国内外进行了广泛的调查，发现当时全国市话电缆市场已经饱和，而移动通信用的 RF 同轴电缆市场需求量很大，并且这一市场完全被安德鲁等国外企业垄断。于是，钱利荣开始积极准备打入 RF 同轴电缆市场，尽管当时企业内部意见有分歧，但钱利荣最终用事实证明了他的选择的正确性。在钱利荣的牵头下，亨鑫科技聘请专家着手开发 RF 同轴电缆，解决生产难题，投巨资从国外引进先进生产设备，打造了世界一流的 RF 同轴电缆生产线。新产品生产成功后，钱利荣又碰到了销售的难题。为了打破安德鲁等国外厂商对国内 RF 同轴电缆市场的把持，钱利荣开拓了新的销售模式，抓住国内运营商从捆绑采购到分开采购转变的时机，大力开拓国内运营商市场，赢得市场优先地位。

2007 年钱利荣带领俊知技术，一举实现了当年引进、当年建成、当年产出，创造了重大外资项目建设速度的新纪录。俊知技术作为一家新办企业，在一年多时间内便迅速跃居国内同行业第三位。

抓住 3G、4G 机遇

"集俊以知，共赢 3G"，这是俊知成立伊始的口号，但事实上，那时 3G 还只是"山雨欲来风满楼"。正是俊知创始团队的战略眼光，在中国 3G 前夜，正式成立俊知，锁定 3G 馈线市场。3G 项目一期总投资达 7480 万美元，高起点、高水准，以创新的技术、针对性的产品和方案整合能力的服务，迅速赢得还在整合中的三大运营商信赖。

受益于运营商大规模的 3G 网络部署，随之而来的几年中，俊知一直保持稳健高速发展态势。

技术创新是俊知切入市场的利器。2009 年全年，俊知自主研发新品 40 多种，获得了 7 项国家实用型新型专利，拥有自主知识产权的 3G 系统用 IV 型射频连接器等 4 种产品被评为省高新技术产品，天馈系统用高频信号防雷保护器被评为省重点新产品，成了企业不断叩开高端市场大门的"利器"。

这一年，俊知位列中国联通集团采购第一名，并取得了 2009 年度中国无线通信馈线供应商第一名的成绩。之后，俊知更是以 3G 领域作为企业发展的方向，积极研发和制造 3G、2G 用天馈系统及周边产品，保证了运营商 3G 快速建网的市场需求。2012 年，俊知射频同轴电缆营收已经占据公司整个营收接近 80% 的比例。

来自市场分析机构的分析表明，馈线市场是一个专业细分领域市场，能在这个市场占据主导，关键看企业的技术能力、供货能力和成本控制能力。显然，从零开始到占据主导，俊知在这个市场中证明了自己的竞争力。

机会总是留给那些有准备的人。与当时的 3G 十分相似，俊知也为 4G、5G 的商用做好了准备。业绩证明了俊知的前瞻性目光，从"集俊以知，共赢 3G"到"集俊以知，和谐共荣"，俊知聚焦专业、审时布局，实现了稳健发展。取得这样的成绩，俊知并没有满足。面对 4G 建设热潮，以及即将到来的 5G，俊知已经准备就绪。

不只是射频电缆

在很多人眼中，俊知只是一家射频电缆企业，在其他领域内似乎很难发现俊知的身影。而作为中国射频电缆领域的领军企业，面对运营商网络的需求和信息网络技术发展，俊知并没有完全局限于馈线领域，在聚焦专业的同时，以己所长审时度势地拓展新的领域，俊知正在稳健地开拓自己新的发展空间。

面对宽带中国发展机遇和物联网的发展，俊知积极布局，开始了自己的光纤光缆产业和传感技术发展。在光缆领域，相关产品已经部署在三大运营商的宽带网络中，并逐年扩大自己的市场份额，产品销量正成倍增长。

借鉴馈线市场经验，俊知在光缆领域继续以技术创新满足客户需求而快速切入市场。例如，针对国家电网采用光电混合缆以电力光纤入户推进多网融合，实现到表到户，在提供电能的同时，实现智能电网网速20Mbps。

为此，俊知通过对产品结构进行重新设计和改进提高了复合缆的阻水性能、抗压性能和稳定性、成材率以及生产速度，开发出符合智能电网用的低损耗、高压直流光电混合缆。受到电力运营商客户欢迎。

得益于无锡物联网产业群聚的优势，俊知在物联网传感器方面进行积极研发，已经取得积极成果。目前，已在物联网传感器、解决方案方面推出具体产品。俊知物联网，为俊知未来发展勾勒着新的空间。

集俊以知走向国际

现代管理学之父彼得·德鲁克曾表示，没有一家企业可以做所有的事。即便有足够的钱，它也永远不会有足够的人才。而对正处于快速发展的俊知来说，人才更是其不断发展创新的真正基石和活力泉源。人才战略，始终是俊知发展战略的关键环节。随着企业发展、通信行业快速变革，俊知需要更多的专业人才帮助，才可以在正确的方向上不断前行。

为此，俊知这几年正不断地引进人才，开展自己的人才战略。俊知集团首席技术官刘湘荣、江苏俊知技术有限公司副总经理丁伟林、江苏俊知技术有限公司副总经理兼总工程师代康等都是在各自领域有着几十年工作经历并有所建树的人才。这些人才的引入将有效提升俊知竞争的软实力。"集俊以知"，似乎是俊知人才战略的生动写照。

走出去、国际化，是俊知走向高端的另一个重要战略。据介绍，近几年，俊知正在积极进行走出去战略，正在全球进行合作、并购的相关工作。俊知还积极参加各种国际展会、展览提升自身品牌国际知名度。

2011 年以来，俊知还与中兴、华为建立业务合作关系，正借助两家通信设备商的渠道拓展海外业务。具有国际竞争力的高性价比的俊知产品，没有理由不进入国际运营商的网络中。目前，俊知已经引进了一批国际化人才，国际化正在稳步推进。

集俊以知，和谐共荣，这是俊知在全球信息通信技术大变革背景下的新理念，这个理念反映了对俊知的发展期望，更折射了俊知董事局主席钱利荣的产业情怀。面对信息通信产业的变革与挑战，面对 4G、宽带以及物联网的发展机会，俊知正以自己的产业布局，稳健发展。以俊知的发展促进通信产业发展，实现产业链的和谐共荣，俊知正在承载更大的产业梦想。

放大优势构筑资本高地

2015 年 7 月 14 日，俊知引入市值达 758.8 亿元的深圳市怡亚通供应链股份有限公司作为策略投资者，按照双方确定的相关战略合作协议，总额达 5.92 亿港币的战略合作资本全部到账，为俊知集团大力发展"互联网 +"、加快由"俊知制造"到"俊知智造"的嬗变提供坚强有力的资本保障。依托在业界良好的声誉和日渐雄厚的实力，这些年来俊知集团大力实施资本运作战略，构筑资本高地，以资本实力助力企业加快多元化发展步伐，在严峻的宏观形势下依然保持两位数增长的稳健发展态势。

面对严峻的宏观形势和日趋激烈的市场竞争，如何保持企业在业界的"领跑"地位，加速裂变式发展？俊知集团创新理念，发挥企业的比较优势，在做精做强企业主业的同时，大力实施资本运作，通过增发新股、引进策略股东等方式，构筑资本高地，提升企业的资本实力。自 2012 年 3 月 19 日俊知集团在香港联交所主板成功上市以来，于 2013 年 10 月份增发新股，募集资金 3.62 亿元港币；2014 年，引入海尔第二控股成为策略股东，增持俊知 6.01% 的股份，同年增发新股募集资金 2.78 亿元港币并购俊知光电部分股权；2015 年，又与深圳怡亚通签署战略合作协议。一系列"大手笔"资本运作的成功实施，有效降低了企业财务成本，增强了抗风险能力。目前，作为俊知集团的全资子公司，江苏俊知技术有限公司先后多次增资，今年又增资 1000 万美元，投资总额已达 2.4 亿美元。江苏俊知光电有限公司也增资 8800 万元人民币，投资总额达 6 亿元。

日渐雄厚的资本实力，为企业持续不断地实施新项目、加快跨越式发展提供了牢靠的资本支撑。在前些年持续不断实施项目建设的基础上，今年俊知集团又实施了 4G 宽带接入用光缆项目，并于 6 月底建成投产，全面达产后将新增年销售收入 6 亿元，更重要的是为企业巩固在行业的领军地位奠定了更为扎实的基础。目前，生产流程智能化改造项目又已启动实施，加快打造"智慧俊知"，提升企业智能化管理水平。并且，多元化发展也迈出了坚实步伐，与海尔集团合作在境外成立基金管理公司，预期规模不少于 15 亿元人民币，产业基金投资项目不仅包括物联网、光通信在内的通信领域及智能家电等，还将投资于境外优秀的企业，为企业增加新的盈利点。与深圳市怡亚通供应链股份有限公司成功达成战略合作后，俊知集团将加快推进工业电商建设，大力发展"互联网＋"，进一步提升企业综合竞争实力。

俊文

（刊于 2015 年 10 月 22 日《岁月的记印》）

俊知两款通信产品服务互联网大会

本报讯 昨日，第二届世界互联网大会在水乡乌镇揭幕，除了众多互联网大咖、智慧元素成为焦点之外，"万兆进会场、千兆上桌面"，下载100兆大小的视频仅需30秒的网速保障了会场的通信顺畅。《无锡日报》记者从宜兴的江苏俊知技术有限公司获悉，该企业提供的移动通信天馈系统及室内信号覆盖系统两项产品应用到会场，服务现场通信。

据该公司办公室主任沈小鹏介绍，俊知的移动通信天馈系统已连续五年产销全国第一，具有高速率、绿色化、高稳定性、低耗能等优势，技术已达国际领先水平。乌镇是个千年古镇，大范围地铺设光缆并不现实，因此现场通信主要以无线为主，俊知的室内信号覆盖系统在同行业内也是遥遥领先的。

蒋梦蝶

（刊于 2015 年 12 月 17 日《无锡日报》）

江苏俊知入选"外资跨国公司地区总部"

宜兴环保科技工业园境内知名光通信企业——江苏俊知技术有限公司日前被省商务厅认定为外资跨国公司地区总部。这是无锡地区唯一获此殊荣企业。全省共有 14 家企业入选。

江苏俊知公司研制、生产和销售通信光缆及光通信相关产品，被广泛应用于物联网、FTTH 和三网融合等领域。企业先后引进奥地利、美国、日本、德国的制造、检测装备，承担 50 多项国家、行业标准制定，取得发明、新型专利 50 多项，开发高新技术产品 100 多个。

王学君

（刊于 2016 年 4 月 7 日《新华日报》）

做通信行业的隐形黑马

人物名片

钱利荣，1964 年 11 月出生，中共党员，大学学历，工学学士，高级工程师，高级经济师。现任俊知集团董事局主席、党委书记。先后获得中国优秀民营企业家、中国信息产业年度经济人物、中国信息产业年度领袖人物等荣誉称号。

1996 年到宜兴创业，接手亏损达 4000 多万元的原江苏中邮国浩电缆有限公司，组建亨鑫科技，带领企业大胆创新，成功开发的射频同轴电缆不仅填补了国内空白，还一举打破了之前被国外产品垄断的局面，推动了我国移动通信传输事业的大发展，企业也成功登陆新加坡交易所。这就是俊知集团有限公司董事局主席、党委书记钱利荣。

2007 年，钱利荣带领俊知集团又创造了"当年立项、当年建设、当年投产"的"俊知速度"，刷新了宜兴地区规模外资项目建设速度的新纪录；该公司在中国移动、联通、电信的集采招标中均位居首位，产品销量已经连续 4 年位居全国第一，年销售达 81.2 亿元。目前，俊知已经成为中国通信设备制造商十强，香港交易所主板上市公司。

线缆行业奋斗 26 年

俊知技术虽然是宜兴线缆企业中的新一员，但它的领头人钱利荣在线缆行业早已享誉内外。钱利荣是现常熟理工学院 1984 级的学生，毕业后即加入线缆企业，开始了线缆行业生涯。时至今日，钱利荣已经走过了 26 年的线缆人生。

钱利荣管理线缆企业多年，有着丰富的管理和生产经验。1996 年，亨通集团收购独资企业国浩集团并组建了亨鑫科技的前身。1997 年，有着 8

年线缆生产经验的钱利荣便从亨通集团调任亨鑫，担起了发展壮大亨鑫科技的重任。组建之初的亨鑫企业条件异常艰苦，又负债累累。钱利荣一方面要应对频频讨债上门的债主，另一方面还要解决少数职工的刁难。然而，最终钱利荣凭借着他朴实、沉着、机智的性格，赢得了企业职工的信任。钱利荣与企业领导层通过调研，针对企业生产的薄弱环节进行改良，完善各种生产工艺资料，并对企业职工进行培训。最终，他用两个月的时间，使企业恢复了生产，并在当年实现 380 余万元的赢利。

钱利荣是我国 RF 同轴电缆生产的开拓人。早在 1998 年，钱利荣就预见到了市内通信电缆市场发展的停滞性。他在国内外进行了广泛的调查，发现当时全国市话电缆市场已经饱和，而移动通信用的 RF 同轴电缆市场需求量很大，并且这一市场完全被安德鲁等国外企业垄断。于是，钱利荣开始积极准备打入 RF 同轴电缆市场，尽管当时企业内部意见有分歧，但钱利荣最终用事实证明了他的选择的正确性。在钱利荣的牵头下，亨鑫科技聘请专家着手开发 RF 同轴电缆，解决生产难题，投巨资从国外引进先进生产设备，打造了世界一流的 RF 同轴电缆生产线。新产品生产成功后，钱利荣又碰到了销售的难题。为了打破安德鲁等国外厂商对国内 RF 同轴电缆市场的把持，钱利荣开拓了新的销售模式，抓住国内运营商从捆绑采购到分开采购转变的时机，大力开拓国内运营商市场，赢得市场优先地位。

2007 年钱利荣带领俊知技术，一举实现了当年引进、当年建成、当年产出，创造了重大外资项目建设速度的新纪录。俊知技术作为一家新办企业，在一年多时间内便迅速跃居国内同行业第三位。

抓住 3G、4G 机遇"集俊以知，共赢 3G"，这是俊知成立伊始的口号，但事实上，那时 3G 还只是"山雨欲来风满楼"。正是俊知创始团队的战略眼光，在中国 3G 前夜，正式成立俊知，锁定 3G 馈线市场。3G 项目一期总投资达 7480 万美元，高起点、高水准，以创新的技术、针对性的产品和方案整合能力的服务，迅速赢得还在整合中的三大运营商的信赖。

受益于运营商大规模的 3G 网络部署，随之而来的几年中，俊知一直保持稳健高速发展态势。

技术创新是俊知切入市场的利器。2009 年全年，俊知自主研发新品 40 多种，获得了 7 项国家实用型新型专利，拥有自主知识产权的 3G 系统用

IV 型射频连接器等 4 种产品被评为省高新技术产品，天馈系统用高频信号防雷保护器被评为省重点新产品，成了企业不断叩开高端市场大门的"利器"。

这一年，俊知位列中国联通（600050，股吧）集团采购第一名，并取得了 2009 年度中国无线通信馈线供应商第一名的成绩。之后，俊知更是以 3G 领域作为企业发展的方向，积极研发和制造 3G、2G 用天馈系统及周边产品，保证了运营商 3G 快速建网的市场需求。2012 年，俊知射频同轴电缆营收已经占据公司整个营收接近 80% 的比例。

来自市场分析机构的分析表明，馈线市场是一个专业细分领域市场，能在这个市场占据主导，关键看企业的技术能力、供货能力和成本控制能力。显然，从零开始到占据主导，俊知在这个市场中证明了自己的竞争力。

机会总是留给那些有准备的人。与当时的 3G 十分相似，俊知也早为 4G、5G 的商用做好了准备。业绩证明了俊知的前瞻性目光，从"集俊以知，共赢 3G"到"集俊以知，和谐共荣"，俊知聚焦专业、审时布局，实现了稳健发展。取得这样的成绩，俊知并没有满足。面对 4G 建设热潮以及即将到来的 5G，俊知已经准备就绪。

不只是射频电缆

在很多人眼中，俊知只是一家射频电缆企业，在其他领域内似乎很难发现俊知的身影。而作为中国射频电缆领域的领军企业，面对运营商网络的需求和信息网络技术发展，俊知并没有完全局限于馈线领域，在聚焦专业的同时，以己所长审时度势地拓展新的领域，俊知正在稳健地开拓自己新的发展空间。

面对宽带中国的发展机遇和物联网的发展，俊知积极布局，开始了自己的光纤光缆产业和传感技术发展。在光缆领域，相关产品已经部署在三大运营商的宽带网络中，并逐年扩大自己的市场份额，产品销量正成倍增长。

借鉴馈线市场经验，俊知在光缆领域继续以技术创新满足客户需求而快速切入市场。例如，针对国家电网采用光电混合缆以电力光纤入户推进多网融合，实现到表到户，在提供电能的同时，实现智能电网网速20Mbps。

为此，俊知通过对产品结构进行重新设计和改进提高了复合缆的阻水性能、抗压性能和稳定性、成材率以及生产速度，开发出符合智能电网用的低损耗、高压直流光电混合缆。受到电力运营商客户欢迎。

得益于无锡物联网产业群聚的优势，俊知在物联网传感器方面进行积极研发，已经取得积极成果。目前，已在物联网传感器、解决方案方面推出具体产品。俊知物联网，为俊知未来发展勾勒着新的空间。

集俊以知走向国际

现代管理学之父彼得·德鲁克曾表示，没有一家企业可以做所有的事。即便有足够的钱，它也永远不会有足够的人才。而对正处于快速发展的俊知来说，人才更是其不断发展创新的真正基石和活力源泉。人才战略，始终是俊知发展战略的关键环节。随着企业发展、通信行业快速变革，俊知需要更多的专业人才帮助，才可以在正确的方向上不断前行。

为此，俊知这几年正不断引进人才，开展自己的人才战略。俊知集团首席技术官刘湘荣、江苏俊知技术有限公司副总经理丁伟林、江苏俊知技术有限公司副总经理兼总工程师代康等都是在各自领域有着几十年工作经历并有所建树的人才。这些人才的引入有效地提升了俊知竞争的软实力。"集俊以知"，似乎是俊知人才战略的生动写照。

走出去、国际化，是俊知走向高端的另一个重要战略。据介绍，近几年，俊知正在积极进行走出去战略，正在全球进行合作、并购的相关工作。俊知还积极参加各种国际展会、展览提升自身品牌的国际知名度。

2011年以来，俊知还与中兴、华为建立业务合作关系，借助两家通信设备商的渠道拓展海外业务。具有国际竞争力的高性价比的俊知产品，没有理由不进入国际运营商的网络中。目前，俊知已经引进了一批国际化人才，国际化正在稳步推进。

集俊以知，和谐共荣，这是俊知在全球信息通信技术大变革背景下的新理念，这个理念反映了对俊知的发展期望，更折射了俊知董事局主席钱利荣的产业情怀。面对信息通信产业的变革与挑战，面对4G、宽带以及物联网的发展机会，俊知正以自己的产业布局，稳健发展。以俊知的发展促进通信产业发展，实现产业链的和谐共荣，俊知正在承载更大的产业梦想。

放大优势构筑资本高地

2015年7月14日，俊知引入市值达758.8亿元的深圳市怡亚通（002183，股吧）供应链股份有限公司作为策略投资者，按照双方确定的相关战略合作协议，总额达5.92亿港币的战略合作资本全部到账，为俊知集团大力发展"互联网+"、加快由"俊知制造"到"俊知智造"的嬗变提供坚强有力的资本保障。依托在业界良好的声誉和日渐雄厚的实力，这些年来俊知集团大力实施资本运作战略，构筑资本高地，以资本实力助力企业加快多元化发展步伐，在严峻宏观形势下依然保持两位数增长的稳健发展态势。

面对严峻的宏观形势和日趋激烈的市场竞争，如何保持企业在业界的"领跑"地位，加速裂变式发展？俊知集团创新理念，发挥企业的比较优势，在做精做强企业主业的同时，大力实施资本运作，通过增发新股、引进策略股东等方式，构筑资本高地，提升企业的资本实力。自2012年3月19日俊知集团在香港联交所主板成功上市以来，于2013年10月增发新股，募集资金3.62亿元港币；2014年，引入海尔第二控股成为策略股东，增持俊知6.01%的股份，同年增发新股募集资金2.78亿元港币并购俊知光电部分股权；2015年，又与深圳怡亚通签署战略合作协议。一系列"大手笔"资本运作的成功实施，有效降低了企业财务成本，增强了抗风险能力。目前，作为俊知集团的全资子公司，江苏俊知技术有限公司先后多次增资，今年又增资1000万美元，投资总额已达2.4亿美元。江苏俊知光电有限公司也增资8800万元人民币，投资总额达6亿元。

日渐雄厚的资本实力，为企业持续不断地实施新项目、加快跨越式发展提供了牢靠的资本支撑。在前些年持续不断实施项目建设的基础上，今年俊知集团又实施了4G宽带接入用光缆项目，并于6月底建成投产，全面达产后将新增年销售收入6亿元，更重要的是为企业巩固在行业的领军地位奠定了更为扎实的基础。目前，生产流程智能化改造项目已启动实施，加快打造"智慧俊知"，提升企业智能化管理水平。并且，多元化发展也迈出了坚实步伐，与海尔集团合作在境外成立基金管理公司，预期规模不少于 15 亿元人民币，产业基金投资项目不仅包括物联网、光通信在内的通信领域及智能家电等，还将投资于境外优秀的企业，为企业增加新的盈利点。与深圳市怡亚通供应链股份有限公司成功达成战略合作后，俊知集团将加快推进工业电商建设，大力发展"互联网 +"，进一步提升企业综合竞争实力。

郑伟、俊文

（刊于 2016 年 6 月 1 日《中国工商时报》）

俊知集团集俊以知
建设和谐共荣的现代优质企业

得益于近些年的智慧转型，近日，位于宜兴环科园的俊知集团拿到了市里一笔高达 288 万元的产业扶持资金。之前的热度还未散去，时隔不久，俊知又再次站入了"先进队列"，被列为工信部"两化融合管理体系贯标企业"。回首俊知的发展历程，它就像是一名闪耀的"新星"，总是出现在世界互联网大会、G20 等各种高端场合，它也是一名"常胜将军"，在各类"竞技场"捧回了无数桂冠。"国家 3G 建设与创新成就奖（行业仅华为与俊知）""无线通信十大馈线厂商第一名""江苏省优秀民营企业"、江苏省首批"互联网＋工业"示范工程、"江苏省示范智能车间"……

俊知，一家专业生产移动通信天馈系统及周边产品的高新技术企业，从 2007 年初出茅庐，到 2012 年在香港上市，从涉足无线通信扩大到光传感、物联网，如今，俊知已是国内同行业中拥有无线通信、光通信、传感等三大板块的综合解决方案供应商，在通信细分领域堪与华为齐肩，出道三年便坐上行业头把交椅，五年产能规模达百亿。多年来，俊知一直没有停止过追求的脚步。

"先人一拍"跑出"俊知速度"

俊知在董事局主席、党委书记钱利荣的带领下，在公司成立之初便一举实现了当年引进、当年建成、当年产出，创造了重大外资项目建设速度的新纪录。作为一家新兴企业，在一年多时间内便迅速跃居国内同行业第三位。这些年，俊知之所以能稳坐行业"龙头宝座"，秘诀在于"先人一拍"，懂得发现机遇、抓住机遇、把握机遇。

公司成立之初，俊知便将产业定位于3G移动通信市场，2008年国家3G发牌，3G网络掀开大规模建设热潮，为俊知的发展注入了强大的生机。2009年6月，俊知在专注3G市场的同时，又将目光投向正处于高速发展期的FTTH、三网融合和物联网产业，凭借在3G市场形成的产业链驾驭能力，以"俊知"为品牌打造特色园中园——俊知工业园。目前，工业园已形成以"移动通信、光通信、传感、智慧工业"四大板块为主的产业链。

近年来，俊知始终坚持创新转型，集聚了一支由行业领军专家、高校优秀毕业生组成的创新团队。人才战略，始终是俊知发展战略的关键环节。俊知这几年正不断引进人才，"集俊以知"，就是俊知人才战略的生动写照。俊知集团首席技术官刘湘荣、江苏俊知技术有限公司副总经理丁伟林、江苏俊知技术有限公司副总经理兼总工程师代康等都是在各自领域有着几十年工作经历并有所建树的人才。

如今，俊知已先后承担了64项国家、行业标准的制定，取得发明、新型专利111项。目前，公司的电子元器件产品成功入选"中国电子元器件百强企业"，位居国内同轴连接器制造商之首。俊知还先后荣获"全国工业品牌培育示范企业""中国通信光电缆行业核心企业""江苏省首批创新示范企业""江苏省三网融合创新基地"、江苏省首批"互联网+工业"示范工程等荣誉称号。

去年，俊知又站上了新起点，专注智能转型，抢占行业制高点。俊知的智慧工厂建设与应用项目入选首批互联网与工业融合创新示范工程项目名单。该项目以智能技术、数字技术、信息技术为基础，通过整合工厂内的人员、机器、设备和基础设施，实施多系统之间实时的管理、协调和控制，从而提高工厂的管理效率和生产效率，这也是在（移动）互联网+、大数据、云计算等科技不断发展的背景下，对市场、用户、产品、企业价值链乃至对整个商业生态进行重新审视的思考方式，即互联网思维。

党建领航助推企业优质攀升

除了超前的战略眼光、创新的理念措施，以党员为核心的充满激情和凝聚力的"战斗军团"也是俊知成功的一大秘诀。党建"领航"，助推企业不断优质攀升。

"火车跑得快，全靠车头带。"俊知每引进一条生产线，必定会引进几名党员技术骨干。公司总是想方设法把人才发展成党员，把党员培养成骨干。在俊知，生产线上所体现的，不仅是优质产品、一流速度，更有党员先进性以及企业发展与党建工作"同频共振"的诸多实例。在群众路线教育实践活动中，俊知全面实施"三凭三增"、"四双四一"工程，建立"双十谈心"制度，务实的工作抓手为企业党建注入了新的不竭动力。企业通过开展一系列"自选动作"形成了"俊知经验"，在中央党的群众路线教育实践活动领导小组办公室的《党的群众路线教育实践活动简报》第333期上进行了刊登和宣传，成为全省乃至全国的教育实践活动非公企业样板。

"党建工作只有与企业发展理念相结合时才会起到'桥头堡'的作用，转化为企业发展的超前性。"集团CEO、党委副书记蒋唯说。每年围绕企业发展战略目标，召开党建联席会议，确定党建工作目标和计划。坚持把加强党建与企业成长相结合，将党组织的战斗力转化为企业的核心竞争力。开展"为企业做贡献，为党旗争光辉"活动，党员佩戴胸卡亮明身份。在创先争优活动中，积极开展"六带头""四优四强""三有三无"等主题实践活动，党员处处带头、事事争先。坚持把发挥党员先锋模范作用与企业生产经营相结合，将党员的生机活力转化为企业发展的持续动力。广大党员工在政治上求红、技术上求精、工作上求进、贡献上求多，企业党建已成为"看得见、摸得着"的生产力。

坚持以党建工作引领企业文化建设，塑造以人为本、和谐共荣的俊知精神。以"创建学习型党组织，争当学习型党员"活动为抓手，加强对党员的个性化、差别化、菜单式培养，提高党员专业技术和技能水平。成立党群工作部，以党建带群建，把党组织的使命与企业发展目标、员工个人价值实现有机统一，发挥"三位一体"同步效应。在党组织的指导和带领下，团委开辟青年书屋、青春邀约咖啡厅等场所，经常组织篮球赛、书画比赛、征文演讲等活动；妇联组织"鹊桥会"，每年组织女职工外出旅游、健康体检实施关怀温暖工程。党组织坚持关心员工生活，牵头为外籍员工解决住宿，提供免费工作餐；每年为500多名外地员工免费代购春节往返车票，本科和副经理以上员工免费代购飞机票；率先为员工办理住房公积金，连续三年确保工资增长 10% 以上，使广大职工感受到党组织的关怀，成为他们心中的"好娘家"。

放大优势构筑资本高地

面对严峻的宏观形势和日趋激烈的市场竞争，如何保持企业在业界的"领跑"地位，加速裂变式发展？俊知集团创新理念，发挥企业的比较优势，在做精做强企业主业的同时，大力实施资本运作，通过增发新股、引进策略股东等方式，构筑资本高地，提升企业的资本实力。近年来，在严峻的宏观形势下，企业依然保持两位数增长的稳健发展态势。

自 2012 年 3 月 19 日俊知集团在香港联交所主板成功上市以来，于 2013 年 10 月增发新股，募集资金 3.62 亿元港币；2014 年，引入海尔第二控股成为策略股东，增持俊知 6.01% 的股份，同年增发新股募集资金 2.78 亿元港币并购俊知光电部分股权；去年，俊知又引入市值达 758.8 亿元的深圳市怡亚通供应链股份有限公司作为策略投资者，按照双方确定的相关战略合作协议，总额达 5.92 亿元港币的战略合作资本全部到账，为俊知集团大力发展"互联网＋"、加快由"俊知制造"到"俊知智造"的嬗变提供坚强有力的资本保障。依托在业界良好的声誉和日渐雄厚的实力，大力实施资本运作战略，以资本实力助力企业加快多元化发展步伐，一系列"大手笔"资本运作的成功实施，有效降低了企业财务成本，增强了抗风险能力。

日渐雄厚的资本实力，为企业持续不断地实施新项目，加快跨越式发展注入了"强动力"。眼下，俊知光电投资建设的 4G 宽带光缆扩产项目已进入调试阶段，通过购置一批先进生产设备，年新增产能 600 万芯公里，年新增销售 6 亿元，企业发展将步上新台阶，更重要的是为企业巩固在行业的领军地位奠定了更为扎实的基础。目前，生产流程智能化改造项目已启动实施，加快打造"智慧俊知"，提升企业智能化管理水平。

除此之外，企业的多元化发展也迈出了坚实步伐，与海尔集团合作在境外成立基金管理公司，预期规模不少于 15 亿元人民币，产业基金投资项目不仅包括物联网、光通信在内的通信领域及智能家电等，还将投资于境外优秀的企业,为企业增加新的盈利点。与深圳市怡亚通供应链股份有限公司成功达成战略合作后,俊知集团将加快推进工业电商建设,大力发展"互联网+",进一步提升企业综合竞争实力。

"未来光缆能自动感应异常、自动报警,一台冰箱能主动告知有东西即将到期,一个路灯就可成为一个基站,人们无论走在哪都能享受免费wifi……"俊知智慧工业总经理沈小鹏对企业未来之路做出这样的描述。他表示,实现大数据收集,生产流程扁平化,这是俊知未来一段时间追求的目标。

蒋梦蝶

(刊于 2016 年 8 月 31 日《无锡日报》)

把握行业话语权　加速网络国产化

科技创新让俊知稳坐行业"头把交椅"

近日，江苏俊知技术有限公司喜讯连连：先是在中国出入境检验检疫协会公布的"中国质量诚信企业"名单中榜上有名；接着又被国家工商总局评为"国家守合同重信用企业"；之后又以无锡地区唯一的身份，入选了由国家发改委、科技部、财政部、海关总署、国家税务总局等五部门联合发布的"国家企业技术中心"，成为全国天馈系统行业唯一入选企业。

江苏俊知技术有限公司是一家专业生产移动通信天馈系统及周边产品的高新技术企业。自 2007 年"初出茅庐"，到 2012 年在香港上市，再到现在连续六年稳居全国 RF 天馈行业第一，俊知技术凭借核心技术始终占据行业制高点，在通信馈线的细分领域堪与华为齐肩。问及俊知成功的秘诀是什么？集团董事局主席、党委书记钱利荣给出了四个字：科技创新。

如果把俊知技术的生产运行比作一台电脑，那么，入选"国家企业技术中心"的江苏俊知技术有限公司技术中心，就是该公司技术不断推陈出新的"中央处理器"。国家企业技术中心的评定非常严苛，一个行业几乎只会选一个中心，在最终答辩通过率不到 30% 的情况下，俊知技术中心"首次闯关"便一次性成功，这充分证明了俊知技术在射频馈线领域的实力。近年来，在技术中心的主导下，俊知技术先后承担了国家重点产业振兴和技术改造项目、国家火炬计划以及多项省成果转化项目，并主持参与了 75% 以上的通信天馈系统国家及行业标准的制定。在累计制定、修订的 64 项国家及行业标准中，22 项为公司主持制定。这些标准为我国三大通信运营商集采、产品第三方检测、争议仲裁提供了依据。此外，该公司还拥有专利 111 项、高新技术产品 100 多项，并在国家核心期刊发表学术论文 32 篇。

俊知核心技术的研发生产，加速了我国网络建设的国产化。多年来，俊知技术引领行业在天馈系统领域与国际一流企业竞争，使国内庞大的移动互联网建设由原来基本靠进口，到现在基本无国外企业参与，并使我国的产品逐年递增地向海外销售。粗略估计，全球通信运营商近1000万个物理基站中，1/9的基站用了俊知的产品。俊知技术生产的射频馈线及器件在国内市场的占有率超23%，连续六年名列第一，已基本把曾经的美、德行业巨头挤出了中国。

　　要抢占行业制高点，就需要拥有比别人领先一步的核心技术。在当前的4G时代，俊知技术延续了高瞻远瞩的创新发展理念，已超前为5G发展做好了准备，进一步扩大了"俊知"品牌的影响力和号召力。据集团首席技术官刘湘荣介绍，公司主持了"十三五"发展规划纲要中射频馈线及器件部分的编写，并在5G发展道路上，与运营商共同进行5G天馈系统的性能验证、外场组网及网络商用测量的研究。对于未来，钱利荣充满信心："虽然我们是通信领域的细分行业，但处在这个行业，我们就有责任做优，要坚持科技创新，做中国大通信行业互联互通的坚强纽带！"

耿蕾

（刊于2017年1月12日《宜兴日报》）

大事记

2007 年度

3 月 15 日　俊知技术获得无锡市工商行政管理局颁发的营业执照。

5 月 1 日　基建工程正式开工。

7 月 10 日　中共江苏俊知技术有限公司支部委员会成立。

9 月 20 日　第一批连接器产品下线。

10 月 14 日　第一批连接器产品发往广东省。

12 月 15 日　钱利荣董事长当选江苏省工业经济联合会、江苏省企业联合会、江苏省企业家协会"三会"副会长。

2008 年度

1 月 15 日　钱利荣董事长当选江苏省信息化协会副会长。

7 月 24 日　江苏俊知技术有限公司工会委员会成立。

8 月 6 日　俊知技术被江苏省对外贸易经济合作厅认定为"外商投资

中央第三巡回督导组组长、全国人大常委、甘肃省委原书记陆浩在俊知视察

时任江苏省委书记、省人大常委会主任罗志军来俊知调研

江苏省委书记李强来俊知调研

时任中国移动公司党委书记、董事长奚国华和江苏省副省长史和平视察俊知展区

先进技术企业"。

10月25日　向宜兴市慈善会环科园新街分会认捐300万元基金。

12月5日　钱利荣董事长荣获国家工业和信息化部授予的"2008中国信息产业年度经济人物"称号。

2009年度

1月12日　荣获国家工业和信息化部颁发的"2008—2009年度通信产业技术贡献奖"（行业仅大唐电信、上海贝尔及俊知）。

3月4日　俊知技术被江苏省科学技术厅等联合认定为"高新技术企业"。

3月6日　成为共青团中央首批"青年就业创业见习基地"。

4月30日　荣获国家工业和信息化部等联合颁发的"2009中国3G建设与创新成就奖"（行业仅华为及俊知）。

6月18日　俊知工业园开工奠基。

11月26日　荣获中国中小企业家年会组委会等联合授予的"2009中国科技创新型中小企业100强"称号。

时任江苏省常务副省长赵
克志和钱总在一起

时任工信部副部长娄勤俭为
俊知颁奖

12 月 5 日　荣获国家工业和信息化部授予的"2009 中国信息产业年度影响力企业"称号。

12 月 15 日　荣获中国通信技术年会组委会颁发的"通信产业技术创新奖"。

2010 年度

1 月 15 日　荣获中共宜兴市委、宜兴市人民政府授予的"对上贡献前十位企业"称号。

1 月 15 日　荣获中国联通授予的"2009 年度十佳合作伙伴""优秀供应商"称号。

3 月 1 日　俊知光电、俊知传感获得宜兴市工商行政管理局颁发的营业执照。

4 月 1 日　荣获江苏省安全生产监督管理局授予的"2009 年度江苏省安全生产诚信企业"称号。

5 月 15 日　荣获中共无锡市委、无锡市人民政府授予的"无锡市 2009 年度十佳成长型民营企业"称号。

时任国家工商总局付双建
副局长来俊知调研

时任江苏省委常委、无锡市
委书记黄莉新视察俊知

5月19日　中共江苏俊知技术有限公司总支部委员会成立。

5月30日　荣获江苏省厂务公开协调小组授予的"江苏省厂务公开民主管理先进单位"称号。

5月30日　俊知技术被通信产业报社、中国管理案例联合中心评选为"2009—2010中国通信产业用户满意企业"第一名。

6月15日　钱利荣董事长荣获江苏省委研究室等联合授予的"江苏省第四届创业之星"称号。

9月9日　俊知光电被江苏省商务厅认定为"江苏省出口基地骨干企业"。

10月15日　俊知传感荣获国家工业和信息化部等联合颁发的"2010通信产业解决方案和产品优秀典范奖"。

10月26日　江苏省发展和改革委员会批准俊知传感建设"江苏省通信传感工程中心"。

11月1日　俊知技术被江苏省经济和信息化委员会认定为首批"江苏省信息化与工业化融合试点企业"。

12月10日　江苏省科学技术厅、江苏省财政厅批准俊知技术成立"江

江苏省委常委、无锡市委
书记李小敏来俊知调研

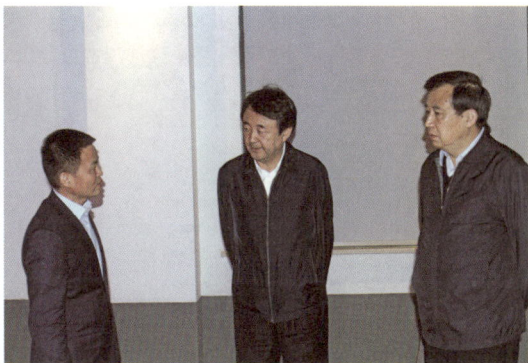

时任江苏省委常委、组织部
部长杨新力来俊知调研

苏省（俊知）信息传输工程技术研究中心"。

12月13日　荣获江苏省名牌战略推进委员会颁发的"江苏省名牌产品"
证书。

12月15日　荣获无锡市国家税务局、无锡市地方税务局联合颁发的"无
锡市2008—2009年度A级纳税信用等级"证书。

12月15日　蒋唯副总经理荣获国家工业和信息化部授予的"2010中
国信息产业年度经济人物"称号。

12月30日　荣获江苏省公安厅等联合授予的"江苏省交通安全示范
企业"称号。

12月30日　俊知光电、俊知传感被江苏省民营科技企业协会认定为"江
苏省民营科技企业"。

2011 年度

4月1日　荣获江苏省平安企业创建活动领导小组授予的"平安企业"
称号。

5月15日　荣获中华全国总工会授予的"职工书屋"称号。

江苏省委常委、副省长杨
岳来俊知集团调研

时任江苏省副省长张卫国为
俊知工业园奠基

6月30日　俊知传感荣获国家工业和信息化部颁发的"2010—2011年度通信产业技术贡献奖"。

7月24日　荣获中国电子元件行业协会光电线缆分会、中国电器工业协会电线电缆分会授予的"中国通信光电缆行业核心企业"称号。

9月27日　荣获国家工业和信息化部等联合颁发的"轨道交通用辐射型漏泄电缆——2011通信产业解决方案和产品优秀典范奖"。

9月30日　荣获江苏省总工会授予的"江苏省企事业先进班组"称号。

10月9日　中共江苏俊知技术有限公司委员会成立。

11月1日　荣获国家工业和信息化部授予的"2011中国信息产业创新突出贡献企业"称号。

12月1日　俊知技术被江苏省经济和信息化委员会认定为"江苏省信息化与工业化融合示范企业"。

12月1日　荣获江苏省企业发展工程协会授予的"江苏省创新发展先导企业"称号。

12月1日　荣获江苏省人力资源和社会保障厅等联合授予的"江苏省模范劳动关系和谐企业"称号。

12月1日　荣获江苏省商务厅等联合授予的"2008—2010年度江苏省优秀侨资企业"称号。

12月1日　俊知技术被江苏省经济和信息化委员会等联合认定为"江苏省企业技术中心"。

12月1日　刘湘荣首席技术官荣获国家工业和信息化部授予的"2011中国信息产业年度创新人物"称号。

12月1日　蒋新洪副总经理荣获国家工业和信息化部授予的"2011中国信息产业年度经济人物"称号。

12月30日　"俊知技术TRIGIANT及图"被江苏省工商行政管理局认定为"江苏省著名商标"。

2012年度

3月19日　俊知集团在香港联合交易所主板上市，股票代码：1300。

5月15日　俊知技术被国家工业和信息化部等联合评选为"2011—2012中国通信设备供应商10强"。

5月15日　荣获国家工业和信息化部等联合颁发的"中国无线通信竞争力奖"。

6月1日　荣获中共江苏省委组织部、江苏省总工会授予的全省非公企业党建带工建"四统筹一创争活动示范企业"称号。

8月6日　俊知光电、俊知传感被江苏省科学技术厅等联合认定为"高新技术企业"。

9月28日　荣获无锡市国家税务局、无锡市地方税务局联合颁发的"2010—2011年度A级纳税信用等级"证书。

9月30日　荣获国家工业和信息化部等联合颁发的"2012通信产业解决方案和产品优秀典范奖"。

12月1日　荣获中国电子元件行业协会光电线缆分会颁发的"第七届理事会常务理事单位""协会工作突出贡献奖"。

12月1日　钱利荣董事长荣获国家工业和信息化部授予的"2012中国信息产业年度领袖人物"称号。

12月1日　荣获国家工业和信息化部等联合授予的"2012中国通信技

江苏省副省长陈震宁在俊知调研

江苏省人大常委会副主任、党组副书记史和平来俊知视察

术年度十大贡献企业"称号。

12 月 1 日　俊知光电荣获国家工业和信息化部授予的"2012 中国信息产业年度影响力企业"称号。

12 月 1 日　丁伟林副总经理荣获国家工业和信息化部授予的"2012 中国通信产业年度十大技术贡献人物"称号。

12 月 1 日　俊知光电朱旭俊总经理荣获国家工业和信息化部授予的"2012 中国信息产业年度经济人物"称号。

12 月 31 日　"俊知技术 TRIGIANT 及图"被国家工商行政管理总局认定为"中国驰名商标"。

2013 年度

1 月 9 日　荣获江苏省社会信用体系建设领导小组办公室颁发的"江苏省企业信用管理"贯标证书。

1 月 15 日　俊知技术被江苏省质量技术监督局、江苏省知识产权局联合认定为"江苏省企业知识产权管理标准化示范单位"。

2 月 1 日　俊知技术被江苏省人口和计划生育委员会认定为"江苏省

江苏省委第二督导组组长、省人大常委会原副主任丁解民在俊知调研

时任江苏省人大常委会副主任、总工会主席张艳来俊知调研

流动人口（农民工）计划生育免费技术服务定点单位"。

4月15日　荣获无锡市人民政府授予的"无锡市 AAA 级重合同守信用企业"称号。

4月20日　承办海峡两岸光通信产业联盟专家会。

4月30日　荣获江苏省总工会授予的"模范职工之家"称号。

5月15日　荣获江苏省经济和信息化委员会授予的"江苏省管理创新优秀企业"称号。

7月15日　荣获通信产业报社、2013中国通信网络规划优化大会组委会颁发的"2013年中国通信 4G 网络最佳产品"奖。

10月15日　荣获江苏省精神文明建设指导委员会授予的"2010—2012年度江苏省文明单位"称号。

10月15日　荣获全国厂务公开协调小组授予的"全国厂务公开民主管理先进单位"称号。

11月15日　荣获中国通信企业协会通信电缆光缆专业委员会等联合授予的"最美光电线缆企业"称号。

11月15日　荣获江苏出入境检验检疫协会授予的"江苏质量诚信企业"

时任工信部副部长毛伟明
视察俊知

江苏省副省长张敬华视察
俊知

称号。

12 月 1 日　荣获国家工业和信息化部等联合颁发的"2013 中国通信年度 4G 无线通信典范产品方案"奖。

12 月 1 日　荣获国家工业和信息化部等联合授予的"2013 中国通信产业与技术年度贡献企业"称号。

12 月 1 日　荣获国家工业和信息化部等联合授予的"2013 中国信息产业年度创新企业"称号。

12 月 1 日　俊知传感许志军总经理荣获国家工业和信息化部授予的"2013 中国信息产业年度经济人物"称号。

2014 年度

3 月 1 日　俊知技术被江苏省经济和信息化委员会认定为"江苏省 2013 年度三网融合创新基地"。

3 月 15 日　蒋新洪副总经理荣获国家人力资源和社会保障部、中国机械工业联合会授予的"全国机械工业劳动模范"称号。

3 月 21 日　承办全国通信电缆光缆专家会。

时任工信部副部长杨学山
和蒋唯副总裁在一起

江苏省政府秘书长王奇在俊
知调研

4月8日　中央第三巡回督导组组长、全国人大常委、甘肃省委原书记陆浩调研俊知集团。

4月15日　荣获中共江苏省委、江苏省人民政府授予的"江苏省优秀民营企业"称号。

5月12日　江苏省委书记罗志军专题调研俊知集团党的群众路线教育实践活动。

6月26日　中央党的群众路线教育实践活动领导小组办公室的《党的群众路线教育实践活动简报》第333期，以"江苏宜兴市俊知技术有限公司：真学真查即知即改"为题，详细介绍了俊知集团在教育实践活动中的先进经验，对俊知取得的活动成果给予了充分肯定。

7月1日　"中共江苏俊知技术有限公司委员会"更名为"中共俊知集团有限公司委员会"。

8月15日　荣获中国出入境检验检疫协会授予的"2014中国质量诚信企业"称号。

9月15日　荣获国家工业和信息化部等联合授予的"2013—2014年度中国无线通信领军企业"称号。

无锡市市长汪泉在俊知

时任无锡市市长朱克江来俊知调研

9 月 15 日　荣获国家工业和信息化部等联合授予的"2014 中国通信 4G 网络建设贡献企业"称号。

11 月 15 日　荣获江苏省苏商发展促进会授予的"2014 年江苏省地标型企业"称号。

11 月 15 日　荣获江苏省经济和信息化委员会、江苏省中小企业局授予的"江苏省科技小巨人企业"称号。

12 月 10 日　荣获无锡市国家税务局、无锡市地方税务局颁发的无锡市"2012—2013 年度 A 级纳税信用等级"证书。

12 月 15 日　谢春林副总经理荣获国家工业和信息化部授予的"2014 中国信息产业年度经济人物"称号。

12 月 15 日　俊知光电荣获国家工业和信息化部等联合授予的"2014 中国通信产业宽带网络领军企业"称号。

2015 年度

6 月 23 日　俊知技术被江苏省经济和信息化委员会认定为首批"江苏省创新示范企业"。

时任宜兴市委书记王中苏
为钱利荣先生颁奖

宜兴市委书记沈建来俊知
调研

9月15日　荣获江苏省经济和信息化委员会授予的首批"江苏省'互联网＋工业'示范工程"称号。

9月15日　荣获江苏省经济和信息化委员会、江苏省财政厅授予的"江苏省示范智能车间"称号。

9月15日　荣获国家工业和信息化部等联合授予的"2014—2015中国无线通信领军企业"称号。

10月20日　俊知智慧获得宜兴市工商行政管理局颁发的营业执照。

10月28日　荣获江苏省工商行政管理局授予的"守合同重信用"称号。

11月5日　钱利荣董事长荣获中国电子元件行业协会光电线缆及光器件分会等联合授予的"中国通信光电缆最具影响力企业家"称号。

11月15日　荣获中国电子元件行业协会光电线缆及光器件分会等联合授予的"通信光电缆最具发展潜力企业"称号。

12月30日　荣获中华全国总工会授予的"全国模范职工之家"称号。

12月30日　荣获江苏省总工会颁发的"五一劳动奖状"。

12月30日　荣获江苏省总工会授予的"十佳模范职工之家"称号。

12月30日　俊知光电被江苏省经济和信息化委员会认定为"江苏省

宜兴市市长张立军来俊知调研

钱利荣先生获颁"2012 中
国信息产业年度领袖人物"

信息化与工业化融合试点企业"。

2016 年度

2 月 15 日　荣获江苏省推进企业研发机构建设工作联席会议授予的"重点企业研发机构"称号。

2 月 15 日　俊知技术被江苏省商务厅认定为"外资跨国公司地区总部"。

3 月 15 日　俊知技术被国家工业和信息化部认定为"工业品牌培育示范企业"。

3 月 15 日　荣获江苏省经济和信息化委员会授予的"2015 年度江苏省五星级数字企业"称号。

6 月 27 日　荣获国家工商行政管理总局授予的"守合同重信用"称号。

9 月 15 日　俊知智慧荣获国家工业和信息化部等联合授予的"中国通信智能制造领军企业"称号。

10 月 19 日　荣获国家工业和信息化部颁发的"两化融合管理体系评定"贯标证书。

11 月 3 日　江苏省委书记李强专题调研俊知集团深入学习贯彻党的

钱利荣先生获颁"通信光电缆最具影响力企业家"

俊知集团在香港交易所主板上市

十八届六中全会精神组织情况。

11 月 23 日　"江苏俊知技术有限公司工会委员会"变更为"俊知集团有限公司工会委员会"。

11 月 30 日　钱利荣董事长荣获江苏省委宣传部等联合授予的"第三届江苏省百名诚信之星"称号。

12 月 15 日　江苏俊知技术有限公司技术中心被国家发展和改革委员会等联合认定为"国家企业技术中心"。

12 月 30 日　荣获国家工业和信息化部等联合授予的"2016 中国通信产业年度无线通信领军企业"称号。

12 月 30 日　荣获通信产业报、通信产业网颁发的"2016 中国通信产业年度最佳解决方案"奖。

12 月 30 日　荣获通信世界颁发的"2016 年度最佳移动通信产品提供商"奖。

12 月 30 日　俊知智慧被江苏省经济和信息化委员会认定为"江苏省企业互联网化优秀服务机构（重点示范推广）"。

12 月 30 日　钱利荣董事长被《中国光纤通信年鉴》聘为编委会理事长。

后记

不忘初心，铿锵前进。

历经近半年的精心组织和筹划，今天，《偶然的历程——俊知十年发展作品集》一书与大家见面了。在俊知创立十周年之际，这本书的出版，既是献给企业创立十周年的一份礼物，也是全体俊知人对未来发展的美好愿景。

回味过去，是为了珍惜当下，更好地开创未来。回顾俊知的创立及十年来的发展历程，始于偶然，成于必然；志忐与自信共存，坎坷与辉煌同在。从当初带着三十一人的团队"另砌炉灶"，到当年创下宜兴规模外资项目建设的"俊知速度"；从十年前的一个行业"新兵"，发展到如今的行业"排头兵"……俊知的今天，是全体俊知人共同打拼的结晶，展现了俊知人"集俊以知，建设和谐共荣的现代优质企业"的理想信念，展示了俊知人"牢记使命、勤于追索"的精神风貌。

集俊以知，和谐共荣。这本书的如期出版，凝聚了全体俊知人的智慧与力量。自征稿活动于去年9月份在集团公司启动以来，从公司董事局到各科室部门和各分公司，从海内到海外，从公司决策层的全体成员到广大普通员工，纷纷结合各自的切身经历和深刻体会，踊跃撰写心得体会文章，用心用情描绘俊知十年来走过的不平凡历程，也展示了自身良好的文化素养和良好的企业文化氛围。诚然，与文学方面的专业人士相比，俊知人的文学功底或许还显得有所欠缺，文采或许还显得比较生涩，逻辑或许还显得不是那么严密。但是，段段文字展真情，篇篇文章见真心。广大俊知人无论职务高低，无论文学修养如何，都纷纷利用休息时间挑灯夜战，精心构思，认真撰写，赤诚之心跃然于纸。在此，我谨代表公司董事局，向积极参与征稿活动的每一位俊知人致以崇高的敬意！

　　这本书的出版，也得到了宜兴日报社的大力支持。宜兴日报社专门制订了工作方案，抽调了十二名业务骨干认真编辑文章。报社主要负责同志精心安排组织，统筹协调相关工作，确保了出版工作务实、优质、高效推进。借此机会，我代表编委会向报社的大力支持表示衷心感谢！

　　"路漫漫其修远兮，吾将上下而求索。"事业发展，我们永远在路上；创新创业，我们永远不懈怠。今天我们迎来了俊知创立十周年，这是俊知发展史上具有里程碑意义的重要节点，也是俊知新一轮发展的起点。我们将抢抓发展机遇，致力创新创造，只争朝夕，奋发有为，再创新的辉煌！

2017 年 3 月

图书在版编目（CIP）数据

偶然的历程：俊知十年发展作品集 / 钱利荣主编 . —上海：文汇出版社，2017.3
　　ISBN 978-7-5496-2040-1

　　Ⅰ . ①偶… Ⅱ . ①钱… Ⅲ . ①通信企业－企业管理－经验－无锡 Ⅳ . ① F632.753.3

中国版本图书馆 CIP 数据核字（2017）第 043239 号

偶然的历程：俊知十年发展作品集

主　　编 / 钱利荣
责任编辑 / 吴　斐
装帧设计 / 周　丹

出版发行 / **文匯**出版社
　　　　　上海市威海路755号
　　　　　（邮政编码200041）
印刷装订 / 苏州市大元印务有限公司
版　　次 / 2017年3月第1版
印　　次 / 2017年3月第1次印刷
开　　本 / 787×1092　1/16
字　　数 / 260千
印　　张 / 30

ISBN 978-7-5496-2040-1
定　　价 / 68.00元